民法典1000问

马芳 ◎ 编著

中国画报出版社·北京

前 言

《中华人民共和国民法典》（以下简称《民法典》）涵盖了人们从胎儿时期直到离世时所拥有的权利和应尽的义务，被称为“社会生活的百科全书”。作为一部法典，《民法典》整合了之前关于《民法通则》《物权法》《合同法》《婚姻法》《收养法》《继承法》以及《侵权责任法》这七部与百姓生活密切相关的法律，共七编，每一编内容又分不同的章，每章又分很多的节，尤其物权编和合同编，每编下又各自有多个分编，分编下又分不同章与节，体例复杂、条文繁多。鉴于此，普通老百姓要如何理解和掌握呢？

先看看民法典七编的主要内容：

总则编，有我们熟悉的民事权利、监护权、代理等问题；

物权编，有生活中经常遇到的所有权、担保物权、抵押权等问题；

合同编，有我们经常用到的关于合同往来的法律知识；

人格权编，具体规定了民事主体的生命权、身体权、健康权、姓名权、名称权、肖像权、名誉权、荣誉权、隐私权等权利；

婚姻家庭编，规定了关于结婚离婚、夫妻财产、家庭关系等百姓生活中经常遇到的各种法律问题；

继承编，有法定继承、遗嘱继承等关于继承的详细规定；

侵权责任编，有关于调整因侵害民事权益产生的民事关系的各种规定。

目前，普及民法典的书籍有很多，针对不同群体，从不同的角度，从不同的领域都有不同的呈现。但是关于民法典普及的“极大全”者，则凤毛麟角，因此，我们推出这本《民法典1000问》。为展现其全貌，这本《民法典1000问》将依据民法典及其司法解释的法律条文，以问答的形式编写，初衷是把本书做成一本内容全面的民法典普法读物。可以说，当你遇到任何法律问题，打开本书宛如多名法律专业人士随时在线，帮你答疑解惑。

全书根据民法典七编体例顺序，以“提出法律问题、结合法条解析”的问答方式，用贴近生活的提问及依法回答串联起民法典法条知识的精髓，旨在让读者能够通过书中总结出的法律问题，学习基本法条含义。本书通过对法律知识的梳理，使人人领会法律精神，也培养起我们的法律意识。

综合来看，本书重点突出以下四大特色。

一是全面性。本书为原汁原味保留民法典“大全”的特色，按照民法典法律条文的线索，以“小问题+回答”的形式，按照民法典篇章顺序一一以问答形式展开，体现一个“全”字。

二是实用性。本书具有很强的法律知识检索功能。生活中遇到了物权问题、合同问题、人格权问题、婚姻家庭问题、继承问题、侵权问题等，都能对照查找，很实用。一书在手，人人都是法律明白人。

三是通俗性。本书在引用法条的基础上，尽力摒弃晦涩难懂的法言法语，采用通俗易懂、深入浅出的语言解答其中的法律概念，把专业的法条转化为身边的生活常识进行通俗化解答，让人人听得懂。

四是广泛性。本书立足向普通大众进行普法宣传教育，知识点多且解答通俗易掌握，适合各类人群学习。

最后，衷心希望您学好民法典，学会依法办事，依法维权。

目 录

第二编 物权

第三编 合同

第五编　婚姻家庭

第六编　继承

第七编　侵权责任

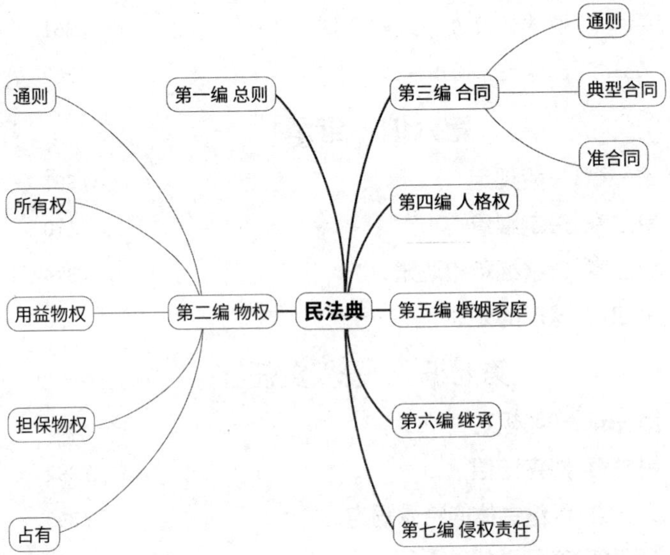
民法典
第一编 总则
第二编 物权
通则
所有权
用益物权
担保物权
占有
第三编 合同
通则
典型合同
准合同
第四编 人格权
第五编 婚姻家庭
第六编 继承
第七编 侵权责任

第一编　总则

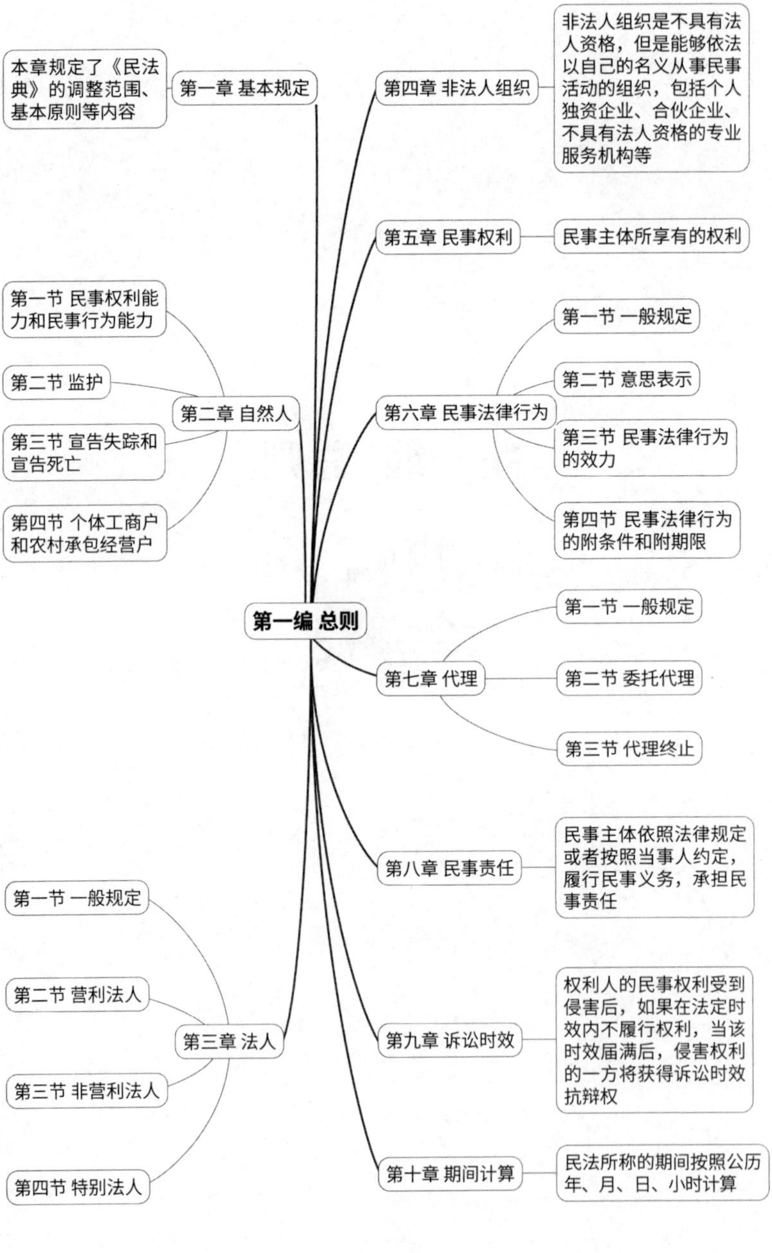
第一编 总则
第一章 基本规定
本章规定了《民法典》的调整范围、基本原则等内容
第二章 自然人
第一节 民事权利能力和民事行为能力
第二节 监护
第三节 宣告失踪和宣告死亡
第四节 个体工商户和农村承包经营户
第三章 法人
第一节 一般规定
第二节 营利法人
第三节 非营利法人
第四节 特别法人
第四章 非法人组织
非法人组织是不具有法人资格，但是能够依法以自己的名义从事民事活动的组织，包括个人独资企业、合伙企业、不具有法人资格的专业服务机构等
第五章 民事权利
民事主体所享有的权利
第六章 民事法律行为
第一节 一般规定
第二节 意思表示
第三节 民事法律行为的效力
第四节 民事法律行为的附条件和附期限
第七章 代理
第一节 一般规定
第二节 委托代理
第三节 代理终止
第八章 民事责任
民事主体依照法律规定或者按照当事人约定，履行民事义务，承担民事责任
第九章 诉讼时效
权利人的民事权利受到侵害后，如果在法定时效内不履行权利，当该时效届满后，侵害权利的一方将获得诉讼时效抗辩权
第十章 期间计算
民法所称的期间按照公历年、月、日、小时计算

第一章　基本规定

哪些事归《民法典》管?

答:《民法典》第二条规定:"民法调整平等主体的自然人、法人和非法人组织之间的人身关系和财产关系。"

《民法典》管的是"民事"方面的事项,凡是民间的人与人之间、人与企业(含其他组织)之间、企业与企业(含其他组织)之间的,涉及人身与财产方面的法律问题、纠纷等,都归《民法典》来管。具体来讲,可以概括为物权、合同、人格权、婚姻家庭、继承、侵权责任这六大方面的事项,都归《民法典》管。

什么是民事主体?

答:民事主体可以通俗地理解为在社会生活中的人、企业以及其他组织。民事主体之间具有"平等性",不存在谁领导谁、谁服从谁的关系。每位民事主体的人身权利、财产权利以及其他合法权益受法律保护,任何组织或者个人不得侵犯。比如,我们的财产被他人毁坏,那我们就可以要求该人承担恢复原状或者赔偿等法律责任。

在民事活动中,要遵循哪些原则?

答:《民法典》第五条规定:"民事主体从事民事活动,应当遵循自愿原则,按照自己的意思设立、变更、终止民事法律关系。"

第六条规定:"民事主体从事民事活动,应当遵循公平原则,合理确定各方的权利和义务。"

第七条规定:"民事主体从事民事活动,应当遵循诚信原则,秉持诚实,恪守承诺。"

第八条规定:"民事主体从事民事活动,不得违反法律,不得违背公序良俗。"

第九条规定:"民事主体从事民事活动,应当有利于节约资源、保护生态环境。"

根据上述法律规定，民事主体从事民事活动，应当遵循的原则为：自愿原则、公平原则、诚信原则、合法原则、符合公序良俗和绿色原则。

处理民事纠纷时，如果找不到法律规定，该依据什么？

答：《民法典》第十条规定："处理民事纠纷，应当依照法律；法律没有规定的，可以适用习惯，但是不得违背公序良俗。"

处理民事纠纷时，在依据方面，法律法规是第一位的，比如《民法典》；如果没有某方面的法律法规，则再找"习惯做法"，比如一些行业习惯等，值得注意的是，参考习惯做法要参考"好的"，要符合公共秩序和善良风俗，不能参考恶俗陋习。

对某件事情，《民法典》和其他现行有效的法律都有规定的，使用哪个？

答：《民法典》第十一条规定："其他法律对民事关系有特别规定的，依照其规定。"

这也是特别法优于一般法的体现。比如就"知识产权"来讲，《民法典》对其也有一些规定，但就知识产权本身来讲，《著作权法》《专利法》《商标法》规定得更细致，那么遇到知识产权问题时，我们往往使用这三部法，而不使用《民法典》。

中国人在外国进行的民事活动，《民法典》管得了吗？

答：《民法典》第十二条规定："中华人民共和国领域内的民事活动，适用中华人民共和国法律。法律另有规定的，依照其规定。"

也就是说，在空间方面，《民法典》只管发生在中国领土内（包括领陆、领水、领空、底土以及其他依法属于中国领土的范围和空间）的民事活动，如果某个民事活动发生在中国领土之外，即使事件主体是中国人，那也不适用《民法典》。

第二章　自然人

第一节　民事权利能力和民事行为能力

什么是自然人？

答：通俗来说，自然人就是一个存在于现实世界中活生生的人，未出世的胎儿不是自然人，死去的人也不是自然人。从民法的角度来说，自然人是具有权利能力、行为能力和人格尊严、身份关系的人。根据是否有足够的认识能力和判断能力，可以把自然人分为完全民事行为能力人、限制民事行为能力人和无民事行为能力人。

自然人的民事权利能力自何时产生？

答：《民法典》第十三条规定："自然人从出生时起到死亡时止，具有民事权利能力，依法享有民事权利，承担民事义务。"

也就是说，一个自然人从出生时就开始具有民事权利能力。一个小婴儿，虽然他刚刚出生，什么都做不了，但是他也享有生命权、健康权、被抚养权等民事权利。并且，民事权利能力是一个自然人固有的权利，不会被剥夺，即使一个被关押在监狱的罪犯，也享有生命权、健康权、人格尊严权等民事权利，不能被殴打、辱骂，也需要承担民事义务，不能打骂他人，不能欠钱不还。当一个人死亡时，民事权利能力也就随之消灭了，在此之前，即使自然人失去了知觉，没有了意识，只要他还活着，就具有民事权利能力。需要注意的是，此时的自然人虽然具有民事权利能力，但其民事行为能力会因其智力和身体状况等受到一定的限制，比如精神病人就是限制民事行为能力人。

如何理解自然人的民事权利能力一律平等？

答：《民法典》第十四条规定："自然人的民事权利能力一律平等。"

也就是说，每个自然人的民事权利能力都是一样的，不会因为自然人的年龄、性别、民族、职业、家庭出身、宗教信仰、财产状况等各方面的不同而有所区别。这不仅是民法的规定，也是我国的根本大法宪法赋予每一个自然人的权利。例如，每个自然人的受教育权都是一样的，不能因为是女孩，就剥夺其接受教育的权利。

自然人的出生时间和死亡时间以什么为准？

答：《民法典》第十五条规定："自然人的出生时间和死亡时间，以出生证明、死亡证明记载的时间为准；没有出生证明、死亡证明的，以户籍登记或者其他有效身份登记记载的时间为准。有其他证据足以推翻以上记载时间的，以该证据证明的时间为准。"

由此可见，确定一个自然人的出生时间和死亡时间，有三种方式：第一种是根据出生证明和死亡证明上的时间，如果自然人出生和死亡时是在医院、卫生所等医疗机构，医疗机构会出具出生证明和死亡证明，上面会记录具体的出生时间和死亡时间；第二种是根据相关登记，如果没有出生证明和死亡证明，那么家属会到派出所进行户籍登记或开具死亡证明，以登记或死亡证明中记载的时间为准；第三种是记载的出生时间和死亡时间错误，又有证据证明的，就以该证据证明的时间为准。例如，一个自然人没有出生证明，在派出所登记出生时间时，工作人员因失误写大了五岁，后来根据他出生当年的人口普查的记载，可以证明派出所登记错误，那就以人口普查记载的时间为出生时间。

什么情况下胎儿具有民事权利能力？

答：《民法典》第十六条规定："涉及遗产继承、接受赠与等胎儿利益保护的，胎儿视为具有民事权利能力。但是，胎儿娩出时为死体的，其民事权利能力自始不存在。"

由于胎儿并未出生，所以不属于自然人，一般情况下不具有民事权利能力。但是，胎儿在出生之前有可能有一些利益需要被保护，例如，一个胎儿在未出生之前，其父亲去世，胎儿出生后，就少了父亲的抚养，因此理应将父亲的遗产留一份给未出生的胎儿。《民法典》规定在涉及遗产继承、接受赠与等事项时，视为胎儿具有民事权利能力。当然，如果胎儿出生后是死胎的，留给他的遗产和他接受的赠与也没有实际意义了，因此就视为他没有享有过民事权利能力。

成年人和未成年人是如何划分的？

答：《民法典》第十七条规定："十八周岁以上的自然人为成年人。不满十八周岁的自然人为未成年人。"

在我国，十八周岁是成年与未成年的界限。一个自然人会经历自然生长，到十八周岁时，通常其身体、智力都发育成熟了，具有了一定的认知能力，可以独立处理事情并承担责任，此时就成了成年人。未满十八周岁，身体、智力发育不够成熟，不能独立实施民事行为，需要监护人代为实施或者经过监护人同意才能实施。十六周岁以上的未成年人，以自己的劳动收入为主要生活来源的，可以独立实施民事法律行为。

哪些人是完全民事行为能力人？

答：《民法典》第十八条规定："成年人为完全民事行为能力人，可以独立实施民事法律行为。十六周岁以上的未成年人，以自己的劳动收入为主要生活来源的，视为完全民事行为能力人。"

完全民事行为能力人，可以独立实施民事法律行为，比如可以独立签订一份合同，而不再需要监护人代办，并且其实施民事法律行为产生的后果，也由自己承担。一般情况下，一个身体健康、智力健全、精神状况良好的成年人可以独立完成上述行为，我们视其为完全民事行为能力人。一个十六周岁以上有劳动能力的未成年人，如果已经参加劳动并且能够以自己的劳动收入作为主要生活来源，不需要再依靠监护人了，那么也视为完全民事行为能力人，可以享有和成年人一样的权利，并承担与成年人一样的责任。

八周岁以上的未成年人是否具备民事行为能力，他们如何实施民事法律行为？

答：《民法典》第十九条规定："八周岁以上的未成年人为限制民事行为能力人，实施民事法律行为由其法定代理人代理或者经其法定代理人同意、追认；但是，可以独立实施纯获利益的民事法律行为或者与其年龄、智力相适应的民事法律行为。”

八周岁以上、十八周岁以下的未成年人具备民事行为能力，但是要受到一定的限制，属于限制民事行为能力人。他们在实施民事法律行为之前，需要经过监护人的同意，或者实施之后要得到监护人的认可，这样实施的民事法律行为才是有效的。比如，十几岁的小孩私自与他人签订了一份合同，因超出其能力范围而需要得到监护人的确认。但是，如果是有人赠送东西这种纯获利的事情，因对限制民事行为能力人有利，并且不需要他们承担什么后果，所以他们是可以实施的。此外，一些比较日常的、他们完全有能力处理好的小事情，比如在小卖部买零食、赠送同学一支铅笔等，就不需要经过监护人同意。

八周岁以下的人是否具备民事行为能力，他们如何实施民事法律行为？

答：《民法典》第二十条规定：“不满八周岁的未成年人为无民事行为能力人，由其法定代理人代理实施民事法律行为。”

八周岁以下的未成年人因年纪太小，完全没有认知能力和辨别是非的能力，不能独立做任何事情，必须由监护人代替他们实施民事法律行为，法律视他们为无民事行为能力人。需要注意的是，这一阶段的孩子连接受赠与和处理日常小事情的行为都不能单独完成。一方面，由于孩子太小，不能判断接受赠与会不会对他人有损害，比如，某人给官员行贿，担心不被接受，就直接赠送给其六岁的孩子，如果这件事情被认定为有效的，将产生极其恶劣的影响。另一方面，一个不满八周岁的孩子去小卖部买零食，小卖部也不能将东西卖给他，否则就构成违法。

不能辨认自己行为的人是否具有民事行为能力？

答：《民法典》第二十一条规定：“不能辨认自己行为的成年人为无民事行为能力人，由其法定代理人代理实施民事法律行为。八周岁以上的未成年人不能辨认自己行为的，适用前款规定。”

一般情况下，自然人年满十八周岁就具有完全民事行为能力，年满八周岁就具有限制民事行为能力，但并不是所有的自然人都是这样。比如一个自然人虽然成年了，但是其患有严重精神疾病，或者患重度老年痴呆，抑或是植物人，那么他根本不可能具有认知能力和辨识能力，无法独立完成一件事情，也没有能力对自己的行为承担法律后果，因此这些人不具有民事行为能力，需要由其监护人代为实施民事法律行为。

不能完全辨认自己行为的人是否具有民事行为能力，他们如何实施民事法律行为？

答：《民法典》第二十二条规定："不能完全辨认自己行为的成年人为限制民事行为能力人，实施民事法律行为由其法定代理人代理或者经其法定代理人同意、追认；但是，可以独立实施纯获利益的民事法律行为或者与其智力、精神健康状况相适应的民事法律行为。"

不能完全辨认自己的行为，意味着只可以辨认一部分，由于其辨认能力受限，行为能力也要相应受到限制。不能完全辨认自己行为的成年人要么是智力存在缺陷，例如初患老年痴呆的人、脑瘫患者或因外部力量导致大脑受伤的人，要么是精神状况有问题，例如一些轻度精神病人或间歇性精神病人。以上这些人与年满八周岁以上的未成年人一样，受制于自身智力和健康状况，他们实施的民事法律行为要得到法定代理人的同意或追认，但是可以独立实施纯获利益的或者与其智力、精神健康状况相适应的民事法律行为。

无民事行为能力人、限制民事行为能力人的法定代理人是谁？

答：《民法典》第二十三条规定："无民事行为能力人、限制民事行为能力人的监护人是其法定代理人。"

无民事行为能力人、限制民事行为能力人在日常生活中需要从事、参与一些活动，其人身和财产也需要有人给予监督和保护。为了解决这一问题，《民法典》设置了监护人作为法定代理人的规定，以法律名义进行设定，由监护人对其权益进行保护，帮助其从事民事法律行为。

一个成年人是无民事行为能力人还是限制民事行为能力人需要认定吗?

答:《民法典》第二十四条第一款规定:“不能辨认或者不能完全辨认自己行为的成年人,其利害关系人或者有关组织,可以向人民法院申请认定该成年人为无民事行为能力人或者限制民事行为能力人。”

即使是成年人,也存在无法完全参与某一民事活动的情况,根据其精神和智力状况受到损害的程度不同,法律将其分为不能辨认自己行为的成年人和不能完全辨认自己行为的成年人。比如,一个精神病患者,如果病情特别严重,就可能完全不具有辨认能力,如果病情不太严重,可能具有一部分辨认能力。但是这个人是不是精神病患者,病情严不严重,能不能辨认自己的行为,不是精神病患者自己或者其家属说了算的,而是需要和这个精神病人有利害关系的人,或者相关的组织,拿着相关材料去法院申请,法院接到申请后,通过审核来认定这个人的民事行为能力到底受不受限制,是无民事行为能力人还是限制民事行为能力人。

那么,为什么法院要进行审核呢?我们知道,非完全民事行为能力人对自己的行为不承担法律责任或者只需承担一部分法律责任,比如,甲被认定为精神病人后,如果他犯法了,就可以不用承担或者减轻法律责任,而有些人会为了逃避法律责任,弄虚作假,假借不具有完全民事行为能力逃避自己本应当承担的责任,所以法院要依法进行审查核实。

被认定为无民事行为能力或者限制民事行为能力的人,还能恢复认定吗?

答:《民法典》第二十四条第二款规定:“被人民法院认定为无民事行为能力人或者限制民事行为能力人的,经本人、利害关系人或者有关组织申请,人民法院可以根据其智力、精神健康恢复的状况,认定该成年人恢复为限制民事行为能力人或者完全民事行为能力人。”

根据本条规定可知,这个问题的答案是肯定的,但是需要到法院申请。例如,一个精神病患者的病情好转了,他想和别人合伙开公司并自己参与公司的管理,如果不恢复为完全民事行为能力人的话，他的目的就不能实现。这时，他需要拿着能证明他具有完全民事行为能力的证据，去法院申请恢复自己的民事行为能力。需要注意的是，申请恢复民事行为能力，可以由本人向法院提出。

自然人的住所指哪里？

答：《民法典》第二十五条规定："自然人以户籍登记或者其他有效身份登记记载的居所为住所；经常居所与住所不一致的，经常居所视为住所。"

通常意义上讲，自然人的住所，就是自然人住的地方，但是从法律层面来讲，住所有其特殊的含义，必须是经过登记记载的自然人居住的地方，一般是户口本或者身份证上记载的地址。住所不能随便跟着自然人实际的居所而改变，例如，甲出生在A市某村，户口本上登记的地址也是A市某村，那么甲的住所就是A市某村。后来甲为了看望女儿，去B市住了几个月，此时，虽然甲实际住的地方变了，但是其住所并不能随之改变，依然还是A市某村。当然，如果甲在女儿家待的时间超过了一年，那说明他经常居住在女儿家，去他女儿家才能找到他，那么此时他的住所就变成了他女儿家的地址。另外，需要说明的是，法律规范住所的概念是十分有必要的，住所必须是一个相对稳定的地址。比如在涉及诉讼的时候，法院要给当事人寄送法律文书，寄送的地址就是当事人的住所。

第二节　监　护

谁是未成年人的监护人，监护顺序如何？

答：《民法典》第二十七条规定："父母是未成年子女的监护人。未成年人的父母已经死亡或者没有监护能力的，由下列有监护能力的人按顺序担任监护人：（一）祖父母、外祖父母；（二）兄、姐；（三）其他愿意担任监护人的个人或者组织，但是须经未成年人住所地的居民委员会、村民委员会或者民政部门同意。"

举例来说，甲今年十五周岁，和父母生活在一起，还有一个二十二岁的姐姐，在外地工作，那么，甲的监护人就是其父母。但是，天有不测风云，甲的父母遭遇了一场车祸，父亲当场去世，母亲成了植物人，这种情况下，如果甲有爷爷奶奶或姥姥姥爷，爷爷奶奶、姥姥姥爷就成了甲的监护人；如果甲的爷爷奶奶和姥姥姥爷都去世了或者年龄大了、身体不好，无法照看甲，那么甲的姐姐就成了甲的监护人；如果甲的姐姐也出了事，失去监护能力，不能照顾甲了，这时候，如果甲的亲戚看甲非常可怜，想要监护甲，那么在征得甲住所地居委会、村委会或民政部门的同意后，就可以成为甲的监护人。需要说明的是，《民法典》之所以要规定监护人的顺序，就是为了更好地保护未成年人的权益，防止未成年人的父母去世后，近亲属之间相互推脱监护职责。

成年人需要有监护人时，监护顺序如何？

答：《民法典》第二十八条规定："无民事行为能力或者限制民事行为能力的成年人，由下列有监护能力的人按顺序担任监护人：（一）配偶；（二）父母、子女；（三）其他近亲属；（四）其他愿意担任监护人的个人或者组织，但是须经被监护人住所地的居民委员会、村民委员会或者民政部门同意。"

比如说，甲今年四十岁了，由于一场意外，成了植物人。如果甲有配偶的话，应当由其配偶来担任监护人；如果甲没有结婚，或者甲的配偶已经去世或没有能力承担监护责任的，那么如果甲父母健在或者有子女的话，就应当由其父母或子女作为监护人；如果甲的父母去世了，甲也没有子女，就应当由甲的其他近亲属，比如甲的祖父母、外祖父母、兄弟姐妹等作为其监护人；如果甲没有其他的近亲属，那么如果有其他人愿意担任甲的监护人的，比如甲的好朋友、邻居等，他们经过甲住所地的居委会、村委会或民政部门的同意后，也可以担任。这里规定监护人的顺序，同样是为了避免当成年人变成无民事行为能力人或者限制民事行为能力人后，近亲属之间相互推脱监护职责。

父母可以通过自己订立遗嘱来为孩子"托孤"吗？

答：《民法典》第二十九条规定："被监护人的父母担任监护人的，可以通过遗嘱指定监护人。"

根据本条规定可知，法律认可父母在去世之前通过订立遗嘱的方式来为孩子指定监护人。

比如，甲和乙的孩子丙是一个重度精神病人，甲乙是其监护人，甲和乙担心在他们去世之后，丙得不到好的照顾，就可以选择一个他们信赖的人在他们去世后来担任丙的监护人。这样通过指定的方式确定监护人产生的效果优于通过法定监护顺序确定的监护人，因为通过法定顺序确定的监护人不一定是被监护人的父母最信赖的人，也不一定是最能将被监护人照顾好的人，而通过指定监护人，就可以很好地解决这一问题，从而最大限度保护被监护人的利益。

监护人之间能通过协议方式确定谁担任监护人吗？

答：《民法典》第三十条规定：“依法具有监护资格的人之间可以协议确定监护人。协议确定监护人应当尊重被监护人的真实意愿。”

例如，十二周岁的小龙的父母因意外去世了，他的爷爷奶奶和姥姥姥爷都具有民事行为能力，都想当小龙的监护人，那么几个人就可以商量一下，最终由谁来当小龙的监护人。需要注意的是，此时小龙已经年满十二周岁，有了一定的认知能力，小龙的爷爷奶奶和姥姥姥爷最终决定的结果也要征询小龙的意见。

对监护人的确定有争议时，怎么办？

答：《民法典》第三十一条第一款、第二款规定：“对监护人的确定有争议的，由被监护人住所地的居民委员会、村民委员会或者民政部门指定监护人，有关当事人对指定不服的，可以向人民法院申请指定监护人；有关当事人也可以直接向人民法院申请指定监护人。居民委员会、村民委员会、民政部门或者人民法院应当尊重被监护人的真实意愿，按照最有利于被监护人的原则在依法具有监护资格的人中指定监护人。”

如果有资格的监护人不能通过协议的方式确定监护人，就需要通过指定的方式来确定。指定监护有两种方式，第一种是由被监护人所在地的居委会、村委会或民政部门指定监护人；第二种方式是向法院申请指定监护人。例如，小龙的父母去世了，小龙的爷爷奶奶和姥姥姥爷都想做他的监护人，几番争执仍没有达成一致，小龙所在小区的居委会就应当在尊重小龙意愿的基础上，按照最有利于小龙的原则为他指定一个监护人。但是居委会的权力没有那么大，指定的结果并不一定是最终的结果，如果其他有资格的监护人对居委会的指定不服，还可以向人民法院申请重新指定。当然，小龙的爷爷奶奶和姥姥姥爷也可以不经过居委会的指定，直接到法院申请，让法院指定一个监护人，法院的指定产生最终效力，所有人都要执行。

指定监护人之前，由谁担任临时监护人？

答：《民法典》第三十一条第三款规定："依据本条第一款规定指定监护人前，被监护人的人身权利、财产权利以及其他合法权益处于无人保护状态的，由被监护人住所地的居民委员会、村民委员会、法律规定的有关组织或者民政部门担任临时监护人。"

被监护人没有民事行为能力或者被限制了民事行为能力，就需要有一个监护人随时对其人身和财产进行监督和保护。但是，在监护人死亡或丧失监护能力后，新的监护人被指定之前，就会存在监护人缺失的情况。为解决这一问题，《民法典》设置了临时监护人制度，在被监护人短暂时间内没有监护人的情况下，由当地的居委会、村委会、法律规定的有关组织或民政部门担任被监护人的临时监护人。

监护人被指定后可以随意变更吗？

答：《民法典》第三十一条第四款规定："监护人被指定后，不得擅自变更；擅自变更的，不免除被指定的监护人的责任。"

监护人被指定后就产生了法律效力，监护人就应当积极履行自己的监护职责，他和其他亲属之间不可以私自变更，也不能擅自将监护责任转移给别人。如果交给别人之后，被监护人在别人那里出了事，指定监护人仍要承担责任。例如，法院指定了小虎的爷爷作为他的监护人，爷爷擅自做决定让小虎的姥爷做监护人，小虎如果在姥爷监护的期间把同学打了，小虎的爷爷也应当承担赔偿责任。

需要监护人，但是又没有具有监护资格的人的，怎么办？

答：《民法典》第三十二条规定："没有依法具有监护资格的

人的，监护人由民政部门担任，也可以由具备履行监护职责条件的被监护人住所地的居民委员会、村民委员会担任。”

作为他人的监护人，不但要照顾被监护人，还要帮助被监护人从事一些民事行为，因此，想担任监护人需要具备一定的法定资格，但如果某个需要被监护的人，连一个有监护资格的人都没有，那该怎么办呢？按照法律规定，那就需要由民政部门或者居委会、村委会担任。也就是说，国家和政府不会放任一个需要被监护的人处于无监护人的状态，实在没有监护人的话，政府就会作为他的监护人。

可以事先协商确定自己以后的监护人吗？

答：《民法典》第三十三条规定：“具有完全民事行为能力的成年人，可以与其近亲属、其他愿意担任监护人的个人或者组织事先协商，以书面形式确定自己的监护人，在自己丧失或者部分丧失民事行为能力时，由该监护人履行监护职责。”

也就是说，一个身心健康、智力健全的成年人是可以提前找好自己的监护人的。例如，张某今年五十一周岁，具有完全民事行为能力，他一生养育了两个儿子，担心等自己老了之后，两个儿子对监护责任有争议，就想提前和儿子们商量好，等他丧失民事行为能力后，由大儿子来担任自己的监护人。张某可以与两个儿子进行协商，确定由大儿子担任监护人后，需要通过书面形式予以记录，否则不能作数。

监护人具有什么职责和权利？

答：《民法典》第三十四条第一款和第二款规定：“监护人的职责是代理被监护人实施民事法律行为，保护被监护人的人身权利、财产权利以及其他合法权益等。监护人依法履行监护职责产生的权利，受法律保护。”

法律确立监护制度，就是为了保护需要被监护的人的各项权益。如果被监护人是未成年人，监护人应当代理实施民事法律行为，并且要照顾未成年人的生活，保护其健康成长，保障其接受教育的权利，还要管理和保护未成年人的财产。如果被监护人是患精神疾病或智力低下的成年人，监护人除了上述责任外，还要积极为其治病，促进其康复。

监护人为履行监护职责，需要由法律赋予其一定的权利，例如，一个十三岁的小孩跟他人签订了一份购车协议，他的父母享有追认的权利，可以自愿选择认可或者不认可，其他人不能干涉；当这个小孩因赠与得到一笔存款时，他的父母可以对其财产进行管理，但不能故意消费或者恶意转出这笔钱款；如果他被别人敲诈、勒索等，父母还要积极保护他的人身和财产安全，享有代为起诉、控告等权利。

监护人暂时无法履行监护职责时，怎么办？

答：《民法典》第三十四条第四款规定：“因发生突发事件等紧急情况，监护人暂时无法履行监护职责，被监护人的生活处于无人照料状态的，被监护人住所地的居民委员会、村民委员会或者民政部门应当为被监护人安排必要的临时生活照料措施。”

法律不会置被监护人于无人照料的状态，而是让政府部门主动承担临时照料责任。例如，如果小明（12周岁）的父母因疫情防控需要集中隔离，没有人能够临时照顾小明这一段时间的生活，那么，当地居委会、村委会或民政部门就会来安排，以确保小明能够正常生活。

监护人履行监护职责应当遵循什么原则？

答：《民法典》第三十五条规定：“监护人应当按照最有利于被监护人的原则履行监护职责。监护人除为维护被监护人利益外，不得处分被监护人的财产。未成年人的监护人履行监护职责，在作出与被监护人利益有关的决定时，应当根据被监护人的年龄和智力状况，尊重被监护人的真实意愿。成年人的监护人履行监护职责，应当最大程度地尊重被监护人的真实意愿，保障并协助被监护人实施与其智力、精神健康状况相适应的民事法律行为。对被监护人有能力独立处理的事务，监护人不得干涉。”

根据本条规定可知，监护人在履行监护职责时，应当遵循最有利于被监护人和尊重被监护人意愿的原则。举例来说，小凡今年十五周岁，其父母因意外去世，他的监护人是哥哥小超。在分配遗产时，小超应当充分考虑到小凡的利益，不能为了自己的利益而代小凡放弃继承；如果小凡依法继承了遗产，小超应当对小凡的财产进行管理，可以进行合理投资，但投资所得的利益归小凡所有，小超不能私自占有；如果小凡在继承了二十万元遗产后，想要将其中的五万元捐赠给患癌症的好朋友小丰，此时，小超应当考虑小凡做出的决定是否理智，在小凡充分理解捐赠的法律后果后，若依然选择捐赠，小超应当尊重小凡的意愿。如果被监护人是成年人，监护人在履行监护职责时，更要注重考虑被监护人的意愿。例如，间歇性精神病人在其未发病时，有能力判断自己的行为，可以根据自己的意愿从事民事法律行为，监护人不应当进行干涉。

在什么情况下监护人的监护资格应当被撤销？

答：《民法典》第三十六条第一款规定："监护人有下列情形之一的，人民法院根据有关个人或者组织的申请，撤销其监护人资格，安排必要的临时监护措施，并按照最有利于被监护人的原则依法指定监护人：（一）实施严重损害被监护人身心健康的行为；（二）怠于履行监护职责，或者无法履行监护职责且拒绝将监护职责部分或者全部委托给他人，导致被监护人处于危困状态；（三）实施严重侵害被监护人合法权益的其他行为。"

也就是说，出现以下三种情况的，监护人资格应当被撤销：第一，实施了严重损害被监护人身心健康的行为，例如，小晶（七周岁）的母亲因病去世，小晶的父亲作为小晶的监护人，经常酗酒后打骂小晶，那么父亲的监护人资格就要被撤销；第二，怠于或无法履行监护职责，使监护人处于危困状态，例如，小晶的父亲因犯罪被逮捕，无法履行监护职责，又不想将监护职责委托给别人，结果小晶无人照顾，此时，父亲的监护人资格也要被撤销；第三，实施了严重侵害被监护人合法权益的其他行为，例如，小晶的父亲利用小晶从事违法犯罪活动，就要撤销其监护资格。

谁可以申请撤销监护人的监护资格？

答：《民法典》第三十六条第二款和第三款规定："本条规定的有关个人、组织包括：其他依法具有监护资格的人，居民委员会、村民委员会、学校、医疗机构、妇女联合会、残疾人联合会、未成年人保护组织、依法设立的老年人组织、民政部门等。前款规定的个人和民政部门以外的组织未及时向人民法院申请撤销监护人资格的，民政部门应当向人民法院申请。”

监护人因法定事由需要被撤销监护人资格时，需要由申请人提出撤销申请。而在实践中，其他具有监护资格的人以及居委会、村委会、学校、医院、妇女联合会、残疾人联合会、未成年人保护组织、依法设立的老年人组织等机构和被监护人关系比较密切，更容易发现监护人是否实施过虐待、遗弃或其他损害被监护人权益的行为，这些人员及组织发现问题后，应当及时向人民法院申请撤销监护人的监护资格。否则，民政部门应当向人民法院申请，而不得使被监护人无人照顾。

被撤销监护资格后，监护人还要继续支付被监护人的相关费用吗？

答：《民法典》第三十七条规定：“依法负担被监护人抚养费、赡养费、扶养费的父母、子女、配偶等，被人民法院撤销监护人资格后，应当继续履行负担的义务。”

父母、子女、配偶是支付抚养费、赡养费、扶养费的义务人，其监护资格被撤销后，并不能免除法定的支付义务，还应当继续承担支付抚养费、赡养费或扶养费的义务。但是，如果监护人是其他人，例如哥哥作为监护人，那么在其被撤销监护资格后，法院指定了他人作为监护人，哥哥就不再需要支付被监护人生活所需的费用，而应由新的监护人承担。

监护人被撤销监护资格后，还能不能再恢复监护资格？

答：《民法典》第三十八条规定：“被监护人的父母或者子女被人民法院撤销监护人资格后，除对被监护人实施故意犯罪的外，确有悔改表现的，经其申请，人民法院可以在尊重被监护人真实意愿的前提下，视情况恢复其监护人资格，人民法院指定的监护人与被监护人的监护关系同时终止。”

能够恢复监护资格的监护人，仅限于被监护人的父母或子女。也就是说，父母或者子女在做监护人时没有尽到监护义务，也许是侵害过被监护人的权益，也许是怠于履行监护义务，然后被撤销了监护资格。如果他们还有担任监护人的意愿，在改正自己的行为后，可以向人民法院申请恢复监护资格，人民法院应当询问被监护人的意愿，如果被监护人同意，监护人也悔改得很好，人民法院就可以再恢复他的监护资格，那么之前指定他人作为监护人的，指定的监护关系也就同时终止了。

需要注意的是，如果监护人之前是由于实施犯罪被撤销监护资格的，就不能再申请恢复监护资格了。例如，甲长期虐待自己年迈的父母，被认定为虐待罪，那么，即使甲之后对自己的虐待行为后悔不已，真心悔改，也不能再作为其父母的监护人了。

第三节　宣告失踪和宣告死亡

申请宣告失踪，需要满足怎样的条件？

答：《民法典》第四十条规定："自然人下落不明满二年的，利害关系人可以向人民法院申请宣告该自然人为失踪人。"

第四十一条规定："自然人下落不明的时间自其失去音讯之日起计算。战争期间下落不明的，下落不明的时间自战争结束之日或者有关机关确定的下落不明之日起计算。"

由此可见，申请宣告失踪需要满足三个条件：第一，自然人失踪的时间不能太短，如果一个人因为心情不好，去外地旅游一个月，其间与认识的人断绝联系，那并不能叫作失踪。失踪的时间必须超过两年，这两年要从失踪人失去音讯之日起算；如果是在战争期间下落不明的，要在战争结束之日或者有关机关确定的下落不明之日起算，因为失踪的人在战争期间可能需要隐藏身份，或者没有条件与家人取得联系。第二，利害关系人要到法院申请自然人为失踪人，利害关系人可以是失踪人的亲属，也可以是其他与失踪人有民事法律关系的人，比如与失踪人订立买卖合同的人、借钱给失踪人的人、失踪人的房东，等等，都属于利害关系人。第三，失踪要由人民法院进行宣告，只有在人民法院受理了利害关系人申请之后，经过调查、公告、寻找等一系列操作之后仍无法找到失踪人时，才会宣告其失踪，其他人或其他组织都不能直接认定其失踪。

失踪人的财产由谁来代管?

答:《民法典》第四十二条规定:“失踪人的财产由其配偶、成年子女、父母或者其他愿意担任财产代管人的人代管。代管有争议,没有前款规定的人,或者前款规定的人无代管能力的,由人民法院指定的人代管。”

失踪人在失踪后,其财产需要有人来管理。例如,失踪人租给别人的房子,需要有人收房租;失踪人欠债权人的钱,需要有人代为偿还。因此,需要找一个人来代为管理失踪人的财产并代为处理这些财产法律关系。自然人失踪后,财产一般由其配偶、成年子女、父母或其他愿意担任财产代管人的人代为管理,但是如果这些人协商不一致,或者根本没有这些代管人的,或是有资格代管的人没有代管能力的,那么就要由法院来指定一个代管人。

财产代管人造成财产损失要赔偿吗?

答:《民法典》第四十三条规定:“财产代管人应当妥善管理失踪人的财产,维护其财产权益。失踪人所欠税款、债务和应付的其他费用,由财产代管人从失踪人的财产中支付。财产代管人因故意或者重大过失造成失踪人财产损失的,应当承担赔偿责任。”

财产代管人在代管财产时,应当尽到保护财产的义务,不能故意侵吞失踪人的财产,如因重大过失造成财产损失,要承担赔偿责任。例如,失踪人甲的哥哥代管甲的银行账户,因重大过失将账号和密码泄露,导致账户内财产被盗取,那么甲的哥哥应当承担赔偿责任。

哪些人可以向人民法院申请变更财产代管人?

答:《民法典》第四十四条规定:“财产代管人不履行代管职责、侵害失踪人财产权益或者丧失代管能力的,失踪人的利害关系人可以向人民法院申请变更财产代管人。财产代管人有正当理由的,可以向人民法院申请变更财产代管人。人民法院变更财产代管人的,变更后的财产代管人有权请求原财产代管人及时移交有关财产并报告财产代管情况。”

根据本条规定可知,一方面,当财产代管人不履行代管职责、侵害失踪人财产权益或者丧失代管能力时，利害关系人可以向法院申请变更财产代管人。例如，甲宣告失踪后，甲的姐姐作为甲的财产代管人，不履行代管职责，不偿还债权人的借款，还想将甲的房子卖掉，自己使用这笔钱。甲的其他近亲属肯定不想让甲的姐姐把甲的财产吞掉，甲的债权人也想尽快实现债权，那么，他们就可以作为利害关系人，向法院申请变更财产代管人。另一方面，财产代管人有正当理由的，也可以主动申请变更财产代管人。例如，甲的姐姐要移民，无法管理甲在国内的房产，可以向法院提出变更申请。

失踪人被宣告失踪后又重新出现，怎么办？

答：《民法典》第四十五条规定："失踪人重新出现，经本人或者利害关系人申请，人民法院应当撤销失踪宣告。失踪人重新出现，有权请求财产代管人及时移交有关财产并报告财产代管情况。"

如果失踪的人回来了，或者有人与失踪人取得联络，得知失踪人的现住所或行踪等信息，那么就不能再算作失踪人了，此时失踪人或者利害关系人应当及时到人民法院去申请撤销失踪宣告，因为当时宣告失踪是由法院做出的，所以撤销失踪也需要由法院做出，才能发生法律效力。失踪人重新出现后，就不再需要财产代管人了，财产代管人应当将财产及时移交给失踪人，如果代管人不主动移交，失踪人可以请求其移交，并有权让其说明财产代管的情况。

申请宣告死亡，需要满足怎样的条件？

答：《民法典》第四十六条规定："自然人有下列情形之一的，利害关系人可以向人民法院申请宣告该自然人死亡：（一）下落不明满四年；（二）因意外事件，下落不明满二年。因意外事件下落不明，经有关机关证明该自然人不可能生存的，申请宣告死亡不受二年时间的限制。"

如果一个自然人长期处于下落不明的状态，与他相关的人的生活会受到很大影响。例如，甲失踪了很长时间，甲的妻子与他人产生情感，但是碍于还与甲存在夫妻关系，因此不能和他人结婚。为了处理长期下落不明的人与利害关系人之间的人身、财产关系，法律规定了宣告死亡制度。申请宣告死亡需要满足三个条件：第一，自然人下落不明满四年，或者因意外事件下落不明满两年。也就是说，一个自然人如果是自己不告而别失踪的，要满四年才能申请宣告死亡；如果是因意外事件失踪，例如，在一场巨大的洪水中失踪，满两年就可以申请宣告死亡。如果自然人因意外事件失踪，有关机关提供证明认为自然人不可能生存的，证明作出之日就可以申请宣告死亡。第二，需要利害关系人申请，下落不明的人的亲属、债权人、债务人等都可以作为利害关系人向法院提出申请。例如，甲下落不明满四年，甲的妻子想和他人结婚，就可以去法院申请宣告甲死亡，甲被宣告死亡后，甲的妻子与甲的婚姻关系终止，甲的妻子才可以和他人结婚。第三，要经过人民法院的调查、公告、寻找等一系列程序，若还是无法找到失踪人，才会宣告其死亡。

对同一个人，同时满足宣告死亡与宣告失踪，怎么办？

答：《民法典》第四十七条规定："对同一自然人，有的利害关系人申请宣告死亡，有的利害关系人申请宣告失踪，符合本法规定的宣告死亡条件的，人民法院应当宣告死亡。"

宣告死亡和宣告失踪的后果不同，比如一个人被宣告死亡，他的财产会被继承，而如果是失踪，就需要找到一个财产代管人继续管理其财产。但是，申请宣告死亡和申请宣告失踪的期限存在部分重叠的情况，如果一个自然人是因意外事件失踪满两年，就同时满足申请宣告失踪和宣告死亡的期限条件，可能会存在不同的利害关系人申请内容不同的情况。例如，甲在一场森林火灾中失踪两年多，甲的父母到法院申请宣告甲失踪，甲的妻子申请宣告甲死亡，此时，因达到了宣告死亡的条件，法院应当直接宣告甲死亡。

被宣告死亡的人，哪天算死亡日期？

答：《民法典》第四十八条规定："被宣告死亡的人，人民法院宣告死亡的判决作出之日视为其死亡的日期；因意外事件下落不明宣告死亡的，意外事件发生之日视为其死亡的日期。"

一个自然人被宣告死亡的日期是通过推定的方式确定的，也就是说宣告死亡的日期不一定是自然人真正死亡的日期。例如，甲失踪四年后，被法院宣告死亡，那法院作出宣告死亡判决的日期就被推定为甲死亡日期，甲可能在失踪后两年就已经死亡了，但是利害关系人根本不可能知道他真正的死亡日期，所以就以推定的死亡日期为准。法律推定自然人死亡的日期有两种方式：一种是因自身原因下落不明的，法院作出宣告死亡判决之日视为死亡日期；另一种是因意外事件下落不明的，生存的可能性很小，所以就将意外事件发生之日推定为死亡日期。

并未真正死亡的人在被宣告死亡期间实施的民事法律行为有效吗？

答：《民法典》第四十九条规定："自然人被宣告死亡但是并未死亡的，不影响该自然人在被宣告死亡期间实施的民事法律行为的效力。"

根据本条规定可知，自然人被宣告死亡但是并未真正死亡的，他在被宣告死亡期间实施的民事法律行为是有效的。例如，甲与父母闹矛盾后离家出走，下落不明满四年，父母向法院申请宣告甲死亡，人民法院经过审查作出了宣告死亡的判决。但是，甲实际上并没有真的死亡，他去了另外一个城市工作生活，还和乙结婚了，那么甲在另一个城市实施的这些行为都是有效的，其与乙的婚姻关系也是合法有效的。

被宣告死亡的人重新出现，婚姻关系能恢复吗？

答：《民法典》第五十一条规定："被宣告死亡的人的婚姻关系，自死亡宣告之日起消除。死亡宣告被撤销的，婚姻关系自撤销死亡宣告之日起自行恢复。但是，其配偶再婚或者向婚姻登记机关书面声明不愿意恢复的除外。"

自然人被宣告死亡的法律后果和真正死亡的法律后果是一样的，在自然人被宣告死亡之日，其配偶与他的婚姻关系也就消除了。如果被宣告死亡的人重新出现，死亡宣告被撤销，婚姻关系也应当自动恢复，不需要再到民政部门重新登记。但是，由于婚姻关系带有一定的人身性，为了保护当事人的权益，法律给予了被宣告死亡人的配偶一定的自主选择权。比如，在宣告甲死亡期间，其妻子乙与他人再婚了，那甲与乙已经终止的婚姻关系就不能对抗乙与他人产生的新的婚姻关系。也就是说，甲乙的婚姻关系不能自动恢复。再比如，乙在宣告甲死亡期间习惯了一个人生活，甲回来之后，乙到婚姻登记机关书面声明不愿意和甲恢复婚姻关系，那甲乙之间的婚姻关系也就不能自动恢复了。

某人死亡宣告被撤销后，其被他人依法收养的子女还能要回来吗?

答：《民法典》第五十二条规定："被宣告死亡的人在被宣告死亡期间，其子女被他人依法收养的，在死亡宣告被撤销后，不得以未经本人同意为由主张收养行为无效。"

如果父母健在，把子女送给别人收养时，需要征得父母同意。如果父母死亡，孤儿被送给他人收养时，就无法再征得父母同意。所以，在自然人被宣告死亡后，相关组织或个人，没有经被宣告死亡的人同意将其子女送他人收养是符合法律程序的，收养关系成立之日，孤儿与被宣告死亡的人之间的权利义务关系自动消除。即使其申请撤销了死亡宣告，也不能直接要回孩子，应当先和收养人协商解除收养关系，才能恢复和孩子的关系。

对于被撤销死亡宣告的人，其财产如何返还?

答：《民法典》第五十三条规定："被撤销死亡宣告的人有权请求依照本法第六编取得其财产的民事主体返还财产；无法返还的，应当给予适当补偿。利害关系人隐瞒真实情况，致使他人被宣告死亡而取得其财产的，除应当返还财产外，还应当对由此造成的损失承担赔偿责任。"

自然人被宣告死亡的，会发生与真实死亡相同的法律后果，其中之一就是其财产发生继承。但如果死亡宣告被撤销，继承人应将财产返还。例如，甲被宣告死亡后，其妻子和儿子继承了他的财产，当甲被撤销死亡宣告后，其妻子和儿子应当将继承的财产返还给甲。但是，如果甲的妻子明知道甲没有死亡，故意隐瞒甲的踪迹，又到法院申请宣告甲死亡，从而获取其财产，当甲的死亡宣告被撤销后，甲的妻子除了应当返还财产，还要赔偿甲的损失。

第四节　个体工商户和农村承包经营户

个体工商户的债务由谁来承担?

答:《民法典》第五十六条第一款规定:“个体工商户的债务,个人经营的,以个人财产承担;家庭经营的,以家庭财产承担;无法区分的,以家庭财产承担。”

个体工商户不是公司,没有独立的法律地位,不能以公司有限的财产承担责任,而是要以经营者个人或家庭的财产承担无限责任。如果是个人经营的,以个人的财产承担债务;如果是家庭经营的,以家庭财产承担债务;如果不能区分是个人财产还是家庭财产的,以家庭财产承担债务。例如,甲结婚之后开了一个小卖部,如果是以甲婚前财产投资的,个体工商户产生债务后就以甲的个人财产偿还;如果甲是以夫妻共有财产投资的,就要由甲和妻子的共有财产承担债务。

农村承包经营户的债务由谁来承担?

答:《民法典》第五十六条第二款规定:“农村承包经营户的债务,以从事农村土地承包经营的农户财产承担;事实上由农户部分成员经营的,以该部分成员的财产承担。”

由于农村承包经营户是以家庭为单位的,经营户产生的债务就要由这个承包土地的家庭财产来偿还。但是,如果这个家庭中的一部分人没有参与经营,而是去外地打工了,那么农村承包经营户所负的债务就和他们没有关系,应当由实际经营土地的家庭成员来承担债务。

第三章　法人

第一节　一般规定

成立法人一般应当符合哪些条件?

答：《民法典》第五十八条规定："法人应当依法成立。法人应当有自己的名称、组织机构、住所、财产或者经费。法人成立的具体条件和程序，依照法律、行政法规的规定。设立法人，法律、行政法规规定须经有关机关批准的，依照其规定。"

"法人"不是"人"，这是说，法人不是我们平常所说的自然人，它是一个组织，而法律赋予了它一个人格，让它和自然人一样具有民事权利能力和民事行为能力，并能够承担一定的民事义务。

成立一个法人，首先要先起一个名字，以便和其他的法人区别开来。比如，甲想开一个软件公司，他就要去市场监督管理局给公司注册一个不同于其他公司的名称。其次，需要有能够开展经营活动的组织机构。甲的软件公司不能是一个空壳子，要有具体开展业务的部门以及管理公司的机构。再次，法人还应当有自己的住所，也就是公司的具体地址，如果没有住所，就成了"皮包公司"，无法正常经营和管理。最后，法人应当有财产或经费，任何人开公司都需要一定的资金，租场地、招员工、买设备，等等，都是需要资金的，有充足的资金，才能保证公司顺利成立并经营。除了具备以上几个要素外，成立法人还要按照法律规定的条件和程序设立。比如，《中华人民共和国公司法》（以下简称《公司法》）规定，设立公司必须具有公司章程，那就应当按照规定制定符合公司情况的公司章程。此外，有些法人还需要经过有关机关的批准才能设立，例如，甲如果想成立一个民办学校，那么就要经过当地民政部门批准。

法人如何承担民事责任?

答：《民法典》第六十条规定："法人以其全部财产独立承担

民事责任。”

所谓民事责任，通俗来讲，就是民事主体侵犯了他人的权益，造成了他人人身或财产损失，需要承担的赔偿、恢复原状等责任。自然人如果造成他人身体受伤或财产损失，需要用自己的钱来赔偿。那法人侵犯他人权益时，也要用法人自己的钱来赔偿，即使法人的资产加起来都不够赔偿，也不能用股东或员工的钱来赔偿。例如，甲作为投资人，成立了一家保洁公司，由于工作人员在工作时不小心打碎了客户一个价值100万元的花瓶，那么公司应当承担侵权责任，赔偿客户100万元。但是如果公司的资产只有30万元，不够赔偿，客户也不能要求甲来支付剩余的70万元。

法定代表人以法人名义从事的民事活动，后果由谁来承担？

答：《民法典》第六十一条第二款和第三款规定：“法定代表人以法人名义从事的民事活动，其法律后果由法人承受。法人章程或者法人权力机构对法定代表人代表权的限制，不得对抗善意相对人。”

法定代表人是代表法人从事民事活动的自然人，其从事的民事行为并不是自己的事情，而是法人的事情，所以后果要由法人来承担。例如，法定代表人代替公司签订买卖合同，那么履行义务的主体应当是公司，而不是法定代表人。即便法定代表人在从事民事活动时，超出了公司内部对他设定的权限，但如果相对人不知道这一情况，那么法定代表人实施的超过权限的行为仍然要由公司承担后果。

法定代表人在执行职务时造成他人损害，由谁承担民事责任？

答：《民法典》第六十二条规定：“法定代表人因执行职务造成他人损害的，由法人承担民事责任。法人承担民事责任后，依照法律或者法人章程的规定，可以向有过错的法定代表人追偿。”

例如，甲是A公司的法定代表人，在开车去和B公司签合同的路上把路人乙撞了，那么乙的损失就应当由A公司来承担。但如果甲是因为违反了交通规则才撞的乙，那么甲自身存在过错，A公司赔偿完乙之后，可以向甲进行追偿。

法人的住所是哪儿?

答:《民法典》第六十三条规定:“法人以其主要办事机构所在地为住所。依法需要办理法人登记的,应当将主要办事机构所在地登记为住所。”

法人的住所并不是特指法人的经营场所或办事机构。法人可以有很多个经营场所和办事机构,但是这些地方并不一定都是法人的住所。法人的住所只有一个,是其主要办事机构所在地,并且在依法需要注册登记时,也只能登记这一个场所为住所。

法人登记事项变化的,需要变更登记吗?

答:《民法典》第六十四条规定:“法人存续期间登记事项发生变化的,应当依法向登记机关申请变更登记。”

法人在注册的时候需要在登记机关填报一些基本信息,比如,法人的住所、法定代表人、注册资本、经营范围等,都需要登记。但是这些登记的事项不可能是一成不变的,比如公司股东会决议为了扩大经营规模需要增资,那么就要向登记机关申请变更注册资本。

法人登记事项的内容和实际情况不一致,会有怎样的后果?

答:《民法典》第六十五条规定:“法人的实际情况与登记的事项不一致的,不得对抗善意相对人。”

依法需要登记的事项是公开的,任何人都可以去查阅,而法人的实际情况怎样,相对人不可能真正了解,相对人只能去相信登记的信息。而如果因为实际情况与登记情况不一致,就否定法人和相对人进行的民事活动的效力,那么对相对人来说是不公平的。例如,A公司召开股东会,将法定代表人由甲变更为乙,但是没有及时做变更登记。此时,如果甲代表A公司与不知情的B公司签订合同,由于登记部门登记的A公司的法定代表人仍是甲,B公司有理由相信甲的法定代表人身份,并与其签订了合同,那么这个合同是有效的。即使A公司以甲不是实际的法定代表人,无权代表A公司签订合同为由,主张撤销合同,由于B公司签订合同时并不知情,也不存在恶意串通,如果认定合同无效对B公司来说是不公平的,因此法律会认可该合同的效力,保护B公司的权益。

法人登记的信息需要公示吗？

答：《民法典》第六十六条规定：“登记机关应当依法及时公示法人登记的有关信息。”

法人信息是需要公示的，登记机关有义务将法人的登记信息进行公示。现如今，最普遍的公示方式就是在网站上公布。例如，我国各个公司的登记信息都公示在“国家企业信用信息公示系统”上，从该网站能够查询到公司登记的基础信息，包括企业名称、法定代表人、注册资本、住所、经营范围、营业期限、股东情况等。

法人合并的，权利和义务由谁享有和承担？

答：《民法典》第六十七条第一款规定：“法人合并的，其权利和义务由合并后的法人享有和承担。”

法人合并有两种方式，一种是吸收合并，一种是新设合并。吸收合并，是指一个公司将另一个公司吞并，被吞并的公司不存在了，吞并的公司仍然存在，那么被吞并的公司的权利和义务就由吞并的这家公司享有和承担。新设合并，是指两家公司合并成一个新的公司，原来的两家公司注销掉，重新设立一家新的公司。那么，原来两家公司的权利和义务就由新设立的公司享有和承担。不管是哪种形式的合并，法人合并前享有的债权，都由合并后的法人享有，合并前欠别人的钱，都由合并后的法人来偿还。

法人分立的，权利和义务由谁享有和承担？

答：《民法典》第六十七条第二款规定：“法人分立的，其权利和义务由分立后的法人享有连带债权，承担连带债务，但是债权人和债务人另有约定的除外。”

法人分立有两种方式，一种是派生分立，一种是新设分立。派生分立，是指从一个公司中分立出一个公司来，原来的公司依然存在，那么原来公司的权利和义务由派生出来的公司和原公司一起享有和承担。新设分立，是指一个公司分出两个公司，原来的公司注销掉，那么原来公司的权利和义务由分立后的两个公司一起享有和承担。但是如果债权人和债务人之间约定，由其中一个公司享有债权或偿还债务，法律也是允许的。例如，A 公司想要派生分立出B公司，分立前，A公司可以和债权人C公司商量，分立后所有的债务还由A公司来偿还，B公司不需要偿还，如果C公司同意的话，也是可以的。

在哪些情况下，法人终止？

答：《民法典》第六十八条规定："有下列原因之一并依法完成清算、注销登记的，法人终止：（一）法人解散；（二）法人被宣告破产；（三）法律规定的其他原因。法人终止，法律、行政法规规定须经有关机关批准的，依照其规定。"

由此可见，法人终止要具有法定的终止事由，并要完成清算，还要进行注销登记。法人终止的法定事由有三个，一是法人解散，也就是法人里的人都走了，没有人来组织运营了；二是法人被宣告破产，也就是法人欠别人钱太多，资不抵债，只能宣告破产；三是一些其他原因，比如发生地震等自然灾害，导致法人无法存续。发生了以上三种情况，并不能直接导致法人终止，还必须要对法人进行清算，看看法人有多少钱，还欠别人多少钱，别人欠了自己多少钱，该收账的收账，该还钱的还钱。完成清算后，还要去登记机关进行注销登记，此时，法人才算彻底终止。

法人在什么情况下会解散？

答：《民法典》第六十九条规定："有下列情形之一的，法人解散：（一）法人章程规定的存续期间届满或者法人章程规定的其他解散事由出现；（二）法人的权力机构决议解散；（三）因法人合并或者分立需要解散；（四）法人依法被吊销营业执照、登记证书，被责令关闭或者被撤销；（五）法律规定的其他情形。"

比如，甲成立了A公司，登记的存续期间为2020年1月1日至2029年12月31日，那么到了2029年12月31日，公司就过了存续期间，就要解散。如果A公司在存续期间，以甲为主的股东会觉得公司经济效益不好，可以开会研究决定解散公司。另外，A公司在存续期间，也可能因要与其他公司合并或者要分立成几个新的公司而解散。最后，A公司还有可能因为违反法律法规，而被吊销营业执照和登记证书，或被责令关闭，抑或公司被撤销而解散。

法人解散之前要进行清算吗？

答：《民法典》第七十条第一款规定："法人解散的，除合并或者分立的情形外，清算义务人应当及时组成清算组进行清算。"

法人在解散前，除了合并和分立以外，必须成立清算组，对法人进行清算，要把法人所有的财产都算清楚。要算清楚法人的固定资产和资金有多少，法人有多少债权和债务，然后把该收回的债权收回，该偿还的债务偿还，完成清算后法人才能解散。

清算期间，法人还存续吗？

答：《民法典》第七十二条第一款规定："清算期间法人存续，但是不得从事与清算无关的活动。"

清算期间，法人还没有被正式解散，法人身份还是存在的。但是这个时候，法人只能从事和清算有关的活动，不能再从事别的商事活动。例如，A 公司在清算期间，与 B 公司签订了一份买卖合同，把 A 公司剩余的货物卖给 B 公司，这是不被允许的。

法人清算后还有剩余财产的，怎么办？

答：《民法典》第七十二条第二款规定："法人清算后的剩余财产，按照法人章程的规定或者法人权力机构的决议处理。法律另有规定的，依照其规定。"

法人清算出来的财产，要用于支付清算费用、职工的工资，还要缴纳所欠税款、偿还债权人债款。如果支付完这些费用，法人还有剩余的财产，那么就可以根据法人章程的规定，或者权力机构的决议来进行分配，比如按照公司章程设定的分红比例进行股东分红。

法人清算完成后就终止了吗？

答：《民法典》第七十二条第三款规定："清算结束并完成法人注销登记时，法人终止；依法不需要办理法人登记的，清算结束时，法人终止。"

法人清算结束后，法人并不能够即时终止，还要进行注销登记，公示宣告法人解散。具体操作流程大致是：制作清算报告，报主管机关或人民法院确认，同时报送公司登记机关申请注销登记，此时法人才算正式终止。当然，还有一些法人组织不需要办理注销登记，例如工会，工会在成立时不需要进行设立登记，因此在清算后也不需要注销登记。

法人被宣告破产的，会发生什么法律后果?

答：《民法典》第七十三条规定：“法人被宣告破产的，依法进行破产清算并完成法人注销登记时，法人终止。”

法人被宣告破产，是指法人的全部资产不足以清偿到期债务，经过法定代表人或债权人的申请，由人民法院宣告破产。法人被宣告破产会导致法人终止，但是在终止前也需要依法进行清算并注销登记。

法人的分支机构从事的民事活动，产生的民事责任由谁承担?

答：《民法典》第七十四条规定：“法人可以依法设立分支机构。法律、行政法规规定分支机构应当登记的，依照其规定。分支机构以自己的名义从事民事活动，产生的民事责任由法人承担；也可以先以该分支机构管理的财产承担，不足以承担的，由法人承担。”

法人的分支机构，最常见的就是总公司下设分公司。分公司从事经营活动，是以自己的名义进行的，但是由于分公司并不具有法人资格，因此其不具备承担民事责任的能力，其产生的民事责任要由总公司来承担。当然，如果分公司有一定的财产，能够承担一定的民事责任，也可以先自行承担，不足的部分，再由总公司来承担。

设立人在设立法人时从事的民事活动，法律后果由谁承担?

答：《民法典》第七十五条规定：“设立人为设立法人从事的民事活动，其法律后果由法人承受；法人未成立的，其法律后果由设立人承受，设立人为二人以上的，享有连带债权，承担连带债务。设立人为设立法人以自己的名义从事民事活动产生的民事责任，第三人有权选择请求法人或者设立人承担。”

通常情况下，设立人在设立法人时就要进行一些民事活动。例如，甲想要成立一家公司，在设立期间，以拟成立的公司名义与乙签订租房合同，所租房屋作为公司的办公场所。那么，此租房合同是以设立中的公司的名义签订的，法律后果应当由公司承受。如果因为种种原因，甲签完租房合同后，公司没能成立，那么租房合同就应当由设立人甲来承受。如果设立公司的人，除了甲之外，还有其他人，那么法律后果就由甲与其他设立人共同承受。如果甲在签订合同时，不是以公司名义签订，而是以甲自己的名义签订的，那么乙可以要求甲承担责任，也可以要求甲成立后的公司来承担责任。

第二节 营利法人

营利法人如何设立？

答：《民法典》第七十七条规定："营利法人经依法登记成立。"

以取得利润并分配给股东等出资人为目的成立的法人，为营利法人。营利法人包括有限责任公司、股份有限公司和其他企业法人等。首先，营利法人要依法成立。要成立一家公司，需符合《公司法》的规定。例如，《公司法》规定股份有限公司的发起人人数为二人以上二百人以下，如果甲一人发起设立一家股份有限公司，就是不合法的。其次，成立营利法人还要向有关部门申请设立登记，例如，成立一家有限责任公司，应当向市场监督管理部门申请设立登记，按照市场监督管理部门设定的程序办理相关手续。

营利法人何时才算成立？

答：《民法典》第七十八条规定："依法设立的营利法人，由登记机关发给营利法人营业执照。营业执照签发日期为营利法人的成立日期。"

设立人在向登记机关申请设立登记后，登记机关要在法定期限内受理、审查，认为符合设立条件的，依法向营利法人签发营业执照。签发营业执照时，营利法人才算成立。例如，甲设立一家有限责任公司，章程拟定好了，资金到位了，办公场所租好了，劳动者也招够了，此时还不能算成立，只有当市场监督管理局给公司颁发了营业执照，才能算公司正式成立。

营利法人需要制定章程吗?

答:《民法典》第七十九条规定:“设立营利法人应当依法制定法人章程。”

营利法人一定要有自己的章程。以有限责任公司为例,公司章程应当包含:公司的名称和住所;公司经营范围;公司注册资本;股东的姓名或者名称;股东的出资方式、出资额和出资时间;公司的机构及其产生办法、职权、议事规则;公司法定代表人等。公司章程中载明了公司组织和活动的基本准则,是公司的宪章,公司的管理人员都要受到公司章程的约束。

营利法人的权力机构有什么职权?

答:《民法典》第八十条规定:“营利法人应当设权力机构。权力机构行使修改法人章程,选举或者更换执行机构、监督机构成员,以及法人章程规定的其他职权。”

营利法人的权力机构是公司的决策机构,公司的重大事项都要由它来做决定。有限责任公司的权力机构是股东会,股份有限公司的权力机构是股东大会。股东(大)会可以修改法人章程,当公司执行机构在经营过程中发现公司的章程存在不正确、不完善的地方,可以反映给股东(大)会,由股东(大)会来决定是否修改、如何修改。股东(大)会还可以选举公司的执行机构和监督机构的成员,公司的执行机构是董事会,负责实际经营、管理公司,监督机构是监事会,负责监督公司财务和公司管理者的工作,董事会和监事会的成员需要由股东(大)会选举产生,行使执行公司事务和监督公司运营的职权。除了以上两项职权,股东(大)会还可以依据章程和法律的规定行使其他职权。例如,根据《公司法》的规定,股东(大)会还可以决定公司的经营方针和投资计划,决定是否要增加或减少注册资本等。

营利法人的执行机构有什么职权?

答:《民法典》第八十一条第一款和第二款规定:“营利法人应当设执行机构。执行机构行使召集权力机构会议,决定法人的经营计划和投资方案,决定法人内部管理机构的设置,以及法人章程规定的其他职权。”

营利法人的执行机构，就是其权力机构设立的代替投资人经营公司的机构。执行机构可以是由几个人组成的董事会，对于规模比较小的公司，也可以不设董事会，单设一名执行董事。董事会负责召集股东（大）会开会，并要向股东（大）会报告工作。因为董事会全面负责公司的经营、管理，所以对于公司具体的经营计划和投资方案，以及公司内部机构的设置也有一定的决定权。

执行机构的哪些人可以担任法定代表人？

答：《民法典》第八十一条第三款规定：“执行机构为董事会或者执行董事的，董事长、执行董事或者经理按照法人章程的规定担任法定代表人；未设董事会或者执行董事的，法人章程规定的主要负责人为其执行机构和法定代表人。”

一般情况下，公司是由董事长或执行董事来担任法定代表人的，章程有特殊规定的，也可以由经理担任。但是，有一些很小的公司，没有董事会和执行董事，所有的事情都由公司的负责人来决定和执行，那么负责人就同时作为公司的执行机构和法定代表人。例如，甲成立了一家一人有限责任公司，只招了两个办事员，公司所有的事务都由甲一个人说了算，那么甲就是这个公司的执行机构和法定代表人。

营利法人的监督机构有什么职权？

答：《民法典》第八十二条规定：“营利法人设监事会或者监事等监督机构的，监督机构依法行使检查法人财务，监督执行机构成员、高级管理人员执行法人职务的行为，以及法人章程规定的其他职权。”

营利法人的权力机构除了要找一个执行机构代为经营管理公司，还要找一个监督机构来专门看账和“检查工作”。公司的监督机构可以是由几个人组成的监事会，也可以只有一个监事。他们的主要工作一方面是查公司的账目，以防公司的执行机构贪污公司的钱；另一方面，监督机构还有权监督公司管理人员的职务行为，对他们的不当行为提出纠正建议，对违法的人员还可以提出罢免建议。

营利法人的出资人滥用权利，要承担怎样的法律后果？

答：《民法典》第八十三条第一款规定：“营利法人的出资人不得滥用出资人权利损害法人或者其他出资人的利益；滥用出资人权利造成法人或者其他出资人损失的，应当依法承担民事责任。”

公司的出资人，也就是公司的股东，应当遵循法律、行政法规和公司章程，依法行使股东权利，不得滥用权利，如果滥用权利，损害了法人或者其他出资人利益，应当承担赔偿责任。例如，甲是A公司的股东，擅自将A公司名下的车辆送给其弟弟，甲的行为使公司资产减少，侵害了公司的利益，同时也侵害了公司其他股东的利益，应当承担赔偿责任。

公司的出资人滥用法人独立地位，要承担怎样的法律后果？

答：《民法典》第八十三条第二款规定：“营利法人的出资人不得滥用法人独立地位和出资人有限责任损害法人债权人的利益；滥用法人独立地位和出资人有限责任，逃避债务，严重损害法人债权人的利益的，应当对法人债务承担连带责任。”

公司在财产和人格上具有独立性，虽然由自然人具体经营，但出资人不能为了自己的私利而滥用公司的独立人格。例如，甲设立了一人有限责任公司，由甲一个人说了算。而基于法人的独立地位，甲应当把自己的财产和公司的财产区分开来。也就是说，如果公司欠了他人钱，就应当用公司的钱来偿还，甲自己欠了钱，应当用他自己的钱来偿还。后来，甲经营的公司欠了别人一大笔钱，为了不偿还公司欠的债务，甲擅自将公司的钱转到自己的账户上，使公司没有足够的钱偿还债务，从而被迫终止。这时候，即使公司已经终止，没有钱偿还债权人了，但由于甲利用公司的有限责任来逃避债务，损害了债权人的利益，债权人可以要求甲与公司一起承担连带责任。

公司的投资者或管理人员利用关联关系损害法人利益，要承担怎样的法律后果？

答：《民法典》第八十四条规定：“营利法人的控股出资人、实际控制人、董事、监事、高级管理人员不得利用其关联关系损害法人的利益；利用关联关系造成法人损失的，应当承担赔偿责任。”

所谓关联关系，通俗理解，就是公司的控股股东、实际控制人、董事、监事、高级管理人员还投资了其他企业，或者在其他企业从事管理工作，这些企业之间就存在相互关联的关系。以上这些人，不能利用关联关系损害公司的利益。比如，甲是A公司的董事长，同时又投资了B公司，甲为了让B公司多挣钱，利用自己的职权，使A公司与B公司签订合同，低价买入A公司的货物。甲的行为就损害了A公司的利益，应当对A公司承担赔偿责任。

第三节　非营利法人

非营利法人包括哪些？

答：《民法典》第八十七条规定："为公益目的或者其他非营利目的成立，不向出资人、设立人或者会员分配所取得利润的法人，为非营利法人。非营利法人包括事业单位、社会团体、基金会、社会服务机构等。"

非营利法人，顾名思义，并不是为了赚钱而成立的法人，法人获得的利润也不分给设立人、出资人、会员等。这种非营利法人，主要包括：第一，事业单位，例如，学校、医院、研究院；第二，社会团体，例如红十字会、消费者协会、律师协会；第三，基金会，例如，某助学基金会；第四，社会服务机构，例如，福利院、公办养老院等。

社会团体如何设立？

答：《民法典》第九十条规定："具备法人条件，基于会员共同意愿，为公益目的或者会员共同利益等非营利目的设立的社会团体，经依法登记成立，取得社会团体法人资格；依法不需要办理法人登记的，从成立之日起，具有社会团体法人资格。"

社会团体属于法人的类型之一，依法需要具备自己的名称、组织机构、住所、财产或者经费。社会团体成立的目的是为公益目的或会员利益，例如中国红十字会的目的就是救灾等，律师协会的目的是服务和管理律师。社会团体成立一般也需要经主管部门批准，并到民政部门登记。例如，设立律师协会，需要经过当地司法局批准后，到当地民政部门登记。

社会团体法定代表人由谁担任?

答:《民法典》第九十一条规定:“设立社会团体法人应当依法制定法人章程。社会团体法人应当设会员大会或者会员代表大会等权力机构。社会团体法人应当设理事会等执行机构。理事长或者会长等负责人按照法人章程的规定担任法定代表人。”

社会团体作为法人组织,需要自我管理和运作,所以要制定相应的章程,并设置权力机构和执行机构。以中华全国律师协会来举例,中华全国律师协会在1999年4月28日制定了协会章程:用于规范律师行业管理和完善律师协会管理。律师代表大会则是律师协会的最高权力机关,由律师会员和律所会员组成,具有制定和修改章程、决定律师协会工作方针、选举理事会、审计会费收支情况等职权。理事会是律师协会的执行机构,具有召开律师代表大会、选举管理人员、设置具体职能部门等职权。另外,社会团体也有法定代表人,一般由其负责人担任,例如,律师协会的法定代表人一般是会长。

如何设立捐助法人?

答:《民法典》第九十二条规定:“具备法人条件,为公益目的以捐助财产设立的基金会、社会服务机构等,经依法登记成立,取得捐助法人资格。依法设立的宗教活动场所,具备法人条件的,可以申请法人登记,取得捐助法人资格。法律、行政法规对宗教活动场所有规定的,依照其规定。”

捐助法人是指自然人、法人或非法人组织以公益为目的,通过捐助一定的资金而设立的法人,具体类型包括基金会、社会服务机构以及宗教活动场所。捐助法人有以下两个特征:第一,以捐助行为为前提,捐助法人的财产全部来源于捐助;第二,以公益为目的。捐助法人应当依法登记设立,成立基金会应当严格按照《基金会管理条例》的规定设立,并到当地民政部门登记;成立社会服务机构也应当按照相关规定设立,例如成立红十字会应当符合《红十字会法》的规定,并到民政部门登记;成立宗教活动场所法人则应当符合《宗教事务条例》的规定,并须到当地宗教事务局进行登记。

捐助法人要设置哪些机构？法定代表人由谁担任？

答：《民法典》第九十三条规定：“设立捐助法人应当依法制定法人章程。捐助法人应当设理事会、民主管理组织等决策机构，并设执行机构。理事长等负责人按照法人章程的规定担任法定代表人。捐助法人应当设监事会等监督机构。”

捐助法人在制定章程时应当符合相应的法律规定，例如，设立基金会应当根据《基金会管理条例》第十条的规定制定章程：“基金会章程必须明确基金会的公益性质，不得规定使特定自然人、法人或者其他组织受益的内容。”捐助法人机构还需要设置决策机构、执行机构和监督机构来治理和运营法人。另外，捐助法人也有法定代表人，一般由理事长等负责人担任。

捐助人可以查询捐助财产的使用情况吗？

答：《民法典》第九十四条第一款规定：“捐助人有权向捐助法人查询捐助财产的使用、管理情况，并提出意见和建议，捐助法人应当及时、如实答复。”

捐助法人的财产来源于捐助人，虽然捐助人是自愿捐助，并且不靠捐助获得利益，但是为了确保捐助的财产被用到了正途，符合捐助人的捐助意图，捐助人可以对所捐助财产的使用和管理情况进行查询，捐助法人应当及时、如实答复。另外，捐助人还可以对捐助财产的使用提出意见、建议，捐助法人应当根据意见和建议改进自己的工作，使捐助财产能发挥更大的效用。

捐助法人终止时，财产怎么分配？

答：《民法典》第九十五条规定：“为公益目的成立的非营利法人终止时，不得向出资人、设立人或者会员分配剩余财产。剩余财产应当按照法人章程的规定或者权力机构的决议用于公益目的；无法按照法人章程的规定或者权力机构的决议处理的，由主管机关主持转给宗旨相同或者相近的法人，并向社会公告。”

由于捐助法人是非营利性的，它是为公益事业而设立的，并不是为了使出资人获利，因此在其终止的时候，也不得将剩余财产分配给出资人、设立人或会员，而是要继续投入到公益事业中去。例如，甲捐助一百万元设立了某儿童教育基金会，经营两年后，由于种种原因基金会被迫解散，剩余财产三十万元。那么这三十万元不能归还给甲，而是应当按照章程的规定或者理事会的决议继续投入公益事业中，无法通过上述方式进行处理的，应当由民政部门将剩余财产转给其他的儿童教育基金会。

第四节　特别法人

特别法人包括哪些?

答：《民法典》第九十六条规定："本节规定的机关法人、农村集体经济组织法人、城镇农村的合作经济组织法人、基层群众性自治组织法人，为特别法人。"

即以上四种组织为特别法人。特别法人既不属于营利法人，也不属于非营利法人，同样具有民事权利能力和民事行为能力，依法独立享有民事权利和承担民事义务。

机关法人从何时开始具有法人资格?

答：《民法典》第九十七条规定："有独立经费的机关和承担行政职能的法定机构从成立之日起，具有机关法人资格，可以从事为履行职能所需要的民事活动。"

机关法人的设立规则和营利法人及非营利法人不同，它的设立不需要设立人，而是根据《宪法》和法律的规定组建的，不需要经过其他部门的审批，也不需要进行登记，因此，自成立时就具备了法人资格。例如，我国各级人民法院就是根据《宪法》和《人民法院组织法》的规定而成立的，自成立起就获得了法人资格。

机关法人被撤销的，谁来承担其权利义务?

答：《民法典》第九十八条规定："机关法人被撤销的，法人终止，其民事权利和义务由继任的机关法人享有和承担；没有继任的机关法人的，由作出撤销决定的机关法人享有和承担。"

由于时代变迁和社会发展，之前存在的一些机关法人可能会因故被撤销或者改制等，此时，它原来承担的权利义务就由新继任的机关享受和承担，而如果撤销后没有新设立的部门，则由作出该决定的机关法人享有和承担原机关的权利义务。例如，2018 年，我国进行了国家机构改革，取消了工商行政管理机关，由市场监督管理机关取代工商行政管理机关，那么工商行政管理机关以前管的事儿，就要交给市场监督管理机关来承担。

居委会、村委会是法人吗?

答：《民法典》第一百零一条规定："居民委员会、村民委员会具有基层群众性自治组织法人资格，可以从事为履行职能所需要的民事活动。未设立村集体经济组织的，村民委员会可以依法代行村集体经济组织的职能。"

居委会和村委会都属于基层群众性自治组织，其性质不是政府机关，而是由政府设立的，主要负责社区居民和本村村民的调解、治安、卫生等工作。居委会和村委会在行使职权的过程中，不可避免会从事很多民事活动，为了便于其工作，《民法典》赋予了其法人地位。

第四章　非法人组织

非法人组织包括哪些?

答:《民法典》第一百零二条规定:“非法人组织是不具有法人资格,但是能够依法以自己的名义从事民事活动的组织。非法人组织包括个人独资企业、合伙企业、不具有法人资格的专业服务机构等。”

非法人组织不同于法人,虽然非法人组织能够依法以自己的名义从事民事活动,但是非法人组织不能独立承担民事责任,投资人或者设立人需要承担无限责任。

非法人组织主要包括三类:

一是个人独资企业,个人独资企业是指依法在中国境内设立,由一个自然人投资,财产为投资人个人所有,投资人以其个人财产对企业债务承担无限责任的经营实体。

二是合伙企业,合伙企业是指自然人、法人和其他组织依照《中华人民共和国合伙企业法》在中国境内设立的普通合伙企业和有限合伙企业。

三是不具有法人资格的专业服务机构,此类非法人组织是以专门知识和专门技能为客户提供有偿服务的机构。例如,会计师事务所、税务师事务所、资产评估事务所、律师事务所等。

非法人组织也需要登记注册吗?

答:《民法典》第一百零三条规定:“非法人组织应当依照法律的规定登记。设立非法人组织,法律、行政法规规定须经有关机关批准的,依照其规定。”

据此可知,设立非法人组织的程序有两种,一是经登记设立;二是经审批设立。并非所有非法人组织都要经过登记才能设立,个人独资企业、合伙企业需经登记设立;不具有法人资格的专业服务机构,例如会计师事务所、税务师事务所、资产评估事务所、律师事务所等，是经批准才能设立的。

非法人组织的债务由谁来承担?

答：《民法典》第一百零四条规定："非法人组织的财产不足以清偿债务的，其出资人或者设立人承担无限责任。法律另有规定的，依照其规定。"

非法人组织没有法人资格，不能独立承担民事责任，一般来说，对于非法人组织的债务，非法人组织的财产不足以清偿的部分，应由出资人或设立人以其个人或家庭共有财产承担无限责任。法律另有规定的，依照其规定。例如，合伙企业中，普通合伙人对合伙企业债务承担无限责任，有限合伙人对合伙企业债务以其出资额为限承担有限责任。

第五章 民事权利

一个人的人身自由和尊严能随便被侵犯吗?

答:《民法典》第一百零九条规定:“自然人的人身自由、人格尊严受法律保护。”

由此可见,一个人的人身自由和人格尊严受到法律保护,不容侵犯和践踏。人身自由、人格尊严等属于一般人格权。侵犯人身自由权的行为主要表现为非法限制他人的自由行动,例如非法拘禁、非法逮捕。人格尊严是指作为一个“人”所应得的最起码的尊重。对自然人进行侮辱、诽谤或者诬告陷害,使人的基本尊严遭受贬损,构成侵害人格尊严。自然人的人身自由或人格尊严受到侵害,有权要求侵害人承担停止侵害、赔礼道歉,甚至损害赔偿等法律责任。

可以随意公开他人的个人信息吗?

答:《民法典》第一百一十一条规定:“自然人的个人信息受法律保护。任何组织或者个人需要获取他人个人信息的,应当依法取得并确保信息安全,不得非法收集、使用、加工、传输他人个人信息,不得非法买卖、提供或者公开他人个人信息。”

个人信息是指以电子的或者其他方式记录的可以直接或者间接识别特定自然人身份的各种信息。个人信息包括自然人姓名、性别、年龄、民族、血型、身份证件号码、财产状况、宗教信仰、联系方式、家庭住址、生物识别信息等。任何组织或者个人在收集、使用他人的个人信息时,应当遵循合法、合理、必要且正当的原则,对他人的个人信息负有保密义务,不得随意公开他人的个人信息。

政府征收、征用房产,需要给予补偿吗?

答:《民法典》第一百一十七条规定:“为了公共利益的需

要，依照法律规定的权限和程序征收、征用不动产或者动产的，应当给予公平、合理的补偿。”

也就是说，不管政府是短时间的征用，还是永久性的征收，都要进行补偿。至于补偿多少，要本着不让老百姓吃亏的原则，进行公平合理的补偿。需要注意的是，政府不能随意征收、征用大家的不动产或动产，只有在出于公共利益需要时，才可以依法征收、征用。例如，某县政府为了疫情防控的需要，临时征用县域内的宾馆作为隔离点，此时出于公共利益的需要，可以进行征用，但应给予宾馆经营者一定的补偿。

签订合同后，当事人能随便毁约吗？

答：《民法典》第一百一十九条规定：“依法成立的合同，对当事人具有法律约束力。”

当事人签订合同后，应当严格遵守合同的约定，不能随意变更合同内容，也不得借故不履行合同。变更合同的，双方当事人要协商一致。一方借故不履行合同的，对方当事人可以追究其违约责任。

当自己的民事权益受到侵害时，怎么办？

答：《民法典》第一百二十条规定：“民事权益受到侵害的，被侵权人有权请求侵权人承担侵权责任。”

民事主体享有人身权和财产权，任何一种权利受到他人侵害时，都有权要求其承担侵权责任。例如，甲在网络上传播关于乙的谣言，给乙造成了恶劣影响，侵害了乙的名誉权，乙有权要求甲承担侵权责任，可以要求甲赔礼道歉、恢复名誉以及赔偿损失等。再比如，甲的卫生间漏水，浸泡了楼下邻居的天花板，邻居可以要求甲恢复原状或者赔偿损失。

好意替人管理事务时支出的费用，受益人应偿还吗？

答：《民法典》第一百二十一条规定：“没有法定的或者约定的义务，为避免他人利益受损失而进行管理的人，有权请求受益人偿还由此支出的必要费用。”

如果一个人没有义务替他人管理事务，但是为了帮助他人，避免他人利益受损，而主动对他人事务进行管理，这种行为叫作无因管理。民法基于鼓励相互帮助的良好风尚的考虑以及公平原则，就要求受益人应当偿还管理人因无因管理支付的费用。

不当得利人需要返还利益吗?

答：《民法典》第一百二十二条规定："因他人没有法律根据，取得不当利益，受损失的人有权请求其返还不当利益。"

不当得利是指，一个人没有任何依据，得到一笔钱财，但却使他人受到了损失。不当得利的人与受损失人没有任何财产方面的关系，没有理由得到利益，所以要将所得的利益返还给受损失的人。例如，甲想给自己充一百元话费，不小心充错充到了陌生人乙的账号上，乙莫名得到了一百元话费，这一百元话费就是不当得利，甲有权要求乙返还。

自然人的哪些财产可以继承?

答：《民法典》第一百二十四条规定："自然人依法享有继承权。自然人合法的私有财产，可以依法继承。"

自然人有权继承被继承人的财产。例如，甲去世后，甲的配偶、子女、父母作为继承人均可以继承甲的财产。甲的所有的合法私有财产都可以被继承，包括存款、车辆、房产、林木、文物、图书、知识产权中的财产权利等。但是，一些利用非法手段获取的财产是不能被继承的，例如一些贪官贪污的款项，其死亡后应当被政府没收，不得继承。

我们进行的投资受法律保护吗?

答：《民法典》第一百二十五条规定："民事主体依法享有股权和其他投资性权利。"

我们作为民事主体，可以依法进行投资，可以投资入股某公司成为公司股东，也可以通过购买证券、基金、保险等金融产品进行投资，只要是合法的投资行为，都是受法律所保护的。

数据、网络虚拟财产受法律保护吗?

答:《民法典》第一百二十七条规定:"法律对数据、网络虚拟财产的保护有规定的,依照其规定。"

由此可见,民事主体的数据、网络虚拟财产也是一种民事权利,例如网络游戏账号中的"货币""装备""积分"等都是受到法律的保护的。但是,由于具体的数据和网络虚拟财产保护措施并未确定出来,因此《民法典》只对其作出了原则性的规定,之后还需要相关立法作出明确规定。

民事主体行使民事权利他人能干涉吗?

答:《民法典》第一百三十条规定:"民事主体按照自己的意愿依法行使民事权利,不受干涉。"

民事主体行使民事权利不受他人干涉。比如,当事人自己决定是否订立合同、与谁订立合同并自主决定合同内容,不受他人干涉;再比如,当事人按照自己的意愿订立遗嘱,可以自主决定遗产如何处分。一旦受到他人或组织的非法干涉,我们可以依法维权。

只享受民事权利不履行民事义务行吗?

答:《民法典》第一百三十一条规定:"民事主体行使权利时,应当履行法律规定的和当事人约定的义务。"

民事主体在行使民事权利时,不能只看到自己的权利,还要履行相应的义务。例如,在买卖合同中,买方有接收货物的权利,但也有履行支付货款的义务;在物业服务合同中,物业服务公司不能只要求业主支付物业费,还应当充分履行物业服务的义务。

民事权利想怎么用就怎么用行吗?

答:《民法典》第一百三十二条规定:"民事主体不得滥用民事权利损害国家利益、社会公共利益或者他人合法权益。"

民事主体不得滥用自己的民事权利,其行使自己的权利时不能损害国家、社会或他人的合法权益。例如,甲饲养宠物狗,应当合理地喂养,不能危害到他人,如果宠物狗将他人咬伤,甲需要承担侵权责任。

第六章　民事法律行为

第一节　一般规定

民事法律行为可以采用哪些形式？

答：《民法典》第一百三十五条规定：“民事法律行为可以采用书面形式、口头形式或者其他形式；法律、行政法规规定或者当事人约定采用特定形式的，应当采用特定形式。”

也就是说，当事人可以通过口头的形式实施民事法律行为，例如，甲去市场买菜，和商贩讨价还价的行为，就是通过口头方式实施民事法律行为；也可以通过书面形式，例如，甲、乙通过签订书面合同的方式买卖一批货物；还可以通过其他形式，例如默示的方式，比如，法定继承中，继承人既不通过口头或书面方式明确表示接受继承，也不明确表示放弃继承，只是保持沉默，而根据法律规定，沉默也是一种接受继承的意思表示，也就是说，当事人通过默示的方式实施了接受继承的民事法律行为。一般情况下，当事人可以选择以上任何一种形式实施民事法律行为，除非法律另有规定或当事人另有约定。例如《民法典》规定，建设工程合同必须采用书面形式，那当事人就必须采用书面方式签订该合同。

民事法律行为什么时候生效？生效后能擅自变更吗？

答：《民法典》第一百三十六条规定：“民事法律行为自成立时生效，但是法律另有规定或者当事人另有约定的除外。

“行为人非依法律规定或者未经对方同意，不得擅自变更或者解除民事法律行为。”

一般情况下，民事法律行为在成立时就生效了，但是如果法律另有规定，或者当事人另有约定的，就需要按照法律的规定或当事人约定的时间生效。比如，甲、乙签订一个中外合资经营合同，根据法律规定，这类合同是需要经过审批才能生效的，那么合同成立时并不发生效力，只有将已经成立的合同交由有关机关审批通过后，才能生效。再比如，甲、乙于9月1日签订了一个买卖合同，双方当事人没有特别约定的，合同在9月1日生效；如果双方当事人约定，本合同自10月1日生效，那么只有到了10月1日那天，合同才生效。

民事法律行为生效后，任何一方当事人都不能擅自变更或解除。例如，甲和乙签订买卖合同，合同成立并生效后，甲若想更改其中的某一条款，需要和乙进行协商，双方达成一致之后才能变更。

第二节　意思表示

意思表示怎么算生效?

答：《民法典》第一百三十七条规定：“以对话方式作出的意思表示，相对人知道其内容时生效。以非对话方式作出的意思表示，到达相对人时生效。以非对话方式作出的采用数据电文形式的意思表示，相对人指定特定系统接收数据电文的，该数据电文进入该特定系统时生效；未指定特定系统的，相对人知道或者应当知道该数据电文进入其系统时生效。当事人对采用数据电文形式的意思表示的生效时间另有约定的，按照其约定。”

也就是说，如果当事人是通过面对面对话的方式作出意思表示的，相对人在听到后，意思表示就生效了。如果当事人不是当面说，而是通过邮件来沟通的，例如，甲通过快递的方式发给乙一份纸质合同，那么快递到达乙处时，甲的意思表示才生效。如果甲是通过手机或电脑软件方式给乙发送的电子合同，若乙之前跟甲说过发合同要用QQ发送，甲从QQ发送出去邮件时，意思表示就生效了；若乙没有跟甲说过用什么方式发送，乙在知道甲发送后，意思表示才生效。

以公告方式作出的意思表示，什么时候生效?

答：《民法典》第一百三十九条规定：“以公告方式作出的意思表示，公告发布时生效。”

公告方式，可以是通过有关机构的公告栏发布，也可以是通过报纸、电视、广告、网络等媒介发布。一旦在公告栏或媒介上发布了，那么发布的内容就生效了。例如，甲的身份证丢失，他在报纸上作出声明，称“身份证丢失，已经申领了新证，原证件作废”。那么在公告发布之时，甲的意思表示就生效。

意思表示可以通过什么方式作出？

答：《民法典》第一百四十条规定：“行为人可以明示或者默示作出意思表示。沉默只有在有法律规定、当事人约定或者符合当事人之间的交易习惯时，才可以视为意思表示。”

也就是说，行为人可以通过明示或者默示的方式作出意思表示，例如，甲向乙借钱，乙如果不想借给甲，可以直接明确地告诉他“不借”，也可以不说话、不出借，以“沉默”来表达自己“不借”的意思。但如果法律有规定，或者当事人之间有约定或习惯的，要以此为准。比如，法律规定，受遗赠人只有通过明示的方式表达自己接受遗赠，意思表示才算作出。

意思表示可以撤回吗？

答：《民法典》第一百四十一条规定：“行为人可以撤回意思表示。撤回意思表示的通知应当在意思表示到达相对人前或者与意思表示同时到达相对人。”

由此可见，行为人作出意思表示后还可以撤回，但是撤回的意思表示不能迟于原意思表示到达相对人。例如，甲向乙发出一个消息，称想以每斤十元的价格购买十斤乙种植的核桃。但消息发出之后，甲又不想买了，想撤回消息，那么，如果消息还没有到达乙，甲是可以撤回的，如果消息已经到达了乙，乙已经看到了此消息，甲的意思表示就不能撤回了，只能和乙商量变更或者取消这个请求。

如何确定意思表示的含义？

答：《民法典》第一百四十二条规定：“有相对人的意思表示的解释，应当按照所使用的词句，结合相关条款、行为的性质和目的、习惯以及诚信原则，确定意思表示的含义。无相对人的意思表示的解释，不能完全拘泥于所使用的词句，而应当结合相关条款、行为的性质和目的、习惯以及诚信原则，确定行为人的真实意思。”

对于意思表示可能不同人有不同的理解，但为了减少不必要的纠纷，法律规定首先要按照所使用词句的通常意思来理解，如果根据词句的通常意思产生两种含义的，需要再结合其他的条款，看是否能通过联系上下文确定词句的真实含义，也可以通过探求行为的目的来理解词句的含义，还可以通过双方的交易习惯进行解释。如果通过以上方式都不能得到合理解释的话，就应当以诚信为标准来作出解释。

第三节 民事法律行为的效力

要使民事法律行为有效，应具备哪些条件？

答：《民法典》第一百四十三条规定："具备下列条件的民事法律行为有效：（一）行为人具有相应的民事行为能力；（二）意思表示真实；（三）不违反法律、行政法规的强制性规定，不违背公序良俗。"

要使民事法律行为有效，首先，行为人要具备相应的民事行为能力。其次，意思表示要真实，如果当事人是在受到他人欺诈、胁迫的情况下做出的行为，是可以被撤销的。最后，行为人所做出的民事法律行为不能违反法律的规定，也不能违背公序良俗，否则也是无效的。

无民事行为能力人实施的民事法律行为有效吗？

答：《民法典》第一百四十四条规定："无民事行为能力人实施的民事法律行为无效。"

不满八周岁的未成年人和完全的精神病人是无民事行为能力人，他们实施的民事法律行为一律无效。

限制民事行为能力人实施的民事法律行为有效吗？

答：《民法典》第一百四十五条第一款规定："限制民事行为能力人实施的纯获利益的民事法律行为或者与其年龄、智力、精神健康状况相适应的民事法律行为有效；实施的其他民事法律行为经法定代理人同意或者追认后有效。"

已满八周岁不满十八周岁的未成年人，或者间接性精神病人受制于自身的年龄、智力和精神健康等情况，无法实施全部的民事行为。首先，限制民事行为能力人实施的纯获利益的行为是有效的，比如父母赠送给十四周岁的孩子一套房子，那么孩子接受赠与的行为是有效的。另外，限制民事行为能力人在他们年龄、智力能力范围之内实施的民事法律行为也是有效的，比如十周岁的小松购买一支铅笔的行为，是有效的。限制民事行为能力人做出的其他民事法律行为，效力是待定的，若想让行为有效，需要得到法定代理人的同意或追认。

对限制民事行为能力人实施的民事法律行为，相对人有撤销权吗？

答：《民法典》第一百四十五条第二款规定："相对人可以催告法定代理人自收到通知之日起三十日内予以追认。法定代理人未作表示的，视为拒绝追认。民事法律行为被追认前，善意相对人有撤销的权利。撤销应当以通知的方式作出。"

由于限制民事行为能力人做出超出其年龄、智力能力范围内的行为时，需要法定代理人进行同意或追认，此时，为了保障相对人的权益，法律允许相对人行使催告权。例如，十六周岁的甲没有经过父母的同意，就与乙签了一份租赁合同，那么乙可以要求甲的父母在三十天内进行追认，如果甲的父母没有作表示，那么就视为拒绝追认。甲租赁房子的行为因为没有得到甲父母的追认，应归于无效。另外，善意的相对人还享有撤销权，假如，乙在与甲签订租赁合同时并不知道甲是限制民事行为能力人，是签完之后才知道的，那么，乙可以直接通知甲撤销租赁合同。

双方当事人弄虚作假实施的民事法律行为，有效吗？

答：《民法典》第一百四十六条规定："行为人与相对人以虚假的意思表示实施的民事法律行为无效。以虚假的意思表示隐藏的民事法律行为的效力，依照有关法律规定处理。"

举例来说，甲向乙出售一套价值二百万元的房子，双方签订了两个合同，其中一个合同是要交给不动产交易中心，为了在过户的时候少交税款，甲乙双方假意约定房子价格为一百万元，另一个合同约定的是真实的房子价格二百万元。那么，第一个合同并不是双方真实的意思表示，所以是无效的。而第二个合同是隐藏在第一个合同下面的真实合同，是双方的真实意思，所以是有效的。

实施民事法律行为时存在重大误解，事后怎么办？

答：《民法典》第一百四十七条规定："基于重大误解实施的民事法律行为，行为人有权请求人民法院或者仲裁机构予以撤销。"

如果行为人在实施民事法律行为时，对某些环节出现了误解，产生了不符合自己意愿的结果，那么这个行为生效的话，对行为人是不公平的，所以行为人可以请求人民法院或者仲裁机构把此行为撤销掉。比如，甲（卖方）乙（买方）签订买卖合同，合同误将"五万元"写成了"五千元"，甲签字时没有及时发现，那么乙如果只支付五千元货款，对甲来说是非常不公平的，所以甲就可以以重大误解为由向法院起诉，要求撤销合同。

实施民事法律行为时有一方存在欺诈，受欺诈方可以怎么做？

答：《民法典》第一百四十八条规定："一方以欺诈手段，使对方在违背真实意思的情况下实施的民事法律行为，受欺诈方有权请求人民法院或者仲裁机构予以撤销。"

如果行为人在实施民事法律行为时，另一方当事人故意欺骗他，让他在受骗的情况下做出不符合自己真实意愿的意思表示，行为人可以请求人民法院或者仲裁机构撤销该民事法律行为。比如，甲（卖方）乙（买方）签订买卖合同，甲把一批伪劣商品当作质量好的商品卖给了乙，而乙并不知情，甲的行为就具有欺诈性，乙可以以甲欺诈为由向法院起诉，要求撤销合同。

实施民事法律行为时第三人存在欺诈行为，受欺诈方可以怎么做？

答：《民法典》第一百四十九条规定："第三人实施欺诈行为，使一方在违背真实意思的情况下实施的民事法律行为，对方知道或者应当知道该欺诈行为的，受欺诈方有权请求人民法院或者仲裁机构予以撤销。”

如果行为人在实施民事法律行为时，第三人故意欺骗一方当事人，而另一方当事人又知道欺骗事实的，那么受欺诈的一方当事人可以请求人民法院或者仲裁机构撤销该民事法律行为，使其归于无效。比如，甲向乙借了二十万元，因生意不景气，迟迟不能归还。乙为了让甲还钱，和甲商量，把甲的一张假的名人字画卖掉，所得的钱偿还乙的借款。随后，乙联系了丙，称画是名人真迹，让丙和甲签订了买卖合同。那么丙受到了第三人乙的欺诈，买了一张假画，并且合同的相对方甲明知道画是假的，此时，丙可以以受到第三方的欺诈为由向法院起诉，要求撤销合同，避免自身财产受到损失。

实施民事法律行为时受到胁迫，受胁迫方可以怎么做?

答：《民法典》第一百五十条规定：“一方或者第三人以胁迫手段，使对方在违背真实意思的情况下实施的民事法律行为，受胁迫方有权请求人民法院或者仲裁机构予以撤销。”

如果行为人在实施民事法律行为时，在他人的胁迫之下，做出不符合自己真实意愿的意思表示，行为人可以请求人民法院或者仲裁机构撤销该民事法律行为。比如，甲以曝光乙丑闻为手段，胁迫乙和自己签订合同，那么乙可以以受到胁迫为由，请求法院撤销合同。

实施民事法律行为时被他人趁机利用，怎么保护自己的权益?

答：《民法典》第一百五十一条规定：“一方利用对方处于危困状态、缺乏判断能力等情形，致使民事法律行为成立时显失公平的，受损害方有权请求人民法院或者仲裁机构予以撤销。”

如果行为人在实施民事法律行为时，被他人趁机利用，导致结果明显不公平，行为人可以请求人民法院或者仲裁机构撤销该民事法律行为。例如，甲为了给母亲筹集五十万元手术费，想把价值一百万元的房子卖掉。乙看甲着急用钱，就告诉甲，如果甲愿意以五十万元的价格把房子卖给他，他可以立即把五十万元转给甲。甲因母亲手术在即，只好答应了乙。之后，甲就可以以乙乘人之危导致合同显失公平为由，请求法院撤销合同。

撤销权的行使有时间限制吗?

答：《民法典》第一百五十二条规定："有下列情形之一的，撤销权消灭：（一）当事人自知道或者应当知道撤销事由之日起一年内、重大误解的当事人自知道或者应当知道撤销事由之日起九十日内没有行使撤销权；（二）当事人受胁迫，自胁迫行为终止之日起一年内没有行使撤销权；（三）当事人知道撤销事由后明确表示或者以自己的行为表明放弃撤销权。当事人自民事法律行为发生之日起五年内没有行使撤销权的，撤销权消灭。"

由于撤销权的行使关系到双方当事人的重大利益，因此法律对其是有时间限制的，如果在一定的时间内没有行使，撤销权就会消灭。如果当事人作出意思表示时存在重大误解，那么就要在知道自己有误解的九十天内行使撤销权；如果是受到胁迫的，要在受胁迫终止之后的一年内行使撤销权。不管是重大误解还是胁迫造成的一方利益受损的民事法律行为，如果超过了五年，没有请求人民法院撤销的，就不能再行使撤销权了。

违反法律、行政法规的民事法律行为，有效吗?

答：《民法典》第一百五十三条第一款规定："违反法律、行政法规的强制性规定的民事法律行为无效。但是，该强制性规定不导致该民事法律行为无效的除外。"

一般来说，民事法律行为如果违反了法律、行政法规的强制性规定，就属于违法民事行为，应当归于无效。需要注意的是，这里所说的"法律、行政法规"，并不是我们通常所说的所有的法律规范，而是特指全国人大及其常委会制定的法律和国务院制定的行政法规，地方人大和地方政府制定的法规不包括在内。这里所称的"强制性规定"，是指当事人不可以通过自己的约定来改变的法律规定。有一些法律规定，会在最后加一句"当事人约定的除外"，有这样表述的法律规定就不是"强制性规定"，不会因此而无效。

违背公序良俗的民事法律行为，有效吗？

答：《民法典》第一百五十三条第二款规定：“违背公序良俗的民事法律行为无效。”

如果一个行为虽然没有违反法律或者行政法规，但却是一个不道德的、不能被世俗所接受的行为，那么也应当被认定为无效。例如，一个有配偶的人将自己唯一的一套房产赠与“小三儿”，法律虽然没有明确禁止这种行为，但因这种行为违背了大众公认的婚姻道德观念，违背了公序良俗，因而是无效的。

双方当事人恶意串通，损害他人合法权益的民事法律行为，有效吗？

答：《民法典》第一百五十四条规定：“行为人与相对人恶意串通，损害他人合法权益的民事法律行为无效。”

例如，招标人和投标人恶意串通，损害其他投标人的利益，那么该行为就是无效的。

无效的或被撤销的民事法律行为，对当事人有约束力吗？

答：《民法典》第一百五十五条规定：“无效的或者被撤销的民事法律行为自始没有法律约束力。”

无效的或者被撤销的民事法律行为，从行为成立开始，就因为无效或者已经被撤销而对当事人没有约束力，当事人可以不履行，履行了的也应当恢复原状。例如，因重大误解订立的买卖合同被撤销后，合同自始无效，当事人可以不履行；履行了的，卖方应当交还货款，买方应当退还货物。

民事法律行为部分无效的，影响其他部分的效力吗？

答：《民法典》第一百五十六条规定：“民事法律行为部分无效，不影响其他部分效力的，其他部分仍然有效。”

例如，甲（卖方）和乙（买方）签订了一个买卖合同，其中约定了一条“因甲销售的货物给乙造成人身、财产损失的，甲不承担赔偿责任”。该合同条款是不合理的免责条款，是无效的，但是合同中的价格条款、数量条款、争议解决条款、违约条款等还是有效的，甲乙双方还可以按照其他的有效条款继续履行合同。

民事法律行为无效、被撤销后如何担责？

答：《民法典》第一百五十七条规定："民事法律行为无效、被撤销或者确定不发生效力后，行为人因该行为取得的财产，应当予以返还；不能返还或者没有必要返还的，应当折价补偿。有过错的一方应当赔偿对方由此所受到的损失；各方都有过错的，应当各自承担相应的责任。法律另有规定的，依照其规定。"

例如，甲将一个假冒伪劣的电饭锅当作质量好的商品卖给乙，此合同是以欺诈方式签订的，所以是可撤销合同。乙向法院请求撤销合同后，甲应当将货款退还给乙，乙应当将电饭锅返还给甲。如果乙在使用电饭锅的过程中发生爆炸，造成乙人身、财产损失，甲应当承担赔偿责任。

第四节　民事法律行为的附条件和附期限

民事法律行为可以附条件吗？

答：《民法典》第一百五十八条规定："民事法律行为可以附条件，但是根据其性质不得附条件的除外。附生效条件的民事法律行为，自条件成就时生效。附解除条件的民事法律行为，自条件成就时失效。"

一般情况下，民事法律行为在成立时就生效了，但是行为人也可以对行为的生效和失效附加一定的条件。例如，甲（出租方）、乙（承租方）签订一份租房合同，可以约定甲的儿子出国的话，租房合同就生效。由于甲的儿子出不出国是不确定的事情，只有出国了，条件才能成就，合同才能生效，这就是所谓的附生效条件的租赁合同。双方还可以约定，甲的儿子回国的话，租房合同就失效，同样的，甲的儿子回不回国，也是不确定的，只有回国了，条件才能成就，合同才能解除，这就是所谓的附失效条件。

如果故意阻止条件成就，怎么办？

答：《民法典》第一百五十九条规定："附条件的民事法律行为，当事人为自己的利益不正当地阻止条件成就的，视为条件已经成就；

不正当地促成条件成就的，视为条件不成就。”

结合上面的例子，如果甲的儿子具备了出国的条件，想马上出国，但是甲此时不想把房子租给乙，就一直不让儿子出国，等到乙等不及去租别的房子后再出国。那么甲的行为就是为了自己的利益，不正当地阻止条件成就，那么就应当自甲的儿子具备出国条件时，视为条件已经成就，双方之间的租房合同可以生效。

民事法律行为可以附期限吗?

答:《民法典》第一百六十条规定:“民事法律行为可以附期限，但是根据其性质不得附期限的除外。附生效期限的民事法律行为，自期限届至时生效。附终止期限的民事法律行为，自期限届满时失效。”

一般情况下，民事法律行为在成立时就生效了，但是行为人也可以约定生效和终止的时间。例如，甲、乙于12月1日签订服务合同，可以约定合同期限为次年1月1日至12月31日，那么该合同虽然在双方签订时成立了，但是直到次年1月1日起才能生效，到次年12月31日，合同自动终止。

第七章　代理

第一节　一般规定

所有的事情都可以让别人代理吗?

答：《民法典》第一百六十一条规定：“民事主体可以通过代理人实施民事法律行为。依照法律规定、当事人约定或者民事法律行为的性质，应当由本人亲自实施的民事法律行为，不得代理。”

因此，并不是所有的事情都可以让别人代理，一些必须由本人亲自实施的行为不能让别人代理，例如结婚、离婚、订立遗嘱等都是需要亲力亲为的，不能让别人代理。

代理人的所有行为都对被代理人发生效力吗?

答：《民法典》第一百六十二条规定：“代理人在代理权限内，以被代理人名义实施的民事法律行为，对被代理人发生效力。”

由此可见，并不是代理人从事的所有行为都对被代理人发生效力。第一，代理人在代理权限内从事的法律行为才对被代理人发生效力，如果超出了代理权限，那么就构成无权代理，不对被代理人发生效力。例如，A公司的法定代表人委托公司员工甲与B公司签订合同，但甲却与C公司签订合同，那么甲与C公司订立合同的行为与授权委托书内容不符，该行为对A公司不发生效力。第二，代理人以被代理人的名义实施的法律行为才对被代理人发生效力，如果代理人是以自己的名义实施的，那么一般情况下对被代理人不发生效力。

代理人因为不适当的代理行为，给被代理人造成损害的，要承担责任吗?

答：《民法典》第一百六十四条规定：“代理人不履行或者不完全履行职责，造成被代理人损害的，应当承担民事责任。代理人和相对人恶意串通，损害被代理人合法权益的，代理人和相对人应当承担连带责任。”

代理人应当为了被代理人的利益实施代理行为，在代理行为中不能有自己的私利，如果违背了这个宗旨，就是不适当的代理行为，就需要因此承担相应的责任。如果代理人由于自己的原因没有履行或者没有完全履行代理职责，造成被代理人损害的，应当承担民事责任。如果代理人在接受代理之后，与相对人恶意串通，例如代理人为了吃回扣，以不合理的低价将被代理人的货物卖给相对人，那么对于被代理人的损失，应当由代理人和相对人承担连带赔偿责任。

第二节　委托代理

授权委托书应当包含哪些内容?

答：《民法典》第一百六十五条规定：“委托代理授权采用书面形式的，授权委托书应当载明代理人的姓名或者名称、代理事项、权限和期限，并由被代理人签名或者盖章。”

委托代理可以采用口头形式或书面形式，采取书面形式的，被代理人需要向代理人出具授权委托书。授权委托书中应当写明代理人的姓名或名称，并将需要代理人代为办理的事项写清楚，还要写明代理人能实施哪些行为、不能实施哪些行为，以及代理权的行使期限是多久，最后被代理人还要亲自在授权委托书上签名或者盖章。

多人代理同一事项时，应当如何行使代理权?

答：《民法典》第一百六十六条规定：“数人为同一代理事项的代理人的，应当共同行使代理权，但是当事人另有约定的除外。”

实践中，如果有两个或两个以上的代理人共同代被代理人实施同一个民事法律行为时，数个代理人要共同协商，就如何实施代理行为达成一致的意见，共同行使代理权，而不能一个人说了算，那样的话，其他人就丧失了作为代理人的意义。例如，甲委托乙、丙两人代为与A公司签订合同，那么乙、丙应当共同行使代理权，如果乙单独与A公司签订合同，那么合同效力就存在瑕疵。

违法代理，应当由谁承担责任？

答：《民法典》第一百六十七条规定："代理人知道或者应当知道代理事项违法仍然实施代理行为，或者被代理人知道或者应当知道代理人的代理行为违法未作反对表示的，被代理人和代理人应当承担连带责任。"

如果代理的事项本身就是违法的，比如，被代理人委托代理人代为销售一批假冒伪劣产品，被代理人肯定需要承担法律责任。而如果代理人明知产品是假冒伪劣产品，还为其代理的，代理人也应当承担连带责任。如果代理的事项本身是不违法的，例如，被代理人委托代理人代为销售一批合格的产品，但是代理人为了便于销售，私自贴了假冒商标，那么代理人应当承担法律责任。如果被代理人明知代理人侵害他人商标权，不制止而是默许的，那么被代理人也要承担连带责任。

代理人能代他人与自己实施民事法律行为吗？

答：《民法典》第一百六十八条第一款规定："代理人不得以被代理人的名义与自己实施民事法律行为，但是被代理人同意或者追认的除外。"

为了维护被代理人的权益，法律一般不允许代理人以被代理人的名义与自己实施民事法律行为。例如，被代理人委托代理人购买一批货物，代理人自己就是这批货物的经销商，如果允许代理人代被代理人与自己签订合同，那么代理人有可能会为了自己的私利，以被代理人的名义高价买进自己的货物，从而损害被代理人的利益。但是如果被代理人觉得代理人的行为，并不会损害到自己的利益，从而同意或追认的话，基于民事行为意思自治的基本原则，法律是允许的，这种代理行为是合法有效的。

一个人能同时做民事法律行为双方当事人的代理人吗？

答：《民法典》第一百六十八条第二款规定："代理人不得以被代理人的名义与自己同时代理的其他人实施民事法律行为，但是被代理的双方同意或者追认的除外。"

例如，甲委托乙代为卖出一批货物，丙委托乙代为买进一批同类货物，乙就将甲的货物卖给丙，此时乙就是买卖合同双方当事人的代理人。代理的宗旨是要求代理人要为被代理人的利益实施代理行为，要让被代理人的利益最大化，如果乙同时作为甲和丙的代理人，那么乙的代理行为可能会更多地维护一方的利益，从而导致另一方的利益受损，无法保证双方的利益平衡。因此，一般情况下双方代理是被法律所禁止的，但是被代理的双方同意或追认的除外。

代理人可以将被代理人的事务转委托给第三人代理吗？

答：《民法典》第一百六十九条第一款规定："代理人需要转委托第三人代理的，应当取得被代理人的同意或者追认。"

被代理人选择代理人时是基于对代理人的信任，才让代理人代为办理事务，代理人不能擅自将事务转委托给他人，因为被代理人对转委托的第三人可能并不信任。如果代理人因故确需将事务转委托给第三人的，需要取得被代理人的同意或追认。

转委托人的行为给被代理人造成损失的，代理人还需要承担责任吗？

答：《民法典》第一百六十九条第二款、第三款规定："转委托代理经被代理人同意或者追认的，被代理人可以就代理事务直接指示转委托的第三人，代理人仅就第三人的选任以及对第三人的指示承担责任。转委托代理未经被代理人同意或者追认的，代理人应当对转委托的第三人的行为承担责任；但是，在紧急情况下代理人为了维护被代理人的利益需要转委托第三人代理的除外。"

也就是说，如果代理人在转委托时，得到了被代理人的同意或追认，并且其选择的第三人在业务上、人品上是合格的第三人，在指示第三人实施具体行为时也没有过错，那么代理人就不需要对第三人给被代理人造成的损失承担责任。如果代理人在转委托时没有得到被代理人的同意或者追认，除了是为了维护被代理人利益必须紧急转委托的情况外，代理人要对第三人给被代理人造成的损失承担责任。

代理人无权代理后仍然实施代理行为，会发生什么法律效果？

答：《民法典》第一百七十一条第一款规定："行为人没有代理权、超越代理权或者代理权终止后，仍然实施代理行为，未经被代理人追认的，对被代理人不发生效力。"

代理人没有代理权、超越代理权或者代理权终止后，仍然实施代理行为的，代理行为的效力是不确定的。此时，如果被代理人认为代理人的代理行为虽然没有代理权，但是行为对自己有利，那么他可以进行追认，追认后对被代理人发生效力，代理行为有效；如果被代理人认为代理人的代理行为对自己不利，那么他可以拒绝追认，代理人的行为就成了无权代理，对被代理人不发生效力。

发现代理人无权代理，可以怎么做？

答：《民法典》第一百七十一条第二款规定："相对人可以催告被代理人自收到通知之日起三十日内予以追认。被代理人未作表示的，视为拒绝追认。行为人实施的行为被追认前，善意相对人有撤销的权利。撤销应当以通知的方式作出。"

代理人无权代理的，代理行为的效力是待定的，而相对人为了维护自己的权益，可以主动行使催告权。例如，甲冒充A公司的员工与B公司签订买卖合同，B公司可以在合同签订后的三十日内向A公司催告，要求A公司履行合同。A公司如果拒绝追认，可以以甲无权代理为由直接拒绝履行合同，也可以在法定期限内不做表示，该合同对A公司均不发生效力。另外，善意的相对人还享有撤销权。例如，如果B公司在与甲签订合同时并不知道甲是无权代理，之后才知道甲无权代理的事实，为了避免损失，B公司可以直接把这个效力待定的合同撤销掉，不必再去催告A公司履行合同，B公司自己也不需要再履行合同。

代理人无权代理，被代理人又没有追认，合同应当由谁履行？

答：《民法典》第一百七十一条第三款规定："行为人实施的行为未被追认的，善意相对人有权请求行为人履行债务或者就其受到的损害请求行为人赔偿。但是，赔偿的范围不得超过被代理人追认时相对人所能获得的利益。"

所谓善意的相对人，也就是在与代理人实施民事行为时，不知道代理人是无权代理的相对人。代理人无权代理，被代理人又没有追认的，那么代理人与善意相对人之间的行为就与被代理人无关，善意相对人只能让无权代理人履行合同。同理，如果善意相对人因为代理人的行为受到损失，不能要求被代理人赔偿，只能要求无权代理人赔偿。

明知代理人无权代理仍与其签订合同，由此造成的损失由谁承担？

答：《民法典》第一百七十一条第四款规定："相对人知道或者应当知道行为人无权代理的，相对人和行为人按照各自的过错承担责任。"

所谓恶意相对人，是指在与代理人实施民事行为时，明知代理人是无权代理仍履行相关事务的相对人。相对人明知代理人无权代理，仍然与其签订合同，其存在明显的过错，应当和无权代理人按照彼此的过错比例承担相应的责任。

代理人无权代理，但相对人有理由相信代理人有代理权的，代理行为有效吗？

答：《民法典》第一百七十二条规定："行为人没有代理权、超越代理权或者代理权终止后，仍然实施代理行为，相对人有理由相信行为人有代理权的，代理行为有效。"

例如，甲原为A公司的员工，经常代表A公司与B公司签订合同，但甲因个人原因从A公司离职后，仍然使用A公司之前给他的授权委托书与不知情的B公司签订合同。那么，B公司根据授权委托书和以往的经验，完全有理由相信甲有代理权，因此，B公司与甲签订的合同对A公司发生效力，A公司应当按照合同内容履行义务。

第三节 代理终止

委托代理终止的情形有哪些?

答:《民法典》第一百七十三条规定:“有下列情形之一的,委托代理终止:(一)代理期限届满或者代理事务完成;(二)被代理人取消委托或者代理人辞去委托;(三)代理人丧失民事行为能力;(四)代理人或者被代理人死亡;(五)作为代理人或者被代理人的法人、非法人组织终止。”

发生以上任一情况后,委托代理终止。

被代理人死亡后,代理人实施的代理行为一定是无效的吗?

答:《民法典》第一百七十四条规定:“被代理人死亡后,有下列情形之一的,委托代理人实施的代理行为有效:(一)代理人不知道且不应当知道被代理人死亡;(二)被代理人的继承人予以承认;(三)授权中明确代理权在代理事务完成时终止;(四)被代理人死亡前已经实施,为了被代理人的继承人的利益继续代理。作为被代理人的法人、非法人组织终止的,参照适用前款规定。”

被代理人死亡,一般情况下代理是需要终止的,但是如果有以上任一情况,代理人实施的代理行为是继续有效的。

法定代理终止的情形有哪些?

答:《民法典》第一百七十五条规定:“有下列情形之一的,法定代理终止:(一)被代理人取得或者恢复完全民事行为能力;(二)代理人丧失民事行为能力;(三)代理人或者被代理人死亡;(四)法律规定的其他情形。”

法定代理主要发生在监护人和被监护人之间。一般而言,被监护人要么是未成年人,要么是精神病人等不完全民事行为能力人。如果未成年人年满十八周岁,精神病人痊愈,他们取得了完全民事行为能力,就不再需要代理人,此时法定代理终止。另外,与委托代理终止的情形相同的是,代理人因失去民事行为能力不能继续代理,或者代理人、被代理人死亡的,法定代理也即告终止。

第八章 民事责任

如何理解二人以上依法承担按份责任?

答:《民法典》第一百七十七条规定:“二人以上依法承担按份责任,能够确定责任大小的,各自承担相应的责任;难以确定责任大小的,平均承担责任。”

举例来说,甲与乙驾车相向而行,双方因违反交通规则将行人丙撞倒,造成丙身体受伤。交警大队对现场勘察后出具了道路交通事故认定书,认定甲对事故承担百分之七十的责任,乙对事故承担百分之三十的责任,丙无责任。那么,甲与乙应当根据认定书上的责任划分,对给丙造成的损害承担按份责任。如果经交警大队勘察,无法确定甲、乙的责任大小,那么就应当由甲、乙各自承担百分之五十的责任。

如何理解二人以上依法承担连带责任?

答:《民法典》第一百七十八条规定:“二人以上依法承担连带责任的,权利人有权请求部分或者全部连带责任人承担责任。连带责任人的责任份额根据各自责任大小确定;难以确定责任大小的,平均承担责任。实际承担责任超过自己责任份额的连带责任人,有权向其他连带责任人追偿。连带责任,由法律规定或者当事人约定。”

事实上,连带责任是对外的责任,两人以上承担连带责任的,权利人可以要求任意一人承担责任。但是,两个以上承担连带责任的人之间是要划分责任的,这是对内的责任划分,不能让任意一个人承担全部责任。举例来说明:甲与乙是长期合作伙伴,与丙签订供货合同,约定甲乙共同向丙提供货物二百件,若违反合同约定,甲乙向丙承担连带责任。之后,甲、乙私下约定,各为丙准备一百件货物。在交货时,丙发现甲乙共同交付的货物中有一百件为次品,丙可以要求甲或者乙任何一方承担全部责任,甲、乙均不能拒绝。丙认为甲的财力雄厚,故让甲承担全部违约责任十万元。以上是甲乙向丙承担的连带责任，甲应根据丙的要求对其进行赔偿。承担了连带责任后，就要来划分一下甲乙之间的内部责任。甲在对丙承担责任后，可以调查次品来源，若次品均是乙交付的，那么理应由乙承担责任，甲有权让乙返还十万元。若调查不出次品来源，无法区分责任大小，则甲乙平均承担责任，因甲已经承担了全部责任，则可以请求乙返还一半的款项。这里要强调的是，连带责任对责任人来说是非常严格的，因此，要有法律明确规定或者当事人明确约定，才能追究其连带责任，否则只能要求责任人承担按份责任。

承担民事责任的方式有哪些？

答：《民法典》第一百七十九条规定："承担民事责任的方式主要有：（一）停止侵害；（二）排除妨碍；（三）消除危险；（四）返还财产；（五）恢复原状；（六）修理、重作、更换；（七）继续履行；（八）赔偿损失；（九）支付违约金；（十）消除影响、恢复名誉；（十一）赔礼道歉。法律规定惩罚性赔偿的，依照其规定。本条规定的承担民事责任的方式，可以单独适用，也可以合并适用。"

举例来说：第一，停止侵害。甲种植的庄稼遭到乙饲养的羊的啃食，甲有权请求乙管住羊，停止继续啃食庄稼。第二，排除妨碍。甲在乙家门口堆放垃圾，影响乙的生活，乙有权要求甲清除垃圾。第三，消除危险。甲院子里树木的树枝长到了乙家的房顶上，有碰坏乙家玻璃的危险，乙有权要求甲将树枝砍掉。第四，返还财产。甲向乙借款一万元，约定三个月偿还，三个月后甲未偿还，乙有权要求甲还钱。第五，恢复原状。甲将房子借给乙，约定不能改变房子构造，乙擅自装修改变了房子构造，甲有权请求乙将房子恢复原状。第六，修理、重作、更换。甲到商店购买了一双鞋，穿了一周就开裂了，甲有权要求商店进行修理，如果修理不了可以要求更换。第七，继续履行。甲乙签订买卖合同约定甲购买乙一百斤草莓，价格为每斤五元，之后丙愿意以每斤六元的价格购买，乙不想再卖给甲，甲有权请求乙仍按照每斤五元的价格继续履行合同。第八，赔偿损失。甲在商店购买了质量不合格的高压锅，高压锅在使用过程中爆炸，造成甲身体受损，甲有权要求商店或生产者赔偿损失。第九，支付违约金。甲乙签订买卖合同，甲未按约履行合同义务，应当根据合同约定，向乙支付违约金。第十，消除影响、恢复名誉。甲到处散播乙的谣言，乙有权要求甲公开澄清谣言，恢复名誉。第十一，赔礼道歉。甲散布了乙的谣言，乙除了可以要求甲澄清外，还可以要求甲向其赔礼道歉。

因不可抗力导致不能履行民事义务，需要承担民事责任吗？

答：《民法典》第一百八十条规定："因不可抗力不能履行民事义务的，不承担民事责任。法律另有规定的，依照其规定。不可抗力是不能预见、不能避免且不能克服的客观情况。"

不可抗力属于法律明确规定的免责事由，也就是说，一方因发生了自己不能预见、不能避免且不能克服的客观情况，而不能履行民事义务的，可以不承担民事责任。例如，甲乙签订房屋买卖合同，但是因为地震将房屋震塌，不能交付了，双方均不需要承担合同的违约责任。

因正当防卫造成损害，需要承担民事责任吗？

答：《民法典》第一百八十一条规定："因正当防卫造成损害的，不承担民事责任。正当防卫超过必要的限度，造成不应有的损害的，正当防卫人应当承担适当的民事责任。"

正当防卫是指，对正在进行不法侵害行为的人，而采取的制止这一行为的行为，对对方造成了损害。正当防卫属于法定的免责事由，不承担民事责任。例如，乙绑架了甲的儿子，并将其绑在自己的车里，甲为了解救儿子，将乙的一扇车窗砸坏，甲就不需要赔偿乙的车窗维修费用。但是，如果甲砸掉一扇车窗解救儿子后，为了报复乙，将乙全部的车窗都砸坏，那么就属于防卫过度，应当赔偿其他被砸坏车窗的费用。

因紧急避险造成损害，需要承担民事责任吗？

答：《民法典》第一百八十二条规定："因紧急避险造成损害的，由引起险情发生的人承担民事责任。危险由自然原因引起的，紧急避险人不承担民事责任，可以给予适当补偿。紧急避险采取措施不当或者超过必要的限度，造成不应有的损害的，紧急避险人应当承担适当的民事责任。”

举例来说，如果因甲随意扔烟头造成了山林大火，救援人员不得已将乙承包的林地烧毁，通过“火攻法”灭火救人，那么甲作为侵权人，应当赔偿乙的损失。但如果山火是因为天气干燥而自燃的，那么救援人员不需要对乙被烧毁的林木承担赔偿责任。如果有其他更经济快捷的灭火方法，根本不需要采用火攻法救火，那么救援人员属于采用不当手段避险，应当向乙承担赔偿责任。

见义勇为而使自己受到损害，应当由谁承担民事责任？

答：《民法典》第一百八十三条规定：“因保护他人民事权益使自己受到损害的，由侵权人承担民事责任，受益人可以给予适当补偿。没有侵权人、侵权人逃逸或者无力承担民事责任，受害人请求补偿的，受益人应当给予适当补偿。”

举例来说，甲将乙推入水中，乙不会游泳，丙见状跳入水中将乙救起。在救人过程中，丙的手机进水无法使用，甲作为侵权人，应当赔偿丙的损失，乙作为被救人可以出于感谢给丙一定的补偿。如果甲推人下水后逃逸，或者无力承担丙的损失，抑或是乙自己不小心落水，根本就不存在侵权人，那么当丙向乙要求补偿时，乙应当给予适当的补偿，弥补丙因救自己造成的损失。

紧急救助时造成受助人损害，救助人需要承担民事责任吗？

答：《民法典》第一百八十四条规定：“因自愿实施紧急救助行为造成受助人损害的，救助人不承担民事责任。”

举例来说，甲的房屋着火，村民为了救火，用甲家院子里水缸的水灭火，不小心将甲养在水缸里的珍贵金鱼连同水一起泼进火里。虽然村民的救助行为使甲损失了珍贵金鱼，但由于是自愿的救助行为，因此不需要赔偿甲的损失。

侵害英雄烈士的姓名、肖像、名誉、荣誉，需要承担民事责任吗？

答：《民法典》第一百八十五条规定：“侵害英雄烈士等的姓名、肖像、名誉、荣誉，损害社会公共利益的，应当承担民事责任。”

英雄烈士的姓名、肖像、名誉、荣誉是受法律保护的，任何人不得侵犯，比如在网上歪曲戍边官兵英雄事迹，就侵犯了英烈的名誉权，应当承担民事责任，构成刑事犯罪的，还需要依法承担侵害英雄烈士名誉、荣誉罪。

一方的行为既存在违约，又构成侵权时，应当怎样承担责任？

答：《民法典》第一百八十六条规定：“因当事人一方的违约行为，损害对方人身权益、财产权益的，受损害方有权选择请求其承担违约责任或者侵权责任。”

例如，甲在商店购买了一个假冒伪劣高压锅，在使用过程中发生爆炸，将甲的厨房炸毁，花费维修费用三万元。此时，产生了两种民事责任：一种是基于高压锅买卖合同产生的违约责任，商店卖给甲假冒伪劣产品，属于合同违约，因此应当承担违约责任；另一种是基于产品存在缺陷造成甲损害的侵权责任，商店卖给甲的商品，质量不达标，给甲造成损失，属于产品侵权，应当承担侵权责任。此时，甲可以自由选择让商店承担违约责任或者侵权责任，但不能要求商店承担双份责任。

某人因同一行为，同时产生了民事责任、行政责任和刑事责任，怎么办？

答：《民法典》第一百八十七条规定：“民事主体因同一行为应当承担民事责任、行政责任和刑事责任的，承担行政责任或者刑事责任不影响承担民事责任；民事主体的财产不足以支付的，优先用于承担民事责任。”

一个人或者一个组织做出了一项违法行为，有可能同时承担民事责任、行政责任和刑事责任，多个责任并存，但是其财产无法承担全部责任的，应当优先承担民事责任。例如，甲生产假酒出售，很多顾客在喝了假酒后眼睛失明，甲的行为侵犯了顾客的健康权，应当承担民事责任。同时，生产的假酒不符合食品安全标准，应当承担行政责任。此外，甲还构成生产、销售伪劣商品罪，被法院判处罚金五万元。此时，若甲的财产不足以承担全部责任的，则应当优先赔偿顾客的损失。需要说明的是，行为人承担了行政责任和刑事责任并不意味着不再需要承担民事责任了。例如，甲驾车将乙撞倒，乙当场死亡，甲构成交通肇事罪，被判处三年有期徒刑，甲既要接受刑事处罚，还要向乙的继承人支付赔偿金。如果甲不支付赔偿金，乙的继承人可以向法院提起诉讼，请求甲承担民事责任。

第九章　诉讼时效

受到侵害后，要在多长时间内维权才有效？

答：《民法典》第一百八十八条规定："向人民法院请求保护民事权利的诉讼时效期间为三年。法律另有规定的，依照其规定。诉讼时效期间自权利人知道或者应当知道权利受到损害以及义务人之日起计算。法律另有规定的，依照其规定。但是，自权利受到损害之日起超过二十年的，人民法院不予保护，有特殊情况的，人民法院可以根据权利人的申请决定延长。"

也就是说，《民法典》分别规定了一般诉讼时效、特殊诉讼时效和最长诉讼时效。一般诉讼时效是三年，但如果其他的民事法律另有规定的，应当按照其规定。比如，《中华人民共和国保险法》中规定的人寿保险的受益人或被保险人向保险人请求赔偿或支付保险金的诉讼时效是五年，则受益人可以在保险事故发生后的五年之内向法院起诉，而不受三年诉讼时效的限制。此外，如果权利人在二十年后才知道自己的权利受到侵害，或者才知道谁是侵害人，此时由于时间太长，难以收集证据，同时也为了节约司法资源，一般情况下，法院不会再保障其胜诉权，如果确实需要保护的，法院根据权利人的申请，也可以延长诉讼时效。

对于分期履行的债务，诉讼时效的起算点是什么时候？

答：《民法典》第一百八十九条规定："当事人约定同一债务分期履行的，诉讼时效期间自最后一期履行期限届满之日起计算。"

例如，甲欠乙十二万元，承诺分十二期偿还，从1月1日起，每月的1日向乙还款一万元，12月1日前付清。但是甲偿还了三期后，就没有再按约定还款。此时，乙向法院起诉的话，诉讼时效期间应当是从最后一期付款日，也就是从12月1日开始计算，而不是从甲实际违约之日（4月1日）开始计算。

如果受到法定代理人的侵害，诉讼时效期间从何时起算？

答：《民法典》第一百九十条规定："无民事行为能力人或者限制民事行为能力人对其法定代理人的请求权的诉讼时效期间，自该法定代理终止之日起计算。"

无民事行为能力人、限制民事行为能力人因认知水平和行为能力受限，其人身、财产需要受到其法定代理人的监管。一旦他们的合法权益受到法定代理人的侵害，他们自身是没有能力主张权利的。法律为了保护他们的诉权，规定对法定代理人的诉讼时效是法定代理终止之日起计算，也就是更换其他法定代理人，或者其成为完全民事行为能力人之时，即已满十八周岁或恢复民事行为能力之时，他们可以再按照诉讼时效规定行使诉权。

如果未成年人遭受性侵害，诉讼时效期间应当从何时起算？

答：《民法典》第一百九十一条规定："未成年人遭受性侵害的损害赔偿请求权的诉讼时效期间，自受害人年满十八周岁之日起计算。"

未成年人在遭受性侵害之后，监护人提起诉讼的话，法院就需要收集证据、询问事实经过，可能会对孩子内心造成第二次伤害，不利于孩子身心健康的发展，加之对社会舆论方面的考量，未成年人及其监护人往往会放弃诉讼。而受害人成年之后再想请求损害赔偿，按照起算规则往往已经超过了诉讼时效期间。因此，为了保护未成年人的合法权益，《民法典》对上述情形规定了特殊的诉讼时效起算规则，即自受害人年满十八周岁之日起计算。

诉讼时效期间届满，义务人有权不履行义务吗？

答：《民法典》第一百九十二条规定："诉讼时效期间届满的，义务人可以提出不履行义务的抗辩。诉讼时效期间届满后，义务人同意履行的，不得以诉讼时效期间届满为由抗辩；义务人已经自愿履行的，不得请求返还。"

诉讼时效的规定，就是为了督促权利人尽早行使自己的权利，如果在规定的时间内没有正当的理由怠于行使诉讼权利，说明权利人对自己权利的保护并不在意，此时，义务人可以向法院提出，因为权利人超过诉讼时效期间才起诉，义务人有权不履行义务。但是，如果在诉讼时效届满之后，义务人出于个人信誉或者不知道可以通过诉讼时效进行抗辩等原因，已经对权利人作出承诺，同意履行义务的，那么在诉讼的时候，不能再反悔。并且，在诉讼之前，义务人已经履行的义务，也不能以诉讼时效期间届满为由，再要求权利人返还。

有阻碍权利人及时行使权利的情形时，怎么办？

答：《民法典》第一百九十四条规定："在诉讼时效期间的最后六个月内，因下列障碍，不能行使请求权的，诉讼时效中止：（一）不可抗力；（二）无民事行为能力人或者限制民事行为能力人没有法定代理人，或者法定代理人死亡、丧失民事行为能力、丧失代理权；（三）继承开始后未确定继承人或者遗产管理人；（四）权利人被义务人或者其他人控制；（五）其他导致权利人不能行使请求权的障碍。自中止时效的原因消除之日起满六个月，诉讼时效期间届满。"

法律规定诉讼时效制度，目的是督促权利人及时行使权利。但是，如果权利人并不是怠于行使权利，而是出现了一些客观情况，比如，因不可抗力滞留在外地，权利人没有办法及时行使诉权。在这种情况下，如果继续计算诉讼时效期间，则不利于对权利人合法权益的保护，对权利人是非常不公平的。因此，如果在诉讼时效期间的最后六个月内，出现了以上情形之一的，应当暂停计算诉讼时效期间，以确保权利人有充足的时间去行使权利。

哪些情形诉讼时效期间可以重新计算？

答：《民法典》第一百九十五条规定："有下列情形之一的，诉讼时效中断，从中断、有关程序终结时起，诉讼时效期间重新计算：（一）权利人向义务人提出履行请求；（二）义务人同意履行义务；（三）权利人提起诉讼或者申请仲裁；（四）与提起诉讼或者申请仲裁具有同等效力的其他情形。"

当权利人的权利受到侵害后，权利人若是没有坐以待毙，而是积极地行使权利，比如通过打电话、发邮件的方式要求义务人履行义务，又或者是义务人主动承诺履行义务的，诉讼时效就会因义务被履行而归于中断，之前经过的期间归零，诉讼时效期间重新开始计算。但是要提醒大家注意的是，权利人要将向义务人主张权利或者义务人同意履行的证据保存好，以防在诉讼时效期间届满后再提起诉讼，对方行使抗辩权，自己拿不出证据而导致败诉。

哪些权利没有诉讼时效限制？

答：《民法典》第一百九十六条规定："下列请求权不适用诉讼时效的规定：（一）请求停止侵害、排除妨碍、消除危险；（二）不动产物权和登记的动产物权的权利人请求返还财产；（三）请求支付抚养费、赡养费或者扶养费；（四）依法不适用诉讼时效的其他请求权。"

因此，并不是所有的请求权都受到诉讼时效的限制，像一些对权利人非常重要的权利，若使用诉讼时效制度，可能会过度牺牲和让渡权利人的权利，对权利人极其不公平。比如，对于权利人非常重要的房产，侵害人如果非法占有他人房产，不管经过多长时间，都应当归还权利人，而不能以诉讼时效期间届满为由，将不属于自己的房产占为已有。再比如，权利人因为义务人不支付抚养费、赡养费或扶养费，导致不能正常生活，不管经过多长时间，义务人的义务都是存在的，都应该继续支付，以维持权利人的生活。

当事人自己约定诉讼时效有效吗？

答：《民法典》第一百九十七条第一款规定："诉讼时效的期间、计算方法以及中止、中断的事由由法律规定，当事人约定无效。"

也就是说，诉讼时效制度的具体规则由法律说了算，不是当事人约定了就有效的。法律规定的一般诉讼时效期间是三年，当事人就不能自行缩短或者延长。法律规定期间应当从什么时候开始计算就要从什么时候开始计算。比如，对于分期履行的债务，法律已经规定，诉讼时效期间从最后一期履行期限届满开始计算，当事人就不能约定从第一次不履行之日起计算。法律规定了诉讼时效期间的中断、中止事由的范围，当事人就不能自行扩大或者缩小范围。如果当事人的约定与法律的规定不相符，那么其约定是无效的。

当事人双方是否可以约定不适用诉讼时效制度?

答:《民法典》第一百九十七条第二款规定:“当事人对诉讼时效利益的预先放弃无效。”

根据此条规定可知,双方当事人不能做出“不管权利人何时行使权利,义务人都应当履行义务,不能以诉讼时效期间届满为由进行抗辩”或类似的约定。之所以不允许做出上述约定,是因为当事人在约定的时候,权利人可能处于优势地位,如果强迫义务人做出放弃诉讼时效抗辩的承诺,对于义务人来说是不公平的。另一方面,诉讼时效制度是法律的强制性规定,符合情形的均要适用,因此不允许当事人通过协议来约定不适用诉讼时效制度。

当事人之间因纠纷向仲裁机构申请仲裁,是否适用诉讼时效的规定?

答:《民法典》第一百九十八条规定:“法律对仲裁时效有规定的,依照其规定;没有规定的,适用诉讼时效的规定。”

仲裁时效和诉讼时效适用的区别在于,权利人提出申请的机构不同。权利人向人民法院提起诉讼的,适用诉讼时效;权利人向仲裁机构申请仲裁的,优先适用仲裁时效,没有仲裁时效的才能适用诉讼时效。例如,《劳动争议调解仲裁法》对劳动仲裁时效进行了明确规定:劳动仲裁时效为一年,从当事人知道或者应当知道权利受到侵害之日起计算。在这种情况下,应当优先适用仲裁时效。如果法律没有明确规定,比如合同纠纷当事人约定的解决争议方法是仲裁,但《仲裁法》对于合同纠纷没有规定明确的仲裁时效,那就应当适用诉讼时效的相关规定。

第十章 期间计算

“期间”是怎样计算的?

答:《民法典》第二百条规定:“民法所称的期间按照公历年、月、日、小时计算。”

通俗来说,期间就是指时间点间隔的时间长度,是从某一个时间点到另一个时间点所经过的时间,以年、月、日、小时为单位来计算。例如,在约定合同的有效期时,一般约定为“合同有效期为一年,自某年某月某日至某年某月某日”,其中的“一年”就是以年为单位的期间。这里要强调的是,期间单位“年、月、日、小时”,是按照公历计算的,而不是按照农历计算的。

按照年、月、日计算期间的,开始的当日计入吗?

答:《民法典》第二百零一条规定:“按照年、月、日计算期间的,开始的当日不计入,自下一日开始计算。按照小时计算期间的,自法律规定或者当事人约定的时间开始计算。”

例如,甲乙双方在1月13日签订买卖合同,约定甲向乙交货的期间为十天,那么,签订合同的当天,也就是1月13日是不计算在十天里的,应当从1月14日开始计算,1月23日是第十天,因此甲要在1月23日之前向乙交货。

按照年、月计算期间,期间的最后一天是哪一天?

答:《民法典》第二百零二条规定:“按照年、月计算期间的,到期月的对应日为期间的最后一日;没有对应日的,月末日为期间的最后一日。”

举例来说,如果甲乙双方在1月13日签订买卖合同,约定甲向乙交货的期间为三个月,期间从1月14日开始计算,到期月就是4月,期间最后一天是1月14日经过三个月,也就是4月14日。如果双方是1月30日签订的合同,期间从1月31日开始计算三个月,期间最后一天应当是与1月31日对应的4月31日。但是众所周知，4月只有三十天，并不存在4月31日，因此，期间的最后一天就是4月的最后一天，也就是4月30日。

当期间的最后一天恰逢法定休假日，如何计算？

答：《民法典》第二百零三条第一款规定："期间的最后一日是法定休假日的，以法定休假日结束的次日为期间的最后一日。"

期间最后一天一旦经过，当事人就要承担法律后果，因此期间的最后一天对当事人来说是非常重要的。如果按照期间正常的计算规则，期间的最后一天恰逢是法定休假日的，当事人可能会因为一些部门不办公，而影响自己权利的行使。比如，如果诉讼时效期间的最后一天是周六，法院不上班，那当事人在期间最后一天就不能提起诉讼，等法院上班之后，就超过了诉讼时效，当事人就丧失了胜诉权，这对于当事人来说是不公平的。因此，为了更好地保护当事人的权利，《民法典》规定如果期间的最后一天是法定休假日的，那么就将期间延长到休假日结束的第二天，给当事人以充足的时间去行使权利。

期间的最后一天的截止时间是几点？

答：《民法典》第二百零三条第二款规定："期间的最后一日的截止时间为二十四时；有业务时间的，停止业务活动的时间为截止时间。"

一天共有二十四个小时，24时为一天的结束，因此，一般情况下，期间的最后一日的截止时间为当日24时。但法院、银行、证券公司等机构都有规定的办理业务的时间，当事人应当在业务时间内办理业务，一旦到达业务时间，当天就不能再办理业务，当事人不能要求业务人员在业务时间结束后仍为其办理业务。比如，《票据法》规定，持票人要在票据到期日的两年内到银行进行承兑，如果持票人在承兑期间的最后一天去银行办理承兑业务，那么就要在银行下班之前办理，一旦当日银行下班后，该承兑票据就因日期截止而失效。

当事人之间可以自行约定期间的计算规则吗?

答:《民法典》第二百零四条规定:“期间的计算方法依照本法的规定,但是法律另有规定或者当事人另有约定的除外。”

由此可见,当事人是可以另行约定期间的计算方法的。例如,虽然《民法典》第二百条规定,期间按照公历年、月、日、小时计算,但是当事人可以约定以星期来计算,约定几周内履行合同,这样的约定是有效的,是法律尊重当事人意思自治的表现,当事人在不违背法律的情况下自行约定期间计算方式即可。

第二编　物权

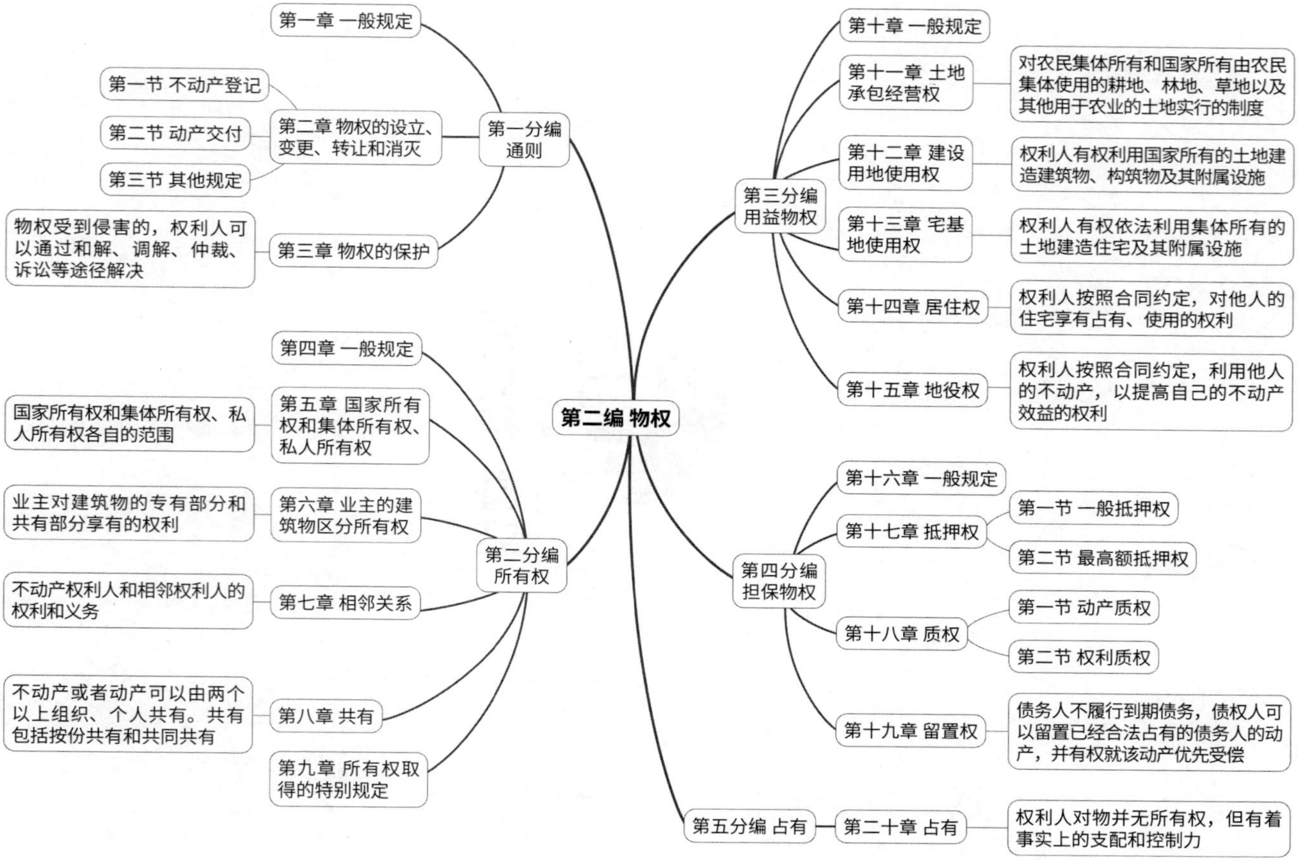
第二编 物权
第一分编 通则
第一章 一般规定
第二章 物权的设立、变更、转让和消灭
第一节 不动产登记
第二节 动产交付
第三节 其他规定
第三章 物权的保护
物权受到侵害的，权利人可以通过和解、调解、仲裁、诉讼等途径解决
第二分编 所有权
第四章 一般规定
第五章 国家所有权和集体所有权、私人所有权
国家所有权和集体所有权、私人所有权各自的范围
第六章 业主的建筑物区分所有权
业主对建筑物的专有部分和共有部分享有的权利
第七章 相邻关系
不动产权利人和相邻权利人的权利和义务
第八章 共有
不动产或者动产可以由两个以上组织、个人共有。共有包括按份共有和共同共有
第九章 所有权取得的特别规定
第三分编 用益物权
第十章 一般规定
第十一章 土地承包经营权
对农民集体所有和国家所有由农民集体使用的耕地、林地、草地以及其他用于农业的土地实行的制度
第十二章 建设用地使用权
权利人有权利用国家所有的土地建造建筑物、构筑物及其附属设施
第十三章 宅基地使用权
权利人有权依法利用集体所有的土地建造住宅及其附属设施
第十四章 居住权
权利人按照合同约定，对他人的住宅享有占有、使用的权利
第十五章 地役权
权利人按照合同约定，利用他人的不动产，以提高自己的不动产效益的权利
第四分编 担保物权
第十六章 一般规定
第十七章 抵押权
第一节 一般抵押权
第二节 最高额抵押权
第十八章 质权
第一节 动产质权
第二节 权利质权
第十九章 留置权
债务人不履行到期债务，债权人可以留置已经合法占有的债务人的动产，并有权就该动产优先受偿
第五分编 占有
第二十章 占有
权利人对物并无所有权，但有着事实上的支配和控制力

第一分编 通则

第一章 一般规定

不动产物权需要登记吗?

答:《民法典》第二百零八条规定:“不动产物权的设立、变更、转让和消灭,应当依照法律规定登记。动产物权的设立和转让,应当依照法律规定交付。”

不动产物权和动产物权的设立方式是不同的。与动产相比,不动产往往价值更加高昂,使用登记设立的方式更能保障不动产物权人的权利。而大部分动产除了价值较低以外,体积也相对较小,使用交付的方式设立更有利于促进动产的流动。例如,王某购买了一套房屋,需要进行登记以后才能从法律上获得该房屋的所有权;而如果王某购买的是一部手机,那么当卖方将手机交付给王某后,王某就对该手机享有所有权,无须进行登记。

第二章　物权的设立、变更、转让和消灭

第一节　不动产登记

转卖房屋是否必须经过登记才算有效?

答:《民法典》第二百零九条规定:“不动产物权的设立、变更、转让和消灭,经依法登记,发生效力;未经登记,不发生效力,但是法律另有规定的除外。依法属于国家所有的自然资源,所有权可以不登记。”

在我们的日常生活中,房屋是一种典型的不动产,如果要购买或者转卖房屋,必须进行房屋登记以后才能发生产权变动的法律效力。

不动产登记机构的职责有哪些?

答:《民法典》第二百一十二条规定:“登记机构应当履行下列职责:(一)查验申请人提供的权属证明和其他必要材料;(二)就有关登记事项询问申请人;(三)如实、及时登记有关事项;(四)法律、行政法规规定的其他职责。申请登记的不动产的有关情况需要进一步证明的,登记机构可以要求申请人补充材料,必要时可以实地查看。”

不动产登记机构依法履行上述职责,我们在进行不动产登记时,要予以配合,并有权进行相应的监督。

不动产登记机构不得实施哪些行为?

答:《民法典》第二百一十三条规定:“登记机构不得有下列行为:(一)要求对不动产进行评估;(二)以年检等名义进行重复登记;(三)超出登记职责范围的其他行为。”

法律除了明确规定登记机构不得实施的行为以外,还规定了一条兜底性条款,来更好地保障权利人的合法权益。如果当事人在进行不动产登记时,登记机构实施了其他不当行为,当事人有权根据

本条第三项的规定维护自己的权利。

购买的房屋，什么时候才发生法律效力？

答：《民法典》第二百一十四条规定："不动产物权的设立、变更、转让和消灭，依照法律规定应当登记的，自记载于不动产登记簿时发生效力。"

不动产物权的设立、变更等只有在登记之后才能发生法律效力，时间节点为记载于不动产登记簿之时。例如，李某购买了一套房屋，签订了房屋买卖合同，并支付了购房款。需要注意的是，房屋买卖合同成立并不代表李某取得了该房屋的所有权。只有李某在进行房屋登记以后，并且他对房屋的所有权记载到房屋登记簿以后，李某才对该房屋享有所有权。

签订房屋买卖合同后没有办理登记，合同有效吗？

答：《民法典》第二百一十五条规定："当事人之间订立有关设立、变更、转让和消灭不动产物权的合同，除法律另有规定或者当事人另有约定外，自合同成立时生效；未办理物权登记的，不影响合同效力。"

由此可见，房屋买卖合同是否成立与是否进行房屋登记并没有必然联系。例如，张某购买了一套房屋，并签订了房屋买卖合同，但并未办理房屋登记手续。该合同只要满足合同的成立要件，就可以发生法律效力。如果出卖房屋的一方反悔，张某虽然尚未取得该房屋的所有权，但是可以根据合同的约定要求对方承担违约责任。

如何能证明权利人享有不动产物权？

答：《民法典》第二百一十六条规定："不动产登记簿是物权归属和内容的根据。不动产登记簿由登记机构管理。"

第二百一十七条规定："不动产权属证书是权利人享有该不动产物权的证明。不动产权属证书记载的事项，应当与不动产登记簿一致；记载不一致的，除有证据证明不动产登记簿确有错误外，以不动产登记簿为准。"

对于权利人来说，不动产权属证书是最直接的能够证明不动产归属的证据。例如，秦某购买了一套房屋，并取得了房产证。此时，如果有人想要确定该套房屋的所有权，直接要求秦某出示房产证是最快捷的。但是，有时会发生不动产权属证书记载有误的情况，此时应当以不动产登记簿为准，不动产登记簿才是物权归属最根本的证明。

能随便查询或公开他人的不动产登记资料吗？

答：《民法典》第二百一十八条规定："权利人、利害关系人可以申请查询、复制不动产登记资料，登记机构应当提供。"

第二百一十九条规定："利害关系人不得公开、非法使用权利人的不动产登记资料。"

由此可见，可以查询、复制不动产登记资料的除了不动产权利人以外，还包括利害关系人。例如，谷某向雷某借款二十万元，借款期限届满后无力偿还。雷某得知谷某有一套住宅，为了确认该住宅的所有权，雷某作为债权人可以向登记机构申请查询或复制谷某的登记资料。同时，雷某在查询登记资料后，应当履行相关义务，不得将登记资料公开或者非法使用。

发现不动产登记簿记载有误时，如何更正？

答：《民法典》第二百二十条规定："权利人、利害关系人认为不动产登记簿记载的事项错误的，可以申请更正登记。不动产登记簿记载的权利人书面同意更正或者有证据证明登记确有错误的，登记机构应当予以更正。不动产登记簿记载的权利人不同意更正的，利害关系人可以申请异议登记。登记机构予以异议登记，申请人自异议登记之日起十五日内不提起诉讼的，异议登记失效。异议登记不当，造成权利人损害的，权利人可以向申请人请求损害赔偿。"

由此可见，如果发现不动产登记簿记载的事项有误，无论是权利人本人还是利害关系人都可以申请更正。申请更正登记时，要注意提供相应的证据或者权利人的同意书。除此以外，如果提出异议登记，还需要注意异议登记及诉讼的时间。

预告登记是怎么回事？

答：《民法典》第二百二十一条规定："当事人签订买卖房屋

的协议或者签订其他不动产物权的协议，为保障将来实现物权，按照约定可以向登记机构申请预告登记。预告登记后，未经预告登记的权利人同意，处分该不动产的，不发生物权效力。预告登记后，债权消灭或者自能够进行不动产登记之日起九十日内未申请登记的，预告登记失效。”

预告登记应当在达成不动产物权协议之后进行。预告登记是为了更好地保障物权实现，同时为了避免资源的浪费，从而督促权利人尽早实现权利。需要注意的是，预告登记是有期限的。例如，贾某与开发商签订了房屋买卖合同后，为了防止开发商将该套房屋卖给别人，贾某可以申请预告登记。预告登记申请以后，如果开发商未经贾某同意将该房屋另卖他人，其行为不发生效力。

使用虚假材料登记需要承担什么法律后果？

答：《民法典》第二百二十二条规定：“当事人提供虚假材料申请登记，造成他人损害的，应当承担赔偿责任。因登记错误，造成他人损害的，登记机构应当承担赔偿责任。登记机构赔偿后，可以向造成登记错误的人追偿。”

在进行不动产登记时，当事人有义务提供真实的登记材料，否则很可能无法顺利登记，导致物权无法生效。如果提供虚假材料进行登记还损害了他人权利的，应当进行赔偿。

不动产登记的收费标准是什么？

答：《民法典》第二百二十三条规定：“不动产登记费按件收取，不得按照不动产的面积、体积或者价款的比例收取。”

举例来说，钱某和方某各自购买了一套房屋。钱某所购买的房屋的面积为一百五十平方米，方某购买的房屋的面积为九十平方米。在进行房屋产权登记时，钱某和方某所需要缴纳的登记费用是一样的，并不会因两人购买房屋的面积不同、价款不同等而有所区别。

第二节 动产交付

转卖家电何时发生法律效力?

答:《民法典》第二百二十四条规定:"动产物权的设立和转让,自交付时发生效力,但是法律另有规定的除外。"

与不动产不同,大多数动产物权生效并不需要进行登记,只要交付行为完成,那么动产物权就开始发生效力。例如,屠某将电视机转卖给他人。由于电视机是动产的一种,当买方支付价款,且屠某将电视机交付给买方后,该电视机就属于买方所有。屠某或买方都不需要进行登记来证明电视机的所有权归属。

想要购买一辆二手车,需要进行登记吗?

答:《民法典》第二百二十五条规定:"船舶、航空器和机动车等的物权的设立、变更、转让和消灭,未经登记,不得对抗善意第三人。"

与其他动产相比,船舶、航空器和机动车等价值较为高昂,这样规定更有利于保护物权。需要注意的是,虽然此类动产未经登记也能发生物权效力,但是不能对抗善意第三人。举例来说,陈某将自己的车辆转卖给李某,但并未进行登记,只是先行将车辆交付给李某驾驶。不久后,陈某又将车辆转卖给不知情的范某。范某支付购车款后进行了过户登记。李某在购买车辆时并未进行登记,虽然已经实际占有了该车辆,但是不能对抗范某这个善意第三人。最终,范某取得车辆所有权。而李某可以据买卖合同追究陈某的违约责任。同时,《最高人民法院关于适用〈中华人民共和国民法典〉物权编的解释(一)》第六条规定:"转让人转让船舶、航空器和机动车等所有权,受让人已经支付合理价款并取得占有,虽未经登记,但转让人的债权人主张其为民法典第二百二十五条所称的'善意第三人'的,不予支持,法律另有规定的除外。"

对于善意第三人,可以简单地理解为"不知情、合理价格买入并取得物权的人"。转让人的债权人不属于善意第三人。

将电脑转让给他人以前，他人就已经占有并使用该电脑，物权何时生效？

答：《民法典》第二百二十六条规定："动产物权设立和转让前，权利人已经占有该动产的，物权自民事法律行为生效时发生效力。"

这里也被称为"简易交付"，由于受让人已经先行占有了被转让的动产，因此出让人在转让动产后无须再进行交付。例如，潘某将电脑借给好友葛某使用。后来潘某购买了一台新电脑，葛某便提出让他将旧电脑直接转卖给自己。由于葛某已经占有并使用了该电脑，因此物权生效的时间节点不再是交付之时，而是二人达成买卖合意时就生效。

将车辆出租给他人使用后又想转卖的情况，物权何时生效？

答：《民法典》第二百二十七条规定："动产物权设立和转让前，第三人占有该动产的，负有交付义务的人可以通过转让请求第三人返还原物的权利代替交付。"

这里也被称为指示交付。由于在动产物权设立和转让前，出让人并不占有该动产，因此交付动产的方式也有所不同。例如，常某将车辆出租给严某使用。后常某将车辆转卖给陶某，此时车辆由严某占有，常某可以将要求严某返还车辆的权利转让给陶某，由此来完成交付。也就是说，当租赁期限届满，陶某可以直接要求严某将车辆返还给他。

将物品转卖给他人后约定过段时间再交付，那么物权何时生效？

答：《民法典》第二百二十八条规定："动产物权转让时，当事人又约定由出让人继续占有该动产的，物权自该约定生效时发生效力。"

在这种情况下，动产物权生效并不以交付为准，而是以约定生效的时间为准。例如，甲工厂为周转资金，将一批生产设备转卖给乙工厂，并约定由甲工厂继续使用该批设备，直到年底再向乙工厂交付。当甲乙工厂达成这一协议时，就代表该批设备已经归乙工厂所有。

第三节 其他规定

法院判决物权发生变动，物权何时生效？

答：《民法典》第二百二十九条规定：“因人民法院、仲裁机构的法律文书或者人民政府的征收决定等，导致物权设立、变更、转让或者消灭的，自法律文书或者征收决定等生效时发生效力。”

例如，徐某作为实际出资人，借纪某的名义购买了一套房屋，该房屋登记在纪某名下。随后，徐某和纪某就该房屋的所有权发生了争议，遂诉至法院。经过法院审理，认定该房屋由徐某所有。此时，即使该房屋登记在纪某名下，但随着法院判决书的生效，物权也随之发生变动，该房屋变为由徐某所有。

继承取得的房产可以直接转卖吗？

答：《民法典》第二百三十条规定：“因继承取得物权的，自继承开始时发生效力。”第二百三十二条规定：“处分依照本节规定享有的不动产物权，依照法律规定需要办理登记的，未经登记，不发生物权效力。”

无论是动产还是不动产，物权都是从继承开始时发生效力的。但是，如果要处分所继承的不动产的，必须先进行登记。例如，邵某的父亲去世后，邵某继承了父亲的房屋，但并未进行过户登记。此时，邵某已经取得了该房屋的所有权。但是，如果邵某想要将该房屋转卖，必须先办理房屋过户登记手续，否则卖房之后无法与买家办理过户登记。

建造自建房的，什么时候开始对房屋享有所有权？

答：《民法典》第二百三十一条规定：“因合法建造、拆除房屋等事实行为设立或者消灭物权的，自事实行为成就时发生效力。”

例如，毛某在宅基地上建造了一间房屋，那么毛某对该房屋享有的所有权就从房屋建成时起发生效力。

第三章 物权的保护（略）

第二分编　所有权

第四章　一般规定

所有权人对自己所有的财产享有哪些权利?

答:《民法典》第二百四十条规定:“所有权人对自己的不动产或者动产,依法享有占有、使用、收益和处分的权利。”

第二百四十一条规定:“所有权人有权在自己的不动产或者动产上设立用益物权和担保物权。用益物权人、担保物权人行使权利,不得损害所有权人的权益。”

举例来说,郝某购买了一套住房。那么郝某作为该房屋的所有权人,既可以在该房屋内居住,也可以在法律允许的范围内利用该房屋进行经营活动。同时,郝某也可以对该房屋进行装修、出租、转卖等处分行为。除此以外,郝某也可以在该房屋上为他人设立居住权等用益物权,当需要资金时,还可以以该房屋作为抵押进行贷款。

国家可以无偿征收个人所有的房屋吗?

答:《民法典》第二百四十三条规定:“为了公共利益的需要,依照法律规定的权限和程序可以征收集体所有的土地和组织、个人的房屋以及其他不动产。征收集体所有的土地,应当依法及时足额支付土地补偿费、安置补助费以及农村村民住宅、其他地上附着物和青苗等的补偿费用,并安排被征地农民的社会保障费用,保障被征地农民的生活,维护被征地农民的合法权益。征收组织、个人的房屋以及其他不动产,应当依法给予征收补偿,维护被征收人的合法权益;征收个人住宅的,还应当保障被征收人的居住条件。任何组织或者个人不得贪污、挪用、私分、截留、拖欠征收补偿费等费用。”

也就是说,国家出于公共利益,是可以征收个人的房屋、土地等不动产的。但是,在征收后,应当对个人依法给予相应的补偿。

可以在农用地上建造房屋吗？

答：《民法典》第二百四十四条规定：“国家对耕地实行特殊保护，严格限制农用地转为建设用地，控制建设用地总量。不得违反法律规定的权限和程序征收集体所有的土地。”

随着我国城市化的发展，农用地资源越来越宝贵。一般来说，农用地上是不能建造房屋的，如果实属必要，需要经过严格的审批手续。

国家暂时征用私人住宅，如损坏屋内设施需要负责吗？

答：《民法典》第二百四十五条规定：“因抢险救灾、疫情防控等紧急需要，依照法律规定的权限和程序可以征用组织、个人的不动产或者动产。被征用的不动产或者动产使用后，应当返还被征用人。组织、个人的不动产或者动产被征用或者征用后毁损、灭失的，应当给予补偿。”

由此可见，国家暂时征用私人住宅，如损坏屋内设施，国家会给予赔偿。

第五章　国家所有权和集体所有权、私人所有权

对国家出资的企业，由谁来履行出资人职责？

答：《民法典》第二百五十七条规定：“国家出资的企业，由国务院、地方人民政府依照法律、行政法规规定分别代表国家履行出资人职责，享有出资人权益。”

这条规定与我国的基本经济制度紧密相连，印证了国有经济在国民经济中的主导地位。同时，其也与《民法典》第二百四十六条①相呼应。国有财产由国务院代表国家行使所有权，而国家出资的企业自然也应当由国务院、人民政府等国家机关来履行出资人职责。

集体所有的财产包括哪些种类？

答：《民法典》第二百六十条规定：“集体所有的不动产和动产包括：（一）法律规定属于集体所有的土地和森林、山岭、草原、荒地、滩涂；（二）集体所有的建筑物、生产设施、农田水利设施；（三）集体所有的教育、科学、文化、卫生、体育等设施；（四）集体所有的其他不动产和动产。”

集体所有包括农村集体所有和城镇集体所有，确定集体所有财产的范围也是落实我国基本经济制度的重要手段之一。

有哪些事项需要集体成员共同决定？

答：《民法典》第二百六十一条规定：“农民集体所有的不动产和动产，属于本集体成员集体所有。下列事项应当依照法定程序经本集体成员决定：（一）土地承包方案以及将土地发包给本集体以外的组织或者个人承包；（二）个别土地承包经营权人之间承包地的调整；（三）土地补偿费等费用的使用、分配办法；（四）集

①《民法典》第二百四十六条　法律规定属于国家所有的财产，属于国家所有即全民所有。国有财产由国务院代表国家行使所有权。法律另有规定的，依照其规定。

体出资的企业的所有权变动等事项；（五）法律规定的其他事项。”

集体所有的财产关系到本集体全体成员的利益，由本集体成员共同管理才能更好地维护集体内部的和谐与秩序。本条规定中的重大事项更是对本集体成员的利益有着重大影响，应当由大家共同决定，防止其利益受损。

村民有权了解村集体所有财产的情况吗？

答：《民法典》第二百六十四条规定：“农村集体经济组织或者村民委员会、村民小组应当依照法律、行政法规以及章程、村规民约向本集体成员公布集体财产的状况。集体成员有权查阅、复制相关资料。”

本集体成员对集体所有的财产状况享有知情权。除了村委会、村民小组应当定期主动向本集体成员公布集体财产状况外，本集体成员也可以主动查阅或者复制相关资料，而村委会、村民小组应当予以配合。

村委会作出的决定侵害了村民权益，怎么办？

答：《民法典》第二百六十五条规定：“集体所有的财产受法律保护，禁止任何组织或者个人侵占、哄抢、私分、破坏。农村集体经济组织、村民委员会或者其负责人作出的决定侵害集体成员合法权益的，受侵害的集体成员可以请求人民法院予以撤销。”

集体成员在权利受到侵害时享有救济权。例如，沈某（女）是某村的村民，与其他村的村民结婚后，户口一直没有迁出。村委会作出决议，要收回所有已结婚但不在本村居住的妇女的耕地。可以看出，该村委会的决议侵犯了沈某的合法权益，沈某有权向法院提起诉讼，要求撤销该决议。

私人对哪些财产享有所有权？

答：《民法典》第二百六十六条规定：“私人对其合法的收入、房屋、生活用品、生产工具、原材料等不动产和动产享有所有权。”

第二百六十七条规定：“私人的合法财产受法律保护，禁止任何组织或者个人侵占、哄抢、破坏。”

与国有财产、集体财产一样，私人财产平等地受到法律保护，任何人或组织都不得侵犯。需要注意的是，只有合法财产才能被视为私人财产。如果财产不合法，所有权是无法得到法律保护的。例如，江某是国家工作人员，利用受贿所得的财产购买了一套房屋。该房屋并不是江某的合法所得，无法得到法律的保护。

村集体可以出资设立公司吗?

答：《民法典》第二百六十八条规定："国家、集体和私人依法可以出资设立有限责任公司、股份有限公司或者其他企业。国家、集体和私人所有的不动产或者动产投到企业的，由出资人按照约定或者出资比例享有资产收益、重大决策以及选择经营管理者等权利并履行义务。"

由此可见，无论是国家所有的财产、集体所有的财产还是私人所有的财产，都可以作为投资设立企业。公司是企业的一种类型，村集体可以出资设立。

第六章 业主的建筑物区分所有权

业主对建筑物的专有部分和共有部分享有哪些权利?

答:《民法典》第二百七十一条规定:“业主对建筑物内的住宅、经营性用房等专有部分享有所有权,对专有部分以外的共有部分享有共有和共同管理的权利。”

第二百七十二条规定:“业主对其建筑物专有部分享有占有、使用、收益和处分的权利。业主行使权利不得危及建筑物的安全,不得损害其他业主的合法权益。”

第二百七十三条规定:“业主对建筑物专有部分以外的共有部分,享有权利,承担义务;不得以放弃权利为由不履行义务。业主转让建筑物内的住宅、经营性用房,其对共有部分享有的共有和共同管理的权利一并转让。”

对于业主来说,对专有部分与共有部分所享有的权利是不同的。业主对专有部分享有绝对的所有权,可以对专有部分进行占有、使用、收益和处分。而对于共有部分仅仅享有共有和共同管理的权利,不能实施利用共有部分进行营利等行为。例如,常某是某小区的业主,在该小区购买了一套房屋。常某可以将自己购买的房屋、车位等出租给他人使用。但是,常某不能将小区的公共车位出租给他人。

小区内公共场所、设施的所有权属于谁?

答:《民法典》第二百七十四条规定:“建筑区划内的道路,属于业主共有,但是属于城镇公共道路的除外。建筑区划内的绿地,属于业主共有,但是属于城镇公共绿地或者明示属于个人的除外。建筑区划内的其他公共场所、公用设施和物业服务用房,属于业主共有。”

由此可见,建筑区划内的公共部分都应当属于业主共有,而并非属于物业管理人、开发商等主体所有。例如,业主对本小区的电梯、公共道路、公园、健身设施等公共场所、公用设施享有共有的权利,如果物业公司想要利用共有部分进行营利的，应当征得业主同意，且营利所得应当为业主共有。

小区里的公共车位属于业主吗？

答：《民法典》第二百七十五条规定：“建筑区划内，规划用于停放汽车的车位、车库的归属，由当事人通过出售、附赠或者出租等方式约定。占用业主共有的道路或者其他场地用于停放汽车的车位，属于业主共有。”

第二百七十六条规定：“建筑区划内，规划用于停放汽车的车位、车库应当首先满足业主的需要。”

建筑区划内的车位一般分为两种，一种是专门规划来停放汽车的车位、车库等，对于此类车位，如果开发商与业主约定只能由购买方式取得的，那么业主只有在购买车位后才对车位享有所有权。另一种是占用了共有道路或其他共有场地的车位，比如说在小区广场、公园内设置的车位等，这类车位属于业主共有，即使业主没有购买或租赁也可以停放汽车。需要注意的是，无论是共有车位还是需要购买的车位，都需要优先满足本建筑区划内业主的需要。

应当由业主共同决定的事项有哪些？

答：《民法典》第二百七十八条规定：“下列事项由业主共同决定：（一）制定和修改业主大会议事规则；（二）制定和修改管理规约；（三）选举业主委员会或者更换业主委员会成员；（四）选聘和解聘物业服务企业或者其他管理人；（五）使用建筑物及其附属设施的维修资金；（六）筹集建筑物及其附属设施的维修资金；（七）改建、重建建筑物及其附属设施；（八）改变共有部分的用途或者利用共有部分从事经营活动；（九）有关共有和共同管理权利的其他重大事项。

业主共同决定事项，应当由专有部分面积占比三分之二以上的业主且人数占比三分之二以上的业主参与表决。决定前款第六项至第八项规定的事项，应当经参与表决专有部分面积四分之三以上的业主且参与表决人数四分之三以上的业主同意。决定前款其他事项，应当经参与表决专有部分面积过半数的业主且参与表决人数过半数的业主同意。”

上面规定中所提到的事项对业主的利益有着重大的影响，应当由业主共同决定。在进行表决时，需要符合法律规定的程序。例如，某小区想要选聘新的物业公司，需要业主表决进行确定。此时，应当由专有部分面积占比三分之二以上的业主且人数占比三分之二以上的业主参与表决，这两项要求应当同时满足。经参与表决专有部分面积过半数的业主且参与表决人数过半数的业主同意后，该小区才能确定所选聘的物业公司。

业主能在自己的住房里开超市吗？

答：《民法典》第二百七十九条规定：“业主不得违反法律、法规以及管理规约，将住宅改变为经营性用房。业主将住宅改变为经营性用房的，除遵守法律、法规以及管理规约外，应当经有利害关系的业主一致同意。”

对于业主来说，将住宅改变为经营性用房并不是完全禁止的，而是需要满足两个限制性条件：第一，遵守法律、法规以及管理规约；第二，经有利害关系的业主一致同意。例如，苏某想要利用自己的在一楼的住房开一个小超市。如果该小区的管理规约中有明确规定，禁止业主将住房改为经营性用房的，那么苏某就不能开超市。如果管理规约未加禁止，那么苏某就需要征求有利害关系的业主（一般为本单元住户）同意后，才能开超市。

业主需要履行业主委员会的决定吗？如果该决定侵犯业主利益，业主可以怎么做？

答：《民法典》第二百八十条规定：“业主大会或者业主委员会的决定，对业主具有法律约束力。业主大会或者业主委员会作出的决定侵害业主合法权益的，受侵害的业主可以请求人民法院予以撤销。”

由此可见，业主大会或业委会所作出的决定，业主是有义务履行的。如果业主认为该决定侵犯了其合法权益，可以向人民法院提起诉讼要求撤销，而不能以视而不见、置之不理的态度拒绝履行。

建筑物的专项维修资金有哪些用处？其应当归谁所有？

答：《民法典》第二百八十一条规定：“建筑物及其附属设施的维修资金，属于业主共有。经业主共同决定，可以用于电梯、屋顶、外墙、无障碍设施等共有部分的维修、更新和改造。建筑物及其附属设施的维修资金的筹集、使用情况应当定期公布。紧急情况下需要维修建筑物及其附属设施的，业主大会或者业主委员会可以依法申请使用建筑物及其附属设施的维修资金。”

建筑物的专项维修资金是由业主缴纳的，因此理应由业主共同所有。专项维修资金只能用于法律规定的途径，不能挪用。要使用或筹集专项维修资金的，应当由业主共同决定。

在电梯里投放广告取得的收益应当归谁？

答：《民法典》第二百八十二条规定：“建设单位、物业服务企业或者其他管理人等利用业主的共有部分产生的收入，在扣除合理成本之后，属于业主共有。”

业主共有部分由全体业主享有共有和共同管理的权利，所取得的收益也应当由业主共有。例如，某小区的物业公司在小区电梯内投放了广告，投放广告的收益应当由业主共有，而并非物业公司所有。如果该物业公司将其据为已有，业主有权要求其返还。

业主之间分摊费用或分配收益与购房面积有关吗？

答：《民法典》第二百八十三条规定：“建筑物及其附属设施的费用分摊、收益分配等事项，有约定的，按照约定；没有约定或者约定不明确的，按照业主专有部分面积所占比例确定。”

业主对建筑物的专有部分享有所有权，对共有部分享有共有和共同管理的权利。因此，对于费用分摊和收益分配的事项，按照业主专有部分面积所占比例来确定更为合理，更能使业主的权利与义务相适应。例如，齐某在某小区购买了一套二百平方米的住房，相较于其他业主来说住房面积较大。那么，在分配收益时，齐某可以分得更多的收益，而在分摊费用时，他也同样需要承担更多的费用。

业主有权更换物业公司吗?

答:《民法典》第二百八十四条规定:“业主可以自行管理建筑物及其附属设施,也可以委托物业服务企业或者其他管理人管理。对建设单位聘请的物业服务企业或者其他管理人,业主有权依法更换。”

业主作为权利人,是有权自行决定是否聘用物业公司,以及聘用哪家物业公司的。需要注意的是,选聘和解聘物业公司需要业主按照法定程序共同决定,而不能只靠业主委员会等业主自治组织决定。

对于其他业主扰民、搭建违章建筑等行为,如何进行维权?

答:《民法典》第二百八十六条规定:“业主应当遵守法律、法规以及管理规约,相关行为应当符合节约资源、保护生态环境的要求。对于物业服务企业或者其他管理人执行政府依法实施的应急处置措施和其他管理措施,业主应当依法予以配合。业主大会或者业主委员会,对任意弃置垃圾、排放污染物或者噪声、违反规定饲养动物、违章搭建、侵占通道、拒付物业费等损害他人合法权益的行为,有权依照法律、法规以及管理规约,请求行为人停止侵害、排除妨碍、消除危险、恢复原状、赔偿损失。业主或者其他行为人拒不履行相关义务的,有关当事人可以向有关行政主管部门报告或者投诉,有关行政主管部门应当依法处理。”

第二百八十七条规定:“业主对建设单位、物业服务企业或者其他管理人以及其他业主侵害自己合法权益的行为,有权请求其承担民事责任。”

对于上述违法行为以及不文明行为,权利受到侵害的业主首先可以将相关情况向物业公司、业主大会、业主委员会等进行反映。这些单位有义务及时制止不法行为,维护业主的权利。此外,业主还可以在沟通无效后采取投诉、诉讼等方式维护自己的权利。如果业主确实因为这些行为遭受了损失,还可以要求行为人进行赔偿。例如,叶某的邻居养了一只狗,每天半夜都会狂吠,严重影响叶某一家人的睡眠。此时,叶某可以向物业公司反映,也可以直接和邻居沟通,要求邻居采取措施停止扰民行为。如果邻居不予配合,物业也管不了,叶某可以提起诉讼。如果叶某一家人的精神因扰民行为遭到严重损害的,还可以要求相应的赔偿。

第七章 相邻关系

处理相邻关系时要遵循哪些原则?

答:《民法典》第二百八十八条规定:“不动产的相邻权利人应当按照有利生产、方便生活、团结互助、公平合理的原则,正确处理相邻关系。”

处理相邻关系时,要遵循以上原则,不能只顾自己。

处理相邻关系的依据有哪些?

答:《民法典》第二百八十九条规定:“法律、法规对处理相邻关系有规定的,依照其规定;法律、法规没有规定的,可以按照当地习惯。”

由此可见,处理相邻关系的依据主要有两个:第一,法律、法规的相关规定;第二,当地的习惯。

共用的排水管道被邻居擅自改建,能要求其赔偿吗?

答:《民法典》第二百九十条规定:“不动产权利人应当为相邻权利人用水、排水提供必要的便利。对自然流水的利用,应当在不动产的相邻权利人之间合理分配。对自然流水的排放,应当尊重自然流向。”

在我国广大的农村地区,因相邻权利人之间的用水关系、排水关系而产生纠纷的事情比较常见。对于相邻权利人来说,互相都负有为对方提供用水、排水便利的义务,并享有相应的权利。如果这种权利受到侵犯,有权利要求对方承担法律责任。例如,甲和乙是邻居,两家的自建房在规划时将排水管道互通。几年后,乙在重新修缮房屋时,擅自将共用的排水管道改道,导致甲家无法正常排水,使其受到了损失。此时,乙侵犯了甲正常排水的权利,甲有权要求其恢复原状并赔偿损失。

通行时必须经过他人耕地的，他人能横加阻拦吗？

答：《民法典》第二百九十一条规定：“不动产权利人对相邻权利人因通行等必须利用其土地的，应当提供必要的便利。”

相邻权利人在相邻关系中具有通行权。通行权在行使过程中，应当注意必要性。在选择通行线路时，应当选择最为便捷、快速、给他人造成影响较小的线路。例如，甲和乙是同一个村的村民，两人承包的耕地位置相邻。甲在通行时必须经过乙的耕地，但由于他通行时经常将乙耕地上种植的作物破坏，因此乙设置了围挡禁止甲从此通行。在这种情况下，甲有权要求乙撤除围挡，恢复其通行权。但是，甲同时负有保护乙的作物不被破坏的义务。两人可以进行协商，规划出一条合适的通行道路，同时为两方提供便利。

邻居修缮房屋需要在我家院子里安装脚手架，能拒绝吗？

答：《民法典》第二百九十二条规定：“不动产权利人因建造、修缮建筑物以及铺设电线、电缆、水管、暖气和燃气管线等必须利用相邻土地、建筑物的，该土地、建筑物的权利人应当提供必要的便利。”

相邻权利人有互相利用相邻土地、建筑物的权利。利用相邻土地、建筑物的，所利用的方式、途径必须具备必要性。例如，胡某与靳某是邻居，靳某想要修缮自家房屋，需要在胡某的院子里安装脚手架，否则无法施工。此时，靳某因修缮建筑物而不得不利用胡某的土地，胡某应当提供相应的便利。

因扩建房屋影响了相邻人的采光和通风，能阻止其扩建吗？

答：《民法典》第二百九十三条规定：“建造建筑物，不得违反国家有关工程建设标准，不得妨碍相邻建筑物的通风、采光和日照。”

对于在房屋内居住的人来说，要正常生活，通风、采光和日照是必不可少的，相邻关系人应当互相提供方便。例如，万某和张某是邻居，万某想要扩建自家的自建房，但是房屋建好后会严重影响张某家的日照和通风。此时，张某可以制止万某，并要求他在不影响日照和通风的基础上更改扩建房屋的计划。

挖掘排水管道时可能危及邻家地基，能要求其停止施工吗？

答：《民法典》第二百九十五条规定："不动产权利人挖掘土地、建造建筑物、铺设管线以及安装设备等，不得危及相邻不动产的安全。"

相邻关系人有维护相邻不动产安全的义务。即相邻权利人不得因行使相邻权的行为给相邻不动产造成损害，否则应当承担法律责任。例如，邓某与邹某是邻居，邹某想要改建排水管道，于是请来施工队进行施工。邓某发现施工队在挖掘时很有可能挖到他家的地基，危及房屋安全。此时邓某有权利要求邹某停止施工，并改变施工计划。

第八章　共有

共有人可以怎样管理和处分共有财产?

答：《民法典》第三百条规定：“共有人按照约定管理共有的不动产或者动产；没有约定或者约定不明确的，各共有人都有管理的权利和义务。”

第三百零一条规定：“处分共有的不动产或者动产以及对共有的不动产或者动产作重大修缮、变更性质或者用途的，应当经占份额三分之二以上的按份共有人或者全体共同共有人同意，但是共有人之间另有约定的除外。”

第三百零二条规定：“共有人对共有物的管理费用以及其他负担，有约定的，按照其约定；没有约定或者约定不明确的，按份共有人按照其份额负担，共同共有人共同负担。”

在管理方面，任何一个共有人都可以对共有财产进行管理。但是，在共有财产的处分上，就需要按照法律规定的方式进行处分。例如，甲、乙、丙三人共同共有一套房屋。如果三人中的任何一个人想要出售该套房屋，都需要经过全体同意才行。

共有人分割共有财产应注意什么?

答：《民法典》第三百零三条规定：“共有人约定不得分割共有的不动产或者动产，以维持共有关系的，应当按照约定，但是共有人有重大理由需要分割的，可以请求分割；没有约定或者约定不明确的，按份共有人可以随时请求分割，共同共有人在共有的基础丧失或者有重大理由需要分割时可以请求分割。因分割造成其他共有人损害的，应当给予赔偿。”

为了维护全体共有人的利益，应该严格把控共有财产的分割问题。尤其是在共同共有的情况下，随意分割共有财产很可能给其他共有人造成损害，因此只有在约定或者法律规定的情形下才能进行分割。

共有人该如何分割共有财产？

答：《民法典》第三百零四条规定："共有人可以协商确定分割方式。达不成协议，共有的不动产或者动产可以分割且不会因分割减损价值的，应当对实物予以分割；难以分割或者因分割会减损价值的，应当对折价或者拍卖、变卖取得的价款予以分割。共有人分割所得的不动产或者动产有瑕疵的，其他共有人应当分担损失。"

一般来说，共有人可以提前进行协商，确定分割共有财产的具体方式。在分割共有财产时，应当避免减损财产的价值。

共有人如何承担债务？

答：《民法典》第三百零七条规定："因共有的不动产或者动产产生的债权债务，在对外关系上，共有人享有连带债权、承担连带债务，但是法律另有规定或者第三人知道共有人不具有连带债权债务关系的除外；在共有人内部关系上，除共有人另有约定外，按份共有人按照份额享有债权、承担债务，共同共有人共同享有债权、承担债务。偿还债务超过自己应当承担份额的按份共有人，有权向其他共有人追偿。"

这条规定从对外和对内两个角度，阐述了共有人承担债务的方式。可以看出，在对外关系上，无论是按份共有还是共同共有，一般都享有连带债权、承担连带债务。

对共有财产没有约定共有方式时，该怎么办？

答：《民法典》第三百零八条规定："共有人对共有的不动产或者动产没有约定为按份共有或者共同共有，或者约定不明确的，除共有人具有家庭关系等外，视为按份共有。"

由此可见，在一般情况下，没有约定时应当视共有人对共有的财产为按份共有。只有在共有人具有家庭关系等这一特殊条件下，才视为共同共有。例如，范某和彭某共同出资购买了一套房屋，但并没有约定共有的方式。那么，此时可以按照两人出资额的比例，来认定两人对该房屋为按份共有。但是，如果范某和彭某具有兄弟、父子这样的家庭关系，那么就应当视为两人对该房屋共同共有。

按份共有人没有约定份额，该怎么办？

答：《民法典》第三百零九条规定：“按份共有人对共有的不动产或者动产享有的份额，没有约定或者约定不明确的，按照出资额确定；不能确定出资额的，视为等额享有。”

也就是说，在没有约定或者约定不明确的情况下，确定按份共有人享有份额的标准主要为出资额。例如，唐某和平某为同居室友，为了方便两人上下班，共同出资购买了一辆汽车。其中唐某出资十万元，平某出资八万元。那么，在没有约定下认定唐某和平某对该汽车享有的份额时，就可以按照两人出资额的比例来进行确定。

第九章　所有权取得的特别规定

在他人不知情的情况下转卖他人财产，购买者能取得所有权吗？

答：《民法典》第三百一十一条规定："无处分权人将不动产或者动产转让给受让人的，所有权人有权追回；除法律另有规定外，符合下列情形的，受让人取得该不动产或者动产的所有权：（一）受让人受让该不动产或者动产时是善意；（二）以合理的价格转让；（三）转让的不动产或者动产依照法律规定应当登记的已经登记，不需要登记的已经交付给受让人。受让人依据前款规定取得不动产或者动产的所有权的，原所有权人有权向无处分权人请求损害赔偿。当事人善意取得其他物权的，参照适用前两款规定。"

第三百一十三条规定："善意受让人取得动产后，该动产上的原有权利消灭。但是，善意受让人在受让时知道或者应当知道该权利的除外。"

可见，只有在同时满足法律规定的条件时，受让人才能取得财产的所有权。否则，权利人有权要求受让人返还财产。当受让人取得财产所有权后，权利人不再享有该财产的所有权，但是可以要求无处分权人进行赔偿。举例来说，张某将自己的一条金手链交给朋友谢某代为保管后一直忘了要回。后谢某将该手链以市场价两折的价格卖给了他人。可以看出，谢某并没有以合理的价格转让该手链，无论受让人对此是否知情，都不能取得该手链的所有权。张某有权要求受让人将该手链返还，而谢某也需要将获得的价款返还给受让人。

丢失的手机被他人转卖的，还能追回吗？

答：《民法典》第三百一十二条规定："所有权人或者其他权利人有权追回遗失物。该遗失物通过转让被他人占有的，权利人有权向无处分权人请求损害赔偿，或者自知道或者应当知道受让人之日起二年内向受让人请求返还原物；但是，受让人通过拍卖或者向具有经营资格的经营者购得该遗失物的，权利人请求返还原物时应当支付受让人所付的费用。权利人向受让人支付所付费用后，有权向无处分权人追偿。”

由此可见，遗失物被他人转让的，无论受让人是否出于善意，权利人都可以要求其返还原物。例如，袁某在公园丢失了一部手机。两个月后，袁某发现该手机被转卖给他人。经过调查，买方是在正规二手手机店购买的该手机。那么，袁某有权要求买方将该手机返还，但是应当向买方支付其购买手机所花费的费用。支付费用后，袁某可以向该二手手机店进行追偿。

捡到他人遗失的财产后据为己有，违法了吗？

答：《民法典》第三百一十四条规定：“拾得遗失物，应当返还权利人。拾得人应当及时通知权利人领取，或者送交公安等有关部门。”

第三百一十五条规定：“有关部门收到遗失物，知道权利人的，应当及时通知其领取；不知道的，应当及时发布招领公告。”

第三百一十六条规定：“拾得人在遗失物送交有关部门前，有关部门在遗失物被领取前，应当妥善保管遗失物。因故意或者重大过失致使遗失物毁损、灭失的，应当承担民事责任。”

在捡到遗失物后，拾得人应当采取有利于权利人领取该遗失物的措施，而不能将遗失物占为己有。如果拾得人擅自将遗失物占为己有，而遗失物价格又比较高昂的，那么其行为还可能成立侵占罪，需要承担刑事责任。

发布寻物启事时承诺给予报酬的，该报酬必须支付吗？

答：《民法典》第三百一十七条规定：“权利人领取遗失物时，应当向拾得人或者有关部门支付保管遗失物等支出的必要费用。权利人悬赏寻找遗失物的，领取遗失物时应当按照承诺履行义务。拾得人侵占遗失物的，无权请求保管遗失物等支出的费用，也无权请求权利人按照承诺履行义务。”

权利人领取遗失物时应履行的义务主要有两个：第一，向拾得人或者有关部门支付保管遗失物等支出的必要费用。例如，魏某将手机遗失在出租车上，随后出租车司机开车将手机送回给魏某。此时，魏某应当向司机支付路程上花费的油费和过路费。第二，在权利人悬赏寻找遗失物的情况下，领取遗失物时必须按照承诺向拾得人支付报酬。例如，邹某丢失了一个装有重要证件的皮包，便发出寻物启事，承诺向返还皮包的人支付一千元的报酬。那么，如果有人拾得该皮包并返还的，邹某就应当履行自己的承诺。

遗失物无人认领的，应该归谁？

答：《民法典》第三百一十八条规定：“遗失物自发布招领公告之日起一年内无人认领的，归国家所有。”

无人认领的遗失物归国家所有。需要注意的是，本条规定的期限为自发布招领公告之日起一年内。

将电脑转卖后，充电器是否应当一同交付给他人？

答：《民法典》第三百二十条规定：“主物转让的，从物随主物转让，但是当事人另有约定的除外。”

从物是独立于主物存在的，但是与实现主物的功能紧密相关，且同属于一人所有。例如，外套与外套上的扣子、鞋和鞋带都属于主物与从物。一般来说，如果转让主物，从物也应当一同转让，这样更符合大众的交易习惯。举例来说，孙某想要将自己的笔记本电脑转卖给他人，那么充电器作为电脑的从物，也应当一并交付给他人。如果孙某与买方协商后，确定买方不需要充电器的，那么孙某可以只交付电脑。

孳息是什么意思？

答：《民法典》第三百二十一条规定：“天然孳息，由所有权人取得；既有所有权人又有用益物权人的，由用益物权人取得。当事人另有约定的，按照其约定。法定孳息，当事人有约定的，按照约定取得；没有约定或者约定不明确的，按照交易习惯取得。”

孳息有两种类型，天然孳息和法定孳息。天然孳息就是原物按照自然生长或者发展的规律所取得的孳息，例如树上结的果实等。而法定孳息是基于法律关系的形成而取得的收益，例如将钱存入银行后取得的利息等。而天然孳息与法定孳息因其性质不同，归属也有所区别。

第三分编 用益物权

第十章 一般规定（略）

第十一章 土地承包经营权

土地承包人对土地有哪些权利?

答:《民法典》第三百三十条规定:“农村集体经济组织实行家庭承包经营为基础、统分结合的双层经营体制。农民集体所有和国家所有由农民集体使用的耕地、林地、草地以及其他用于农业的土地,依法实行土地承包经营制度。”

第三百三十一条规定:“土地承包经营权人依法对其承包经营的耕地、林地、草地等享有占有、使用和收益的权利,有权从事种植业、林业、畜牧业等农业生产。”

承包人对土地享有经营权,但并不享有所有权。行使土地承包经营权的过程中,承包人应当依据法律规定以及承包合同的约定行使权利和履行义务。

所有类型的土地承包期限都是一样的吗?

答:《民法典》第三百三十二条规定:“耕地的承包期为三十年。草地的承包期为三十年至五十年。林地的承包期为三十年至七十年。前款规定的承包期限届满,由土地承包经营权人依照农村土地承包的法律规定继续承包。”

根据所承包土地类型的不同,承包期限也不同。当承包期限届满后,如果继续承包的,承包期限也应当符合法律的规定。

土地承包经营权何时成立?

答:《民法典》第三百三十三条规定:“土地承包经营权自土地承包经营权合同生效时设立。登记机构应当向土地承包经营权人发放土地承包经营权证、林权证等证书,并登记造册,确认土地承包经营权。”

根据本条规定可知，土地承包经营权的设立时间是土地承包经营权合同生效时，而不是登记时。登记只是对土地承包经营权进行确认，而不是土地承包经营权生效的必备要件。例如，顾某是某村的村民，在村里承包了一片耕地，并签订了土地承包经营权合同。那么，当该合同签字成立生效时，顾某的土地承包经营权即生效，与他是否已经进行登记无关。

土地承包经营权可以转让吗？转让时需要注意什么？

答：《民法典》第三百三十四条规定："土地承包经营权人依照法律规定，有权将土地承包经营权互换、转让。未经依法批准，不得将承包地用于非农建设。"

第三百三十五条规定："土地承包经营权互换、转让的，当事人可以向登记机构申请登记；未经登记，不得对抗善意第三人。"

土地承包经营权是可以互换或者转让的，但是在互换或转让后必须维持土地的农业用途，不能用于非农建设。同时，还应当依法保护和合理利用土地，不能给土地造成永久性伤害。此外，互换、转让土地承包经营权未经登记也可以发生效力，但是不能对抗善意第三人。举例来说，魏某将其土地承包经营权转让给了陆某，但并未进行登记。随后，魏某又将该土地转让给了不知情的刘某，并进行了登记。由于陆某未进行登记，因此不能对抗善意第三人刘某，土地承包经营权最终应当归刘某所有。但是，陆某可以针对魏某的违约行为要求魏某承担责任。

承包期内，可以调整承包地吗？

答：《民法典》第三百三十六条规定："承包期内发包人不得调整承包地。因自然灾害严重毁损承包地等特殊情形，需要适当调整承包的耕地和草地的，应当依照农村土地承包的法律规定办理。"

一般来说，在承包期限到期前，承包地是不能随意调整的，这样规定是为了维护农村土地承包关系的长期稳定性。

承包期未满，发包人能将土地收回吗？

答：《民法典》第三百三十七条规定："承包期内发包人不得

收回承包地。法律另有规定的，依照其规定。”

如果发包人违法收回承包地的，承包人有权要求其承担停止侵害、排除妨碍、消除危险、返还财产、恢复原状、赔偿损失等民事责任。如果发包人依法收回承包地的，承包方对其在承包地上投入而提高土地生产能力的支出，有权获得相应的补偿。

承包土地被征收的，承包人能获得补偿吗？

答：《民法典》第三百三十八条规定：“承包地被征收的，土地承包经营权人有权依据本法第二百四十三条①的规定获得相应补偿。”

虽然土地承包经营权人对承包地并不享有所有权，但享有占有、使用、收益的权利，因此承包地被征收的，其有权利获得补偿。

承包人可以出租承包地吗？

答：《民法典》第三百三十九条规定：“土地承包经营权人可以自主决定依法采取出租、入股或者其他方式向他人流转土地经营权。”

出租、入股等都属于流转土地经营权的方式，承包人既可以自己经营承包地，也可以通过流转土地经营权的方式来获取收益。采用此种方式流转土地经营权的，承包人依然是该土地的承包方。例如，纪某将其承包的土地出租给唐某，唐某享有该土地的经营权。

《民法典》第三百四十条规定：“土地经营权人有权在合同约定的期限内占有农村土地，自主开展农业生产经营并取得收益。”

唐某有权根据法律的规定以及合同的约定，在该土地上开展农业活动来营利。

流转后的土地经营权何时设立？不登记的可能有什么风险？

答：《民法典》第三百四十一条规定：“流转期限为五年以上的土地经营权，自流转合同生效时设立。当事人可以向登记机构申请土地经营权登记；未经登记，不得对抗善意第三人。”

---

①《民法典》第二百四十三条 第二款 征收集体所有的土地，应当依法及时足额支付土地补偿费、安置补助费以及农村村民住宅、其他地上附着物和青苗等的补偿费用，并安排被征地农民的社会保障费用，保障被征地农民的生活，维护被征地农民的合法权益。

流转合同生效是土地经营权流转这一行为生效的必备要件，而无须经过登记。但对当事人来说，登记是土地经营权流转的保障，只有进行登记后才能对抗善意第三人。例如，蔡某将自己承包的耕地出租给同村的邱某，两人签订租赁合同后并没有进行登记。此时，邱某已经享有该耕地的经营权。如果蔡某将该耕地的经营权再次流转给其他不知情的人并登记的，邱某不能以自己享有经营权来主张“再次流转行为无效”，而只能要求蔡某承担违约责任。由此可见，土地经营权进行流转后，登记更能保障当事人的权益。

通过招标方式取得的承包地，可以进行流转吗？

答：《民法典》第三百四十二条规定：“通过招标、拍卖、公开协商等方式承包农村土地，经依法登记取得权属证书的，可以依法采取出租、入股、抵押或者其他方式流转土地经营权。”

在大多数情况下，农村土地承包采取农村集体经济组织内部的家庭承包方式。对于那些不宜采取家庭承包方式的荒山、荒沟、荒丘、荒滩等农村土地，可以采取招标、拍卖、公开协商等方式承包。采取这些方式承包的土地经营权同样可以进行流转，但是流转前必须依法登记并取得权属证书。

第十二章　建设用地使用权

建设用地使用权人对土地有哪些权利?

答:《民法典》第三百四十四条规定:"建设用地使用权人依法对国家所有的土地享有占有、使用和收益的权利,有权利用该土地建造建筑物、构筑物及其附属设施。"

第三百四十五条规定:"建设用地使用权可以在土地的地表、地上或者地下分别设立。"

建设用地使用权同样是用益物权的一种,建设用地使用权人并不享有建设用地的所有权,而仅享有占有、使用和收益的权利。需要注意的是,建设用地的地表、地上或地下都可以由不同的主体分别设立建设用地使用权,这样规定是为了更加充分地利用有限的土地资源,做到空间效益最大化。

设立建设用地使用权有哪些方式?

答:《民法典》第三百四十七条规定:"设立建设用地使用权,可以采取出让或者划拨等方式。工业、商业、旅游、娱乐和商品住宅等经营性用地以及同一土地有两个以上意向用地者的,应当采取招标、拍卖等公开竞价的方式出让。严格限制以划拨方式设立建设用地使用权。"

设立建设用地使用权的方式主要包括出让和划拨两种。一般来说,出让是有偿的,而划拨是无偿的。在大多数情况下,建设用地使用权都是通过出让方式来设立的。只有在法律规定的特殊情况下,才可能使用划拨方式来设立建设用地使用权,例如国家机关用地和军事用地,城市基础设施用地和公益事业用地,国家重点扶持的能源、交通、水利等基础设施用地。这样规定是为了能够更好地保护和利用土地资源,避免土地资源的浪费。

建设用地使用权出让合同通常包含哪些内容？

答：《民法典》第三百四十八条规定："通过招标、拍卖、协议等出让方式设立建设用地使用权的，当事人应当采用书面形式订立建设用地使用权出让合同。建设用地使用权出让合同一般包括下列条款：（一）当事人的名称和住所；（二）土地界址、面积等；（三）建筑物、构筑物及其附属设施占用的空间；（四）土地用途、规划条件；（五）建设用地使用权期限；（六）出让金等费用及其支付方式；（七）解决争议的方法。"

订立建设用地使用权出让合同需要注意以下几点：第一，在通过招标、拍卖、协议等出让方式设立建设用地使用权的时候，需要订立本合同。第二，本合同应当采取书面形式。第三，合同内容应当包含法律规定的以及其他当事人约定的必要条款。

在建设用地上建造的房屋属于谁？

答：《民法典》第三百五十二条规定："建设用地使用权人建造的建筑物、构筑物及其附属设施的所有权属于建设用地使用权人，但是有相反证据证明的除外。"

虽然建设用地使用权人对建设用地不享有所有权，但对其在建设用地上建造的设施享有所有权。需要注意的是，本条提到的建筑物等设施必须是合法建造的，不能是违章建筑等。

建设用地使用权可以进行流转吗？

答：《民法典》第三百五十三条规定："建设用地使用权人有权将建设用地使用权转让、互换、出资、赠与或者抵押，但是法律另有规定的除外。"

第三百五十四条规定："建设用地使用权转让、互换、出资、赠与或者抵押的，当事人应当采用书面形式订立相应的合同。使用期限由当事人约定，但是不得超过建设用地使用权的剩余期限。"

建设用地使用权人有权通过以上方式流转建设用地使用权，但应当符合法律的规定，且必须订立书面形式的合同。

此外，《民法典》第三百五十五条还规定："建设用地使用权转让、互换、出资或者赠与的，应当向登记机构申请变更登记。"

出售建设用地上的房屋，建设用地使用权是否一并转让？

答：《民法典》第三百五十六条规定："建设用地使用权转让、互换、出资或者赠与的，附着于该土地上的建筑物、构筑物及其附属设施一并处分。"

第三百五十七条规定："建筑物、构筑物及其附属设施转让、互换、出资或者赠与的，该建筑物、构筑物及其附属设施占用范围内的建设用地使用权一并处分。"

虽然建设用地使用权和附着在该土地上的建筑物所有权的归属不同，但它们应当被视为一个整体，而不能单独分别进行转让。例如，甲公司取得了一片建设用地，并在其上建设了一座商场。那么，如果甲公司要出售该商场，需要连同转让建设用地使用权。不能将建设用地使用权转让给这家，又将商场出售给另外一家。

购买的房屋产权到期后，该怎么办呢？

答：《民法典》第三百五十九条规定："住宅建设用地使用权期限届满的，自动续期。续期费用的缴纳或者减免，依照法律、行政法规的规定办理。非住宅建设用地使用权期限届满后的续期，依照法律规定办理。该土地上的房屋以及其他不动产的归属，有约定的，按照约定；没有约定或者约定不明确的，依照法律、行政法规的规定办理。"

对于住宅建设用地来说，购买住宅后即享有建设用地使用权，因此住宅建设用地使用权人往往是老百姓。当住宅建设用地使用权期限届满后，采取自动续期的方式更有利于保障老百姓的权益，减少续期麻烦。而非住宅建设用地使用权人相对来说更有条件按照法律程序申请续期，因此应当依照法律、行政法规的规定办理。

建设用地使用权消灭，需要登记吗？

答：《民法典》第三百六十条规定："建设用地使用权消灭的，出让人应当及时办理注销登记。登记机构应当收回权属证书。"

建设用地使用权不仅在设立时需要登记，消灭时同样需要进行登记。建设用地使用权可能因期限届满、被提前收回、自然灾害等原因消灭，无论因为何种原因消灭，都需要进行登记，并由登记机构收回权属证书。

第十三章　宅基地使用权

村民拿到宅基地后，有权干什么？

答：《民法典》第三百六十二条规定："宅基地使用权人依法对集体所有的土地享有占有和使用的权利，有权依法利用该土地建造住宅及其附属设施。"

宅基地属于集体所有，其用途是建造住宅及其附属设施。村民拿到宅基地后，有权在上面建造房屋、院落，以及利用建房后的其他区域搞生产、种植、养殖等。

失去宅基地后，可以重新分配吗？

答：《民法典》第三百六十四条规定："宅基地因自然灾害等原因灭失的，宅基地使用权消灭。对失去宅基地的村民，应当依法重新分配宅基地。"

在因自然灾害失去宅基地的情况下，应重新分配宅基地。如果村民将宅基地使用权转让给他人，则不能再为其分配宅基地。例如，毕某因移居到城里，将村里的自建房和宅基地转让给同村的村民。即使日后毕某想要回村居住，也不能再向村里申请分配宅基地。

第十四章　居住权

居住权合同包括哪些内容?

答：《民法典》第三百六十六条规定：“居住权人有权按照合同约定，对他人的住宅享有占有、使用的用益物权，以满足生活居住的需要。”

可以看出，居住权可以通过合同方式设立。

《民法典》第三百六十七条规定：“设立居住权，当事人应当采用书面形式订立居住权合同。居住权合同一般包括下列条款：（一）当事人的姓名或者名称和住所；（二）住宅的位置；（三）居住的条件和要求；（四）居住权期限；（五）解决争议的方法。”

在订立居住权合同时，双方当事人可以参照本条规定拟定合同内容，也可以根据双方的实际情况，根据需要在合同中增加其他内容。

居住权何时开始设立？其设立或消灭是否需要登记?

答：《民法典》第三百六十八条规定：“居住权无偿设立，但是当事人另有约定的除外。设立居住权的，应当向登记机构申请居住权登记。居住权自登记时设立。”

第三百七十条规定：“居住权期限届满或者居住权人死亡的，居住权消灭。居住权消灭的，应当及时办理注销登记。”

居住权无论是设立还是消灭，都需要及时办理登记手续。居住权只有在办理登记手续后才能设立，签订居住权合同或订立遗嘱都无法让居住权具有法律上的效力。例如，王某在自己的房屋上为他人设立居住权，并签订了居住权合同，但是没有办理登记，那么，该居住权实际没有设立。

可以把设立了居住权的住宅出租出去吗?

答：《民法典》第三百六十九条规定：“居住权不得转让、继承。设立居住权的住宅不得出租，但是当事人另有约定的除外。”

一般来说，居住权是具有人身性的，因此不能转让或继承。但是法律并没有严格禁止设立居住权的住宅出租，只要双方当事人对此达成合意，设立居住权的住宅是可以出租给他人的。例如，甲在住宅上为乙设立了居住权，后又想将其中一间卧室出租给丙。甲应当针对这一想法与乙进行协商，如果乙同意，那么甲就可以向丙出租卧室。

能用遗嘱设立居住权吗?

答：《民法典》第三百七十一条规定："以遗嘱方式设立居住权的，参照适用本章的有关规定。"

居住权除了可以通过居住权合同设立以外，还可以通过遗嘱的方式设立。以遗嘱的方式设立居住权的，同样需要遵守法律对于居住权的相关规定，要经过登记后居住权才能具有法律效力。

第十五章 地役权

地役权合同一般包含哪些内容?

答:《民法典》第三百七十三条规定:"设立地役权,当事人应当采用书面形式订立地役权合同。地役权合同一般包括下列条款:(一)当事人的姓名或者名称和住所;(二)供役地和需役地的位置;(三)利用目的和方法;(四)地役权期限;(五)费用及其支付方式;(六)解决争议的方法。"

在签订地役权合同时,双方当事人既可以参照本条规定拟定合同内容,也可以根据实际情况自行拟定合同内容,但应当注意不违反法律、法规的强制性规定。

设立地役权何时生效?

答:《民法典》第三百七十四条规定:"地役权自地役权合同生效时设立。当事人要求登记的,可以向登记机构申请地役权登记;未经登记,不得对抗善意第三人。"

地役权并不以登记作为必要的生效要件,只要双方签订了合法有效的地役权合同,那么自合同生效时地役权即设立。但是,地役权不登记的,无法对抗善意第三人。如甲和乙约定,甲利用乙的土地铺设管道,每年向乙支付一定的费用。两人签订地役权合同后未进行登记。随后,乙又给丙设立了地役权并进行了登记。由于甲和乙并未登记,因此甲的地役权不能对抗丙,他只能追究乙的违约责任。

地役权合同双方需要履行怎样的法定义务?

答:《民法典》第三百七十五条规定:"供役地权利人应当按照合同约定,允许地役权人利用其不动产,不得妨害地役权人行使权利。"

第三百七十六条规定:"地役权人应当按照合同约定的利用目的和方法利用供役地,尽量减少对供役地权利人物权的限制。"

这两条规定了供役地权利人和地役权人在履行地役权合同时,

除了合同内容外应当履行的法定义务。如果任何一方因不履行此项义务给对方造成损失的，就应当承担相应的责任。

地役权的期限如何确定？

答：《民法典》第三百七十七条规定："地役权期限由当事人约定；但是，不得超过土地承包经营权、建设用地使用权等用益物权的剩余期限。"

当事人可以在用益物权的剩余期限内自由约定地役权期限。如姚某想要利用萧某承包的林地通行。萧某的承包期限还剩十年，那么姚某与萧某签订的地役权合同就应当把地役权期限约定在十年以内。

协商利用某片土地通行，该土地承包给他人后，还能继续通行吗？

答：《民法典》第三百七十八条规定："土地所有权人享有地役权或者负担地役权的，设立土地承包经营权、宅基地使用权等用益物权时，该用益物权人继续享有或者负担已经设立的地役权。"

例如，谷某和村里协商利用某片无人承包的土地进行通行，期限为五年。一年后，村里将该土地承包给了于某。于某承包土地后，谷某依然可以利用该土地通行，且于某应当予以配合。

村委会能擅自在他人承包的土地上设立地役权吗？

答：《民法典》第三百七十九条规定："土地上已经设立土地承包经营权、建设用地使用权、宅基地使用权等用益物权的，未经用益物权人同意，土地所有权人不得设立地役权。"

土地所有权人是可以在土地上设立地役权的，但是必须经过用益物权人同意。例如，郭某在村里承包了一片土地，后村委会在未告知郭某的情况下，在该土地上为他人设立了地役权。由于郭某对此并不知情，因此可以主张村委会设立的地役权不成立。

将土地经营权转让或抵押后，在该土地上设立的地役权该怎么办？

答：《民法典》第三百八十条规定："地役权不得单独转让。土地承包经营权、建设用地使用权等转让的，地役权一并转让，但是合同另有约定的除外。"

第三百八十一条规定："地役权不得单独抵押。土地经营权、建设用地使用权等抵押的，在实现抵押权时，地役权一并转让。"

地役权具有从属性，是不能单独存在的。例如，甲和乙各自承包了一片土地。甲为了更方便地运输材料，和乙约定在乙的土地上开辟出一条道路用于通行。不久后，甲将其承包的土地转让给了丙。丙受让土地后，同样享有从乙的土地通行的权利，乙不能加以阻拦。

供役地或需役地转让一部分的，受让人是否需要履行地役权合同？

答：《民法典》第三百八十二条规定："需役地以及需役地上的土地承包经营权、建设用地使用权等部分转让时，转让部分涉及地役权的，受让人同时享有地役权。"

第三百八十三条规定："供役地以及供役地上的土地承包经营权、建设用地使用权等部分转让时，转让部分涉及地役权的，地役权对受让人具有法律约束力。"

地役权必须和主权利一同转让。在部分转让的情况下，如果转让部分涉及地役权的，地役权一同转让；如果转让部分未涉及地役权，那么地役权无需转让。例如，甲在所承包的土地上为乙设立了地役权，随后将部分土地的经营权转让给丙。转让给丙的部分同样涉及地役权，那么丙就有义务配合乙行使地役权，不得加以阻碍。

当地役权人存在哪些行为时，供役地权利人可以直接解除合同？

答：《民法典》第三百八十四条规定："地役权人有下列情形之一的，供役地权利人有权解除地役权合同，地役权消灭：（一）违反法律规定或者合同约定，滥用地役权；（二）有偿利用供役地，约定的付款期限届满后在合理期限内经两次催告未支付费用。"

在这两种情况下，供役地权利人可以直接解除地役权合同，而无须承担任何责任。

同时，《民法典》第三百八十五条规定："已经登记的地役权变更、转让或者消灭的，应当及时办理变更登记或者注销登记。"

地役权合同解除后，如果地役权已经登记，供役地权利人还需要注意及时办理注销登记的手续。

第四分编　担保物权

第十六章　一般规定

担保合同无效会导致债权债务合同无效吗？

答：《民法典》第三百八十八条规定："设立担保物权，应当依照本法和其他法律的规定订立担保合同。担保合同包括抵押合同、质押合同和其他具有担保功能的合同。担保合同是主债权债务合同的从合同。主债权债务合同无效的，担保合同无效，但是法律另有规定的除外。担保合同被确认无效后，债务人、担保人、债权人有过错的，应当根据其过错各自承担相应的民事责任。"

担保合同是主债权债务合同的从合同，不能单独存在；主债权债务合同无效，担保合同必然无效，而担保合同无效却不一定导致主债权债务合同无效。

担保财产毁损了，拿什么担保？

答：《民法典》第三百九十条规定："担保期间，担保财产毁损、灭失或者被征收等，担保物权人可以就获得的保险金、赔偿金或者补偿金等优先受偿。被担保债权的履行期限未届满的，也可以提存该保险金、赔偿金或者补偿金等。"

保险金、赔偿金或者补偿金都属于担保财产的代位物，一旦担保财产毁损、灭失或被征收等，效力就会自动转移到代位物上，这样能够更好地保障担保物权人的权益。

第三人提供担保时，债务人将债务转移给他人的，第三人还需要承担担保责任吗？

答：《民法典》第三百九十一条规定："第三人提供担保，未经其书面同意，债权人允许债务人转移全部或者部分债务的，担保人不再承担相应的担保责任。"

第三人提供担保时，债权人是可以允许债务人转移债务的，但是必须经过第三人的同意，且必须是书面同意。例如，王某向张某借款，由刘某提供担保。王某在仅口头通知刘某的情况下，与张某达成合意，将债务转移给他人。此时，由于刘某未作出书面同意，因此不再对该债权债务承担担保责任。

债务人自己和他人都做了担保的，哪个优先？

答：《民法典》第三百九十二条规定："被担保的债权既有物的担保又有人的担保的，债务人不履行到期债务或者发生当事人约定的实现担保物权的情形，债权人应当按照约定实现债权；没有约定或者约定不明确，债务人自己提供物的担保的，债权人应当先就该物的担保实现债权；第三人提供物的担保的，债权人可以就物的担保实现债权，也可以请求保证人承担保证责任。提供担保的第三人承担担保责任后，有权向债务人追偿。"

由此可见，债务人自己和他人都做了担保的，分为两种情况：第一，有约定的从约定。第二，没有约定或约定不明确的，先用债务人自己的担保来冲抵债务。例如，鲁某向潘某借款三十万元，除了以自己的汽车作为担保外，还请朋友邓某作担保。如果鲁某到期无法偿还债务，应当先将他的汽车进行折价，来偿还向潘某的借款。

第十七章　抵押权

第一节　一般抵押权

可以抵押的财产包括哪些？

答：《民法典》第三百九十五条规定：“债务人或者第三人有权处分的下列财产可以抵押：（一）建筑物和其他土地附着物；（二）建设用地使用权；（三）海域使用权；（四）生产设备、原材料、半成品、产品；（五）正在建造的建筑物、船舶、航空器；（六）交通运输工具；（七）法律、行政法规未禁止抵押的其他财产。抵押人可以将前款所列财产一并抵押。”

第四百零二条规定：“以本法第三百九十五条第一款第一项至第三项规定的财产或者第五项规定的正在建造的建筑物抵押的，应当办理抵押登记。抵押权自登记时设立。”

第四百零三条规定：“以动产抵押的，抵押权自抵押合同生效时设立；未经登记，不得对抗善意第三人。”

上述规定中涉及的财产，都可以作为抵押财产进行抵押。对于法律规定需要登记才能设立抵押权的财产，当事人应当办理抵押登记。

以建设用地使用权作为抵押的，其上的建筑是否需要一并抵押？

答：《民法典》第三百九十七条规定：“以建筑物抵押的，该建筑物占用范围内的建设用地使用权一并抵押。以建设用地使用权抵押的，该土地上的建筑物一并抵押。抵押人未依据前款规定一并抵押的，未抵押的财产视为一并抵押。”

一般来说，建设用地的所有权归国家或集体，而建筑物的所有权归建设用地使用权人。虽然二者的所有权归属不同，但在物理上具有非常紧密的联结性，无法分开。因此在处分建设用地使用权或者土地上的建筑物的时候，应当将建设用地使用权和该土地上的建筑物一并处分。例如，某企业通过竞标的方式取得了一片建筑用地，并在其上建造了一座度假村。后该企业资金链断裂，便想将度假村作为抵押财产进行贷款。在抵押时，度假村所附着的建筑用地的使用权也需要一起抵押。

村企业的建设用地使用权可以单独抵押吗?

答：《民法典》第三百九十八条规定："乡镇、村企业的建设用地使用权不得单独抵押。以乡镇、村企业的厂房等建筑物抵押的，其占用范围内的建设用地使用权一并抵押。"

本条是对乡镇、村企业的建设用地使用权抵押的限制性规定。这样规定是为了更加规范地管理农村土地，避免农村土地违规进入市场。

《民法典》第四百一十八条规定："以集体所有土地的使用权依法抵押的，实现抵押权后，未经法定程序，不得改变土地所有权的性质和土地用途。"

也就是说，当乡镇、村企业的建设用地使用权抵押后，如果抵押权实现，依然属于村集体所有，不能改变原有的建设用地用途。例如，某乡镇工厂的建设用地使用权抵押后，该土地被变卖。变卖后，该土地依然应当作工业用途，而不能转建为居民区、商业区等。

不得抵押的财产包括哪些?

答：《民法典》第三百九十九条规定："下列财产不得抵押：（一）土地所有权；（二）宅基地、自留地、自留山等集体所有土地的使用权，但是法律规定可以抵押的除外；（三）学校、幼儿园、医疗机构等为公益目的成立的非营利法人的教育设施、医疗卫生设施和其他公益设施；（四）所有权、使用权不明或者有争议的财产；（五）依法被查封、扣押、监管的财产；（六）法律、行政法规规定不得抵押的其他财产。"

如果使用以上财产进行抵押，会导致抵押无效，相应的权利也得不到法律保护。

抵押合同包括哪些内容?

答：《民法典》第四百条规定："设立抵押权，当事人应当采用书面形式订立抵押合同。抵押合同一般包括下列条款：（一）被担保债权的种类和数额；（二）债务人履行债务的期限；（三）抵押财产的名称、数量等情况；（四）担保的范围。”

需要注意的是，抵押合同必须采用书面形式订立，口头形式订立的抵押合同无效。同时，当事人应当在抵押合同中写清法律规定的相关事项，并根据双方的约定补充相应的内容，避免日后发生纠纷。

债务到期还不上，能和抵押人约定抵押物归债权人所有吗？

答：《民法典》第四百零一条规定："抵押权人在债务履行期限届满前，与抵押人约定债务人不履行到期债务时抵押财产归债权人所有的，只能依法就抵押财产优先受偿。”

抵押权人和抵押人作出此约定的，该约定不具有法律效力。但是，双方对于抵押权的约定依然有效。也就是说，抵押权人在债务人不履行到期债务时依然有就抵押财产优先受偿的权利。例如，叶某向乔某借款十万元，将自己的汽车作为抵押，并与乔某约定如果到期无法偿还借款，该汽车就归乔某所有。叶某与乔某的这一约定是无效的。如果叶某到期无法偿还借款，乔某只能就该汽车拍卖、变卖、折价后的价值受偿，而不能直接取得该汽车的所有权。

抵押财产被出售的，能要求购买人承担抵押责任吗？

答：《民法典》第四百零四条规定："以动产抵押的，不得对抗正常经营活动中已经支付合理价款并取得抵押财产的买受人。”

举例来说，甲公司以其生产的一批货物作为抵押，向乙公司借款五十万元。不久后，甲公司在经营活动中以市场价格将该批货物出售给丙公司。由于丙公司是通过正常经营活动取得该批货物的，且支付的货款为合理价格，因此乙公司不能要求丙公司承担抵押责任。为了维护自己的权利，乙公司可以要求甲公司将出售该批货物所得的价款用于清偿债务，或者提存后用于实现抵押权。

租住的房屋被抵押的，房屋租赁合同还能继续履行吗？

答：《民法典》第四百零五条规定："抵押权设立前，抵押财产已经出租并转移占有的，原租赁关系不受该抵押权的影响。”

例如，段某将自己的房屋租给吴某居住，后将该房屋作为抵押向银行贷款。虽然该房屋被抵押，但并不影响吴某在租赁合同有效期内继续在该房屋内居住。

抵押人能转让抵押财产吗？抵押财产转让后，抵押权如何实现？

答：《民法典》第四百零六条规定："抵押期间，抵押人可以转让抵押财产。当事人另有约定的，按照其约定。抵押财产转让的，抵押权不受影响。抵押人转让抵押财产的，应当及时通知抵押权人。抵押权人能够证明抵押财产转让可能损害抵押权的，可以请求抵押人将转让所得的价款向抵押权人提前清偿债务或者提存。转让的价款超过债权数额的部分归抵押人所有，不足部分由债务人清偿。"

如果抵押人要转让抵押财产，必须及时通知抵押权人。这是因为抵押人转让抵押财产的行为很可能给抵押权人造成损害。同时，本条规定还赋予了抵押权人在抵押人转让抵押财产后的救济权利。例如，甲向乙借款，并以其经营的奶茶店的设备作为抵押。随后，甲在乙不知情的情况下，将奶茶店及设备出兑给了不知情的丙。此时，乙如果有证据证明甲转让设备的行为可能损害其抵押权，则有权利要求甲用出兑设备所得的价款提前清偿债务，也可以要求甲将该价款进行提存以保证抵押权的实现。

抵押权可以单独转让吗？

答：《民法典》第四百零七条规定："抵押权不得与债权分离而单独转让或者作为其他债权的担保。债权转让的，担保该债权的抵押权一并转让，但是法律另有规定或者当事人另有约定的除外。"

抵押权是一种从权利，是依附于主债权存在的，如果主债权消灭，那么抵押权也随之消灭。抵押权无法独立存在，自然也不能单独转让。

抵押人放任抵押财产毁损的，抵押权人可以怎么做？

答：《民法典》第四百零八条规定："抵押人的行为足以使抵押财产价值减少的，抵押权人有权请求抵押人停止其行为；抵押财产价值减少的，抵押权人有权请求恢复抵押财产的价值，或者提供与减少的价值相应的担保。抵押人不恢复抵押财产的价值，也不提供担保的，抵押权人有权请求债务人提前清偿债务。”

例如，甲将自己的挖掘机抵押给了乙，用于借款十万元。可是在抵押后，甲将挖掘机长时间停放在荒郊野外不管不顾。挖掘机经受日晒、风吹、雨淋，眼看要成为一堆废铁。此时，乙有权要求甲补充提供担保，必要时可以要求提前偿还借款。

抵押权人可以放弃其第一的抵押权顺位吗？

答：《民法典》第四百零九条第一款规定：“抵押权人可以放弃抵押权或者抵押权的顺位。抵押权人与抵押人可以协议变更抵押权顺位以及被担保的债权数额等内容。但是，抵押权的变更未经其他抵押权人书面同意的，不得对其他抵押权人产生不利影响。”

无论是抵押权还是抵押权顺位都是可以放弃的，但是如果该放弃行为会给其他抵押权人造成不利影响的，放弃时必须取得其他抵押权人的书面同意。

此外，《民法典》第四百零九条第二款规定：“债务人以自己的财产设定抵押，抵押权人放弃该抵押权、抵押权顺位或者变更抵押权的，其他担保人在抵押权人丧失优先受偿权益的范围内免除担保责任，但是其他担保人承诺仍然提供担保的除外。”

债务人无法履行到期债务时，抵押权如何实现？

答：《民法典》第四百一十条规定：“债务人不履行到期债务或者发生当事人约定的实现抵押权的情形，抵押权人可以与抵押人协议以抵押财产折价或者以拍卖、变卖该抵押财产所得的价款优先受偿。协议损害其他债权人利益的，其他债权人可以请求人民法院撤销该协议。抵押权人与抵押人未就抵押权实现方式达成协议的，抵押权人可以请求人民法院拍卖、变卖抵押财产。抵押财产折价或者变卖的，应当参照市场价格。”

实现抵押权的方式可以由抵押权人与抵押人协商确定，但要注意不能违反法律、法规的强制性规定，也不能侵害其他债权人的利益。如果抵押权人与抵押人没有达成协议，那么当债务人不履行到期债务或者发生约定的实现抵押权的情形时，抵押权人有权提起诉讼。例如，甲向乙借款八万元，并提供了一棵名贵树作为抵押。借款期限届满后，甲无力偿还借款。此时，如果乙和甲没有约定抵押权实现的方式，那么乙可以向法院提起诉讼，请求法院拍卖、变卖该树木，并就所得的价款受偿。

债务人不履行债务导致抵押财产被法院扣押的，抵押权人可以收取孳息吗？

答：《民法典》第四百一十二条规定："债务人不履行到期债务或者发生当事人约定的实现抵押权的情形，致使抵押财产被人民法院依法扣押的，自扣押之日起，抵押权人有权收取该抵押财产的天然孳息或者法定孳息，但是抵押权人未通知应当清偿法定孳息义务人的除外。前款规定的孳息应当先充抵收取孳息的费用。"

抵押权人有权收取孳息，但需要注意收取孳息的时间点是扣押之日，扣押前的孳息，抵押权人无权收取。在收取孳息时，如果产生费用的，那么孳息应当先冲抵这一部分费用，剩下的才能用来清偿债权。

抵押财产被变卖后，超出债权数额的部分归谁？

答：《民法典》第四百一十三条规定："抵押财产折价或者拍卖、变卖后，其价款超过债权数额的部分归抵押人所有，不足部分由债务人清偿。"

实现抵押权时，抵押权人只能就债权的数额范围受偿，而不能取得抵押物的全部价款。例如，李某向周某借款十万元，并以自己的汽车作为抵押。借款到期后，李某无力偿还借款，于是将该汽车变卖。汽车变卖后获得价款十五万元，应当从这十五万元中清偿周某的借款以及利息，剩余部分仍然归李某所有。

用同一个抵押物向多个债权人抵押的，变卖抵押物所得的价款按照什么顺序清偿债务？

答：《民法典》第四百一十四条规定："同一财产向两个以上债权人抵押的，拍卖、变卖抵押财产所得的价款依照下列规定清偿：（一）抵押权已经登记的，按照登记的时间先后确定清偿顺序；（二）

抵押权已经登记的先于未登记的受偿；（三）抵押权未登记的，按照债权比例清偿。其他可以登记的担保物权，清偿顺序参照适用前款规定。”

由此可见，当同一抵押物上设有多个抵押权时，已经登记的抵押权具有最优先的效力。均未登记的，则清偿的比例应当以债权的比例为准。例如，徐某以其所有的植保无人机作为抵押，分别向张三、李四、王五各借款一万元，其中，只有向李四借款时进行了抵押登记。借款期限届满后，徐某无力偿还借款，遂将无人机变卖获得价款一万八千元。那么，李四可以优先得到一万元；剩余八千元由张三和王五按照一比一的比例来受偿，即各得四千元。

在同一财产上同时设立了抵押权和质权的，怎么确定清偿顺序？

答：《民法典》第四百一十五条规定：“同一财产既设立抵押权又设立质权的，拍卖、变卖该财产所得的价款按照登记、交付的时间先后确定清偿顺序。”

由于质权是将质押财产交付给质押权人的，因此当质押财产交付后，有着和抵押财产登记相等的法律效力。如果同一财产上同时设立了抵押权和质权而抵押权并未登记的，那么质权交付的效力较为优先，质权人可以优先受偿。如果抵押权登记了，那么应当按照登记和交付的时间顺序来确定清偿顺序。例如，甲以汽车作为抵押，向乙借款十万元，并进行了登记。随后，甲又以该汽车作为质押，交付给丙占有，并向丙借款五万元。那么，由于抵押权登记的时间在质押权交付的时间之前，因此乙有权优先于丙就该汽车的价值受偿。

以建设用地使用权作为抵押的，债权人能就该土地上后来建设的房屋实现抵押权吗？

答：《民法典》第四百一十七条规定：“建设用地使用权抵押后，该土地上新增的建筑物不属于抵押财产。该建设用地使用权实现抵押权时，应当将该土地上新增的建筑物与建设用地使用权一并处分。但是，新增建筑物所得的价款，抵押权人无权优先受偿。”

建设用地与建设用地上的建筑物是一个整体，要处分时必须一起处分，不能单独处分。如果建设用地使用权抵押时，该土地上已经有建筑物的，那么应当将该建筑物一起抵押。对于抵押后才新增的建筑物，虽然无须一起抵押，但是仍然需要在实现抵押权时一起处分。但是，由于新增的建筑物并不属于抵押财产的范围，因此抵押权人不能就新增建筑物的价值优先受偿。比如，某建设用地使用权在抵押时，上面盖有两栋楼房，后来在实现抵押权时，上面有三栋楼房。那么，抵押权人只能就买两栋楼房的钱优先受偿。

抵押权应当在何时行使？

答：《民法典》第四百一十九条规定："抵押权人应当在主债权诉讼时效期间行使抵押权；未行使的，人民法院不予保护。"

《最高人民法院关于适用〈中华人民共和国民法典〉有关担保制度的解释》第四十四条第一款规定："主债权诉讼时效期间届满后，抵押权人主张行使抵押权的，人民法院不予支持；抵押人以主债权诉讼时效期间届满为由，主张不承担担保责任的，人民法院应予支持。主债权诉讼时效期间届满前，债权人仅对债务人提起诉讼，经人民法院判决或者调解后未在民事诉讼法规定的申请执行时效期间内对债务人申请强制执行，其向抵押人主张行使抵押权的，人民法院不予支持。"

这两条规定限制了抵押权人行使抵押权的时间，这样规定是为了督促抵押权人及时行使权利，同时还可以节省司法资源。例如，胡某向夏某借款二十万元，并提供了一批价值三十万元的货物作抵押。借款期限届满后，胡某无力偿还借款，且不实现抵押权。此时，夏某的债权诉讼时效为借款期限届满后的三年内。如果夏某想要就抵押货物的价值受偿，必须在这期间内要求行使抵押权。

第二节　最高额抵押权

什么是最高额抵押权？

答：《民法典》第四百二十条规定："为担保债务的履行，债务人或者第三人对一定期间内将要连续发生的债权提供担保财产的，债务人不履行到期债务或者发生当事人约定的实现抵押权的情形，抵押权人有权在最高债权额限度内就该担保财产优先受偿。最高额抵押权设立前已经存在的债权，经当事人同意，可以转入最高额抵押担保的债权范围。”

最高额抵押权的特征有以下几点：第一，当事人可以设立最高债权额限度。第二，所担保的是将来发生的债权。第三，所担保的是在一定期间内连续发生的债权。第四，最终确定的债权额度在最高额限度下，但暂时无法确定。例如，某公司想要向银行贷款，以估价五千万元的建设用地使用权作为一段时间内的抵押，与银行签订了最高额抵押合同。那么，该公司向银行贷款的最高限额就是五千万元，在合同约定的期限内，该公司可以多次向银行贷款，但不能超过五千万元的限制。

最高额抵押担保的债权确定前，最高额抵押权可以转让吗？

答：《民法典》第四百二十一条规定：“最高额抵押担保的债权确定前，部分债权转让的，最高额抵押权不得转让，但是当事人另有约定的除外。”

最高额抵押权所担保的是在一定期间内连续发生的债权，这些债权具有一体性，是不稳定和不确定的，因此在担保的债权确定前，最高额抵押权一般不得转让。

最高额抵押担保的债权确定前，可以变更最高债权额吗？

答：《民法典》第四百二十二条规定：“最高额抵押担保的债权确定前，抵押权人与抵押人可以通过协议变更债权确定的期间、债权范围以及最高债权额。但是，变更的内容不得对其他抵押权人产生不利影响。”

由于最高额抵押所担保的债权是不确定的，因此在债权最终确定之前，当事人之间是可以协议变更最高额抵押的上述相关约定的。需要注意的是，不得对其他抵押权人产生不利影响。

当发生哪些情形时，最高额抵押权所担保的债权予以确定？

答：《民法典》第四百二十三条规定：“有下列情形之一的，抵押权人的债权确定：（一）约定的债权确定期间届满；（二）没有约定债权确定期间或者约定不明确，抵押权人或者抵押人自最高额抵押权设立之日起满二年后请求确定债权；（三）新的债权不可能发生；（四）抵押权人知道或者应当知道抵押财产被查封、扣押；（五）债务人、抵押人被宣告破产或者解散；（六）法律规定债权确定的其他情形。”

当发生上述情形时，最高额抵押权所担保的债权予以确定。

第十八章　质权

第一节　动产质权

不动产可以做质押吗？质权合同包括哪些内容？

答：《民法典》第四百二十五条规定：“为担保债务的履行，债务人或者第三人将其动产出质给债权人占有的，债务人不履行到期债务或者发生当事人约定的实现质权的情形，债权人有权就该动产优先受偿。前款规定的债务人或者第三人为出质人，债权人为质权人，交付的动产为质押财产。”

与抵押权相比，质权虽然同为担保物权的一种，但其最主要的特征就是需要转移质押财产的占有，因此，不动产不能用于质押。

《民法典》第四百二十七条规定：“设立质权，当事人应当采用书面形式订立质押合同。质押合同一般包括下列条款：（一）被担保债权的种类和数额；（二）债务人履行债务的期限；（三）质押财产的名称、数量等情况；（四）担保的范围；（五）质押财产交付的时间、方式。”

除了本条规定中的内容以外，当事人还可以根据实际情况约定其他内容，但需要注意不能违反法律的强制性规定。

将汽车质押给债权人的，如果还不上钱，能约定该汽车归债权人所有吗？

答：《民法典》第四百二十八条规定：“质权人在债务履行期限届满前，与出质人约定债务人不履行到期债务时质押财产归债权人所有的，只能依法就质押财产优先受偿。”

例如，甲向乙借款，并将其私家车质押给乙。乙担心甲到期无法偿还借款，便与甲约定如果发生此类情形，该私家车就归乙所有。甲与乙的此项约定不具有法律效力，但是乙仍然对该汽车享有质权。即如果甲到期无法偿还借款，乙不能直接得到汽车，但仍然能就该汽车的价值优先受偿。

质权何时设立？

答：《民法典》第四百二十九条规定："质权自出质人交付质押财产时设立。"

由此可见，设立质权不需要进行登记，出质人将质押财产交付给质权人后，质权即可设立。例如，甲公司将一批货物质押给乙公司，以借款一百万元。只要甲公司将该批货物交付给乙公司，质权即可设立。

将财产质押给他人后，如果产生孳息该怎么处理？

答：《民法典》第四百三十条规定："质权人有权收取质押财产的孳息，但是合同另有约定的除外。前款规定的孳息应当先充抵收取孳息的费用。"

由于质押财产的占有人是质权人，因此由质权人收取质押财产的孳息更为合理，也更有利于质权的实现。需要注意的是，质权人所收取的孳息应当优先冲抵收取孳息产生的费用，剩余部分才能用于清偿债务。

质权人擅自使用质押财产导致损坏的，出质人能要求其赔偿吗？

答：《民法典》第四百三十一条规定："质权人在质权存续期间，未经出质人同意，擅自使用、处分质押财产，造成出质人损害的，应当承担赔偿责任。"

在质权存续期间，质权人所享有的是对质押财产的占有权，而不是所有权，因此不能擅自使用、处分质押财产。虽然质押财产由质权人占有，但所有权仍然属于出质人，如果质权人擅自使用、处分质押财产给出质人造成损害的，应当进行赔偿。例如，甲向乙借款后，将自己价值两万元的电器质押给乙。在质权存续期间，乙擅自使用该电器，导致电器损坏。此时，乙应当对甲承担赔偿责任。

质权人是否负有妥善保管质押财产的义务？

答：《民法典》第四百三十二条规定："质权人负有妥善保管

质押财产的义务；因保管不善致使质押财产毁损、灭失的，应当承担赔偿责任。质权人的行为可能使质押财产毁损、灭失的，出质人可以请求质权人将质押财产提存，或者请求提前清偿债务并返还质押财产。”

在质权存续期间，质权人应当妥善保管质押财产，否则需要承担相应的法律责任。同时，法律也赋予了出质人维护自己权利的途径，来保全质押财产，避免出质人权利受损。例如，姜某向冷某借款，并提供几件贵重文玩作为质押财产。后因冷某保管不善，该文玩遭到破坏。此时，姜某有权要求冷某赔偿。

质押财产价值降低的，质权人如何维护自己的权益？

答：《民法典》第四百三十三条规定：“因不可归责于质权人的事由可能使质押财产毁损或者价值明显减少，足以危害质权人权利的，质权人有权请求出质人提供相应的担保；出质人不提供的，质权人可以拍卖、变卖质押财产，并与出质人协议将拍卖、变卖所得的价款提前清偿债务或者提存。”

本条规定的重点在于质押财产毁损或价值明显减少的原因并不在于质权人。例如，朱某以股权作为质押，向牛某借款。随着股市走低，股权价格大幅减少。此时，牛某可以要求朱某提供担保，朱某应当配合。如果朱某不提供担保，那么牛某可以将股权变卖，并与朱某协议将所得价款用于提前清偿债务或提存。

质权人有权将质押财产擅自转质吗？

答：《民法典》第四百三十四条规定：“质权人在质权存续期间，未经出质人同意转质，造成质押财产毁损、灭失的，应当承担赔偿责任。”

转质是指质权人将所占有的质押财产再次质押给他人的行为。转质这一行为有利有弊，既可以发挥质押财产的使用价值，增强市场流通性，也可能给出质人的权利造成损害，引起纠纷。因此，如果质权人要转质，必须经过出质人同意。如果擅自转质造成质押财产毁损、灭失的，质权人就应当承担责任。

质权可以放弃吗？

答：《民法典》第四百三十五条规定："质权人可以放弃质权。债务人以自己的财产出质，质权人放弃该质权的，其他担保人在质权人丧失优先受偿权益的范围内免除担保责任，但是其他担保人承诺仍然提供担保的除外。"

质权可以放弃，但是质权人放弃质权的行为可能会影响到其他人的权利。因此，本条还规定了其他担保人免除担保责任的情形。比如甲借给乙十万元，其中，质押担保为乙提供的四万元存款单，其他担保为丙提供的汽车抵押。如果甲放弃质权，那么，一旦乙到期无法还款，丙不会承担质权所指的四万元的担保责任。届时，甲只能就六万元及其利息要求用丙的汽车实现抵押权。当然，丙愿意全部抵押的除外。

当债务人无法偿还到期债务时，质权如何实现？

答：《民法典》第四百三十六条规定："债务人履行债务或者出质人提前清偿所担保的债权的，质权人应当返还质押财产。债务人不履行到期债务或者发生当事人约定的实现质权的情形，质权人可以与出质人协议以质押财产折价，也可以就拍卖、变卖质押财产所得的价款优先受偿。质押财产折价或者变卖的，应当参照市场价格。"

要实现质权，质权人只能就质押财产的价值受偿，而不能直接取得质押财产的所有权。需要注意的是，对质押财产进行折价或者变卖的，应当参照当时的市场价。例如，甲向乙借款五千元，并将一部平板电脑质押给乙。甲购买该平板电脑时花费八千元。如果甲无法偿还借款，那么在对该平板电脑进行折价时，应当参考当时的市场价格，而不能直接以八千元进行折价。

质权人不行使质权的，出质人怎么办？

答：《民法典》第四百三十七条规定："出质人可以请求质权人在债务履行期限届满后及时行使质权；质权人不行使的，出质人可以请求人民法院拍卖、变卖质押财产。出质人请求质权人及时行使质权，因质权人怠于行使权利造成出质人损害的，由质权人承担赔偿责任。"

当债务人不履行到期债务或者发生当事人约定的实现债权的情形时，质权人应当及时行使质权。这不仅有利于债权人的债权早日清偿，还可以避免出质人的权利受损。如果质权人怠于行使质权给出质人造成损害的，则需要承担一定的法律责任。例如，甲向乙借款，由丙提供质押财产。借款期限届满后，甲无力还款，但乙始终不行使质权，也不返还质押财产，任凭质押财产在乙处闲置，很可能减损其价值。此时，丙作为出质人可以向法院提起诉讼，请求法院拍卖或变卖质押财产以清偿债权。

质押财产变卖后，所得价款不足以清偿债务时怎么办？

答：《民法典》第四百三十八条规定："质押财产折价或者拍卖、变卖后，其价款超过债权数额的部分归出质人所有，不足部分由债务人清偿。"

质押财产的价值不一定与债权数额等同，难免会出现超过或低于债权数额的情况。如果对质押财产进行折价、拍卖、变卖后取得的价款超过债权数额，那么超出部分仍然归出质人所有，这是因为出质人对质押财产享有所有权。如果取得的价款低于债权数额，那么债务人应当清偿不足部分。例如，黎某向文某借款三万元，由齐某向文某提供价值两万元的质押财产。如果黎某到期无法偿还债务，那么将质押财产变卖后，相差的一万元应当由黎某进行偿还。

第二节　权利质权

有哪些权利可以出质？

答：《民法典》第四百四十条规定："债务人或者第三人有权处分的下列权利可以出质：（一）汇票、本票、支票；（二）债券、存款单；（三）仓单、提单；（四）可以转让的基金份额、股权；（五）可以转让的注册商标专用权、专利权、著作权等知识产权中的财产权；（六）现有的以及将有的应收账款；（七）法律、行政法规规定可以出质的其他财产权利。"

如果我们想用权利进行出质，可以从上面的项目中进行选择。

以支票出质的，质权何时设立？

答：《民法典》第四百四十一条规定：“以汇票、本票、支票、债券、存款单、仓单、提单出质的，质权自权利凭证交付质权人时设立；没有权利凭证的，质权自办理出质登记时设立。法律另有规定的，依照其规定。”

以本条规定中提到的财产进行质押时，判断质权何时设立，首先要看是否具有权利凭证。如果有权利凭证，那么交付便可设立质权；如果没有权利凭证，那么必须在进行出质登记后，质权才能设立。例如，卜某以支票向褚某出质，借款一百万元。那么，卜某将支票交付给褚某后，质权即可设立。

以存款单出质的，债权期限未满存款单就到期了，该怎么办？

答：《民法典》第四百四十二条规定：“汇票、本票、支票、债券、存款单、仓单、提单的兑现日期或者提货日期先于主债权到期的，质权人可以兑现或者提货，并与出质人协议将兑现的价款或者提取的货物提前清偿债务或者提存。”

例如，方某以存款单出质，向单某借款四十万元，并约定两年后还款。一年多后，存款单到期。此时，单某可以兑现存款单，并与方某协商确定是提前清偿债务还是将兑现价款进行提存。

以股权出质的，质权何时设立？

答：《民法典》第四百四十三条规定：“以基金份额、股权出质的，质权自办理出质登记时设立。基金份额、股权出质后，不得转让，但是出质人与质权人协商同意的除外。出质人转让基金份额、股权所得的价款，应当向质权人提前清偿债务或者提存。”

由于基金份额、股权的性质较为特殊，因此出质后应当进行登记，只有在进行登记后质权才能设立。并且，如果出质人与质权人未达成一致，该质权不能转让。

以知识产权中的财产权出质的，质权何时设立？出质后还能将著作财产权转让给他人吗？

答：《民法典》第四百四十四条规定：“以注册商标专用权、

专利权、著作权等知识产权中的财产权出质的，质权自办理出质登记时设立。知识产权中的财产权出质后，出质人不得转让或者许可他人使用，但是出质人与质权人协商同意的除外。出质人转让或者许可他人使用出质的知识产权中的财产权所得的价款，应当向质权人提前清偿债务或者提存。”

以知识产权中的财产权出质的，需要办理登记，质权自登记时设立。此外，需要注意的是，只有知识产权中的财产权可以出质，人身权是不能出质的。例如，著作权人可以将著作权中的出版权、发行权等出质，而不能将署名权等进行出质。

以应收账款出质的，出质后还能转让该账款吗？

答：《民法典》第四百四十五条规定：“以应收账款出质的，质权自办理出质登记时设立。应收账款出质后，不得转让，但是出质人与质权人协商同意的除外。出质人转让应收账款所得的价款，应当向质权人提前清偿债务或者提存。”

以应收账款出质的，质权设立后可以转让应收账款，但必须经过出质人与质权人协商同意。例如，鲁某向宁某借款，并将应收的六万元账款出质。两个月后，鲁某与宁某协商后，将该笔应收账款以五万元的价格转让。鲁某应当将转让所得用于提前清偿债务或提存。

第十九章　留置权

如何理解留置权?

答:《民法典》第四百四十七条规定:“债务人不履行到期债务,债权人可以留置已经合法占有的债务人的动产,并有权就该动产优先受偿。前款规定的债权人为留置权人,占有的动产为留置财产。”

由此可见,可以用于留置的仅限于动产,且已经被债权人合法占有。

《民法典》第四百四十八条规定:“债权人留置的动产,应当与债权属于同一法律关系,但是企业之间留置的除外。”

“同一法律关系”,简单来讲就是同一债权债务关系。例如,甲委托乙定做一批橱柜,橱柜完成后,甲拒绝支付货款。此时乙可以将橱柜留置,并有权就橱柜的价值优先受偿。如果乙还有甲其他的东西,则不可用于此处的留置。

《民法典》第四百四十九条规定:“法律规定或者当事人约定不得留置的动产,不得留置。”第四百五十条规定:“留置财产为可分物的,留置财产的价值应当相当于债务的金额。”

这两条规定对留置财产作出了限制。首先,不得留置的动产不能留置,例如身份证。其次,如果留置财产为可分物的,所留置财产的价值应与债务金额相当。例如,甲找乙加工制作两个价值五千元的金手镯,加工费为一千元。加工完成后,甲拒绝支付加工费。此时,乙可以将制作完成的金手镯留置,但由于一个金手镯的价值就已经高于加工费了,所以只能留置其中一个。

留置权人因保管不善导致留置财产损坏,是否应当赔偿?

答:《民法典》第四百五十一条规定:“留置权人负有妥善保管留置财产的义务;因保管不善致使留置财产毁损、灭失的,应当承担赔偿责任。”

留置权人在留置财产期间,并不代表其直接取得了留置财产的所有权，留置财产仍然由债务人所有。因此留置权人应当履行妥善保管留置财产的义务，否则因此损坏的，需要承担赔偿责任。

留置财产在留置期间产生的孳息该由谁收取？

答：《民法典》第四百五十二条规定："留置权人有权收取留置财产的孳息。前款规定的孳息应当先充抵收取孳息的费用。"

在留置期间，由留置权人暂时占有留置财产，因此也应当由其收取留置财产的孳息。需要注意的是，留置财产所产生的孳息必须优先冲抵收取孳息的费用，其余部分才可以用来清偿债务。

留置财产后，债务履行期限怎么确定？

答：《民法典》第四百五十三条规定："留置权人与债务人应当约定留置财产后的债务履行期限；没有约定或者约定不明确的，留置权人应当给债务人六十日以上履行债务的期限，但是鲜活易腐等不易保管的动产除外。债务人逾期未履行的，留置权人可以与债务人协议以留置财产折价，也可以就拍卖、变卖留置财产所得的价款优先受偿。留置财产折价或者变卖的，应当参照市场价格。"

留置财产后，留置权人与债务人可以自由约定债务履行的期限，没有约定或者约定不明确的，依据上述法律规定处理。例如，甲运输公司受乙公司的委托运输一批海鲜。运输完成后，乙公司不支付运费。此时，甲运输公司可以留置该批海鲜，并与乙公司约定支付运费的期限。由于海鲜性质特殊，所约定的期限最好在不损害海鲜价值的合理期限内。

留置权人不行使留置权的，债务人怎么办？

答：《民法典》第四百五十四条规定："债务人可以请求留置权人在债务履行期限届满后行使留置权；留置权人不行使的，债务人可以请求人民法院拍卖、变卖留置财产。"

法律这样规定，一方面是为了督促留置权人积极行使权利，另一方面是为了避免因财产留置时间过长而给债务人造成损害。留置权人到期不行使权利的，债务人有权依据本条规定寻求救济途径。

留置财产折价后，超出债权数额的部分怎么办？

答：《民法典》第四百五十五条规定：“留置财产折价或者拍卖、变卖后，其价款超过债权数额的部分归债务人所有，不足部分由债务人清偿。”

一般来说，留置权人所留置的财产为债务人所有，实现留置权后，超出债权数额的部分也理应归债务人。当然，如果留置财产的价款不足的，债务人也应当补齐。

在同一财产上同时有抵押权、质权和留置权的，谁先受偿？

答：《民法典》第四百五十六条规定：“同一动产上已经设立抵押权或者质权，该动产又被留置的，留置权人优先受偿。”

可以看出，在几种担保物权中，留置权享有最优先的效力。这是因为抵押权和质权属于约定的担保物权，需要双方同意后，签订抵押权合同或质权合同。而留置权是法定的担保物权，留置权人留置财产不需要经过债务人的同意。因此，相对于抵押权和质权来说，留置权的效力更高。

留置权消灭的情形有哪些？

答：《民法典》第四百五十七条规定：“留置权人对留置财产丧失占有或者留置权人接受债务人另行提供担保的，留置权消灭。”

留置权消灭的情形主要有两种：第一，留置权人对留置财产丧失占有。例如，甲帮乙维修手表后，乙不愿意支付维修费用，甲便将该手表留置。当天晚上，该手表失窃。此时甲已经不占有该手表，因此其享有的留置权消灭。第二，留置权人接受债务人另行提供的担保。例如，甲将汽车送到某维修厂进行维修，维修费用为五千元。维修完成后，甲不愿意支付维修费用，维修厂便将其汽车留置。为了换回汽车，甲将手机质押给该维修厂，维修厂表示接受。此时，维修厂不再享有留置权，而是享有质权。

第五分编　占有

第二十章　占有

占有人使用其所占有的财产时，该财产损坏，是否需要赔偿？

答：《民法典》第四百五十九条规定：“占有人因使用占有的不动产或者动产，致使该不动产或者动产受到损害的，恶意占有人应当承担赔偿责任。”

根据本条规定，需要承担赔偿责任的主要是恶意占有人。如果占有人占有财产是出于善意，就不需要进行赔偿。例如，甲出门旅行，下飞机后不慎拿错了他人的旅行箱，并在搬运过程中将旅行箱损坏。由于甲在拿错旅行箱时并没有意识到这不是他的旅行箱，并没有恶意占有他人财产的故意，因此甲不需要对旅行箱的所有人承担赔偿责任。再如，乙捡到一部手机，想要占为己有，没有联系失主。在乙使用的过程中，手机屏幕被摔坏。此时，失主发现手机被乙占有。由于乙占有该手机是出于拒不返还的恶意，因此应当对失主承担赔偿责任。

拾金不昧者将失物邮寄给失主的费用，应该由谁来承担？

答：《民法典》第四百六十条规定：“不动产或者动产被占有人占有的，权利人可以请求返还原物及其孳息；但是，应当支付善意占有人因维护该不动产或者动产支出的必要费用。”

由此可见，财产被他人占有，权利人要求返还时需要支付相关费用的情形只针对善意占有人，而对于恶意占有人，无须支付。由此，拾金不昧者将失物邮寄给失主的费用，应该由失主承担。例如，杜某捡到一个皮包，和失主约定将该皮包邮寄过去，失主应当支付杜某在邮寄皮包时所花费的费用。

占有的财产毁损了，占有人是否需要赔偿？

答：《民法典》第四百六十一条规定：“占有的不动产或者动产毁损、灭失，该不动产或者动产的权利人请求赔偿的，占有人应当将因毁损、灭失取得的保险金、赔偿金或者补偿金等返还给权利人；权利人的损害未得到足够弥补的，恶意占有人还应当赔偿损失。”

在这里，我们需要区别看待：对于善意占有人来说，只需要返还因毁损、灭失取得的保险金、赔偿金或者补偿金；而对于恶意占有人来说，还需要补偿权利人未得到弥补的损害。例如，顾某出国期间，将家中的钥匙暂时交给物业保管。物业趁顾某不在家，临时将其房屋出租。期间，租客因用火不善导致房屋被烧毁。此时，物业不仅需要将该房屋被烧毁后取得的保险金、赔偿金等返还给顾某，如果顾某的损失没有被完全弥补，物业还需要对顾某进行赔偿。

占有的财产被他人侵占，占有人怎么办?

答：《民法典》第四百六十二条规定：“占有的不动产或者动产被侵占的，占有人有权请求返还原物；对妨害占有的行为，占有人有权请求排除妨害或者消除危险；因侵占或者妨害造成损害的，占有人有权依法请求损害赔偿。占有人返还原物的请求权，自侵占发生之日起一年内未行使的，该请求权消灭。”

对于合法占有财产的占有人，同样享有针对占有财产返还原物、排除妨害、消除危险、损害赔偿的请求权。例如，屈某是某村的村民，分得了一块宅基地。迫于生计，屈某外出打工。几年后，屈某回村发现其宅基地被他人霸占。此时，屈某有权要求其返还宅基地，并清除宅基地上所建的房屋。

第三编 合同

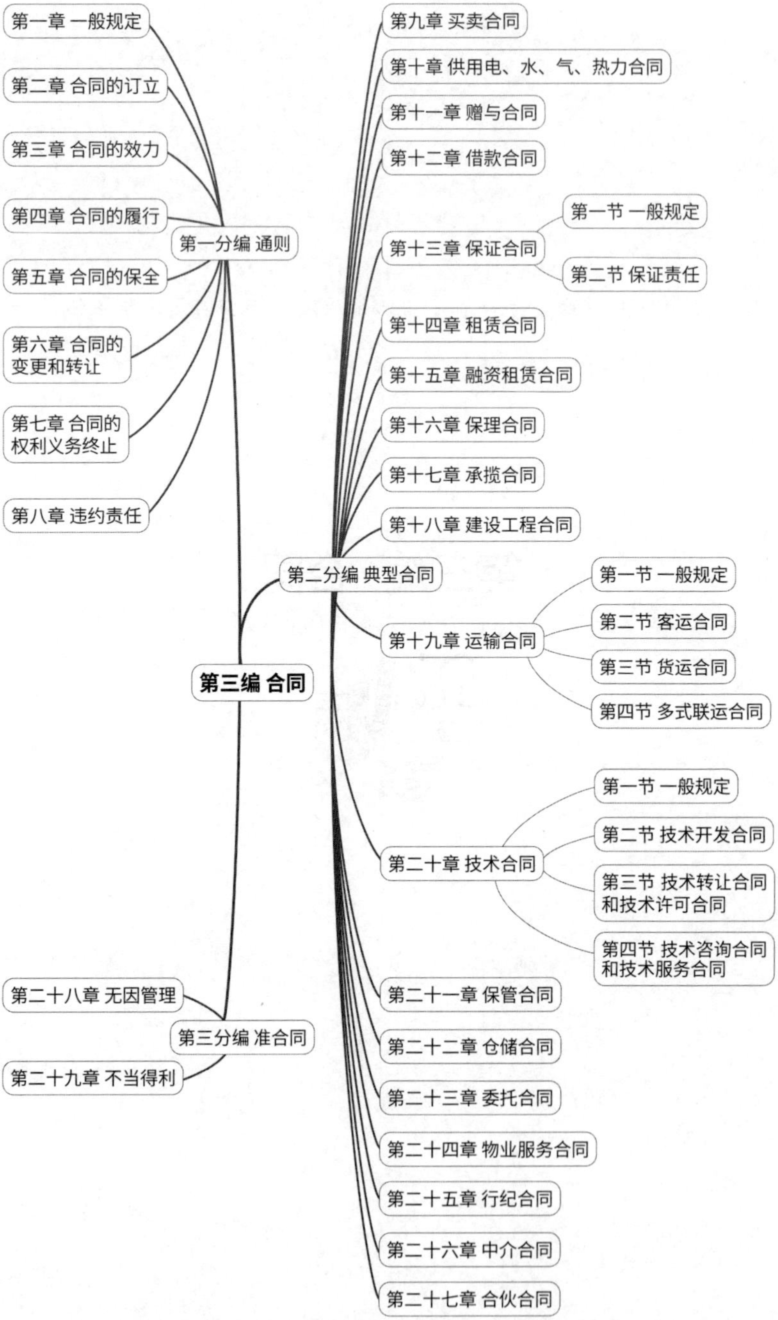
第三编 合同
第一分编 通则
第一章 一般规定
第二章 合同的订立
第三章 合同的效力
第四章 合同的履行
第五章 合同的保全
第六章 合同的变更和转让
第七章 合同的权利义务终止
第八章 违约责任
第二分编 典型合同
第九章 买卖合同
第十章 供用电、水、气、热力合同
第十一章 赠与合同
第十二章 借款合同
第十三章 保证合同
第一节 一般规定
第二节 保证责任
第十四章 租赁合同
第十五章 融资租赁合同
第十六章 保理合同
第十七章 承揽合同
第十八章 建设工程合同
第十九章 运输合同
第一节 一般规定
第二节 客运合同
第三节 货运合同
第四节 多式联运合同
第二十章 技术合同
第一节 一般规定
第二节 技术开发合同
第三节 技术转让合同和技术许可合同
第四节 技术咨询合同和技术服务合同
第二十一章 保管合同
第二十二章 仓储合同
第二十三章 委托合同
第二十四章 物业服务合同
第二十五章 行纪合同
第二十六章 中介合同
第二十七章 合伙合同
第三分编 准合同
第二十八章 无因管理
第二十九章 不当得利

第一分编　通则

第一章　一般规定

对于婚姻、收养、监护等有关身份关系的协议，适用《民法典》合同编的规定吗？

答：《民法典》第四百六十四条规定："合同是民事主体之间设立、变更、终止民事法律关系的协议。婚姻、收养、监护等有关身份关系的协议，适用有关该身份关系的法律规定；没有规定的，可以根据其性质参照适用本编规定。"

由此可见，婚姻、收养、监护等有关身份关系的协议，一般不适用《民法典》合同编的规定，但是没有其他法律规定的，可以参考合同编的相关规定。

合同对外人有法律约束力吗？

答：《民法典》第四百六十五条规定："依法成立的合同，受法律保护。依法成立的合同，仅对当事人具有法律约束力，但是法律另有规定的除外。"

合同具有相对性，即只对合同当事人有法律约束力。比如甲乙签订合同，那么该合同只对甲乙有约束力，甲乙不能拿着该合同去要求其他人行事。

对合同条款的理解有争议时，怎么办？

答：《民法典》第四百六十六条规定："当事人对合同条款的理解有争议的，应当依据本法第一百四十二条第一款的规定，确定争议条款的含义。合同文本采用两种以上文字订立并约定具有同等效力的，对各文本使用的词句推定具有相同含义。各文本使用的词句不一致的，应当根据合同的相关条款、性质、目的以及诚信原则等予以解释。"

其中，《民法典》第一百四十二条第一款规定："有相对人的意思表示的解释，应当按照所使用的词句，结合相关条款、行为的性质和目的、习惯以及诚信原则，确定意思表示的含义。”

此外，《最高人民法院关于适用〈中华人民共和国民法典〉合同编通则若干问题的解释》第一条规定：“人民法院依据民法典第一百四十二条第一款、第四百六十六条第一款的规定解释合同条款时，应当以词句的通常含义为基础，结合相关条款、合同的性质和目的、习惯以及诚信原则，参考缔约背景、磋商过程、履行行为等因素确定争议条款的含义。”

解释合同条款意思的时候，应本着订立合同的初衷，结合词句的意思，同时联系其他条款，以及合同的性质和目的，加之习惯及诚信原则，参考缔约背景、磋商过程、履行行为等因素来综合判断所争议条款的意思。

第二章　合同的订立

订立合同可以采用哪些形式？

答：《民法典》第四百六十九条第一款规定：“当事人订立合同，可以采用书面形式、口头形式或者其他形式。”

合同是双方当事人的意思表示一致，无论是口头的，还是书面的，只要达成了合意，就形成了合同。但是，实践中，我们鼓励大家能订立书面合同则订立书面合同，因为书面合同便于保存，可作为日后解决纠纷或维权的证据。书面合同形式包括合同书、信件、电报、电传、传真等可以有形地表现所载内容的各种方式。

电子邮件能否被认定为书面合同？

答：《民法典》第四百六十九条第三款规定：“以电子数据交换、电子邮件等方式能够有形地表现所载内容，并可以随时调取查用的数据电文，视为书面形式。”

由此可见，电子邮件能被认定为书面合同。

合同一般包括哪些条款？

答：《民法典》第四百七十条规定：“合同的内容由当事人约定，一般包括下列条款：（一）当事人的姓名或者名称和住所；（二）标的；（三）数量；（四）质量；（五）价款或者报酬；（六）履行期限、地点和方式；（七）违约责任；（八）解决争议的方法。当事人可以参照各类合同的示范文本订立合同。”

合同一般包括以上八大条款，但在具体的合同中，会有所侧重或细化，我们根据合同性质或目的约定具体条款即可。

什么是要约？

答：《民法典》第四百七十二条规定：“要约是希望与他人订立合同的意思表示，该意思表示应当符合下列条件：（一）内容具体确定；（二）表明经受要约人承诺，要约人即受该意思表示约束。”

如甲打算将自己的汽车卖给乙，甲对乙说“一口价五万块卖给你”，乙听了后表示接受，成交。那么甲做的即为要约。而乙作出的则为承诺，这时合同就成立了。

要约可以撤回吗?

答：《民法典》第四百七十五条规定：“要约可以撤回。要约的撤回适用本法第一百四十一条的规定。”

第一百四十一条规定：“行为人可以撤回意思表示。撤回意思表示的通知应当在意思表示到达相对人前或者与意思表示同时到达相对人。”

也就是说，在要约还没有到达受要约人，或者该要约与撤回要约的通知一起到达的，该要约才可以撤回。例如A公司向B公司发送了一份关于商品供货合同的电子邮件，刚发完，A公司发现有一处内容不妥，于是立即点击“撤回邮件”，此时，B公司不知道其收到邮件也没有点击，那么，A公司撤回要约成功。

要约可以撤销吗?

答：《民法典》第四百七十六条规定：“要约可以撤销，但是有下列情形之一的除外：（一）要约人以确定承诺期限或者其他形式明示要约不可撤销；（二）受要约人有理由认为要约是不可撤销的，并已经为履行合同做了合理准备工作。”

要约之所以可以撤销，是因为撤销不会对受要约人产生实质性的影响，也不会破坏交易秩序。而如果存在上面提到的两种情形的，则不可以撤销要约，这是为了保护交易秩序，也是为了保护受要约人一方的合法利益。例如，某学校向某服装厂发出要约要做一千套秋季校服，时间紧任务重，要求半个月内做完，价格为一百元一套。服装厂收到要约后有点担心人手不够，要扩招人看看。学校就说那给你三天时间答复。那么，在这三天内，学校不可撤销要约。

此外，根据《民法典》第四百七十七条的规定：“撤销要约的意思表示以对话方式作出的，该意思表示的内容应当在受要约人作出承诺之前为受要约人所知道；撤销要约的意思表示以非对话方式作出的，应当在受要约人作出承诺之前到达受要约人。”总之，撤销要约需要在对方作出承诺之前作出并到达受要约人。

什么是要约邀请?

答:《民法典》第四百七十三条规定:“要约邀请是希望他人向自己发出要约的表示。拍卖公告、招标公告、招股说明书、债券募集办法、基金招募说明书、商业广告和宣传、寄送的价目表等为要约邀请。商业广告和宣传的内容符合要约条件的,构成要约。”

可以说,要约邀请是向特定或不特定的人发出的,内容不明确,这些人接到邀请后,可能会想订立合同,也可能不会。例如,某开发商广发某楼盘的商业广告,接到广告的人,有可能去买房也可能不会理会。要约邀请与要约有所不同,要约是内容具体明确,一旦接受要约的人作出承诺,那么合同即成立。而要约邀请即使被接受,也不会成立合同。可以简单地理解为要约邀请是合同订立前的准备工作,而要约则是合同订立的过程。

怎样的要约是失效的?

答:《民法典》第四百七十八条规定:“有下列情形之一的,要约失效:(一)要约被拒绝;(二)要约被依法撤销;(三)承诺期限届满,受要约人未作出承诺;(四)受要约人对要约的内容作出实质性变更。”

对于前三项,都很好理解,即对方不同意要约内容或没有答复,或要约被撤销,这样的要约都因对方的某一行为而变成失效要约。对于第四项“受要约人对要约的内容作出实质性变更”,则可以理解为对方发出了“新要约”,从而推翻了前面的要约,此时,前面的要约也要失效。在签订合同的过程中,一方出具合同,另一方对合同主要条款提出修改的,就是对要约内容做出了实质性的变更。

什么是承诺?

答:《民法典》第四百七十九条规定:“承诺是受要约人同意要约的意思表示。”

承诺应当以通知的方式作出;但是,根据交易习惯或者要约表明可以通过行为作出承诺的除外。

有效的承诺要在何时作出?

答:《民法典》第四百八十一条规定:“承诺应当在要约确定的期限内到达要约人。要约没有确定承诺期限的,承诺应当依照下列规定到达:(一)要约以对话方式作出的,应当即时作出承诺;(二)要约以非对话方式作出的,承诺应当在合理期限内到达。”

有效的承诺要在什么时候作出,因要约人是否规定了承诺期限而不同。规定的,则在规定期限内作出并到达;没有规定的,如果是对话的方式,应立即承诺,如果非对话的,则要在合理期限作出。

对于信件、电子邮件等形式,承诺期限的计算应依据《民法典》第四百八十二条的规定:“要约以信件或者电报作出的,承诺期限自信件载明的日期或者电报交发之日开始计算。信件未载明日期的,自投寄该信件的邮戳日期开始计算。要约以电话、传真、电子邮件等快速通讯方式作出的,承诺期限自要约到达受要约人时开始计算。”

承诺生效时合同成立,但是法律另有规定或者当事人另有约定的除外。以通知方式作出的承诺,生效的时间适用《民法典》第一百三十七条①的规定。承诺不需要通知的,根据交易习惯或者要约的要求作出承诺的行为时生效。此外,和要约一样,承诺也可以撤回。承诺的撤回适用《民法典》第一百四十一条②的规定。

承诺在什么时候视为新要约?

答:《民法典》第四百八十六条规定:“受要约人超过承诺期限发出承诺,或者在承诺期限内发出承诺,按照通常情形不能及时到达要约人的,为新要约;但是,要约人及时通知受要约人该承诺有效的除外。”

第四百八十八条规定:“承诺的内容应当与要约的内容一致。受要约人对要约的内容作出实质性变更的,为新要约。有关合同标

---

①《民法典》第一百三十七条　以对话方式作出的意思表示,相对人知道其内容时生效。以非对话方式作出的意思表示,到达相对人时生效。以非对话方式作出的采用数据电文形式的意思表示,相对人指定特定系统接收数据电文的,该数据电文进入该特定系统时生效;未指定特定系统的,相对人知道或者应当知道该数据电文进入其系统时生效。当事人对采用数据电文形式的意思表示的生效时间另有约定的,按照其约定。

②《民法典》第一百四十一条　行为人可以撤回意思表示。撤回意思表示的通知应当在意思表示到达相对人前或者与意思表示同时到达相对人。

的、数量、质量、价款或者报酬、履行期限、履行地点和方式、违约责任和解决争议方法等的变更，是对要约内容的实质性变更。”

由此可见，主要在两种情况下，承诺会成为新要约，一是迟到的承诺；二是承诺内容对要约内容作出了实质性的变更。需要注意的是，此处的合同条款要为实质性的，一般为“合同标的、数量、质量、价款或者报酬、履行期限、履行地点和方式、违约责任和解决争议方法等”条款，如果是无关紧要的条款，如添加了“甲乙应本着友好合作的理念履行该合同，不得违约”等这样的条款，则不为实质性的改变，构不成新要约。正如《民法典》第四百八十九条规定：“承诺对要约的内容作出非实质性变更的，除要约人及时表示反对或者要约表明承诺不得对要约的内容作出任何变更外，该承诺有效，合同的内容以承诺的内容为准。”

此外，需要注意的是，对于迟到的承诺，不是一律视为新要约。

《民法典》第四百八十七条规定：“受要约人在承诺期限内发出承诺，按照通常情形能够及时到达要约人，但是因其他原因致使承诺到达要约人时超过承诺期限的，除要约人及时通知受要约人因承诺超过期限不接受该承诺外，该承诺有效。”

书面合同于何时成立？

答：《民法典》第四百九十条规定：“当事人采用合同书形式订立合同的，自当事人均签名、盖章或者按指印时合同成立。在签名、盖章或者按指印之前，当事人一方已经履行主要义务，对方接受时，该合同成立。法律、行政法规规定或者当事人约定合同应当采用书面形式订立，当事人未采用书面形式但是一方已经履行主要义务，对方接受时，该合同成立。”

一般情况下，书面合同于最后一名当事人签字、盖章或按手印时成立。特殊情况下，对于没有签名盖章的合同，已经实际履行的，也算成立。如甲乙签订了供货合同，甲签字将合同书寄出后，但遇到了疫情管制，物流很慢。在合同没有到达乙方之前，乙就开始供货，甲也接受，那该供货合同就不再以乙方签字后成立，自履行合同时就成立了。

此外，根据《民法典》第四百九十一条的规定：“当事人采用信件、数据电文等形式订立合同要求签订确认书的，签订确认书时合同成立。当事人一方通过互联网等信息网络发布的商品或者服务信息符合要约条件的，对方选择该商品或者服务并提交订单成功时合同成立，但是当事人另有约定的除外。”此处，最常见的就是我们网络购物时，提交订单，买卖合同即成立。

在招标、拍卖中，合同什么时候成立？

答：《最高人民法院关于适用〈中华人民共和国民法典〉合同编通则若干问题的解释》第四条规定：“采取招标方式订立合同，当事人请求确认合同自中标通知书到达中标人时成立的，人民法院应予支持。合同成立后，当事人拒绝签订书面合同的，人民法院应当依据招标文件、投标文件和中标通知书等确定合同内容。

采取现场拍卖、网络拍卖等公开竞价方式订立合同，当事人请求确认合同自拍卖师落槌、电子交易系统确认成交时成立的，人民法院应予支持。合同成立后，当事人拒绝签订成交确认书的，人民法院应当依据拍卖公告、竞买人的报价等确定合同内容。

产权交易所等机构主持拍卖、挂牌交易，其公布的拍卖公告、交易规则等文件公开确定了合同成立需要具备的条件，当事人请求确认合同自该条件具备时成立的，人民法院应予支持。”

由此可见，招标中的合同成立时间以中标通知书到达中标人时为准，拍卖中的合同成立时间以拍卖师落槌（现场拍卖）、电子交易系统确认成交（网络拍卖）时为准。在这两种交易中，中标通知书送达和拍卖确认都意味着合同成立，而后签订的书面合同只是对合同内容的书面确认，而非新合同。例如，甲公司进行公开招标后，乙公司参与投标并中标。招标公司按照程序向乙公司送达了中标通知书。五日后，甲公司突然致函乙公司要求解除中标关系，表示不再签订后续合同。那么根据上述法律规定，自中标通知书送达乙公司时，甲乙双方的合同即告成立，甲公司解除中标关系即为不履行合同义务的表现，属于违约行为，应该承担违约责任。

如何认定合同成立地？

答：合同成立地是一个重要的要素，如可以根据合同成立地确定纠纷管辖法院。关于合同成立地的认定，《民法典》第四百九十二条规定："承诺生效的地点为合同成立的地点。采用数据电文形式订立合同的，收件人的主营业地为合同成立的地点；没有主营业地的，其住所地为合同成立的地点。当事人另有约定的，按照其约定。"

第四百九十三条规定："当事人采用合同书形式订立合同的，最后签名、盖章或者按指印的地点为合同成立的地点，但是当事人另有约定的除外。"

哪些合同为预约合同？

答：预约合同，可以理解成为将来订立合同所达成的约定。

《民法典》第四百九十五条规定："当事人约定在将来一定期限内订立合同的认购书、订购书、预订书等，构成预约合同。当事人一方不履行预约合同约定的订立合同义务的，对方可以请求其承担预约合同的违约责任。"

《最高人民法院关于适用〈中华人民共和国民法典〉合同编通则若干问题的解释》第六条规定："当事人以认购书、订购书、预订书等形式约定在将来一定期限内订立合同，或者为担保在将来一定期限内订立合同交付了定金，能够确定将来所要订立合同的主体、标的等内容的，人民法院应当认定预约合同成立。

"当事人通过签订意向书或者备忘录等方式，仅表达交易的意向，未约定在将来一定期限内订立合同，或者虽然有约定但是难以确定将来所要订立合同的主体、标的等内容，一方主张预约合同成立的，人民法院不予支持。

"当事人订立的认购书、订购书、预订书等已就合同标的、数量、价款或者报酬等主要内容达成合意，符合本解释第三条第一款规定的合同成立条件，未明确约定在将来一定期限内另行订立合同，或者虽然有约定但是当事人一方已实施履行行为且对方接受的，人民法院应当认定本约合同成立。"

第八条规定："预约合同生效后，当事人一方不履行订立本约合同的义务，对方请求其赔偿因此造成的损失的，人民法院依法予以支持。

"前款规定的损失赔偿，当事人有约定的，按照约定；没有约定的，人民法院应当综合考虑预约合同在内容上的完备程度以及订立本约合同的条件的成就程度等因素酌定。”

签订了预约合同以后，如果一方无正当的理由（如遭遇地震、洪水等不可抗力）而擅自不打算订立合同的，那么另一方可以要求其承担相应的违约责任。

什么是格式合同？

答：《民法典》第四百九十六条第一款规定：“格式条款是当事人为了重复使用而预先拟定，并在订立合同时未与对方协商的条款。”

在生活中有很多格式合同，如保险公司出具的保险合同、4S店出具的购车合同、开发商出具的售楼合同、快递物流出具的运输合同等。这些单位因为需要与不特定的人重复订立内容相同的合同，于是，提前先制定了一个固定的合同文本，待双方达成合意后直接签订该合同即可，方便、省时、高效。

此外，关于格式合同的认定，《最高人民法院关于适用〈中华人民共和国民法典〉合同编通则若干问题的解释》第九条规定：“合同条款符合民法典第四百九十六条第一款规定的情形，当事人仅以合同系依据合同示范文本制作或者双方已经明确约定合同条款不属于格式条款为由主张该条款不是格式条款的，人民法院不予支持。

“从事经营活动的当事人一方仅以未实际重复使用为由主张其预先拟定且未与对方协商的合同条款不是格式条款的，人民法院不予支持。但是，有证据证明该条款不是为了重复使用而预先拟定的除外。”

法律对格式合同有哪些严格要求？

答：格式合同具有相当的便利性，有利于生产与生活。但是，由于格式合同是一方当事人事先制定的，并没有与对方进行商量，因此，法律对其有着严格的限制规定。

如在条款内容制定方面，《民法典》第四百九十六条第二款规定：“采用格式条款订立合同的，提供格式条款的一方应当遵循公平原则确定当事人之间的权利和义务，并采取合理的方式提示对方注意免除或者减轻其责任等与对方有重大利害关系的条款，按照对方的要求，对该条款予以说明。提供格式条款的一方未履行提示或者说明义务，致使对方没有注意或者理解与其有重大利害关系的条款的，对方可以主张该条款不成为合同的内容。”

同时，《最高人民法院关于适用〈中华人民共和国民法典〉合同编通则若干问题的解释》第十条规定：“提供格式条款的一方在合同订立时采用通常足以引起对方注意的文字、符号、字体等明显标识，提示对方注意免除或者减轻其责任、排除或者限制对方权利等与对方有重大利害关系的异常条款的，人民法院可以认定其已经履行民法典第四百九十六条第二款规定的提示义务。

“提供格式条款的一方按照对方的要求，就与对方有重大利害关系的异常条款的概念、内容及其法律后果以书面或者口头形式向对方作出通常能够理解的解释说明的，人民法院可以认定其已经履行民法典第四百九十六条第二款规定的说明义务。

“提供格式条款的一方对其已经尽到提示义务或者说明义务承担举证责任。对于通过互联网等信息网络订立的电子合同，提供格式条款的一方仅以采取了设置勾选、弹窗等方式为由主张其已经履行提示义务或者说明义务的，人民法院不予支持，但是其举证符合前两款规定的除外。”

生活中，我们常常看到一些格式合同中有加粗加重的字体，就是为了提请签订合同的对方当事人注意。

又如在对格式条款的解释方面，《民法典》第四百九十八条规定：“对格式条款的理解发生争议的，应当按照通常理解予以解释。对格式条款有两种以上解释的，应当作出不利于提供格式条款一方的解释。格式条款和非格式条款不一致的，应当采用非格式条款。”

再如，法律对于格式条款效力的认定也有着明确的规定，《民法典》第四百九十七条规定：“有下列情形之一的，该格式条款无效：（一）具有本法第一编第六章第三节和本法第五百零六条规定的无效情形；（二）提供格式条款一方不合理地免除或者减轻其责任、加重对方责任、限制对方主要权利；（三）提供格式条款一方排除对方主要权利。”

有些不良商家可能会通过格式合同来减轻自己的责任，加重对方的责任，这一点，我们在面对格式合同时一定要注意，特别是格式合同中出现“概不负责”“责任自负”等词汇时，要多个心眼儿，看看是不是属于无效条款。如快递合同中写明“当乙方（客户）的个人信息外泄并给乙方造成损失的，甲方（快递方）概不负责”，这样的条款是无效的。

悬赏找狗，找到狗的人可以要求报酬吗？

答：《民法典》第四百九十九条规定：“悬赏人以公开方式声明对完成特定行为的人支付报酬的，完成该行为的人可以请求其支付。”

如某人的狗丢失后，其贴出告示，重金找狗。那么，当有人找到狗并据此要钱时，狗主人应该支付。

什么是缔约过失责任？

答：《民法典》第五百条规定：“当事人在订立合同过程中有下列情形之一，造成对方损失的，应当承担赔偿责任：（一）假借订立合同，恶意进行磋商；（二）故意隐瞒与订立合同有关的重要事实或者提供虚假情况；（三）有其他违背诚信原则的行为。”

缔约过失责任是指在订立合同的过程中，一方因违背诚信原则，做出损害对方利益的事情，给对方造成损失，而应当承担的赔偿责任。如并无订立合同之意，却反复协商，拖延时间，耽误了对方与其他人订立合同的机会；又如在合同中故意隐瞒自己的履约能力，明明无法完成订单任务，却夸大公司生产能力，这都属于缔约过失责任。

合同未成立，当事人还需要为对方保密吗？

答：《民法典》第五百零一条规定：“当事人在订立合同过程中知悉的商业秘密或者其他应当保密的信息，无论合同是否成立，不得泄露或者不正当地使用；泄露、不正当地使用该商业秘密或者信息，造成对方损失的，应当承担赔偿责任。”

由此可见，不管合同成立与否，当事人在订立合同的过程中知晓的对方的正当秘密，基于诚信原则，都应该“守口如瓶”。这些秘密包括“商业秘密”和“其他应当保密的信息”。如果秘密属于不可告人的违法事情，则不在此列。侵犯他人商业秘密的，不仅要承担赔偿等民事责任，还可能承担行政责任甚至刑事责任。

第三章　合同的效力

合同什么时候生效?

答：《民法典》第五百零二条规定："依法成立的合同，自成立时生效，但是法律另有规定或者当事人另有约定的除外。依照法律、行政法规的规定，合同应当办理批准等手续的，依照其规定。未办理批准等手续影响合同生效的，不影响合同中履行报批等义务条款以及相关条款的效力。应当办理申请批准等手续的当事人未履行义务的，对方可以请求其承担违反该义务的责任。依照法律、行政法规的规定，合同的变更、转让、解除等情形应当办理批准等手续的，适用前款规定。"

一般情况下，合同依法成立时就自动生效了，但是有些合同生效前需要上报相关部门进行批准，只有办理了批准手续，合同才能生效。例如，甲公司与乙公司签订了一份技术进口合同，根据《中华人民共和国技术进出口管理条例》的规定需由国务院外经贸主管部门进行批准，被批准后，合同才生效。另外，签订合同的双方当事人也可以对合同的生效时间作出约定，例如，甲乙签订一份合同，可以约定三日后生效，那么双方在合同上签字时，合同并不能生效，只能再等三天，合同才生效。

无权代理人代理的合同，有效吗?

答：《民法典》第五百零三条规定："无权代理人以被代理人的名义订立合同，被代理人已经开始履行合同义务或者接受相对人履行的，视为对合同的追认。"

代理人没有代理权、超越代理权或者代理权终止后，仍然代被代理人签订合同的，属于无权代理，合同的法律效力是待定的，经被代理人追认后，才可以生效。被代理人开始履行合同义务或者接受相对人履行的，视为对合同的追认。

法定代表人超越权限订立的合同，有效吗？

答：《民法典》第五百零四条规定："法人的法定代表人或者非法人组织的负责人超越权限订立的合同，除相对人知道或者应当知道其超越权限外，该代表行为有效，订立的合同对法人或者非法人组织发生效力。"

法定代表人是代表法人从事民事活动的负责人，其代表法人签订的合同，合同应当对法人发生效力。即使法定代表人在签订合同时，超出了公司内部对他的权限，合同也应当对法人发生效力。这是由于对法定代表人的权限的限制，是法人的内部规定，相对人一般情况下无从知晓，所以不能以法定代表人是越权代理来否定合同的效力，那样对相对人来说是不公平的。但是，如果相对人明明知道法定代表人是越权代理还与其签订合同，相对人就是恶意的，合同就不能对法人发生效力。

此外，需要注意的是，《最高人民法院关于适用〈中华人民共和国民法典〉合同编通则若干问题的解释》第二十条对法定代表人超越权限订立合同作了相关解释："法律、行政法规为限制法人的法定代表人或者非法人组织的负责人的代表权，规定合同所涉事项应当由法人、非法人组织的权力机构或者决策机构决议，或者应当由法人、非法人组织的执行机构决定，法定代表人、负责人未取得授权而以法人、非法人组织的名义订立合同，未尽到合理审查义务的相对人主张该合同对法人、非法人组织发生效力并由其承担违约责任的，人民法院不予支持，但是法人、非法人组织有过错的，可以参照民法典第一百五十七条的规定判决其承担相应的赔偿责任。相对人已尽到合理审查义务，构成表见代表的，人民法院应当依据民法典第五百零四条的规定处理。

"合同所涉事项未超越法律、行政法规规定的法定代表人或者负责人的代表权限，但是超越法人、非法人组织的章程或者权力机构等对代表权的限制，相对人主张该合同对法人、非法人组织发生效力并由其承担违约责任的，人民法院依法予以支持。但是，法人、非法人组织举证证明相对人知道或者应当知道该限制的除外。

"法人、非法人组织承担民事责任后，向有过错的法定代表人、负责人追偿因越权代表行为造成的损失的，人民法院依法予以支持。

法律、司法解释对法定代表人、负责人的民事责任另有规定的，依照其规定。”

当出现上述解释所发生的情形时，应按此规定处理。

超越经营范围订立的合同，有效吗？

答：《民法典》第五百零五条规定：“当事人超越经营范围订立的合同的效力，应当依照本法第一编第六章第三节和本编的有关规定确定，不得仅以超越经营范围确认合同无效。”

也就是说，超越经营范围订立的合同不一定是无效的，应当根据《民法典》第一编第六章第三节的条文，也就是关于民事法律行为效力的规定来判断。如果当事人订立的合同超出了经营范围，但并未违反法律的强制性规定，也没有损害他人的合法权益，亦没有违背公序良俗，那么应当认定合同有效。但如果当事人所签订的合同是国家限制经营、特许经营的或者是被法律禁止的，那么该合同无效。

合同中的哪些免责条款无效？

答：《民法典》第五百零六条规定：“合同中的下列免责条款无效：（一）造成对方人身损害的；（二）因故意或者重大过失造成对方财产损失的。”

免责条款，是对未来可能发生的事故不承担赔偿责任的条款。不是所有的免责条款都是无效的，比如，甲乙签订买卖合同，合同中约定“甲将货物交付给乙方后所发生的一切风险由乙方承担，甲无须承担责任”，此免责条款符合法律规定，也未损害当事人的利益，因此是有效的。但如果双方约定“一方造成另一方人身损害或一方因故意或重大过失造成对方财产损失的，无须承担赔偿责任”，就属于无效条款，因为该条款内容不利于维护社会秩序并且严重损害一方的合法权益，若放任该条款有效，则会导致合同的强势一方滥用强势地位，而侵害弱势一方最基本的权益，因此应当将该类免责条款认定为无效条款。

合同无效，合同中解决争议的条款也一并无效吗？

答：《民法典》第五百零七条规定：“合同不生效、无效、被撤销或者终止的，不影响合同中有关解决争议方法的条款的效力。”

解决争议的条款是指，如果双方当事人在履行合同的过程中发生了争议，如何解决争议的条款，是去某仲裁机构进行仲裁，还是去某法院提起诉讼等。例如，甲乙双方在合同中约定，“若产生合同纠纷，双方可以向甲方所在地人民法院提起诉讼”，这就是一个解决争议的条款。这一条款自合同签订之日起生效，如果日后该合同本身没有生效（如附生效条件的合同，没达到条件而未生效）、无效、被撤销或被终止，那么该解决争议的条款也不会受到影响，当初签订合同的双方可以依据该条款处理和解决相关纠纷。

第四章　合同的履行

当事人履行合同时应当遵循什么原则?

答：《民法典》第五百零九条规定：“当事人应当按照约定全面履行自己的义务。当事人应当遵循诚信原则，根据合同的性质、目的和交易习惯履行通知、协助、保密等义务。当事人在履行合同过程中，应当避免浪费资源、污染环境和破坏生态。”

由此可知，双方签订合同后在履行合同时也应遵循一定的原则：一是全面履行原则，也就是说要履行合同的全部义务，不能只履行部分义务。例如，合同约定甲应向乙交付一百吨大米，那么甲不能只交付五十吨。二是诚信原则，不仅要维护自己的利益，也应当维护相对方的权益，履行通知、协助、保密等义务。例如，商店卖出电子产品时，为协助顾客使用产品，应当交付使用说明书。三是遵循绿色原则，应避免浪费资源、污染环境和破坏生态。例如，合同的债权人不能要求“过度包装”产品。

合同中有约定不明确内容时怎么办?

答：《民法典》第五百一十条规定：“合同生效后，当事人就质量、价款或者报酬、履行地点等内容没有约定或者约定不明确的，可以协议补充；不能达成补充协议的，按照合同相关条款或者交易习惯确定。”

第五百一十一条规定：“当事人就有关合同内容约定不明确，依据前条规定仍不能确定的，适用下列规定：（一）质量要求不明确的，按照强制性国家标准履行；没有强制性国家标准的，按照推荐性国家标准履行；没有推荐性国家标准的，按照行业标准履行；没有国家标准、行业标准的，按照通常标准或者符合合同目的的特定标准履行。（二）价款或者报酬不明确的，按照订立合同时履行地的市场价格履行；依法应当执行政府定价或者政府指导价的，依照规定履行。（三）履行地点不明确，给付货币的，在接受货币一方所在地履行；交付不动产的，在不动产所在地履行；其他标的，在履行义务一方所在地履行。（四）履行期限不明确的，债务人可以随时履行，债权人也可以随时请求履行，但是应当给对方必要的准备时间。（五）履行方式不明确的，按照有利于实现合同目的的方式履行。（六）履行费用的负担不明确的，由履行义务一方负担；因债权人原因增加的履行费用，由债权人负担。”

也就是说，首先应当尊重当事人的真实意思，让他们先对约定不明的事项进行协商，能够达成补充协议的，就按补充协议的约定来履行。如果达不成协议，可以根据合同的上下文，看是否能够得出结论，也可以根据双方的交易习惯来约定。例如，甲乙存在长期的买卖合同关系，按照双方的习惯，一直都是由乙将货物运送至甲处，即使合同中没有明确约定交货地，也应当视甲所在地为交货地。如果根据以上方法仍不能确定合同内容的，就按照《民法典》第五百一十一条的规定来确定。

通过互联网订立的电子合同，交付时间是什么时候？

答：《民法典》第五百一十二条规定：“通过互联网等信息网络订立的电子合同的标的为交付商品并采用快递物流方式交付的，收货人的签收时间为交付时间。电子合同的标的为提供服务的，生成的电子凭证或者实物凭证中载明的时间为提供服务时间；前述凭证没有载明时间或者载明时间与实际提供服务时间不一致的，以实际提供服务的时间为准。电子合同的标的物为采用在线传输方式交付的，合同标的物进入对方当事人指定的特定系统且能够检索识别的时间为交付时间。电子合同当事人对交付商品或者提供服务的方式、时间另有约定的，按照其约定。”

如果是在网上购物并用快递物流的方式交付商品的，交付的时间不是买方下单的时间，也不是商品到达快递点的时间，而是买方签收时才视为交付；如果是采用电子合同购买服务的，那么生成的电子凭证或者实物凭证中载明的时间为提供服务时间。例如，利用网上银行转账，电子转账凭证生成的时间，就是银行提供转账服务的时间。如果是采用电子合同购买数字产品，例如购买游戏装备，游戏装备在购买者的账户中显示时，视为交付时间。以上是合同双方对交付时间没有约定的情况下，根据法律规定确定的交付时间。如果双方对交付时间有约定的，应当按照其约定。

合同约定按照政府定价确定合同价款，应当如何执行？

答：《民法典》第五百一十三条规定："执行政府定价或者政府指导价的，在合同约定的交付期限内政府价格调整时，按照交付时的价格计价。逾期交付标的物的，遇价格上涨时，按照原价格执行；价格下降时，按照新价格执行。逾期提取标的物或者逾期付款的，遇价格上涨时，按照新价格执行；价格下降时，按照原价格执行。"

如果合同当事人均没有逾期违约行为，在合同约定的交付期限内，政府价格进行了调整，交付货物时与签订合同时的政府指导价不同，应当以交付时的价格计算。如果合同当事人出现了逾期违约行为，此时政府价调整，为了惩罚违约方，法律规定由违约方承担不利后果，即差价损失。分情况来说，如果是卖方逾期交付标的物的，价格上涨时，按原价格执行，价格下降时，按照新价格执行；如果是买方逾期付款或者逾期提取标的物的，价格上涨时，按照新价格执行，价格下降时，按照原价格执行。

支付合同价款时，应当使用什么货币？

答：《民法典》第五百一十四条规定："以支付金钱为内容的债，除法律另有规定或者当事人另有约定外，债权人可以请求债务人以实际履行地的法定货币履行。"

也就是说，合同一方当事人的义务是支付货币的，如果实际履行地在我国内地的，应当向相对方支付人民币；如果实际履行地是其他国家、地区的，应当支付当地的法定货币。例如，履行地在美国，就要支付美元；履行地在中国香港，就应当支付港币。如果当事人在合同中另行约定了支付的货币种类，那就应当按照合同约定履行。

同一个合同，有多个义务可供选择，债务人可以自行选择履行哪一个吗？

答：《民法典》第五百一十五条规定："标的有多项而债务人只需履行其中一项的，债务人享有选择权；但是，法律另有规定、当事人另有约定或者另有交易习惯的除外。享有选择权的当事人在约定期限内或者履行期限届满未作选择，经催告后在合理期限内仍未选择的，选择权转移至对方。”

举例来说，甲与乙之间签订了一份购销合同，约定出现质量问题可以修理、更换或者退货。一旦出现质量问题，按照合同约定，甲可以视产品损坏情况选择修理、更换或者退货。但是如果甲未在约定期限内作出选择，并且经乙催告后，甲在合理期限内仍未选择，那么此时可以由乙选择解决质量问题的方式。

债务人自行选择履行哪种义务后，可以随意变更吗？

答：《民法典》第五百一十六条规定：“当事人行使选择权应当及时通知对方，通知到达对方时，标的确定。标的确定后不得变更，但是经对方同意的除外。可选择的标的发生不能履行情形的，享有选择权的当事人不得选择不能履行的标的，但是该不能履行的情形是由对方造成的除外。”

债务人从多项义务中选择出一种后，通知到债权人的，选择权就产生了效力，被选择的义务就成了确定的义务，其他选项的义务消灭。此时，除非债权人同意，债务人不能再随意更改自己的选择，必须按照已经选定的义务履行。

什么是按份债权和按份债务？

答：《民法典》第五百一十七条规定：“债权人为二人以上，标的可分，按照份额各自享有债权的，为按份债权；债务人为二人以上，标的可分，按照份额各自负担债务的，为按份债务。按份债权人或者按份债务人的份额难以确定的，视为份额相同。”

按份债权，是指对于两个以上的债权人，按照确定的份额享有债权。例如，甲、乙系朋友关系，两人共同出资购买了一辆汽车，各占一半份额。之后，甲、乙将汽车卖给丙，则甲、乙对丙享有按份债权，甲、乙只能分别要求丙支付一半的汽车款，而不能要求丙支付全部款项。按份债务，是指两个以上的债务人，按照确定的份额分担债务。例如，甲、乙驾车将丙撞倒，丙住院治疗花费两万元，经交通部门认定，甲、乙对事故的发生各占百分之五十的责任，那么甲、乙对丙承担按份债务，应分别向丙支付一万元医疗费。

什么是连带债权和连带债务?

答：《民法典》第五百一十八条规定：“债权人为二人以上，部分或者全部债权人均可以请求债务人履行债务的，为连带债权；债务人为二人以上，债权人可以请求部分或者全部债务人履行全部债务的，为连带债务。连带债权或者连带债务，由法律规定或者当事人约定。”

连带债权，是指任何一个债权人都有请求债务人全部履行债务的权利。连带债务，是指任何一个债务人都有义务向债权人履行全部义务。例如，甲公司新设分立为乙、丙两个公司，那么乙、丙公司对甲公司的债权享有连带债权，任何一个公司都可以请求甲公司的债务人履行全部债务；另外，乙、丙对甲公司的债务承担连带债务，甲公司的债权人可以要求乙、丙任何一个公司承担全部债务。

连带债务人之间的份额如何确定?

答：《民法典》第五百一十九条第一款规定：“连带债务人之间的份额难以确定的，视为份额相同。”

也就是说，连带债务人之间对各自承担的份额可以进行约定，如果有明确约定的，按照约定的比例来确定份额。如果连带债务人之间没有明确约定，法律也没有特别规定的，应当按照公平原则认定各债务人之间承担相同比例份额的债务。

某一个连带债务人偿还债务时超出了自己应当偿还的份额，可以向其他连带债务人追偿吗?

答：《民法典》第五百一十九条第二款规定：“实际承担债务超过自己份额的连带债务人，有权就超出部分在其他连带债务人未履行的份额范围内向其追偿，并相应地享有债权人的权利，但是不得损害债权人的利益。其他连带债务人对债权人的抗辩，可以向该债务人主张。”

这一款明确规定了超额偿还债务的连带债务人享有追偿权。假如某一连带债务人偿还了全部债务，那么其他连带债务人对债权人的债务也就消灭了。但是，与此同时，偿还了全部债务的连带债务人就享有了债权人的权利，他可以要求其他债务人向自己偿还相应份额的债务。

其中一个连带债务人去世了，不能再履行债务了，怎么办？

答：《民法典》第五百一十九条第三款规定："被追偿的连带债务人不能履行其应分担份额的，其他连带债务人应当在相应范围内按比例分担。"

举例来说，甲、乙、丙三人为连带债务人，三人达成内部协议，约定各自承担三分之一的债务。甲对外承担了全部债务后，可以分别要求乙、丙分担三分之一债务。但是，如果丙未偿还债务就去世了，也没有任何遗产，那么甲、乙应当一起来分担丙应当承担的三分之一的债务，也就是说甲、乙各自多承担六分之一的债务。所以，甲可以要求乙分担二分之一的债务，而非原来的三分之一债务，这是为了保障甲的权利，避免由甲独自承担丙应当承担的债务份额。

其中某一连带债务人履行了全部债务，其他债务人还需要再向债权人履行吗？

答：《民法典》第五百二十条第一款规定："部分连带债务人履行、抵销债务或者提存标的物的，其他债务人对债权人的债务在相应范围内消灭；该债务人可以依据前条规定向其他债务人追偿。"

举例来说，甲、乙为连带债务人，两人约定各自承担一半债务，债权人丙觉得甲财务状况比较好，就让甲履行了全部义务。此时，丙对甲和乙享有的债权全部消灭，丙不能再要求乙履行债务，而甲可以向乙追偿其应当承担的债务份额。

债权人免除了其中某一连带债务人的债务，其他债务人还需要再向债权人履行吗？

答：《民法典》第五百二十条第二款规定："部分连带债务人的债务被债权人免除的，在该连带债务人应当承担的份额范围内，其他债务人对债权人的债务消灭。"

举例来说，甲、乙为连带债务人，两人约定各自承担一半债务，债权人丙与甲是朋友关系，就免除了甲的债务。此时，甲所承担的债务份额因被免除而消灭，但丙也不能要求乙履行全部债务，只能要求乙履行剩余的一半债务。

某一连带债务人是债权人的，应当如何履行债务？

答：《民法典》第五百二十条第三款规定："部分连带债务人的债务与债权人的债权同归于一人的，在扣除该债务人应当承担的份额后，债权人对其他债务人的债权继续存在。"

举例来说，甲公司与乙公司向丙公司借款一百万元，并对债务承担连带责任，两公司约定各自承担一半债务。借款合同存续期间，债权人丙公司将甲公司吸收合并。此时，因为甲公司成了丙公司的一部分，丙公司就不能要求甲公司偿还债务了，但也不能要求乙偿还全部一百万元债务，而只能要求乙偿还其应当承担的五十万元的债务。

连带债权人之间的份额如何确定？

答：《民法典》第五百二十一条第一款规定："连带债权人之间的份额难以确定的，视为份额相同。"

也就是说，连带债权人之间对各自享有的债权份额可以进行约定，如果有明确约定的，应当按照约定的比例来确定份额。如果没有明确约定，按照民事活动公平原则分配，应当认定各债权人之间享有的债权份额比例相同。

债务人向其中一个连带债权人履行了全部债务，其他连带债权人怎么办？

答：《民法典》第五百二十一条第二款规定："实际受领债权的连带债权人，应当按比例向其他连带债权人返还。"

实践中有连带债务，也有连带债权，若债务人向某一个连带债权人履行了全部义务，意味着其他连带债权人对债务人享有的债权都已经归于消灭了，其他连带债权人不能再要求债务人履行，而应当由受领债权的连带债权人将其多受领的部分，按比例返还给其他连带债权人。

合同约定债务人向第三人履行债务，但是债务人没有履行的，应当向谁承担违约责任？

答：《民法典》第五百二十二条规定："当事人约定由债务人向第三人履行债务，债务人未向第三人履行债务或者履行债务不符合约定的，应当向债权人承担违约责任。法律规定或者当事人约定第三人可以直接请求债务人向其履行债务，第三人未在合理期限内明确拒绝，债务人未向第三人履行债务或者履行债务不符合约定的，第三人可以请求债务人承担违约责任；债务人对债权人的抗辩，可以向第三人主张。"

合同具有相对性，合同权利和义务发生在合同的当事人之间，与其他人没有任何关系。原则上，只有债权人可以要求债务人履行合同义务，承担违约责任。第三人不是合同双方的当事人，没有请求债务人履行合同的权利，若债务人没有按照约定向第三人履行债务，第三人无权要求债务人向其承担违约责任，只能由债权人向债务人主张违约责任。例如，甲、乙签订买卖合同，约定乙将货物交付给第三人丙，若乙未按约定交付货物，则应当向甲承担违约责任，而不需要向丙承担违约责任。当然，如果合同中约定了丙可以直接请求乙向其履行债务，那就意味着这一内容也是双方当时合意的结果，意味着丙按照合同的约定享有了请求乙履行的权利，若乙没有履行，丙可以要求乙承担违约责任。

合同约定由第三人向债权人履行债务，但是第三人没有履行的，应当由谁承担违约责任？

答：《民法典》第五百二十三条规定："当事人约定由第三人向债权人履行债务，第三人不履行债务或者履行债务不符合约定的，债务人应当向债权人承担违约责任。"

第三人并非合同的当事人，即使不履行债务，也不需要向债权人承担违约责任，而应当由债务人承担违约责任。例如，甲向乙借款五万元，约定三个月后，由欠甲五万元的丙偿还乙，若三个月后，丙未偿还借款，乙只能让甲还钱，而不能要求丙还钱。

债务人不履行债务，第三人可以代为履行吗?

答：《民法典》第五百二十四条规定："债务人不履行债务，第三人对履行该债务具有合法利益的①，第三人有权向债权人代为履行；但是，根据债务性质、按照当事人约定或者依照法律规定只能由债务人履行的除外。债权人接受第三人履行后，其对债务人的债权转让给第三人，但是债务人和第三人另有约定的除外。"

也就是说，对履行债务具有合法利益的第三人可以代债务人履行债务。例如，甲公司与张某签订货物运输合同，约定由张某承担甲公司在本地的运输业务。其中，调用车辆以及雇用司机的费用由张某承担。在一次货物运输过程中，因张某没有及时向司机支付运费，司机将货物扣留。此时，为了保证货物运输的时效性，甲公司可以代张某向司机支付运费，随后再向张某主张相关费用。需要强调的是，第三人代为履行债务必须是合法的，如果是为了达到非法目的而代为履行的，则不能算作有效履行。例如，第三人为了达到行贿目的，代公职人员向开发商支付购房款，此时第三人代为履行的行为无效。

合同中没有约定履行顺序，一方要求另一方先履行，另一方可以拒绝吗?

答：《民法典》第五百二十五条规定："当事人互负债务，没有先后履行顺序的，应当同时履行。一方在对方履行之前有权拒绝其履行请求。一方在对方履行债务不符合约定时，有权拒绝其相应的履行请求。"

合同中没有约定履行顺序的，合同履行期限届满时，双方应当一同履行。例如，买卖合同中，双方约定一手交钱一手交货，卖方未交货前不能要求买方先付款。如果双方在合同中没有约定，那么

---

①《最高人民法院关于适用〈中华人民共和国民法典〉合同编通则若干问题的解释》第三十条第一款 下列民事主体，人民法院可以认定为民法典第五百二十四条第一款规定的对履行债务具有合法利益的第三人：（一）保证人或者提供物的担保的第三人；（二）担保财产的受让人、用益物权人、合法占有人；（三）担保财产上的后顺位担保权人；（四）对债务人的财产享有合法权益且该权益将因财产被强制执行而丧失的第三人；（五）债务人为法人或者非法人组织的，其出资人或者设立人；（六）债务人为自然人的，其近亲属；（七）其他对履行债务具有合法利益的第三人。

一般应当是卖方交货的同时买方支付货款。

应当先履行债务的一方没有履行时，后履行债务的一方可以拒绝履行吗？

答：《民法典》第五百二十六条规定：“当事人互负债务，有先后履行顺序，应当先履行债务一方未履行的，后履行一方有权拒绝其履行请求。先履行一方履行债务不符合约定的，后履行一方有权拒绝其相应的履行请求。”

例如，甲乙签订供货合同，约定甲先供货，乙再付款，若甲不交付货物或者交付的货物有瑕疵，乙可以不支付货款。若甲要求乙先支付货款，乙可以拒绝，并且无须承担违约责任。

应当先履行债务的一方认为另一方有可能履行不了义务，可以中止履行吗？

答：《民法典》第五百二十七条规定：“应当先履行债务的当事人，有确切证据证明对方有下列情形之一的，可以中止履行：（一）经营状况严重恶化；（二）转移财产、抽逃资金，以逃避债务；（三）丧失商业信誉；（四）有丧失或者可能丧失履行债务能力的其他情形。当事人没有确切证据中止履行的，应当承担违约责任。”

原则上，根据合同约定应当先履行债务的一方在履行完毕后，才有权要求另一方履行债务。但是，如果后履行债务一方明显丧失了履行能力，仍然要求先履行一方履行义务，可能会使先履行一方遭受损失，因此，法律规定如果先履行义务的一方有明确的证据，能够证明后履行义务一方存在丧失履行债务能力的情形的，可以中止履行，在对方恢复履行债务能力后，再继续履行。

先履行债务的一方中止履行后，另一方一直未能恢复履行能力，怎么办？

答：《民法典》第五百二十八条规定：“当事人依据前条规定中止履行的，应当及时通知对方。对方提供适当担保的，应当恢复履行。中止履行后，对方在合理期限内未恢复履行能力且未提供适当担保的，视为以自己的行为表明不履行主要债务，中止履行的一方可以解除合同并可以请求对方承担违约责任。”

后履行义务的一方在提供担保或者恢复履行能力后，先履行义务的一方应当继续履行。但是，如果后履行义务的一方没有提供担保，也迟迟不能恢复履行能力，这就意味着合同不可能顺利履行完毕，双方的合同目的不能实现，那么先履行义务一方可以解除合同并请求另一方承担违约责任。

债权人地址发生了变化，导致债务人履行不了债务的，怎么办？

答：《民法典》第五百二十九条规定：“债权人分立、合并或者变更住所没有通知债务人，致使履行债务发生困难的，债务人可以中止履行或者将标的物提存。”

债务人履行债务时需要债权人配合，债权人应当在合同约定的时间、地点受领，如果债权人变更地址没有通知债务人，债务人就不知道到哪儿履行债务，也就无法正常履行债务，只能中止履行。由于这一后果是债权人自己导致的，应当由债权人承担不利后果，债务人可以不承担未按时履行债务的责任。另外，债务人找不到债权人时，也可以将标的物交到提存机关进行提存，提存后视为债务已经履行完毕。

债务人提前履行债务的，债权人可以拒绝吗？

答：《民法典》第五百三十条规定：“债权人可以拒绝债务人提前履行债务，但是提前履行不损害债权人利益的除外。债务人提前履行债务给债权人增加的费用，由债务人负担。”

债权人在接受债务人履行时，往往需要做充分的准备，例如，买方接收货物时，需要提前预备存放货物的仓库。合同明确约定了履行时间，债务人提前履行时，若债权人还没有做好准备，可以拒绝接受。例如，甲、乙约定，甲于 2022 年 4 月 1 日向乙交付五百台冰箱，但甲未通知乙，就提前一个月将冰箱运送到乙处。若乙此时没有仓库可以存放冰箱，可以拒绝甲提前交付。若乙此时可以马上租一个仓库存放冰箱，那么乙应当接受甲的履行，但是，乙多支付的一个月仓库租金，应当由甲承担。

债务人只履行一部分债务，债权人可以拒绝吗？

答：《民法典》第五百三十一条规定："债权人可以拒绝债务人部分履行债务，但是部分履行不损害债权人利益的除外。债务人部分履行债务给债权人增加的费用，由债务人负担。"

如果债务人只履行了部分债务，导致债权人合同目的不能实现的，那么债权人可以拒绝。例如，甲学校为开运动会需要一千名学生统一着装，故向乙公司订购迷彩服一千件，乙只向甲交付了八百件服装，不能达到甲校学生统一着装的合同目的，那么甲可以拒绝乙的部分履行债务。但如果债务人履行的部分债务，不会损害债权人利益，能够实现合同目的，那么债权人就不能拒绝履行。例如，甲校恰好只有八百名学生，订购多出的二百件迷彩服是为以后准备的军训服，不用作运动会服装，那么乙公司交付八百件服装，可以满足统一着装的合同目的，那么甲就不能拒绝乙的部分履行。

合同一方的名称变更，可以拒绝履行合同义务吗？

答：《民法典》第五百三十二条规定："合同生效后，当事人不得因姓名、名称的变更或者法定代表人、负责人、承办人的变动而不履行合同义务。"

也就是说，合同一方当事人只是更改姓名或者名称，不发生实质性的改变，不影响其承担合同义务的，不能以改变姓名或名称为由拒绝履行合同义务。

合同签订后，现实情况发生了重大变化，继续履行会导致显失公平，应该怎么办？

答：《民法典》第五百三十三条规定："合同成立后，合同的基础条件发生了当事人在订立合同时无法预见的、不属于商业风险的重大变化，继续履行合同对于当事人一方明显不公平的，受不利影响的当事人可以与对方重新协商；在合理期限内协商不成的，当事人可以请求人民法院或者仲裁机构变更或者解除合同。人民法院或者仲裁机构应当结合案件的实际情况，根据公平原则变更或者解除合同。”①

合同签订后，如果现实情况发生重大变化，导致合同对于某一方明显不公平，双方可以协商修改合同或者解除合同。比如，小李报名参加了一个业余时间培训班，签订合同并且交了培训费，但随后接到领导通知，要求他到外地出差半年。那么小李可以与培训机构协商变更或解除合同，如果协商不成，他可以向人民法院请求变更或解除合同。所以，一些培训机构在合同里约定，若因个人原因未能参加培训，不退还费用，是不合法的。需要特别强调的是，发生的重大情况的变化应为在订立合同时无法预见的，同时也不属于商业风险，否则，即使因情况发生变化导致一方损失，也不能以此为由变更或解除合同。

对于利用合同危害国家利益的，如何处理？

答：《民法典》第五百三十四条规定：“对当事人利用合同实施危害国家利益、社会公共利益行为的，市场监督管理和其他有关行政主管部门依照法律、行政法规的规定负责监督处理。”

如果某人利用合同实施危害国家利益的行为，除了要承担民事责任和刑事责任外，还会受到行政部门的处罚。例如，甲乙签订合同，为了少缴税款，恶意串通，在合同中约定明显低于市场价格的交易价格，导致国家税收流失，损害了国家利益，税务部门可以追究其责任。如果涉嫌偷税漏税的，还可能会被移交公安机关追究刑事责任。

---

①《最高人民法院关于适用〈中华人民共和国民法典〉合同编通则若干问题的解释》第三十二条 合同成立后，因政策调整或者市场供求关系异常变动等原因导致价格发生当事人在订立合同时无法预见的、不属于商业风险的涨跌，继续履行合同对于当事人一方明显不公平的，人民法院应当认定合同的基础条件发生了民法典第五百三十三条第一款规定的“重大变化”。但是，合同涉及市场属性活跃、长期以来价格波动较大的大宗商品以及股票、期货等风险投资型金融产品的除外。

合同的基础条件发生了民法典第五百三十三条第一款规定的重大变化，当事人请求变更合同的，人民法院不得解除合同；当事人一方请求变更合同，对方请求解除合同的，或者当事人一方请求解除合同，对方请求变更合同的，人民法院应当结合案件的实际情况，根据公平原则判决变更或者解除合同。

人民法院依据民法典第五百三十三条的规定判决变更或者解除合同的，应当综合考虑合同基础条件发生重大变化的时间、当事人重新协商的情况以及因合同变更或者解除给当事人造成的损失等因素，在判项中明确合同变更或者解除的时间。

当事人事先约定排除民法典第五百三十三条适用的，人民法院应当认定该约定无效。

第五章　合同的保全

朋友欠我钱不还，但是朋友有到期债权，我能直接主张这笔债权吗？

答：《民法典》第五百三十五条规定："因债务人怠于行使其债权或者与该债权有关的从权利，影响债权人的到期债权实现①的，债权人可以向人民法院请求以自己的名义代位行使债务人对相对人的权利，但是该权利专属于债务人自身②的除外。代位权的行使范围以债权人的到期债权为限。债权人行使代位权的必要费用，由债务人负担。相对人对债务人的抗辩，可以向债权人主张。"

也就是说，债务人本身有到期的债权或者其他相关的权利，但是债务人却不通过诉讼或仲裁的方式向相对人主张，并且也不向债权人偿还自己的债务，从而导致债权人的到期债权无法实现的，在这种情形下，债权人可以"代替"债务人，直接向法院请求主张债务人的债权等相关权利。举例来说，李某（债务人）欠张某（债权人）的二十万元借款到期，同时王某欠李某的二十万元也已经到期，在王某未还钱的情况下，李某没有通过起诉或申请仲裁来主张这笔债权，而一直以自己手头没有钱为由拖欠张某的欠款。在这种情况下，

---

①《最高人民法院关于适用〈中华人民共和国民法典〉合同编通则若干问题的解释》第三十三条 债务人不履行其对债权人的到期债务，又不以诉讼或者仲裁方式向相对人主张其享有的债权或者与该债权有关的从权利，致使债权人的到期债权未能实现的，人民法院可以认定为民法典第五百三十五条规定的"债务人怠于行使其债权或者与该债权有关的从权利，影响债权人的到期债权实现"。

②《最高人民法院关于适用〈中华人民共和国民法典〉合同编通则若干问题的解释》第三十四条 下列权利，人民法院可以认定为民法典第五百三十五条第一款规定的专属于债务人自身的权利：

（一）抚养费、赡养费或者扶养费请求权；

（二）人身损害赔偿请求权；

（三）劳动报酬请求权，但是超过债务人及其所扶养家属的生活必需费用的部分除外；

（四）请求支付基本养老保险金、失业保险金、最低生活保障金等保障当事人基本生活的权利；

（五）其他专属于债务人自身的权利。

债权人张某可以直接向人民法院请求以自己的名义代位行使李某对王某这笔 20 万元的债权，以实现自己对李某的债权。

别人欠我钱到期不还，也不去收正在破产清算的公司欠他的债，我能替他收吗？

答：《民法典》第五百三十六条规定："债权人的债权到期前，债务人的债权或者与该债权有关的从权利存在诉讼时效期间即将届满或者未及时申报破产债权等情形，影响债权人的债权实现的，债权人可以代位向债务人的相对人请求其向债务人履行、向破产管理人申报或者作出其他必要的行为。"

对于债务人未到期的债权或相关权利，债权人无法直接向法院申请行使代位权，但是债务人又怠于行使自己的权利，如果该行为会影响债权人权益的，债权人也并非无计可施，他可以直接代位行使，以保障自己的权益。例如，小王欠马某钱，到期了但拒不归还，此时，某公司正在进行破产清算，清算组通知小王申报其对该公司的一笔债权，但是小王怠于申报，影响了马某债权的实现，此时，马某可以直接代位向清算组申报小王的债权，以实现自己的债权。

债权人行使代位权以后，债务人还能向相对人要债吗？

答：《民法典》第五百三十七条规定："人民法院认定代位权成立的，由债务人的相对人向债权人履行义务，债权人接受履行后，债权人与债务人、债务人与相对人之间相应的权利义务终止。债务人对相对人的债权或者与该债权有关的从权利被采取保全、执行措施，或者债务人破产的，依照相关法律的规定处理。"

债权人为了实现自己的权利，向法院申请代债务人向相对人主张权利，相对人向债权人还款，债权人接受以后，债务人和相对人的债权债务关系就终止了，此后，债务人不能再向相对人主张债权。例如，韩某（债务人）欠何某（债权人）钱，王某（相对人）欠韩某钱，何某行使了代位权，王某直接向何某偿还了债务，此后，韩某不得再向王某主张王某已经偿还给何某的该部分债务，即便是韩某主张，也不会受法律保护。

债务人到期不还钱，还将自己的财产无偿转让给别人，债权人怎么办?

答：《民法典》第五百三十八条规定："债务人以放弃其债权、放弃债权担保、无偿转让财产等方式无偿处分财产权益，或者恶意延长其到期债权的履行期限，影响债权人的债权实现的，债权人可以请求人民法院撤销债务人的行为。"

关于债权人行使撤销权的规定，需要注意两点：一是债务人确实存在无偿处分自己财产权益的行为；二是这种行为确实影响到了他人债权的实现。如果债务人没有处分行为，只是"计划"或者"想法"，那么债权人是无法行使撤销权的。同样，如果这种行为并没有实质影响到债权人的权益，其也无法行使撤销权。举例来说，张某欠王某的一百万元已经到期，但是张某名下只有价值八十万元的房产，除此以外没有任何财产，但是张某却将房产无偿赠给了表弟，并办理了过户手续。此时，张某的行为就影响到了王某一百万元债权的实现，王某可以请求人民法院撤销张某与表弟的房产过户行为。此外，《最高人民法院关于适用〈中华人民共和国民法典〉合同编通则若干问题的解释》第四十四条第一款规定："债权人依据民法典第五百三十八条、第五百三十九条的规定提起撤销权诉讼的，应当以债务人和债务人的相对人为共同被告，由债务人或者相对人的住所地人民法院管辖，但是依法应当适用专属管辖规定的除外。"

也就是说，当债权人向法院提起诉讼时，需要将债务人与债务人的相对人列为共同被告。以上面的案例为例，王某向法院请求撤销张某的赠与行为时，应当同时起诉张某与张某的表弟两个人。

债权人发现债务人不还钱，还为他人做担保的，怎么办?

答：《民法典》第五百三十九条规定："债务人以明显不合理的低价转让财产、以明显不合理的高价受让他人财产或者为他人的债务提供担保，影响债权人的债权实现，债务人的相对人知道或者应当知道该情形的，债权人可以请求人民法院撤销债务人的行为。"

此外，对于"明显不合理"的低价或高价如何认定的问题，《最高人民法院关于适用〈中华人民共和国民法典〉合同编通则若干问题的解释》第四十二条规定："对于民法典第五百三十九条规定的'明显不合理'的低价或者高价，人民法院应当按照交易当地一般经营者的判断，并参考交易时交易地的市场交易价或者物价部门指导价予以认定。

"转让价格未达到交易时交易地的市场交易价或者指导价百分之七十的，一般可以认定为'明显不合理的低价'；受让价格高于交易时交易地的市场交易价或者指导价百分之三十的，一般可以认定为'明显不合理的高价'。

"债务人与相对人存在亲属关系、关联关系的，不受前款规定的百分之七十、百分之三十的限制。"

债务人即便不是无偿转让自己的财产，以不合理的价格转让或受让财产、提供担保的，债权人也可以行使撤销权。但是这里还有一个限定条件，就是债务人的相对人明知或者应知这种行为可能会影响债权人实现债权，其本身是存在"恶意"的，就是要妨碍债权人顺利实现债权。例如，债务人甲欠了很多外债，而他把自己的房子、汽车低价转让给朋友乙。乙知道甲这么做就是不想还债，亦给予配合。那么甲的债权人就可以请求人民法院撤销该转让行为。

债权人可以随意行使撤销权吗？可以在什么时候行使？

答：《民法典》第五百四十条规定："撤销权的行使范围以债权人的债权为限。债权人行使撤销权的必要费用，由债务人负担。"

第五百四十一条规定："撤销权自债权人知道或者应当知道撤销事由之日起一年内行使。自债务人的行为发生之日起五年内没有行使撤销权的，该撤销权消灭。"

《最高人民法院关于适用〈中华人民共和国民法典〉合同编通则若干问题的解释》第四十五条规定："在债权人撤销权诉讼中，被撤销行为的标的可分，当事人主张在受影响的债权范围内撤销债务人的行为的，人民法院应予支持；被撤销行为的标的不可分，债权人主张将债务人的行为全部撤销的，人民法院应予支持。

"债权人行使撤销权所支付的合理的律师代理费、差旅费等费用，可以认定为民法典第五百四十条规定的'必要费用'。"

当债权人发现债务人转移财产的行为会影响自己债权的实现时，可以行使撤销权，但是撤销权也不是随意行使的，其范围和时效都有明确的法律规定。具体来说，债权人行使撤销权要在自己的债权范围内，不得超出自己的债权，并且应该从知道债务人转移财产的行为之日起一年内行使。举例来说，孙某欠吴某六十万元，孙某无偿将自己一百万元的存款赠给了朋友，此时，因吴某对孙某只有六十万元的债权，其只能撤销孙某赠与的六十万元，剩余的四十万元，吴某是无权撤销的。此外，如果被撤销行为的标的不可分，那么债权人有权要求撤销债务人的全部行为。例如，孙某将自己价值一百万元的房屋赠送给朋友，由于房屋为不可分财产，因此虽然房屋总价值超出吴某所享有的六十万元债权范围，但他仍然有权要求直接撤销孙某赠与房屋的行为。同时，吴某应该在知道孙某赠与财产的一年内行使撤销权。

第六章　合同的变更和转让

合同双方当事人可以协商变更合同吗？协商的内容不明确怎么办？

答：《民法典》第五百四十三条规定：“当事人协商一致，可以变更合同。”第五百四十四条规定：“当事人对合同变更的内容约定不明确的，推定为未变更。”

各方订立合同以后，可能会因各种原因想要改变合同的部分内容，此时，只要各方协商一致，就可以对合同的内容进行变更。但是在变更合同内容时要注意：约定的内容必须明确，约定不明导致各方无法根据变更的内容履行相关义务的，就推定为没有变更。例如，张某和王某签订了一个买卖合同。后来由于原材料价格上调，双方协商约定将“某货物价款上调”，但是没有约定上调的幅度，也未确定货物具体的价款，这种情况就属于虽然协商变更，但对变更的内容约定不明确的情形，此时，可直接推定为未变更，双方要根据之前的合同内容履行权利义务。

当事人违反约定将债权转让给第三人，该转让行为有效吗？

答：《民法典》第五百四十五条规定：“债权人可以将债权的全部或者部分转让给第三人，但是有下列情形之一的除外：（一）根据债权性质不得转让；（二）按照当事人约定不得转让；（三）依照法律规定不得转让。当事人约定非金钱债权不得转让的，不得对抗善意第三人。当事人约定金钱债权不得转让的，不得对抗第三人。”

债权人虽然是权利人，但是并非可以随意将债权转让给第三人，民法典就明确规定了三种不得转让的情形，这是为了保护债务人的权益，是民法公平诚信原则的体现。举例来说，张某在某母婴商店七折购入了一张购物卡，但是购买该卡时母婴店老板明确告知该卡只能由张某使用，不得转让，张某表示同意，并且购物卡上也注明了不得转让。在这种情况下，张某就不得再将购物卡转让给其他人使用，即便转让了，受让人也无法在该母婴店使用购物卡。

债权人转让债权，可以不通知债务人吗？

答：《民法典》第五百四十六条规定：“债权人转让债权，未通知债务人的，该转让对债务人不发生效力。债权转让的通知不得撤销，但是经受让人同意的除外。”

债权人如果想将自己的债权转让给其他人，无须经过债务人的同意即可进行转让，但是必须通知债务人，否则，该转让对债务人没有法律效力。并且，只要债权人通知了债务人转让债权，未经受让人的同意，该转让通知也不得随意撤销。举个例子，冯某欠刘某三十万元，刘某为了讨女朋友赵某欢心，将自己对冯某的债权转让给了女朋友赵某，但是并未通知冯某。债权到期后，赵某找冯某还款，冯某完全可以拒绝。因刘某没有通知冯某，所以该债权转让对冯某不发生效力，冯某可以继续向刘某还款。如果刘某当时通知了冯某，债权到期后，则赵某有权向冯某主张债权。

此外，需要明确的是，《最高人民法院关于适用〈中华人民共和国民法典〉合同编通则若干问题的解释》第四十八条第二款规定：“让与人未通知债务人，受让人直接起诉债务人请求履行债务，人民法院经审理确认债权转让事实的，应当认定债权转让自起诉状副本送达时对债务人发生效力。债务人主张因未通知而给其增加的费用或者造成的损失从认定的债权数额中扣除的，人民法院依法予以支持。”也就是说，当债权人没有通知债务人时，债权受让人也可以通过起诉来实现自己的债权，但是债务人可以因为之前他的债权人没有通知他而主张扣除相关费用和损失。

债权人转让债权时，从权利一并转让吗？

答：《民法典》第五百四十七条规定：“债权人转让债权的，受让人取得与债权有关的从权利，但是该从权利专属于债权人自身的除外。受让人取得从权利不因该从权利未办理转移登记手续或者未转移占有而受到影响。”

债权人在转让债权时，除了某些专属于债权人的权利以外，该债权相关的从权利应该一并进行转让，转让后受让人即取得该债权以及与该债权相关的从权利。举例来说，某银行对孟某享有一笔债权，孟某用自己的房产做抵押对该笔债权进行了担保，此时，如果银行想将该笔债权转让给某资产管理公司，其应该连该笔债权的担保一并转让。债权转让后，资产管理公司取得该笔债权和抵押权，即便是还未进行抵押权转移登记，也并不影响资产管理公司取得房屋的抵押权。

债务人收到债权让与通知，发现通知的债权与实际不符，可以怎么办？

答：《民法典》第五百四十八条规定："债务人接到债权转让通知后，债务人对让与人的抗辩，可以向受让人主张。"

债权人将自己的债权转让后，受让人在接受权利的同时，也要承担债务人可能对该权利进行的抗辩，所以受让人在接受债权的转让时要明确该债权是否有效，是否已经灭失、抵销，是否已经超过诉讼时效，等等，否则自己的相关权益就无法得到保障。举例来说，韩某将一笔十万元的债权转让给周某，并通知了债务人霍某。霍某收到通知后发债权现与实际不符，自己已经还了八万元，仅剩两万元。此时，霍某可以直接向受让人周某主张，而周某也不得再继续要求霍某偿还十万元债务。

债务人可以向受让人主张抵销的情形有哪些？

答：《民法典》第五百四十九条规定："有下列情形之一的，债务人可以向受让人主张抵销：（一）债务人接到债权转让通知时，债务人对让与人享有债权，且债务人的债权先于转让的债权到期或者同时到期；（二）债务人的债权与转让的债权是基于同一合同产生。"

债权转让后，债务人向受让人履行债务时，可以根据法律规定抵销一定的债权，但是需要注意的是，上述规定的可以抵销的第一种情形一般要满足以下几个条件：债务人对让与人也享有债权；在债务人接到通知时，债务人对让与人的债权已经存在；债务人的债权先到期或与转让的债权同时到期。举例来说，赵某欠黄某五万元，黄某将该笔债权转让给了李某，并通知了赵某，但是李某在很早之前欠赵某五万元，并且已经到期，此时赵某可以向李某主张抵销，即赵某不再支付李某五万元，李某也无须再向赵某还之前的五万元欠款。上述规定的可以抵销的第二种情形主要是指债务人的债权与转让的债权是基于同一合同产生的，且债权的性质可以进行抵销。例如，甲乙签订了货物买卖合同，由甲交钱，乙交货。后来，乙让甲把货款直接打给丙。但是乙在履行合同的过程中延迟交货，要承担货款百分之十的违约责任。此时，甲就可以向丙主张抵销百分之十的货款。

债权转让后，履行费用增加的，由谁来承担这部分费用？

答：《民法典》第五百五十条规定："因债权转让增加的履行费用，由让与人负担。"

债权人有权转让自己的权利，但对债务人而言，不能因变更主体而使自身权益受损，这是不公平的。如果债权人转让债权，致使债务人在履行债务时产生了新的费用，那么该笔履行费用应当由让与人负担。例如，林某在高某处定制了一台设备，约定高某负责将货物送至林某处。但是林某将该设备及相关权益一并转让给了蔡某，并通知高某直接送至蔡某处。由于蔡某距高某较远，会增加一定的运输费用，此时，对于高某履行债务增加的运输费用，就应该由让与人林某承担。

债权人对债务转让不作声，算同意还是不同意转让？

答：《民法典》第五百五十一条规定："债务人将债务的全部或者部分转移给第三人的，应当经债权人同意。债务人或者第三人可以催告债权人在合理期限内予以同意，债权人未作表示的，视为不同意。"

转让债权与转让债务不同，债务人转让债务时，不仅需要通知债权人，还需要经过债权人的明确同意，如果其没有明确表示同意，视为其不同意债务转让。例如，李某欠某公司二十万元，后来李某将该笔债务转让给了王某，想用王某欠自己的二十万元抵销，李某通知了公司，但是公司收到通知后一直未作声。那么在这种情况下，由于公司没有明确表示同意，所以视为公司不同意转让，李某应继续偿还欠公司的二十万元。

第三人愿意加入债务，债权人没有明确拒绝，可以要求第三人还债吗？

答：《民法典》第五百五十二条规定："第三人与债务人约定加入债务并通知债权人，或者第三人向债权人表示愿意加入债务，债权人未在合理期限内明确拒绝的，债权人可以请求第三人在其愿意承担的债务范围内和债务人承担连带债务。"

也就是说，如果有第三人愿意与债务人一起承担债务，共同偿还债权人，那么债权人是可以要求该第三人承担其承诺偿还的债务的，这里并不以债权人明确表示同意为前提条件，只要债权人没有明确拒绝，就可以要求第三人还债。事实上，有第三人加入偿还债务，对于债权人来说，更有利于实现自己的债权，所以，法律对其限定相对宽泛。举例来说，钱某欠陈某 20 万元，此时张某与钱某约定加入债务共同还款，并告知了陈某，陈某没有明确拒绝。那么债务到期后，陈某可以要求第三人张某还债。

债务转移后，新的债务人可以向债权人行使原债务人的抗辩权吗？

答：《民法典》第五百五十三条规定："债务人转移债务的，新债务人可以主张原债务人对债权人的抗辩；原债务人对债权人享有债权的，新债务人不得向债权人主张抵销。"

债务人在转移债务时，与之相关的抗辩权也应一并进行转移，新的债务人在承继债务的同时，也享有抗辩权。但是原债务人对债权人还有其他债权的，因为该债权没有转移给新的债务人，所以新债务人不可以主张抵销。例如，范某欠徐某一万元，经过徐某同意后，范某把该笔债务转移给了吕某，并告知吕某该债务中有五千元已经还完，此时新债务人吕某可以对徐某主张已经支付完五千元债务的抗辩；如果徐某还欠范某五千元，那么吕某不可以主张抵销，该笔债权还是归范某所有。

债务转移后，从债务随之一并转移吗？

答：《民法典》第五百五十四条规定："债务人转移债务的，新债务人应当承担与主债务有关的从债务，但是该从债务专属于原债务人自身的除外。"

从债务是指与主债务密切联系，不可分割，依附于主债务的债务。在进行债务转移时，除了专属于原债务人自身的债务以外，从债务随着主债务一并进行转移，新的债务人除承担主债务，还应承担从债务。例如，马某将自己十二万元的债务转让给了何某，但是该笔债务约定了利息，那么马某转让的不仅是十二万元的本金，还有从债务利息，何某履行时必须偿还本金及相应的利息。

合同的权利义务可以一并转让吗？

答：《民法典》第五百五十五条规定："当事人一方经对方同意，可以将自己在合同中的权利和义务一并转让给第三人。"

这里主要说的是关于债权债务概括移转，是指当事人一方将其债权与债务一并转移给第三人，由第三人概括地承继这些债权和债务。具体在合同当中，就是权利和义务的一并转移，只要与合同当事人协商一致，权利和义务是可以全部进行转移的。例如，刘某在某个家具店定制了一个书柜，双方签订了合同。后来刘某经过家具店的同意后将自己的权利和义务转让给了朋友薛某，此时薛某概括承继了该合同中的债权和债务，享有合同约定的收货等权利，但同时还要承担付款等义务。

第七章 合同的权利义务终止

钱还清了，是不是债务就终止了？

答：《民法典》第五百五十七条规定：“有下列情形之一的，债权债务终止：（一）债务已经履行；（二）债务相互抵销；（三）债务人依法将标的物提存；（四）债权人免除债务；（五）债权债务同归于一人；（六）法律规定或者当事人约定终止的其他情形。合同解除的，该合同的权利义务关系终止。”

第五百五十八条规定：“债权债务终止后，当事人应当遵循诚信等原则，根据交易习惯履行通知、协助、保密、旧物回收等义务。”

债权债务可以成立，当然也可以终止，满足上述规定情形的，债权债务终止之后，债权人就不再享有债权，债务人也不再承担债务，债权债务归于消灭。当然，债权债务终止后，双方应该随即履行相应的通知等义务。例如，黄某欠刘某钱，到期以后黄某将钱全部还清，此时，黄某的债务和刘某的债权终止，刘某不能再向黄某主张索要欠款。需要注意的是，黄某必须全部履行完毕，即连本带息足额还清才算终止，并且在还钱后，黄某应该告知刘某已经履行完还款义务。

债权债务终止，债权的从权利也随之消灭吗？

答：《民法典》第五百五十九条规定：“债权债务终止时，债权的从权利同时消灭，但是法律另有规定或者当事人另有约定的除外。”

债权的从权利是依附于主权利的，当债权的主权利消失后，从权利也随之消灭，当然法律另有特殊规定的除外。举例来说，霍某欠银行三十万元，用自己的房子做了抵押，银行对霍某享有三十万元的主债权，同时还享有从权利即对房屋的抵押权，当霍某将三十万元连本带息全部还清后，抵押权随之消灭，银行不再享有对该房屋的抵押权，由于借贷时进行了抵押登记，双方还应该及时到房产部门办理解除抵押手续。

欠下多笔债务，偿还时怎样确定还的是哪一笔？

答：《民法典》第五百六十条规定：“债务人对同一债权人负担的数项债务种类相同，债务人的给付不足以清偿全部债务的，除当事人另有约定外，由债务人在清偿时指定其履行的债务。债务人未作指定的，应当优先履行已经到期的债务；数项债务均到期的，优先履行对债权人缺乏担保或者担保最少的债务；均无担保或者担保相等的，优先履行债务人负担较重的债务；负担相同的，按照债务到期的先后顺序履行；到期时间相同的，按照债务比例履行。”

实践中，一个债务人可能欠债权人多笔欠款，还款时需要确定清偿的顺序。根据法律的规定，债务人在清偿时首先要考虑约定抵充，即根据双方的约定来确定偿还的是哪部分款项；如果债务人和债权人事先没有约定的，要适用指定抵充，即债务人自行指定其偿还的是哪部分款项；如果债务人没有进行指定，则适用法定抵充，按照上述规定的顺序进行抵充。例如，张三于 2019 年、2020 年、2021 年分别向王某借款五万、十万、十五万元，张三在还款前可以与王某约定自己先还哪一笔；如果双方没有约定，那么，由张三指定自己偿还的是哪一笔借款；如果张三没有指定，则根据到期的先后顺序、是否有抵押等来确定其偿还的到底是哪一笔款项。

债务人给付的钱仅够主债务的数额，利息和其他费用都不够怎么办？

答：《民法典》第五百六十一条规定：“债务人在履行主债务外还应当支付利息和实现债权的有关费用，其给付不足以清偿全部债务的，除当事人另有约定外，应当按照下列顺序履行：（一）实现债权的有关费用；（二）利息；（三）主债务。”

很多时候，债务人在偿还债务时，除了偿还主债务之外，还应当支付相应的利息和实现债权相关的费用。那么，当债务人给付的这个钱不足以偿还主债务的时候，并且事先没有与债权人进行约定的，要根据法定的顺序来确定其还款性质。例如，郭某欠魏某五万元，利息五千元，后因郭某到期拒不还款，魏某诉至法院，并产生了诉讼和执行费用。被申请执行后，郭某主动还款五万元，但该笔款项仅够主债务的数额， 那么对于这五万元，要优先抵偿实现债权的费用，即产生的诉讼费和执行费，然后抵偿利息五千元，剩下的用来抵偿主债务，不足部分郭某仍需继续履行。

合同签订以后，双方都不想履行了怎么办？

答：《民法典》第五百六十二条规定："当事人协商一致，可以解除合同。当事人可以约定一方解除合同的事由。解除合同的事由发生时，解除权人可以解除合同。"

合同是根据双方的合意达成的，双方当事人可以合意订立合同，必然也可以协商一致解除合同。合同解除以后，双方不再受合同约定的权利和义务的约束。除此以外，双方也可以约定解除合同的具体事由。举例来说，甲乙双方签订了某买卖合同，合同签订后甲乙双方都因各自的原因不想继续履行，此时，双方可以协商一致将合同解除；除此以外，双方在订立合同时也可以约定解除的事由，例如约定原材料价款上涨百分之三十以上的，乙方可以解除合同，那么原材料上涨百分之三十以上的时候，乙方即可解除合同。

合同签订后，一方所在地发生地震，无法继续履行合同了，怎么办？

答：《民法典》第五百六十三条规定："有下列情形之一的，当事人可以解除合同：（一）因不可抗力致使不能实现合同目的；（二）在履行期限届满前，当事人一方明确表示或者以自己的行为表明不履行主要债务；（三）当事人一方迟延履行主要债务，经催告后在合理期限内仍未履行；（四）当事人一方迟延履行债务或者有其他违约行为致使不能实现合同目的；（五）法律规定的其他情形。以持续履行的债务为内容的不定期合同，当事人可以随时解除合同，但是应当在合理期限之前通知对方。"

合同的解除方式除了双方当事人协商解除以外，还有法定解除，也就是当法律规定的解除事由出现时，双方当事人可以依法解除合同。法律规定这些解除事由，是为了维护双方当事人的合法利益，避免一方当事人出现法定事由以后仍拒绝解除合同。其中，不可抗力的出现就是法定解除合同的情形之一。举例来说，甲乙双方签订了合同，但是在合同的履行过程中，乙方所在地发生了地震，导致乙方无法继续生产货物履行合同义务，此时由于不可抗力因素的出现，甲方和乙方均可解除合同。

合同的解除权可以无限期行使吗?

答：《民法典》第五百六十四条规定："法律规定或者当事人约定解除权行使期限，期限届满当事人不行使的，该权利消灭。法律没有规定或者当事人没有约定解除权行使期限，自解除权人知道或者应当知道解除事由之日起一年内不行使，或者经对方催告后在合理期限内不行使的，该权利消灭。"

合同的解除权是法律赋予当事人的一项权利，但是该权利并非可以无期限行使，会受到一定的限制。法律规定的合同解除权的行使期限是一年，也就是在当事人知道解除事由一年之内行使自己的权利，否则该权利消灭。例如，刘某和方某签订了一份承揽合同，但是合同履行过程中，方某明确表示自己不再履行合同义务，此时刘某享有的解除权的行使期限即从自己知道方某不履行之日起一年以内，超过一年仍没有履行的，其不再享有合同的法定解除权。

当事人直接向法院起诉解除合同，法院确认该主张的，合同在何时解除?

答：《民法典》第五百六十五条规定："当事人一方依法主张解除合同的，应当通知对方。合同自通知到达对方时解除；通知载明债务人在一定期限内不履行债务则合同自动解除，债务人在该期限内未履行债务的，合同自通知载明的期限届满时解除。对方对解除合同有异议的，任何一方当事人均可以请求人民法院或者仲裁机构确认解除行为的效力。当事人一方未通知对方，直接以提起诉讼或者申请仲裁的方式依法主张解除合同，人民法院或者仲裁机构确认该主张的，合同自起诉状副本或者仲裁申请书副本送达对方时解除。"

也就是说，如果达到了法定解除的条件，解除权人只要通知对方，在通知到达对方时，合同即告解除或者在通知载明的期限内解除。如果解除权人没有通知对方当事人，而是直接向人民法院或者仲裁机构提起了诉讼或者申请了仲裁，并且最终法院或仲裁确认合同应当解除，那么在人民法院或者仲裁机构将起诉状副本或者仲裁申请书的副本送达对方时，该合同解除。例如，甲乙签订了某买卖合同，由于乙方以实际行动不履行合同义务，甲方行使解除权向人民法院提起了诉讼，请求解除合同并要求乙方承担违约责任，法院最终确认了甲乙双方合同解除。那么合同的解除时间，就是人民法院将甲的起诉状副本送达给乙之时。

此外，对于反复起诉的情形，《最高人民法院关于适用〈中华人民共和国民法典〉合同编通则若干问题的解释》第五十四条规定："当事人一方未通知对方，直接以提起诉讼的方式主张解除合同，撤诉后再次起诉主张解除合同，人民法院经审理支持该主张的，合同自再次起诉的起诉状副本送达对方时解除。但是，当事人一方撤诉后又通知对方解除合同且该通知已经到达对方的除外。"

合同解除了就完事了吗？还未履行的义务怎么处理？

答:《民法典》第五百六十六条规定:"合同解除后,尚未履行的,终止履行；已经履行的，根据履行情况和合同性质，当事人可以请求恢复原状或者采取其他补救措施，并有权请求赔偿损失。合同因违约解除的，解除权人可以请求违约方承担违约责任，但是当事人另有约定的除外。主合同解除后，担保人对债务人应当承担的民事责任仍应当承担担保责任，但是担保合同另有约定的除外。"

第五百六十七条规定："合同的权利义务关系终止，不影响合同中结算和清理条款的效力。"

合同解除以后，并非"完事"了，对于没有履行的合同义务，即终止履行，但是对于已经履行的义务，要根据实际情况作出处理。由于合同在履行过程中解除，合同目的还没有实现，此时当事人可以要求恢复原状或者采取其他措施，因合同解除而自身受到损失的，还可以主张损失赔偿。如果合同是由于一方违约，守约方提出解除的，违约方要根据合同约定承担违约责任。同时，合同权利义务的终止，不影响合同中结算和清理条款的效力，也就是对于合同终止以后事务的处理，仍然要依据合同约定进行。举例来说，甲乙签订买卖合同，甲方购置货物五十件，乙方仅供货十件后就不再履行合同义务，此时甲方可以主张解除合同，合同解除后，乙方不用再提供货物，但是对于其已经供货的这十件，甲方有权要求退回或者不予退回，而且乙方还应对自己的违约行为承担违约责任。如果合同中约定的双方所有的付款方式均为银行转账，那么甲方支付货款或乙方支付违约金时也应该按照合同约定的方式进行。

双方当事人互负债务的，可以抵销吗?

答：《民法典》第五百六十八条规定："当事人互负债务，该债务的标的物种类、品质相同的，任何一方可以将自己的债务与对方的到期债务抵销；但是，根据债务性质、按照当事人约定或者依照法律规定不得抵销的除外。当事人主张抵销的，应当通知对方。通知自到达对方时生效。抵销不得附条件或者附期限。"

第五百六十九条规定："当事人互负债务，标的物种类、品质不相同的，经协商一致，也可以抵销。"

《最高人民法院关于适用〈中华人民共和国民法典〉合同编通则若干问题的解释》第五十五条规定："当事人一方依据民法典第五百六十八条的规定主张抵销，人民法院经审理认为抵销权成立的，应当认定通知到达对方时双方互负的主债务、利息、违约金或者损害赔偿金等债务在同等数额内消灭。"

第五十七条规定："因侵害自然人人身权益，或者故意、重大过失侵害他人财产权益产生的损害赔偿债务，侵权人主张抵销的，人民法院不予支持。"

当事人之间互负债务时，是可以进行抵销的，但是要考虑债务的标的物种类、品质是否相同，如果相同，除了依据债务性质和法律规定无法抵销和提前约定不能抵销的以外，到期后任何一方都可以直接抵销。如果债务的标的物种类、品质不同，则需要经过对方同意，双方协商一致后可以进行抵销。例如，甲欠乙三十万元材料款，但是乙欠甲三十万元装修费，该债务均属于金钱给付类债务，且该类债务抵销不违反法律强制性规定，所以只要债务均到期，任何一方都可以进行抵销。如果甲欠乙二百块地砖，乙欠甲一百套桌椅，虽然两个债务种类和品质不同，但是如果甲方双方协商一致互相抵销的，也可以进行抵销。需要注意的是，对于侵害自然人人身权益，或故意、重大过失侵害他人财产权益所产生的损害赔偿债务，依法不能抵销。

债权人出国，债务人该如何清偿到期债权？

答：《民法典》第五百七十条规定："有下列情形之一，难以履行债务的，债务人可以将标的物提存：（一）债权人无正当理由拒绝受领；（二）债权人下落不明；（三）债权人死亡未确定继承人、遗产管理人，或者丧失民事行为能力未确定监护人；（四）法律规定的其他情形。标的物不适于提存或者提存费用过高的，债务人依法可以拍卖或者变卖标的物，提存所得的价款。"

有时候债务人在履行债务时会遇到各种阻力导致无法正常履行，但是为了避免逾期履行导致的违约后果，债务人可以采用提存的方式来履行。所谓提存，就是指债务人难以向债权人履行债务时，由债务人将标的物交给提存部门而消灭债务。例如，侯某欠付某五万元，双方还约定了逾期还款的利息，债权到期以后侯某想还钱，但是联系不上付某，几番打听得知付某已经出国，其下落无人得知。那么，为了避免产生逾期利息，侯某可以将五万元进行提存。

债务人提存以后，就是交付完成了吗？

答：《民法典》第五百七十一条规定："债务人将标的物或者将标的物依法拍卖、变卖所得价款交付提存部门时，提存成立。提存成立的，视为债务人在其提存范围内已经交付标的物。"

也就是说，债务人将无法交付债权人的标的物交付提存部门，就视为交付给了债权人，该范围内的债权债务关系消灭，这实质上也是为保护债务人利益采取的有效措施。举例来说，万某在刘某处购置了一批货物，约定了交货时间，万某也已经将货款付清。但是交货到期后，万某拒不收货，也不告知刘某理由，根据合同约定，刘某延期交货就会承担违约责任，此时，刘某可以将货物提存，提存成立后，就视为刘某已经向万某交付货物，该合同义务就已经履行完成。

债务人提存以后就没事了吗？还需要通知债权人吗？

答：《民法典》第五百七十二条规定："标的物提存后，债务人应当及时通知债权人或者债权人的继承人、遗产管理人、监护人、财产代管人。"

债务人将标的物提存以后，应当及时通知债权人，如果无法联系到债权人，应当通知债权人的继承人、遗产管理人、监护人、财产代管人。如果债权人下落不明，应该由提存部门通过公告的方式通知。所以，并非债务人在提存以后就没事了，其还有通知债权人的义务。如果因债务人未履行通知义务给债权人造成损失的，债务人还应该承担相应的赔偿责任。举例来说，甲乙签订了合同，甲是债务人，乙是债权人，甲在履行债务的时候，因乙的不配合，无法顺利交付标的物，因此甲向有关部门进行了提存。在提存以后，甲应该及时通知乙，如果因甲没有通知乙给乙方造成了损失，甲要承担赔偿责任。

提存期间，提存的货物变质了怎么办？

答：《民法典》第五百七十三条规定："标的物提存后，毁损、灭失的风险由债权人承担。提存期间，标的物的孳息归债权人所有。提存费用由债权人负担。"

提存即视为债务人向债权人交付了标的物，标的物的毁损、灭失风险就一并转移到了债权人一方。当然，按照权利义务对等原则，在提存期间，标的物所产生的孳息也应该归债权人所有。举例来说，甲乙签订了一份饮料买卖合同，甲在向乙供货时，因为无法联系上乙，对饮料进行了提存。之后，如果部分饮料到期或变质，那么到期和变质的这些饮料的损失应该由债权人乙来承担。

提存物按规定归国家后，债务人还有机会取回吗？

答：《民法典》第五百七十四条规定："债权人可以随时领取提存物。但是，债权人对债务人负有到期债务的，在债权人未履行债务或者提供担保之前，提存部门根据债务人的要求应当拒绝其领取提存物。债权人领取提存物的权利，自提存之日起五年内不行使而消灭，提存物扣除提存费用后归国家所有。但是，债权人未履行对债务人的到期债务，或者债权人向提存部门书面表示放弃领取提存物权利的，债务人负担提存费用后有权取回提存物。"

债务人将标的物依法提存，即视为债务人履行了交付义务，而债权人在支付了相应的提存费用后，就可以随时接受履行，也就是领取提存物。但是如果债权人对债务人也有到期的债务，并且在提存之前，债务人向提存部门提出了领取提存物的要求，那么，应该由债权人在履行完其对债务人的债务后，才能够领取提存物。同时，债权人的领取时限为五年，如果五年之内不领取，那么提存物归国家所有。当然，如果债权人没有按照提存前债务人提出的要求履行相应的债务或者书面表示放弃提存物的，债务人也可以将提存物取回，不受五年期限的限制。例如，甲乙签订了一份合同，要求乙在三十天内交付货物，期满后，乙因无法联系上甲而将货物进行了提存。提存前，因甲没有支付足额的货款，所以乙提前告知了提存部门，要求甲支付货款以后才能领取提存物，五年过去了，甲一直没有来提存机构领取提存物，那么现在，这个提存物扣除提存费用后就归国家所有。需要注意的是，因为甲没有向乙支付相应的货款，乙承担提存费后可以将其再取回，这样一来，乙的损失就没有那么大，权益得到了相应的保障。

债权人免除了我的债务，我就可以不用还了吗？

答：《民法典》第五百七十五条规定：“债权人免除债务人部分或者全部债务的，债权债务部分或者全部终止，但是债务人在合理期限内拒绝的除外。”

债权人免除债务人的债务，是债权人在给予债务人一定的好处，所以只要债务人没有明确的拒绝，即可以直接免除。债权人对债务人免除债务，应该做出真实的意思表示，一旦做出该意思表示，在债务人收到了免除的通知以后，就不能再撤销。债务免除以后，债权债务关系消灭，债务人无须再向债权人偿还债务。举例来说，孙某欠胡某五千元，胡某考虑到孙某生活困难，于是告知孙某，不用还钱了，如果孙某没有明确表示拒绝，那么该债权债务关系终止，孙某无须再还钱，之后胡某也不能再向孙某主张该债权。

债权债务归于同一人后，债权债务就必然终止了吗？

答：《民法典》第五百七十六条规定：“债权和债务同归于一人的，债权债务终止，但是损害第三人利益的除外。”

债权和债务归于同一人的，自己就无须对自己再履行支付义务，债权债务关系也就因此而终止。很多时候，由于债的概括承受或是债的转移，会使得债权和债务同归于一人，债权债务关系终止，但因此损害到第三人利益的，为了保护第三人的合法权益，在这种情况下，债权债务是不能终止的。举例来说，甲公司和乙公司签订了某合同，甲是债权人，乙是债务人，甲对乙应收账款二十万元。后来，甲乙公司合并，债权和债务同归一个公司。但是，在公司合并之前，甲公司将应收账款二十万元出质给了丙，那么债权债务不能因同归于一个公司而终止，丙对这一债权仍享有质权。

第八章　违约责任

违约责任有哪些表现形式?

答：《民法典》第五百七十七条规定：“当事人一方不履行合同义务或者履行合同义务不符合约定的，应当承担继续履行、采取补救措施或者赔偿损失等违约责任。”

很多人听到“违约责任”时，第一个想到的是赔偿损失，其实违约责任的表现形式不仅是赔偿损失，还有继续履行、采取补救措施等。举例来说，甲公司和乙公司签订了一份建筑工程施工合同，履行过程中，乙公司一直找借口不入场施工，此时，甲可以根据合同中“一方违约的，应承担违约责任”的条款，要求乙公司承担入场施工、采取补救措施或者赔偿损失等违约责任。

一方当事人可以在何时要求对方承担违约责任?

答：《民法典》第五百七十八条规定：“当事人一方明确表示或者以自己的行为表明不履行合同义务的，对方可以在履行期限届满前请求其承担违约责任。”

在合同履行的过程中，当事人一方明确表示或者以自己的实际行动表明不再履行合同义务的，就已经构成预期违约，此时债权人为了避免损失的扩大，可以在履行期限届满之前要求其承担违约责任。举例来说，张某和郑某签订了一份加工承揽合同，后郑某明确表示自己不再履行合同义务，此时郑某就构成了预期违约，张某可以在合同期满之前，要求郑某按照合同的约定承担违约责任。

租赁的房子又被房主擅自转租给别人了，应该怎么办?

答：《民法典》第五百八十条规定：“当事人一方不履行非金钱债务或者履行非金钱债务不符合约定的，对方可以请求履行，但是有下列情形之一的除外：（一）法律上或者事实上不能履行；（二）债务的标的不适于强制履行或者履行费用过高；（三）债权人在合理期限内未请求履行。有前款规定的除外情形之一，致使不能实现合同目的的，人民法院或者仲裁机构可以根据当事人的请求终止合同权利义务关系，但是不影响违约责任的承担。”

对于非金钱类的债务，比如交付货物、提供服务等，一方不履行的时候，对方可以要求履行，但是很多时候会因为各种原因导致无法履行，比如法律上或者事实上的不能履行，或者履行成本过高，比如债务的标的不适于强制履行或者履行费用过高等，还有债权人在合理期限内未请求履行的，也不再请求继续履行。例如，丁某在黄某处租赁了一套房子，在丁某还未搬进去之前，黄某又擅自将房屋租赁给了不知情的冯某，与冯某签订了租赁合同并进行了登记，冯某也搬进了房屋。此时，在事实上黄某已经不能再继续将房屋租赁给丁某，丁某只能要求黄某承担赔偿损失等违约责任。

违约责任中由第三人代为履行的费用，由谁来承担？

答：《民法典》第五百八十一条规定：“当事人一方不履行债务或者履行债务不符合约定，根据债务的性质不得强制履行的，对方可以请求其负担由第三人替代履行的费用。”

对于一方当事人不按约定履行且无法强制履行的债务，可以由第三人代为履行，第三人代为履行产生的费用，由债务人来承担。举例来说，文某与某装修公司签订了装修协议，装修完工第二天发现地砖有损坏，按照合同约定应该由装修公司负责维修，但是装修公司拒不负责。此时文某可以再委托第三人进行维修，产生的费用由原装修公司负担。

合同没有约定违约责任，一方违约了怎么办？

答：《民法典》第五百八十二条规定：“履行不符合约定的，应当按照当事人的约定承担违约责任。对违约责任没有约定或者约定不明确，依据本法第五百一十条①的规定仍不能确定的，受损害方根据标的的性质以及损失的大小，可以合理选择请求对方承担修

①《民法典》第五百一十条　合同生效后，当事人就质量、价款或者报酬、履行地点等内容没有约定或者约定不明确的，可以协议补充；不能达成补充协议的，按照合同相关条款或者交易习惯确定。

理、重作、更换、退货、减少价款或者报酬等违约责任。”

当事人履行合同义务不符合约定，比如标的物的质量、数量等方面未达到合同标准，双方对违约责任也没有进行约定，并且经过协商也无法达成一致的，此时，守约方可以要求违约方承担修理、重作、更换以及退货、减少价款或者报酬的违约责任。例如，甲在乙处定制了一批货物，乙在交货的时候，数量和质量都不符合合同要求，很明显乙已经违约了，但是合同中没有约定违约责任，此时双方可以对违约责任再协商，无法协商的，甲方可以要求乙方重作并补足数量，甲方也可以要求退货，并要求乙方赔偿自己的损失。

我已经按照要求把货物补齐了，还要赔偿对方损失吗？

答：《民法典》第五百八十三条规定：“当事人一方不履行合同义务或者履行合同义务不符合约定的，在履行义务或者采取补救措施后，对方还有其他损失的，应当赔偿损失。”

一方在履行合同义务时，如果存在违约行为，应当积极采取补救措施，但因其违约仍可能造成对方的损失，所以还应该赔偿对方的损失。例如，甲公司在乙公司定制了一批机械设备，用来完成甲公司与丙公司的订单，但是乙公司在发货时少发了七台，后来经甲方要求，乙已经补发，但是由于乙公司没有将设备一次性备齐，甲公司没能按时完成自己与丙公司的订单，给甲公司造成了损失，此时，乙公司应该赔偿甲公司的损失。

一方不履行合同给对方造成损失的，损失赔偿额应该是多少？

答：《民法典》第五百八十四条规定：“当事人一方不履行合同义务或者履行合同义务不符合约定，造成对方损失的，损失赔偿额应当相当于因违约所造成的损失，包括合同履行后可以获得的利益；但是，不得超过违约一方订立合同时预见到或者应当预见到的因违约可能造成的损失。”

《最高人民法院关于适用〈中华人民共和国民法典〉合同编通则若干问题的解释》第六十条第一款规定：“人民法院依据民法典第五百八十四条的规定确定合同履行后可以获得的利益时，可以在扣除非违约方为订立、履行合同支出的费用等合理成本后，按照非违约方能够获得的生产利润、经营利润或者转售利润等计算。”

第六十三条第一款规定：“在认定民法典第五百八十四条规定的‘违约一方订立合同时预见到或者应当预见到的因违约可能造成的损失’时，人民法院应当根据当事人订立合同的目的，综合考虑合同主体、合同内容、交易类型、交易习惯、磋商过程等因素，按照与违约方处于相同或者类似情况的民事主体在订立合同时预见到或者应当预见到的损失予以确定。”

一方当事人因没有全面履行合同义务，给对方造成损失的，应该赔偿对方损失。损失赔偿额应该包括因违约造成的损失，以及合同正常履行后对方可以获得的利益。例如，甲乙签订了某房屋租赁合同，租期为一年，七个月以后，甲无故搬离了住所，且房屋内变成了“垃圾堆”，乙因找人打扫、修复房屋花费五千元，收拾完毕一个月以后才将房屋再次出租，租金同甲一致。那么此时，乙可以要求甲赔偿收拾房屋的花费五千元，同时，如果履行合同，乙的房屋不会存在一个月的空档期，所以损失还应该包括乙可以获得的一个月租金。此外，需要注意的是，损失赔偿额不得超过违约一方订立合同时预见到或者应当预见到的因违约可能造成的损失。在确定此损失时，需要根据当事人订立合同的目的，综合多种因素作出判断。

违约金约定过高，可以要求降低吗？

答：《民法典》第五百八十五条规定：“当事人可以约定一方违约时应当根据违约情况向对方支付一定数额的违约金，也可以约定因违约产生的损失赔偿额的计算方法。约定的违约金低于造成的损失的，人民法院或者仲裁机构可以根据当事人的请求予以增加；约定的违约金过分高于造成的损失的，人民法院或者仲裁机构可以根据当事人的请求予以适当减少。当事人就迟延履行约定违约金的，违约方支付违约金后，还应当履行债务。”

《最高人民法院关于适用〈中华人民共和国民法典〉合同编通则若干问题的解释》第六十五条规定：“当事人主张约定的违约金过分高于违约造成的损失，请求予以适当减少的，人民法院应当以民法典第五百八十四条规定的损失为基础，兼顾合同主体、交易类型、合同的履行情况、当事人的过错程度、履约背景等因素，遵循公平原则和诚信原则进行衡量，并作出裁判。

“约定的违约金超过造成损失的百分之三十的，人民法院一般可以认定为过分高于造成的损失。

“恶意违约的当事人一方请求减少违约金的，人民法院一般不予支持。”

违约金和违约损害赔偿作为违约责任方式，其目的是救济违约损害，能够弥补违约损失，因此不适宜过高或过低，否则对双方都是不公平的。当事人在合同中可以约定违约金，以及赔偿数额的计算方法和方式，一旦出现违约行为，按照合同约定来追责即可。如果双方约定的违约金过高，那么可以根据非违约方所遭受的损失，综合多种因素综合衡量，最终确定具体的违约金数额。根据法律的规定，当约定的违约金数额超过造成损失的百分之三十时，一般即可认定约定的违约金过高。举例来说，甲乙签订了一份设备购销合同，约定价款为十万元，约定的违约金高达六万元，之后乙方违约，甲方诉至法院要求乙方支付六万元违约金。而甲方的实际损失为三万元，即使加上百分之三十（0.9 万元），也总共不足四万元，与约定的六万元违约金有差距，因此，乙方可以向法院主张违约金过高，法院会根据实际情况降低违约金。

什么是定金？定金数额可以随意约定吗？

答：《民法典》第五百八十六条规定：“当事人可以约定一方向对方给付定金作为债权的担保。定金合同自实际交付定金时成立。定金的数额由当事人约定；但是，不得超过主合同标的额的百分之二十，超过部分不产生定金的效力。实际交付的定金数额多于或者少于约定数额的，视为变更约定的定金数额。”

所谓定金，是指为了保证债务的履行，约定由当事人一方先行支付给对方一定数额的货币作为担保。定金的数额由当事人协商约定，但一般不得超过主合同标的额的百分之二十，超出的部分不产生定金效力。举例来说，甲乙签订了一份房屋买卖合同，房屋总价款一百万元，但是双方约定乙支付定金三十万元，那么根据法律规定，只能认定二十万元为定金，剩余十万元不会产生定金的效力。

收完定金后反悔了，不想再履行合同了怎么办？

答：《民法典》第五百八十七条规定：“债务人履行债务的，定金应当抵作价款或者收回。给付定金的一方不履行债务或者履行债务不符合约定，致使不能实现合同目的的，无权请求返还定金；收受定金的一方不履行债务或者履行债务不符合约定，致使不能实现合同目的的，应当双倍返还定金。”

定金作为一种债的担保，其目的是保证债务的顺利履行，如果合同目的无法实现，违约方要承担“定金罚则”的责任。即交纳定金的一方无权要求返还定金，而收取定金的一方则应该双倍返还定金。举例来说，张某和贾某签订了某合同，张某支付定金十万元，但是贾某收取定金以后一直拖延履行，那么他应该双倍返还张某定金，即返还二十万元。

既约定了定金，又约定了违约金，应该怎样适用呢？

答：《民法典》第五百八十八条规定：“当事人既约定违约金，又约定定金的，一方违约时，对方可以选择适用违约金或者定金条款。定金不足以弥补一方违约造成的损失的，对方可以请求赔偿超过定金数额的损失。”

双方当事人在合同中只约定定金或者只约定违约金时，当一方违约时，直接依据约定处理。如果合同中既约定了违约金，又约定了定金，那么当一方违约时，对方可以选择适用违约金或者定金，但不得同时适用。如果约定的定金不足以弥补对方损失的，可以请求赔偿超过定金部分的损失。举例来说，甲乙签订某合同，约定了定金十万元，违约金八万元，合同订立后，乙将定金支付给甲方。后来乙不再履行合同，此时甲有两种选择乙承担违约责任的方式，一是可以不退还乙已经交纳的定金，二是可以退还定金，但要求乙支付违约金八万元。

买家无故不提货，增加的费用谁承担？

答：《民法典》第五百八十九条规定：“债务人按照约定履行债务，债权人无正当理由拒绝受领的，债务人可以请求债权人赔偿增加的费用。在债权人受领迟延期间，债务人无须支付利息。”

双方签订合同以后，债务人应按照约定履行债务，债权人应该按照合同约定受领或进行协助配合。如果债务人履行债务，但债权人却没有正当理由拒绝受领，会造成费用的增加，这笔费用应该由债权人承担。例如，甲乙签订合同，约定乙在某时间内将货物送至甲方所在的货站，乙按照约定将货物送到了货站，但是甲却无理由拒绝提货。因甲不按约定时间提货，导致货物在货站的保管费用增加，那么增加的保管费用应该由甲来承担。

大暴雨天气导致履行合同延期了怎么办?

答：《民法典》第五百九十条规定：“当事人一方因不可抗力不能履行合同的，根据不可抗力的影响，部分或者全部免除责任，但是法律另有规定的除外。因不可抗力不能履行合同的，应当及时通知对方，以减轻可能给对方造成的损失，并应当在合理期限内提供证明。当事人迟延履行后发生不可抗力的，不免除其违约责任。”

不可抗力，主要是指不能预见、不能避免并不能克服的客观情况，比如地震、台风和军事战争。如果在合同履行的过程中遇到了不可抗力的影响，一方因不可抗力导致没有按照约定履行合同的，应该免除其全部或部分责任。举例来说，甲乙签订室外花园装修合同，但是由于不可抗力台风影响，导致乙方无法正常室外作业，所以未按照合同约定的时间完工，那么对于乙逾期完工的责任，甲应该予以免除。

一方违约了，另一方可以任由损失扩大吗?

答：《民法典》第五百九十一条规定：“当事人一方违约后，对方应当采取适当措施防止损失的扩大；没有采取适当措施致使损失扩大的，不得就扩大的损失请求赔偿。当事人因防止损失扩大而支出的合理费用，由违约方负担。”

在合同履行过程中，如果一方当事人出现了违约行为，为了保护双方的利益，另一方应积极采取措施，防止损失的扩大，如果其没有采取措施导致损失扩大的，扩大部分的损失不能要求违约方承担；如果其为了及时止损产生了费用，该费用应该由违约方承担。举例来说，甲乙签订某水果采购合同，乙为甲准备好水果后，甲称自己不再采购，此时乙应该及时将水果进行处理，如果乙在知道甲不会再购买自己的水果后，仍未及时处理导致水果腐烂变质，那么他只能要求甲承担违约责任，但对于水果变质产生的损失，不能要求甲赔偿。当然，如果乙为了尽快处理这批水果而雇用了五名临时促销员，对于促销员的工资待遇，乙也可以要求甲承担。

我虽然违约，但是对方也有过错的，怎么处理？

答：《民法典》第五百九十二条规定：“当事人都违反合同的，应当各自承担相应的责任。当事人一方违约造成对方损失，对方对损失的发生有过错的，可以减少相应的损失赔偿额。”

有时候一方违约造成了损失，并非完全是单方责任，对方也有过错的，可以减少自己的赔偿责任。例如，甲乙签订了某经纪服务合同，但是在签订合同之前，甲方明知乙在其他公司还有协议，乙可能无法按时完成，但是甲仍然与乙签订了合同。那么当乙违约时，甲对此也是有一定过错的，此时可以适当减少乙的损失赔偿额。

因为第三人的行为导致我违约了，我还需要承担违约责任吗？

答：《民法典》第五百九十三条规定：“当事人一方因第三人的原因造成违约的，应当依法向对方承担违约责任。当事人一方和第三人之间的纠纷，依照法律规定或者按照约定处理。”

合同是双方当事人之间的约定，约束的是合同双方，即使一方违约是由于第三人的原因造成的，也不能据此来对抗对方当事人，仍应该按照合同约定承担自己的违约责任，至于违约方与第三人之间的纠纷，与该合同无关，可以另行处理。例如，甲乙双方签订了某运输合同，但是在乙履行合同过程中，因第三人违反交通规则，与乙的货车相撞，导致货物损毁，乙无法向甲交付货物。对此，乙应该按照合同约定对甲承担违约责任，而乙与第三人之间的交通事故纠纷，应该另行处理。

第二分编　典型合同

第九章　买卖合同

买卖合同包括哪些内容？

答：《民法典》第五百九十六条规定："买卖合同的内容一般包括标的物的名称、数量、质量、价款、履行期限、履行地点和方式、包装方式、检验标准和方法、结算方式、合同使用的文字及其效力等条款。"

买卖合同是出卖人转移标的物的所有权于买受人，买受人支付价款的合同。在日常生活中，买卖合同的应用十分广泛。只要买卖双方当事人之间就买卖合同的内容达成了合意，就可以成立买卖合同。

当事人没有签订书面买卖合同的，如何确定买卖合同是否成立？

答：《最高人民法院关于审理买卖合同纠纷案件适用法律问题的解释》第一条规定："当事人之间没有书面合同，一方以送货单、收货单、结算单、发票等主张存在买卖合同关系的，人民法院应当结合当事人之间的交易方式、交易习惯以及其他相关证据，对买卖合同是否成立作出认定。对账确认函、债权确认书等函件、凭证没有记载债权人名称，买卖合同当事人一方以此证明存在买卖合同关系的，人民法院应予支持，但有相反证据足以推翻的除外。"

法律中并没有强制规定买卖合同必须以书面方式订立，因此通过口头方式或其他方式也可以订立买卖合同，这样可以保证买卖关系的灵活性。在没有签订书面买卖合同的情况下，可以通过买卖双方在交易过程中留下的各种证据来确认买卖合同是否成立。例如，翟某是一名微商，经常通过微信朋友圈出售化妆品。狄某在看到翟某的朋友圈后，向翟某购买了一款化妆品。此时，翟某与狄某的微信聊天记录、转账记录等都可以作为他们之间买卖合同成立的证据。

签订买卖合同后才知道卖方不享有物品所有权，买方能解除合同吗？

答：《民法典》第五百九十七条规定："因出卖人未取得处分权致使标的物所有权不能转移的，买受人可以解除合同并请求出卖人承担违约责任。法律、行政法规禁止或者限制转让的标的物，依照其规定。"

买卖合同成立后，意味着被购买物的所有权要发生转移，因此出卖人必须对标的物具有处分权才能使买卖合同的目的达成。如果卖方将他人之物出卖，未经同意将共有之物出卖等，对于如此"无权处分"的买卖合同，买方都可以提出解除要求并追究卖方的违约责任。

卖方是否有义务配合买方办理"过户"？

答：《民法典》第五百九十八条规定："出卖人应当履行向买受人交付标的物或者交付提取标的物的单证，并转移标的物所有权的义务。"

标的物，可以简单理解为买卖合同中出卖人所卖之物。买受人订立买卖合同的目的就是得到标的物所有权，因此，出卖人有义务向买受人交付标的物。并且，如果一些标的物除了要实现"交付"外，还需要办理过户手续的，卖方也要认真配合，不能不管。

卖方有义务向买方提供货物的保修单等资料吗？

答：《民法典》第五百九十九条规定："出卖人应当按照约定或者交易习惯向买受人交付提取标的物单证以外的有关单证和资料。"

《最高人民法院关于审理买卖合同纠纷案件适用法律问题的解释》第四条规定："民法典第五百九十九条规定的'提取标的物单证以外的有关单证和资料'，主要应当包括保险单、保修单、普通发票、增值税专用发票、产品合格证、质量保证书、质量鉴定书、品质检验证书、产品进出口检疫书、原产地证明书、使用说明书、装箱单等。"

在实践中，出卖人应当按照本条解释的规定，根据约定或交易习惯向买受人提供相关资料。如果出卖人不提供的，买受人有权要求其提供。

将自己的画出售给他人，他人是否享有该幅画的知识产权?

答:《民法典》第六百条规定:“出卖具有知识产权的标的物的，除法律另有规定或者当事人另有约定外，该标的物的知识产权不属于买受人。”

实践中，我们要注意区别“转让知识产权的标的物”和“转让知识产权”，这是不同的两种事物。例如，石某画了一幅画，并将该画出售给他人。买画人对画享有所有权，但不代表其同样享有知识产权。

卖方应当在何时交付商品?

答:《民法典》第六百零一条规定:“出卖人应当按照约定的时间交付标的物。约定交付期限的，出卖人可以在该交付期限内的任何时间交付。”

第六百零二条规定:“当事人没有约定标的物的交付期限或者约定不明确的，适用本法第五百一十条、第五百一十一条第四项①的规定。”

出卖人和买受人可以约定交付标的物的时间，出卖人有义务按照约定时间交付标的物，否则买受人有权要求其承担违约责任。签订买卖合同时没有约定交付时间的，双方可以在事后达成补充协议，未达成补充协议的，出卖人可以在给对方准备的前提下随时交付标的物。例如，甲公司向乙公司订购的一批货物，没有约定交货时间，事后也没有达成补充协议，此时，只要乙公司联系好甲公司，给甲公司留出合理的接货时间，就可以完成交付货物。

---

①《民法典》第五百一十条　合同生效后，当事人就质量、价款或者报酬、履行地点等内容没有约定或者约定不明确的，可以协议补充；不能达成补充协议的，按照合同相关条款或者交易习惯确定。

《民法典》第五百一十一条　第四项　当事人就有关合同内容约定不明确，依据前条规定仍不能确定的，适用下列规定：（四）履行期限不明确的，债务人可以随时履行，债权人也可以随时请求履行，但是应当给对方必要的准备时间。

卖方应当在哪里交付所出售的货物?

答:《民法典》第六百零三条规定:“出卖人应当按照约定的地点交付标的物。当事人没有约定交付地点或者约定不明确,依据本法第五百一十条①的规定仍不能确定的,适用下列规定:(一)标的物需要运输的,出卖人应当将标的物交付给第一承运人以运交给买受人;(二)标的物不需要运输,出卖人和买受人订立合同时知道标的物在某一地点的,出卖人应当在该地点交付标的物;不知道标的物在某一地点的,应当在出卖人订立合同时的营业地交付标的物。”

交付标的物的地点以买卖双方的约定为准,没有约定或约定不明确且没有达成补充协议的,则根据上述规定处理。

购买的货物损坏的,损失应该由谁来承担?

答:《民法典》第六百零四条规定:“标的物毁损、灭失的风险,在标的物交付之前由出卖人承担,交付之后由买受人承担,但是法律另有规定或者当事人另有约定的除外。”

第六百零五条规定:“因买受人的原因致使标的物未按照约定的期限交付的,买受人应当自违反约定时起承担标的物毁损、灭失的风险。”

由此可见,标的物损毁、灭失的风险究竟由谁来承担主要看标的物是否已经交付。而如果因买受人的原因导致标的物未能按时交付的,那么标的物毁损、灭失的风险就不再是交付时发生转移,而是买受人违约时发生转移。

商品需要运输的,在途损坏的风险该由谁来承担?

答:《民法典》第六百零七条规定:“出卖人按照约定将标的物运送至买受人指定地点并交付给承运人后,标的物毁损、灭失的风险由买受人承担。当事人没有约定交付地点或者约定不明确,依据本法

①《民法典》第五百一十条 合同生效后,当事人就质量、价款或者报酬、履行地点等内容没有约定或者约定不明确的,可以协议补充;不能达成补充协议的,按照合同相关条款或者交易习惯确定。

第六百零三条第二款第一项[①]的规定标的物需要运输的，出卖人将标的物交付给第一承运人后，标的物毁损、灭失的风险由买受人承担。”

在现实中，很多商品都需要运输，那如何界定在途货损风险承担，需要区别是否约定了交货地点。例如，甲从乙处购买了一车面粉，约定由乙送到甲的库房，如果面粉在乙委托物流公司的车运输至甲库房的路途中遭受损失，则该损失由乙来承担；如果约定乙将面粉送至A地，再由甲找车将面粉运到仓库，如果面粉在从A地到甲仓库之间发生损失，则该损失由甲来承担。而如果双方没有约定“运至甲方库房”这样的明确交货地点，那么乙将面粉交付给物流公司后，在运输途中发生损失的，由甲来承担。

此外，《民法典》第六百零六条规定：“出卖人出卖交由承运人运输的在途标的物，除当事人另有约定外，毁损、灭失的风险自合同成立时起由买受人承担。”

即对于出卖时就已经在运输中的标的物，由于此时出卖人早已将标的物交付给承运人，因此货损风险应当自合同成立时起从出卖人转移给买受人。

买家迟迟不提货，发生货损要自行承担吗？

答：《民法典》第六百零八条规定：“出卖人按照约定或者依据本法第六百零三条第二款第二项[②]的规定将标的物置于交付地点，买受人违反约定没有收取的，标的物毁损、灭失的风险自违反约定时起由买受人承担。”

如果买家迟迟不提货的，那自其违约时货物发生损失的，其自行承担。例如，黄某在网上购买了一台微波炉，并与商家约定在五日内到附近的某商场自提。但黄某因工作繁忙，并没有按照约定时

---

①《民法典》第六百零三条 第二款第一项 当事人没有约定交付地点或者约定不明确，依据本法第五百一十条的规定仍不能确定的，适用下列规定：（一）标的物需要运输的，出卖人应当将标的物交付给第一承运人以运交给买受人。

②《民法典》第六百零三条 第二款第二项 当事人没有约定交付地点或者约定不明确，依据本法第五百一十条的规定仍不能确定的，适用下列规定：（二）标的物不需要运输，出卖人和买受人订立合同时知道标的物在某一地点的，出卖人应当在该地点交付标的物；不知道标的物在某一地点的，应当在出卖人订立合同时的营业地交付标的物。

间提取。那么，当超过约定时间后，该货物灭失的风险就由黄某承担。

因商品质量问题，买家拒收，发生的货损风险谁来承担？

答：《民法典》第六百一十条规定：“因标的物不符合质量要求，致使不能实现合同目的的，买受人可以拒绝接受标的物或者解除合同。买受人拒绝接受标的物或者解除合同的，标的物毁损、灭失的风险由出卖人承担。”

标的物质量有问题的，属于出卖人违约，因此出卖人应当承担更多责任。例如，谭某在电脑城某店铺定购了一台笔记本电脑，并由该店铺送货上门。谭某在收货时发现该电脑表面有划痕，不像新货，便声明拒收。之后，如果电脑在运回至电脑城的路上发生损失，则由电脑城的商家来承担。

买方承担货损风险后，还能要求卖家承担违约责任吗？

答：《民法典》第六百一十一条规定：“标的物毁损、灭失的风险由买受人承担的，不影响因出卖人履行义务不符合约定，买受人请求其承担违约责任的权利。”

货损的风险无论由谁来承担，都不会影响承担违约责任的问题。例如，某商店从瓷器厂进了一批高级骨瓷餐具。在瓷器交付后，商店的库房因货架倒塌导致瓷器损坏。此时，就损坏的瓷器，商店自行承担损失。但后来有人发现该批瓷器并非所约定的高级骨瓷，质量不符合约定，那么商店据此可以要求瓷器厂承担违约责任。

购买人明知对于某物，他人也有份额的，可以要求出卖人承担“权利担保义务”吗？

答：《民法典》第六百一十二条规定：“出卖人就交付的标的物，负有保证第三人对该标的物不享有任何权利的义务，但是法律另有规定的除外。”

这是出卖人的权利担保义务，是出卖人的基本义务之一。

但是，《民法典》第六百一十三条规定：“买受人订立合同时知道或者应当知道第三人对买卖的标的物享有权利的，出卖人不承担前条规定的义务。”

在这种情况下，就表明买受人愿意承担标的物上有权利纠纷的风险，因此出卖人的权利担保义务被免除。

例如，曹某名下的大货车为他和表弟的共同财产，为了偿还自己的外债，曹某在未取得表弟同意的情况下将该货车出售给林某。而林某与曹某相熟，早就知道该车不是曹某一个人的，如果林某同意购买，则不能要求曹某承担权利担保义务，事后如因此出现麻烦，不可追究曹某的责任。

卖方应承担怎样的质量担保义务？

答：《民法典》第六百一十五条规定："出卖人应当按照约定的质量要求交付标的物。出卖人提供有关标的物质量说明的，交付的标的物应当符合该说明的质量要求。"

这是出卖人所需要承担的质量担保义务，出卖人必须履行。

《民法典》第六百一十六条规定："当事人对标的物的质量要求没有约定或者约定不明确，依据本法第五百一十条①的规定仍不能确定的，适用本法第五百一十一条第一项②的规定。"

标的物的质量要求可以由买卖双方进行约定，也可以在没有约定或约定不明确的情况下按照国家标准履行。

《民法典》第六百一十七条规定："出卖人交付的标的物不符合质量要求的，买受人可以依据本法第五百八十二条至第五百八十四③

---

①《民法典》第五百一十条　合同生效后，当事人就质量、价款或者报酬、履行地点等内容没有约定或者约定不明确的，可以协议补充；不能达成补充协议的，按照合同相关条款或者交易习惯确定。

②《民法典》第五百一十一条　第一项　当事人就有关合同内容约定不明确，依据前条规定仍不能确定的，适用下列规定：（一）质量要求不明确的，按照强制性国家标准履行；没有强制性国家标准的，按照推荐性国家标准履行；没有推荐性国家标准的，按照行业标准履行；没有国家标准、行业标准的，按照通常标准或者符合合同目的的特定标准履行。

③《民法典》第五百八十二条　履行不符合约定的，应当按照当事人的约定承担违约责任。对违约责任没有约定或者约定不明确，依据本法第五百一十条的规定仍不能确定的，受损害方根据标的的性质以及损失的大小，可以合理选择请求对方承担修理、重作、更换、退货、减少价款或者报酬等违约责任。
第五百八十三条规定　当事人一方不履行合同义务或者履行合同义务不符合约定的，在履行义务或者采取补救措施后，对方还有其他损失的，应当赔偿损失。
第五百八十四条规定　当事人一方不履行合同义务或者履行合同义务不符合约定，造成对方损失的，损失赔偿额应当相当于因违约所造成的损失，包括合同履行后可以获得的利益；但是，不得超过违约一方订立合同时预见到或者应当预见到的因违约可能造成的损失。

条的规定请求承担违约责任。”

如果因标的物存在质量问题导致合同目的无法实现的，买受人有权解除合同并要求出卖人承担违约责任。如果因此给买受人造成损失，出卖人还要进行赔偿。

卖家应当怎样包装商品？

答：《民法典》第六百一十九条规定：“出卖人应当按照约定的包装方式交付标的物。对包装方式没有约定或者约定不明确，依据本法第五百一十条①的规定仍不能确定的，应当按照通用的方式包装；没有通用方式的，应当采取足以保护标的物且有利于节约资源、保护生态环境的包装方式。”

对于一些特殊商品来说，需要特殊的包装方式。具体的包装方式可以由买卖双方在买卖合同中进行约定。如果没有约定或约定不明确，且没有达成补充协议的，那么在包装商品时，不仅要基于商品特性，还要遵循绿色原则，避免过度包装造成的资源浪费和环境污染。

买家签收送货详单后，能认定已经进行了检验吗？

答：《民法典》第六百二十三条规定：“当事人对检验期限未作约定，买受人签收的送货单、确认单等载明标的物数量、型号、规格的，推定买受人已经对数量和外观瑕疵进行检验，但是有相关证据足以推翻的除外。”

要适用本条规定需要注意以下几个问题：第一，当事人对检验期限未作约定；第二，送货单、确认单等对相关数据和资料均已载明；第三，只能推定买受人对数量和外观瑕疵进行了检验，而不能推定买受人对质量进行了检验。例如，裴某从某鞋厂订购了一批鞋，在收货时，签收了载有数量、型号、规格的货单。此时，可以认定裴某已经对鞋的数量和外观瑕疵进行了检验。如果裴某事后发现鞋有质量问题，仍然可以通知鞋厂，要求进行退换等。

---

①《民法典》第五百一十条　合同生效后，当事人就质量、价款或者报酬、履行地点等内容没有约定或者约定不明确的，可以协议补充；不能达成补充协议的，按照合同相关条款或者交易习惯确定。

卖家和买家约定将货物交给第三方的，检验标准如何确定？

答：《民法典》第六百二十四条规定："出卖人依照买受人的指示向第三人交付标的物，出卖人和买受人约定的检验标准与买受人和第三人约定的检验标准不一致的，以出卖人和买受人约定的检验标准为准。"

例如，甲在线上购买了一个豪华大蛋糕，要求蛋糕店将蛋糕派送给乙，并约定了蛋糕质地和样式标准。随后，蛋糕店与乙电话确认了订单，并约定了新的质地和样式。如果事后发生纠纷，应当以蛋糕店和甲约定的为准，因为甲才是买卖合同的相对人。

使用一定时间后需要回收的商品，需要由谁来承担回收的义务？

答：《民法典》第六百二十五条规定："依照法律、行政法规的规定或者按照当事人的约定，标的物在有效使用年限届满后应予回收的，出卖人负有自行或者委托第三人对标的物予以回收的义务。"

本条规定是绿色原则在买卖合同中的体现，承担回收义务的是标的物的出卖人。这就代表如果回收时产生费用，该费用应当由出卖人来承担。本条规定是为了能够更好地利用资源、保护环境，所针对的大部分是对于常人来说较为困难的物品，例如新能源汽车中的电池等。

买家应当如何支付价款？

答：《民法典》第六百二十六条规定："买受人应当按照约定的数额和支付方式支付价款。对价款的数额和支付方式没有约定或者约定不明确的，适用本法第五百一十条①、第五百一十一条第二项和第五项②的规定。"

第六百二十七条规定："买受人应当按照约定的地点支付价款。

---

①《民法典》第五百一十条　合同生效后，当事人就质量、价款或者报酬、履行地点等内容没有约定或者约定不明确的，可以协议补充；不能达成补充协议的，按照合同相关条款或者交易习惯确定。

②《民法典》第五百一十一条　第二项和第五项　当事人就有关合同内容约定不明确，依据前条规定仍不能确定的，适用下列规定：（二）价款或者报酬不明确的，按照订立合同时履行地的市场价格履行；依法应当执行政府定价或者政府指导价的，依照规定履行。（五）履行方式不明确的，按照有利于实现合同目的的方式履行。

对支付地点没有约定或者约定不明确，依据本法第五百一十条[①]的规定仍不能确定的，买受人应当在出卖人的营业地支付；但是，约定支付价款以交付标的物或者交付提取标的物单证为条件的，在交付标的物或者交付提取标的物单证的所在地支付。”

第六百二十八条规定：“买受人应当按照约定的时间支付价款。对支付时间没有约定或者约定不明确，依据本法第五百一十条的规定仍不能确定的，买受人应当在收到标的物或者提取标的物单证的同时支付。”

买卖双方之间就支付价款的时间、地点、方式、数额都可以进行约定，如果没有约定或约定不明确且没有达成补充协议的，可以按照上述法律的规定加以确定。

卖家发货发多了，买家可以怎么办？

答：《民法典》第六百二十九条规定：“出卖人多交标的物的，买受人可以接收或者拒绝接收多交的部分。买受人接收多交部分的，按照约定的价格支付价款；买受人拒绝接收多交部分的，应当及时通知出卖人。”

如果出卖人在交付标的物时多交了，这虽然是出卖人的失误，但并不代表多交付的标的物可以直接归买受人所有。买受人既可以接收多交部分，也可以拒收多交部分。但需要注意的是，如果接收多交部分，买受人需要支付价款。

商品产生的孳息该怎么处理？

答：《民法典》第六百三十条规定：“标的物在交付之前产生的孳息，归出卖人所有；交付之后产生的孳息，归买受人所有。但是，当事人另有约定的除外。”

对于标的物孳息的归属问题，买卖双方可以进行约定。如果没有约定，就如上述法律规定，以交付为分界线。

---

①《民法典》第五百一十条　合同生效后，当事人就质量、价款或者报酬、履行地点等内容没有约定或者约定不明确的，可以协议补充；不能达成补充协议的，按照合同相关条款或者交易习惯确定。

购买手机但充电器有问题，能直接将手机退款吗？

答：《民法典》第六百三十一条规定："因标的物的主物不符合约定而解除合同的，解除合同的效力及于从物。因标的物的从物不符合约定被解除的，解除的效力不及于主物。"

从物是附属于主物而存在的，如果处分主物，从物一般应当一起处分。但是，如果单独处分从物的，主物不一定一同处分。例如，池某购买了一部手机，第一次使用过程中发现充电器有质量问题。此时，池某可以与商家协商退换充电器，但不能因充电器的质量问题而直接将手机退款。

同时购买了多个商品，其中一个有质量问题，可以只将这一个商品退货吗？

答：《民法典》第六百三十二条规定："标的物为数物，其中一物不符合约定的，买受人可以就该物解除。但是，该物与他物分离使标的物的价值显受损害的，买受人可以就数物解除合同。"

标的物是数物时，要单独就其中一物解除合同，需要看该物与其他物分离后是否会使标的物的价值受损。例如，盛某购买了五桶油，发现其中一桶过了保质期。由于这桶油并不会对其他油的价值产生影响，因此盛某可以只退这一桶油。再如，盛某购买了一双鞋，其中一只存在质量问题。如果盛某只退一只，那么这双鞋就会失去使用价值，因此盛某需要将两只鞋全部退款。

在分批发货的情况下，发现其中一批货物不合格，买方可以怎么做？

答：《民法典》第六百三十三条规定："出卖人分批交付标的物的，出卖人对其中一批标的物不交付或者交付不符合约定，致使该批标的物不能实现合同目的的，买受人可以就该批标的物解除。出卖人不交付其中一批标的物或者交付不符合约定，致使之后其他各批标的物的交付不能实现合同目的的，买受人可以就该批以及之后其他各批标的物解除。买受人如果就其中一批标的物解除，该批标的物与其他各批标的物相互依存的，可以就已经交付和未交付的各批标的物解除。"

对于分批交付标的物的买卖合同解除问题，需要看不符合约定的一批标的物与其他标的物是否具有紧密联系。如果这一批标的物对其他标的物的质量没有影响，那么可以只就这一批标的物解除合同。例如，甲公司与乙公司签订买卖合同，约定由乙公司提供货物，分四个批次交付。乙公司交付第二个批次的货物时，因制作工艺变化导致质量不达标。由于质量不达标是制作工艺变化导致的，这可能会使之后交付的货物也无法达到质量要求。此时甲公司可以就该批以及之后各批货物解除合同。

分期付款时买家到期不支付货款，卖家可以怎么办？

答：《民法典》第六百三十四条规定："分期付款的买受人未支付到期价款的数额达到全部价款的五分之一，经催告后在合理期限内仍未支付到期价款的，出卖人可以请求买受人支付全部价款或者解除合同。出卖人解除合同的，可以向买受人请求支付该标的物的使用费。"

在分期付款买卖中，一个重要的判断标准就是买受人未支付的价款占全部价款的比重。如果买受人未支付的到期价款达到全部价款的五分之一的，出卖人就可以请求买受人支付全部价款或者直接解除买卖合同。需要注意的是，这里只限于未支付的到期价款，未到期价款不计算入此规定范围内。例如，梁某在网上分期购买了一部五千元的手机，与商家约定分十二期支付。梁某支付两次后便一直拖欠价款，所拖欠的到期价款有两千元左右。可以看出，梁某未支付的到期价款已经超过了总价款的五分之一，因此商家可以要求梁某一次性将剩余价款全部付清，或直接解除买卖合同。

所购商品与商家展示的样品质量不同，以什么为标准？

答：《民法典》第六百三十五条规定："凭样品买卖的当事人应当封存样品，并可以对样品质量予以说明。出卖人交付的标的物应当与样品及其说明的质量相同。"

第六百三十六条规定："凭样品买卖的买受人不知道样品有隐蔽瑕疵的，即使交付的标的物与样品相同，出卖人交付的标的物的质量仍然应当符合同种物的通常标准。"

凭样品买卖的合同中，出卖人负有保证交付的标的物与样品质量相同的义务。同时，如果样品存在瑕疵的，出卖人应当对瑕疵加以说明。例如，吴某在商场凭样品购买了一张餐桌。但该餐桌因模具存在问题，使用过程中会轻微摇晃，但是商场并没有对此进行说明。因此，对该餐桌的质量标准应当以同种餐桌的通常标准为准，如果吴某以餐桌存在质量问题要求退款，商场不得以餐桌与样品质量相同拒绝。

商品试用期结束后，试用人没有表明买或不买的，算买还是不买?

答：《民法典》第六百三十八条规定："试用买卖的买受人在试用期内可以购买标的物，也可以拒绝购买。试用期限届满，买受人对是否购买标的物未作表示的，视为购买。试用买卖的买受人在试用期内已经支付部分价款或者对标的物实施出卖、出租、设立担保物权等行为的，视为同意购买。"

由此可见，试用期结束后，试用人没有表明买或不买的，算买，应该支付给卖家价款。

试用买卖中没有说明试用免费与否，试用完不买的，卖家可以要求支付使用费吗?

答：《民法典》第六百三十九条规定："试用买卖的当事人对标的物使用费没有约定或者约定不明确的，出卖人无权请求买受人支付。"

如果在试用前，买卖双方并没有约定是否为免费试用，试用结束后买受人拒绝购买时，出卖人不得因此要求其支付使用费。

在什么情况下，卖家可以要求买家返还商品?

答：《民法典》第六百四十二条规定："当事人约定出卖人保留合同标的物的所有权，在标的物所有权转移前，买受人有下列情形之一，造成出卖人损害的，除当事人另有约定外，出卖人有权取回标的物：（一）未按照约定支付价款，经催告后在合理期限内仍未支付；（二）未按照约定完成特定条件；（三）将标的物出卖、出质或者作出其他不当处分。出卖人可以与买受人协商取回标的物；协商不成的，可以参照适用担保物权的实现程序。”

本条规定仅适用于所有权保留的情况。如果买卖双方并没有约定由出卖人保留所有权的，标的物一旦交付出卖人，一般不能要求买受人返还。

《民法典》第六百四十三条规定：“出卖人依据前条第一款的规定取回标的物后，买受人在双方约定或者出卖人指定的合理回赎期限内，消除出卖人取回标的物的事由的，可以请求回赎标的物。买受人在回赎期限内没有回赎标的物，出卖人可以以合理价格将标的物出卖给第三人，出卖所得价款扣除买受人未支付的价款以及必要费用后仍有剩余的，应当返还买受人；不足部分由买受人清偿。”

出卖人取回标的物后，买受人依然可以赎回标的物，这是买受人所享有的权利。为了保障买受人这一权利，出卖人在合理的回赎期间内是不能将标的物转卖给他人的。

第十章　供用电、水、气、热力合同

供用电合同的内容有哪些？

答：《民法典》第六百四十八条规定：“供用电合同是供电人向用电人供电，用电人支付电费的合同。向社会公众供电的供电人，不得拒绝用电人合理的订立合同要求。”

第六百四十九条规定：“供用电合同的内容一般包括供电的方式、质量、时间，用电容量、地址、性质，计量方式，电价、电费的结算方式，供用电设施的维护责任等条款。”

供用电合同的当事人是供电人和用电人，双方都需要依据法律规定以及合同约定履行义务。一般来说，供用电合同都是格式合同，由供电人提前拟定好，用电人在订立合同时只能在对合同内容进行确认后全盘表示接受或拒绝，没有太多自由约定的空间。当然，如果供电人或用电人对用电有其他特殊要求的，也可以双方协商后写入合同内容。

由于供电不符合质量标准造成用电人损失，要赔偿吗？

答：《民法典》第六百五十一条规定：“供电人应当按照国家规定的供电质量标准和约定安全供电。供电人未按照国家规定的供电质量标准和约定安全供电，造成用电人损失的，应当承担赔偿责任。”

供电人在供电时，不仅要符合国家规定的标准，还要符合供电合同中的约定。例如，供电人在供电时电压严重不稳，导致一些企业的设备遭受损失，此时供电人应当承担相应的赔偿责任。

临时断电未提前通知，给用电人造成损失，要赔偿吗？

答：《民法典》第六百五十二条规定：“供电人因供电设施计划检修、临时检修、依法限电或者用电人违法用电等原因，需要中断供电时，应当按照国家有关规定事先通知用电人；未事先通知用电人中断供电，造成用电人损失的，应当承担赔偿责任。”

由此可见，供电人要中断供电时，负有提前通知用电人的义务。如果因未履行此义务给用电人造成损失的，就需要承担责任。例如，某供电公司要检修线路需要临时断电三个小时，但是并未提前通知，导致供电区域内很多住户和企业遭受了一定的损失。该供电公司应当承担赔偿责任。

由于台风天气，电线被刮断，供电人如没有及时抢修，需要承担赔偿责任吗？

答：《民法典》第六百五十三条规定："因自然灾害等原因断电，供电人应当按照国家有关规定及时抢修；未及时抢修，造成用电人损失的，应当承担赔偿责任。"

供电人负有及时抢修的义务。在大多数情况下，自然灾害等不可抗力属于免责条件。如果当事人因不可抗力无法履行合同的，可以免除民事责任。但是电力与人们的生活息息相关，如果断电时间过长，很可能会造成难以估计的损失。因此，当因自然灾害等原因断电时，供电人必须及时抢修。如果因未履行此义务给用电人造成损失，供电人就需要承担相应的责任。

用电人拖欠电费，供电人能不经通知直接给其断电吗？

答：《民法典》第六百五十四条规定："用电人应当按照国家有关规定和当事人的约定及时支付电费。用电人逾期不支付电费的，应当按照约定支付违约金。经催告用电人在合理期限内仍不支付电费和违约金的，供电人可以按照国家规定的程序中止供电。供电人依据前款规定中止供电的，应当事先通知用电人。"

及时支付电费是用电人应当履行的义务。如果用电人未及时支付电费，说明其行为违反了供电合同的约定，需要承担违约责任即支付违约金。经催告后仍然不在合理期限内支付电费与违约金的，供电人有权中止供电。但需要注意的是，供电人同时负有通知义务。例如，甲长期拖欠电费，经供电公司催告后仍然不支付。于是，供电公司在未通知甲的情况下中止给甲供电。供电公司未履行对甲的通知义务，违反了法律的规定。如果给甲造成了损失，供电公司就需要承担责任。

用电人违规用电给供电人造成损失的，是否需要赔偿？

答：《民法典》第六百五十五条规定：“用电人应当按照国家有关规定和当事人的约定安全、节约和计划用电。用电人未按照国家有关规定和当事人的约定用电，造成供电人损失的，应当承担赔偿责任。”

用电人在用电时应当履行安全、节约、计划用电义务。例如，某公司为了降低电费，违规私拉电线，导致大规模电线短路，给供电厂以及附近居民造成了损失。此时，该公司应当为此承担赔偿责任。

供用水、供用气、供用热力合同，参照适用什么规定？

答：《民法典》第六百五十六条规定：“供用水、供用气、供用热力合同，参照适用供用电合同的有关规定。”

供用水、供用气、供用热力合同一般也都为格式合同。合同双方应该按照法律和约定充分、及时地履行义务，如果因不履行义务给对方造成损失的，应承担赔偿责任。

第十一章　赠与合同

答应赠与他人财产后，还能反悔吗？

答：《民法典》第六百五十八条规定："赠与人在赠与财产的权利转移之前可以撤销赠与。经过公证的赠与合同或者依法不得撤销的具有救灾、扶贫、助残等公益、道德义务性质的赠与合同，不适用前款规定。"

赠与合同是赠与人将自己的财产无偿给予受赠人，受赠人表示接受赠与的合同。答应赠与他人财产，就表示订立了赠与合同，一般情况下，只要没有"交付"，因为财物还在赠与人手里，法律允许其反悔不再赠与了。但是，为了保护公证的效力，维护社会公益和道德，赠与合同一经公证，或者其性质属于本条款规定中的范围，该赠与合同便不得再撤销。

赠与人不履行经过公证的赠与合同，受赠人如何应对？

答：《民法典》第六百六十条规定："经过公证的赠与合同或者依法不得撤销的具有救灾、扶贫、助残等公益、道德义务性质的赠与合同，赠与人不交付赠与财产的，受赠人可以请求交付。依据前款规定应当交付的赠与财产因赠与人故意或者重大过失致使毁损、灭失的，赠与人应当承担赔偿责任。"

一般情况下，赠与合同经过公证后，最大的特殊性就是"不可撤销"，必须完成赠与。如果赠与人不按照合同交付赠与的财物，受赠人可以依据合同要求其交付，如果赠与人故意不让受赠人得到而毁灭赠与物的，还应承担赔偿责任。

有条件地赠与他人物品，合法吗？

答：《民法典》第六百六十一条规定："赠与可以附义务。赠与附义务的，受赠人应当按照约定履行义务。"

有条件地赠与他人物品，属于附义务的赠与，是合法的。但是需要注意的是，该义务本身应合法，不能是违法之事，通常也应具备合理性，不能强人所难。

赠与人应当对赠与物承担品质保证责任吗？

答：《民法典》第六百六十二条规定："赠与的财产有瑕疵的，赠与人不承担责任。附义务的赠与，赠与的财产有瑕疵的，赠与人在附义务的限度内承担与出卖人相同的责任。赠与人故意不告知瑕疵或者保证无瑕疵，造成受赠人损失的，应当承担赔偿责任。"

赠与毕竟是"免费"的，所以不应当要求赠与人对赠与物承担品质保证责任，在法律上一般说成"瑕疵担保责任"。但是，如果是附义务的赠与，因为赠与人附加了一定的条件，所以要承担相应的瑕疵担保责任，这体现了权利义务的对等；如果赠与人故意隐瞒赠与物有问题，对品质问题打包票等，受赠人因赠与物品受到损失的，赠与人应赔偿，这是诚信原则的体现。

赠与合同的法定撤销情形有哪些？

答：《民法典》第六百六十三条规定："受赠人有下列情形之一的，赠与人可以撤销赠与：（一）严重侵害赠与人或者赠与人近亲属的合法权益；（二）对赠与人有扶养义务而不履行；（三）不履行赠与合同约定的义务。赠与人的撤销权，自知道或者应当知道撤销事由之日起一年内行使。"

这是关于赠与人法定撤销情形的规定。在上述三种情形下，不论赠与物品有没有交付、赠与合同有没有经过公证、赠与性质是不是属于公益或道德义务，都可以予以撤销。比如，甲应儿子的要求为其购买了一辆豪车。可是当甲长期卧病在床的时候，儿子对其不管不问，还不如保姆贴心。这时，甲可以要回豪车，即撤销赠与。

此外，《民法典》第六百六十四条还规定："因受赠人的违法行为致使赠与人死亡或者丧失民事行为能力的，赠与人的继承人或者法定代理人可以撤销赠与。赠与人的继承人或者法定代理人的撤销权，自知道或者应当知道撤销事由之日起六个月内行使。"

这是关于赠与人的继承人或法定代理人行使撤销权的规定，即使赠与人无法撤销，其继承人或者法定代理人也可以继续行使，充分体现了对赠与人权益的保护。

需要注意的是，无论是赠与人，还是其继承人或法定代理人，行使撤销权都要遵循“法定期间”的规定。撤销权人撤销赠与的，可以向受赠人请求返还赠与的财产。

某企业突然资金链断裂，面临危机，其可以不再履行公益赠与合同吗?

答：《民法典》第六百六十六条规定：“赠与人的经济状况显著恶化，严重影响其生产经营或者家庭生活的，可以不再履行赠与义务。”

需要注意的是，赠与人必须是在赠与合同订立后才出现经济情况显著恶化，如果是在订立前就已经处于贫困状态，出于商业宣传做一些公益赠与，而后又因困难拒绝履行的，则不属于这一情形。并且，赠与人是在订立赠与合同后，没有全部履行之前，发生的经济恶化，如果赠与合同已经全部履行完毕，即使赠与人经济状况再恶化，也不能反悔。某企业突然资金链断裂，面临危机，如果是公益性的赠与合同履行了一部分，那么就可以不再履行赠与义务。

第十二章　借款合同

借款合同一定要采用书面形式吗?

答：《民法典》第六百六十八条规定：“借款合同应当采用书面形式，但是自然人之间借款另有约定的除外。借款合同的内容一般包括借款种类、币种、用途、数额、利率、期限和还款方式等条款。”

借款合同是借款人向贷款人借款，到期返还借款并支付利息的合同。在实践中，个人之间如果较为熟悉，借款时往往很少签订书面合同，对此，法律也不做强求。也就是说，对于个人来讲，借款合同可以不采用书面形式，但是对于企业借款、商业银行贷款等非自然人之间的借款来讲，应当采用书面形式。

借款时预先扣除利息的，实际本金应该怎么算?

答：《民法典》第六百七十条规定：“借款的利息不得预先在本金中扣除。利息预先在本金中扣除的，应当按照实际借款数额返还借款并计算利息。”

由此可见，借款时预先扣除利息的，计算实际本金时应该减去扣除的利息。举例来讲，甲借给乙十万元，约定利息三千元，如果先扣掉三千元，那么甲实际借给乙为九万七千元。等以后乙还款时，应按九万七千元计算本金和利息。

借款后，可以挪作他用吗?

答：《民法典》第六百七十三条规定：“借款人未按照约定的借款用途使用借款的，贷款人可以停止发放借款、提前收回借款或者解除合同。”

在一些企业借款、商业贷款当中，为了保障借款能够如期收回，借款合同往往规定借款的用途，借款人应该认真遵守，不可将借款挪作他用。而对于个人之间的借款来讲，约定借款用途的可能不常有，但如果约定的，借款人也应该按照约定使用借款，不得随意挪作他用。

借款人应在什么时候支付利息?

答:《民法典》第六百七十四条规定:“借款人应当按照约定的期限支付利息。对支付利息的期限没有约定或者约定不明确,依据本法第五百一十条[①]的规定仍不能确定,借款期间不满一年的,应当在返还借款时一并支付;借款期间一年以上的,应当在每届满一年时支付,剩余期间不满一年的,应当在返还借款时一并支付。”

借款人应当根据合同约定的时间来支付利息,如果没有约定,则依据上述法律规定支付。

没有约定还款期限的,可以随时要回借款吗?

答:《民法典》第六百七十五条规定:“借款人应当按照约定的期限返还借款。对借款期限没有约定或者约定不明确,依据本法第五百一十条的规定仍不能确定的,借款人可以随时返还;贷款人可以催告借款人在合理期限内返还。”

由此可见,没有约定还款期限的,贷款人可以随时要回借款,但是要给借款人一个合理的准备期限。

提前还款,可以少交利息吗?

答:《民法典》第六百七十六条:“借款人未按照约定的期限返还借款的,应当按照约定或者国家有关规定支付逾期利息。”

逾期还款应该支付逾期利息,这非常容易理解,那么如果提前还款,是否可以少交利息呢?

《民法典》第六百七十七条:“借款人提前返还借款的,除当事人另有约定外,应当按照实际借款的期间计算利息。”

由此可见,在一般情况下,如果借款人提前返还借款,则需要按照实际借款的期间来计算利息。但是,本条并非强制性规定。如果当事人之间对提前返还借款时利息的计算问题另有约定的,那么

---

①《民法典》第五百一十条 合同生效后,当事人就质量、价款或者报酬、履行地点等内容没有约定或者约定不明确的,可以协议补充;不能达成补充协议的,按照合同相关条款或者交易习惯确定。

应当尊重当事人的约定。

个人之间的借款合同，是自签字之日起成立吗？

答：《民法典》第六百七十九条规定："自然人之间的借款合同，自贷款人提供借款时成立。"

由此可见，个人之间的借款合同，不以签字时成立，而是自提供借款时才成立。

此外，《最高人民法院关于审理民间借贷案件适用法律若干问题的规定》第九条明确规定："自然人之间的借款合同具有下列情形之一的，可以视为合同成立：（一）以现金支付的，自借款人收到借款时；（二）以银行转账、网上电子汇款等形式支付的，自资金到达借款人账户时；（三）以票据交付的，自借款人依法取得票据权利时；（四）出借人将特定资金账户支配权授权给借款人的，自借款人取得对该账户实际支配权时；（五）出借人以与借款人约定的其他方式提供借款并实际履行完成时。"

民间借贷利率最高不能超过多少？

答：《民法典》第六百八十条第一款规定："禁止高利放贷，借款的利率不得违反国家有关规定。"

借款合同中约定的利率如果超过国家有关规定，是不受法律保护的。

《最高人民法院关于审理民间借贷案件适用法律若干问题的规定》第二十五条规定："出借人请求借款人按照合同约定利率支付利息的，人民法院应予支持，但是双方约定的利率超过合同成立时一年期贷款市场报价利率四倍的除外。前款所称'一年期贷款市场报价利率'，是指中国人民银行授权全国银行间同业拆借中心自2019年8月20日起每月发布的一年期贷款市场报价利率。"

也就是说，对于民间借贷来讲，借款利率最高为同期银行贷款利率的四倍。

借款合同没有约定利息，或者约定不明的，还需要支付利息吗？

答：《民法典》第六百八十条第二款、第三款规定："借款合同对支付利息没有约定的，视为没有利息。借款合同对支付利息约定不明确，当事人不能达成补充协议的，按照当地或者当事人的交易方式、交易习惯、市场利率等因素确定利息；自然人之间借款的，视为没有利息。”

由此可见，如果借款合同中没有约定利息，那么借款人还款时是不需要支付利息的。但对于对支付利息约定不明的，如只约定了“有利息”，但没有约定利率，则需要根据借款当事人来区分处理。如果是个人之间的借款，就利息约定不明，视为没有利息，还款时不需要支付利息；如果不是个人之间的借款，是企业之间，或者企业与个人之间等，那么就需要通过补充协议来明确利息，如果不能达成补充协议，则按“交易方式、交易习惯、市场利率”等因素来确定。

对此，《最高人民法院关于审理民间借贷案件适用法律若干问题的规定》第二十四条也有明确规定：“借贷双方没有约定利息，出借人主张支付利息的，人民法院不予支持。自然人之间借贷对利息约定不明，出借人主张支付利息的，人民法院不予支持。除自然人之间借贷的外，借贷双方对借贷利息约定不明，出借人主张利息的，人民法院应当结合民间借贷合同的内容，并根据当地或者当事人的交易方式、交易习惯、市场报价利率等因素确定利息。”

第十三章 保证合同

第一节 一般规定

保证合同可以独立存在吗?

答:《民法典》第六百八十一条规定:“保证合同是为保障债权的实现,保证人和债权人约定,当债务人不履行到期债务或者发生当事人约定的情形时,保证人履行债务或者承担责任的合同。”

本条规定了保证合同的概念,签订保证合同的当事人是保证人和债权人。

《民法典》第六百八十二条规定:“保证合同是主债权债务合同的从合同。主债权债务合同无效的,保证合同无效,但是法律另有规定的除外。保证合同被确认无效后,债务人、保证人、债权人有过错的,应当根据其过错各自承担相应的民事责任。”

保证合同不能独立存在,必须服从于主债权债务合同,保证人提供保证的范围也不能超出主债权的范围。例如,翟某向文某借款五万元,想让朋友狄某提供担保。如果狄某同意,就可以与文某签订保证合同,并在五万元的债权债务范围内提供担保。

公益组织可以成为保证人吗?

答:《民法典》第六百八十三条规定:“机关法人不得为保证人,但是经国务院批准为使用外国政府或者国际经济组织贷款进行转贷的除外。以公益为目的的非营利法人、非法人组织不得为保证人。”

由此可见,公益组织不能成为保证人。

保证合同包括哪些内容?

答:《民法典》第六百八十四条规定:“保证合同的内容一般包括被保证的主债权的种类、数额,债务人履行债务的期限,保证的方式、范围和期间等条款。”

当事人在签订保证合同时，可以以本条规定中的内容为参考，同时依据双方的协议另行约定其他内容。如果有内容当时无法确定的，可以在事后达成补充协议。需要注意的是，保证合同的内容不能违反法律的强制性规定，否则不具有法律效力。

保证合同可以如何订立?

答：《民法典》第六百八十五条规定："保证合同可以是单独订立的书面合同，也可以是主债权债务合同中的保证条款。第三人单方以书面形式向债权人作出保证，债权人接收且未提出异议的，保证合同成立。"

也就是说，书面的保证合同与主债权债务合同中的保证条款效力是相同的，都对债权人以及保证人具有法律约束力。本条还规定了一种特殊的保证合同成立方式，在此种情况下债权人直接同意或者默认都可以让保证合同成立。

如果在签订保证合同时没有约定保证方式，那该怎么确定保证人的保证责任?

答：《民法典》第六百八十六条规定："保证的方式包括一般保证和连带责任保证。当事人在保证合同中对保证方式没有约定或者约定不明确的，按照一般保证承担保证责任。"

一般保证与连带保证所承担的保证责任是不一样的。由于一般保证的保证人有权在债权人向债务人提起诉讼前拒绝承担保证责任，因此与连带保证相比承担的保证责任更轻。因此，为了保障保证人的权利，在双方对保证方式没有约定或约定不明确的情况下，保证人承担一般保证责任。为了避免发生纠纷，全面保护各方的权利，当事人在订立保证合同时应当明确约定保证人承担保证责任的方式。

哪些情况下，即使没有经过诉讼，保证人也要承担保证责任?

答：《民法典》第六百八十七条规定："当事人在保证合同中约定，债务人不能履行债务时，由保证人承担保证责任的，为一般保证。一般保证的保证人在主合同纠纷未经审判或者仲裁，并就债务人财产依法强制执行仍不能履行债务前，有权拒绝向债权人承担保证责任，但是有下列情形之一的除外：（一）债务人下落不明，且无财产可供执行；（二）人民法院已经受理债务人破产案件；（三）债权人有证据证明债务人的财产不足以履行全部债务或者丧失履行债务能力；（四）保证人书面表示放弃本款规定的权利。”

在以上情况下，即使债权人尚未对债务人提起诉讼，保证人也需要承担保证责任。例如，祝某向尹某借款，并由应某作为保证人，承担一般保证责任。借款期限快要届满时，祝某在一次事故中下落不明。经过调查，祝某在下落不明前名下已没有任何财产。当借款期限届满后，尹某有权要求应某偿还借款，而应某也不得以尹某未提起诉讼为由拒绝。

什么是连带保证责任？

答：《民法典》第六百八十八条规定：“当事人在保证合同中约定保证人和债务人对债务承担连带责任的，为连带责任保证。连带责任保证的债务人不履行到期债务或者发生当事人约定的情形时，债权人可以请求债务人履行债务，也可以请求保证人在其保证范围内承担保证责任。”

举例来说，林某向某借贷公司贷款，并由朱某和卢某共同承担连带保证责任。贷款期限届满后，林某无力偿还贷款。此时，借贷公司可以向朱某和卢某中的任何一个人提出在保证范围内偿还贷款的要求，而朱某和卢某不能拒绝。

第二节　保证责任

保证责任的范围是什么？

答：《民法典》第六百九十一条规定：“保证的范围包括主债权及其利息、违约金、损害赔偿金和实现债权的费用。当事人另有约定的，按照其约定。”

无论以何种方式提供担保，都需要按照此范围承担保证责任。但是，如果当事人之间对保证的范围另有约定的，以当事人的约定为优先。例如，债权人与保证人约定，保证的范围仅包括主债权，那么保证人就无须对债权期间内产生的利息等承担保证责任。

什么是保证期间？如何确定？

答：《民法典》第六百九十二条规定："保证期间是确定保证人承担保证责任的期间，不发生中止、中断和延长。债权人与保证人可以约定保证期间，但是约定的保证期间早于主债务履行期限或者与主债务履行期限同时届满的，视为没有约定；没有约定或者约定不明确的，保证期间为主债务履行期限届满之日起六个月。债权人与债务人对主债务履行期限没有约定或者约定不明确的，保证期间自债权人请求债务人履行债务的宽限期届满之日起计算。"

一般来说，保证期间应当由当事人进行约定。在没有约定或者约定不明确的情况下，则需要按照本条规定来确定保证期间。

保证期间内债权人没有起诉债务人，保证人还需要承担保证责任吗？

答：《民法典》第六百九十三条第一款规定："一般保证的债权人未在保证期间对债务人提起诉讼或者申请仲裁的，保证人不再承担保证责任。"

一般保证和连带保证的保证人所承担的保证责任不同，因此如果债权人在债务到期后没有起诉债务人的，一般保证人可以拒绝承担保证责任，而连带保证人则无此权利。需要注意的是，只有在债权人过了保证期间仍然没有提起诉讼或者申请仲裁的，一般保证人的保证责任才能消失。

此外，第六百九十三条第二款规定："连带责任保证的债权人未在保证期间请求保证人承担保证责任的，保证人不再承担保证责任。"这是保证期间对于连带保证人的意义所在。

保证债务的诉讼时效起点如何界定？

答：《民法典》第六百九十四条规定："一般保证的债权人在保证期间届满前对债务人提起诉讼或者申请仲裁的，从保证人拒绝承担保证责任的权利消灭之日起，开始计算保证债务的诉讼时效。连带责任保证的债权人在保证期间届满前请求保证人承担保证责任的，从债权人请求保证人承担保证责任之日起，开始计算保证债务的诉讼时效。"

保证债务的诉讼就是债权人对保证人提起的诉讼。根据保证方式的不同，保证债务诉讼时效的计算起点也不同。债权人对一般保证人提起诉讼的节点是保证人拒绝承担保证责任的权利消灭之日起，而对连带保证人提起诉讼的节点是债权人请求保证人承担保证责任之日起。例如，甲向乙借款，由丙承担保证责任。如果丙承担的是一般保证责任，那么当借款期限届满后，甲不还款，乙应当在保证期间内先对甲提起诉讼或申请仲裁。如果甲没有可供执行的财产，此时丙就不能再拒绝承担保证责任，应当偿还借款。如果丙不偿还，乙就可以对丙提起诉讼。如果丙承担的是连带保证责任，甲无力还款，乙可以直接要求丙承担保证责任，而丙不能拒绝。如果丙拒绝承担，此时乙可以直接对丙提起诉讼。

债权人和债务人在没有告知保证人的情况下，降低了债务的数额，保证人还需要承担保证责任吗？

答：《民法典》第六百九十五条规定："债权人和债务人未经保证人书面同意，协商变更主债权债务合同内容，减轻债务的，保证人仍对变更后的债务承担保证责任；加重债务的，保证人对加重的部分不承担保证责任。债权人和债务人变更主债权债务合同的履行期限，未经保证人书面同意的，保证期间不受影响。"

债权人和债务人在协商一致的情况下，是可以变更主债权债务的数额的。当有保证人时，保证人对变更后的数额有知情权。如果要加重债务，那么债权人和债务人必须取得保证人的书面同意（不包括口头同意）后，才能要求保证人对加重的部分债务承担保证责任。

债权人未告知保证人而直接将债权转让的，保证责任还存在吗？

答：《民法典》第六百九十六条规定："债权人转让全部或者部分债权，未通知保证人的，该转让对保证人不发生效力。保证人与债权人约定禁止债权转让，债权人未经保证人书面同意转让债权的，保证人对受让人不再承担保证责任。"

要确定债权人未告知保证人而转让债权后，保证人是否需要承担保证责任，主要看债权人与保证人之间是否作出了禁止债权转让的约定。如果双方没有约定，那么债权转让后保证人仍然需要承担保证责任，只是该转让债权的行为对保证人无效。例如，毛某向邵某借款，并由金某作保证人。金某与邵某在保证合同中并没有约定禁止债权转让。后来，邵某在未告知金某的情况下，将债权转让给杜某。如果毛某在债务到期后无法偿还债务，杜某不能要求金某承担保证责任。但是，这并不代表金某的保证责任不存在了，其还对邵某承担保证责任。

债权人和债务人协商后允许债务人转移债务，保证人还需要承担保证责任吗？

答：《民法典》第六百九十七条规定：“债权人未经保证人书面同意，允许债务人转移全部或者部分债务，保证人对未经其同意转移的债务不再承担保证责任，但是债权人和保证人另有约定的除外。第三人加入债务的，保证人的保证责任不受影响。”

债务人转移债务除了要征得债权人同意以外，还需要征得保证人同意，否则保证人不再承担保证责任。另外，如果仅仅是第三人加入债务，而债务没有转移给他人，此时保证人仍然需要承担保证责任。例如，甲向乙借款，由丙承担保证责任。后甲和乙经过协商后，将债务转移给了丁，但仅仅将债务转移的情况告知了丙，而并未取得丙的书面同意。此时，丙不再对转移后的债务承担保证责任。

保证人承担一般保证责任的，如果能提供债务人的可执行财产，还需要承担保证责任吗？

答：《民法典》第六百九十八条规定：“一般保证的保证人在主债务履行期限届满后，向债权人提供债务人可供执行财产的真实情况，债权人放弃或者怠于行使权利致使该财产不能被执行的，保证人在其提供可供执行财产的价值范围内不再承担保证责任。”

由此可见，保证人不承担保证责任的限制主要有以下几点：第一，提供债务人可供执行财产的真实情况的时间应当在主债务履行期限届满后；第二，债权人放弃或怠于行使权利，例如迟迟不要求债务人还款，并导致了债务人可供执行的财产不能被执行的结果；第三，保证人免除保证责任的范围仅限于提供的可供执行财产的价值范围。例如，甲向乙借款十万元，丙承担八万元的一般保证责任。

如果借款期限届满后，甲不偿还债务，而乙又不主张债权的，此时丙有证据证明甲有五万元的财产可供执行，但是乙还是没有主张让甲用这五万元来还款，直到五万元被用作他用。那么丙就可以在五万元的范围内免除保证责任，继续承担三万元的保证责任即可。

同一债务有好几个保证人的，怎么分配保证责任？

答：《民法典》第六百九十九条规定："同一债务有两个以上保证人的，保证人应当按照保证合同约定的保证份额，承担保证责任；没有约定保证份额的，债权人可以请求任何一个保证人在其保证范围内承担保证责任。"

当同一债务有多个保证人时，为了避免发生纠纷，应当在保证合同中约定各个保证人承担的保证份额。如果没有约定或者约定不明确的，按照本条规定处理。

保证人承担保证责任后，能向债务人追偿吗？

答：《民法典》第七百条规定："保证人承担保证责任后，除当事人另有约定外，有权在其承担保证责任的范围内向债务人追偿，享有债权人对债务人的权利，但是不得损害债权人的利益。"

法律规定保证人可以向债务人行使追偿权。例如，何某向段某借款二十万元，由熊某为其中的十万元承担保证责任。借款期限届满后，何某只偿还了三万元后就无力继续偿还借款了，于是熊某按照约定向段某偿还了十万元。熊某有权在十万元的范围内向何某追偿。

债务人和债权人的债务相互抵销后，保证人还承担保证责任吗？

答：《民法典》第七百零二条规定："债务人对债权人享有抵销权或者撤销权的，保证人可以在相应范围内拒绝承担保证责任。"

也就是说，保证人只能在抵销权或撤销权的范围内免除保证责任。例如，李某向董某借款五十万元，并约定五年后偿还，由谢某承担保证责任。两年后，董某因急需用钱，向李某借款三万元。事后两人约定，将这三万元的债务进行抵销。那么，谢某可以拒绝就这三万元承担保证责任。

第十四章 租赁合同

租赁合同最多可以签订多少年？

答：《民法典》第七百零五条规定："租赁期限不得超过二十年。超过二十年的，超过部分无效。租赁期限届满，当事人可以续订租赁合同；但是，约定的租赁期限自续订之日起不得超过二十年。"

租赁合同是出租人将租赁物交付承租人使用、收益，承租人支付租金的合同。租赁合同的期限约定在二十年以内（含二十年）是有效的，期满后双方如果续约，最长期限仍可以约定在二十年（含二十年）内。

租房后没有去备案，租赁合同还有效吗？

答：《民法典》第七百零六条规定："当事人未依照法律、行政法规规定办理租赁合同登记备案手续的，不影响合同的效力。"

由此可见，房屋租赁合同生效后，即使没有去相关部门登记备案，该合同也是有效的，租户有权继续租住，房东也有权继续收租。

签订租赁合同是否必须采用书面形式？

答：《民法典》第七百零七条规定："租赁期限六个月以上的，应当采用书面形式。当事人未采用书面形式，无法确定租赁期限的，视为不定期租赁。"

订立租赁合同时，不是必须采用书面形式，口头或其他形式订立的租赁合同也是有效的。但是，如果租赁期限为六个月以上的，没有采用书面形式的，很可能被认定为不定期租赁。这一点，值得我们注意。

以居住为理由租房后，可以将其转为办公场所吗？

答：《民法典》第七百零九条规定："承租人应当按照约定的方法使用租赁物。对租赁物的使用方法没有约定或者约定不明确，依据本法第五百一十条①的规定仍不能确定的，应当根据租赁物的性质使用。”

第七百一十一条规定：“承租人未按照约定的方法或者未根据租赁物的性质使用租赁物，致使租赁物受到损失的，出租人可以解除合同并请求赔偿损失。”

由此可见，租户以居住为理由租房后应该进行居住。如果租户想将其转为办公场所，应事先和房主进行沟通，征得其同意。

租赁物损坏的，应该由哪一方来维修？

答：《民法典》第七百一十二条规定：“出租人应当履行租赁物的维修义务，但是当事人另有约定的除外。”

第七百一十三条规定：“承租人在租赁物需要维修时可以请求出租人在合理期限内维修。出租人未履行维修义务的，承租人可以自行维修，维修费用由出租人负担。因维修租赁物影响承租人使用的，应当相应减少租金或者延长租期。因承租人的过错致使租赁物需要维修的，出租人不承担前款规定的维修义务。”

租赁物损坏应该由哪一方来维修，要看该损坏是由什么导致的。如果该损坏是由承租人导致的，那么应该由承租人来负责维修；如果是自然损耗、意外或者第三人的原因等导致的，则由出租人来负责维修。如果出租人一直拖延不修，承租人可以自己维修，但费用仍应由出租人负担。当然，如果当事人在合同中约定承租人承担对租赁物的维修义务，这也是允许的，毕竟合同是双方当事人自愿协商约定的，法律不作强制性规定。

租客未经房东同意给房屋打隔断，房东可以要求其拆除吗？

答：《民法典》第七百一十五条规定：“承租人经出租人同意，可以对租赁物进行改善或者增设他物。承租人未经出租人同意，对租赁物进行改善或者增设他物的，出租人可以请求承租人恢复原状或者赔偿损失。”

---

①《民法典》第五百一十条　合同生效后，当事人就质量、价款或者报酬、履行地点等内容没有约定或者约定不明确的，可以协议补充；不能达成补充协议的，按照合同相关条款或者交易习惯确定。

租客如果想对房屋进行装修或扩建，应当事先得到房东的同意。

《最高人民法院关于审理城镇房屋租赁合同纠纷案件具体应用法律若干问题的解释》第十一条规定："承租人未经出租人同意装饰装修或者扩建发生的费用，由承租人负担。出租人请求承租人恢复原状或者赔偿损失的，人民法院应予支持。"

由此可见，租客未经房东同意给房屋打隔断，房东可以要求其拆除，由此给房东造成损失的，房东还可以要求赔偿。

承租人擅自转租，出租人可以解除合同吗？

答：《民法典》第七百一十六条规定："承租人经出租人同意，可以将租赁物转租给第三人。承租人转租的，承租人与出租人之间的租赁合同继续有效；第三人造成租赁物损失的，承租人应当赔偿损失。承租人未经出租人同意转租的，出租人可以解除合同。"

承租人想要转租的，应当征得出租人的同意，否则，出租人可以解除合同。

转租期限大于原来租赁期限的，如何处理？

答：《民法典》第七百一十七条规定："承租人经出租人同意将租赁物转租给第三人，转租期限超过承租人剩余租赁期限的，超过部分的约定对出租人不具有法律约束力，但是出租人与承租人另有约定的除外。"

转租期限大于原来租赁期限的，超出的部分一般对出租人无效。承租人在经出租人同意的情况下进行转租，也应注意在其原来的租赁期限之内转租，否则在无另外约定的情况下，极易引发纠纷。

出租人知道承租人转租后，如果不同意应在多久内作出表示？

答：《民法典》第七百一十八条规定："出租人知道或者应当知道承租人转租，但是在六个月内未提出异议的，视为出租人同意转租。"

由此可见，出租人知道承租人转租后，如果不同意，应在六个月内作出表示，如果在六个月内没有作出不同意转租的表示，视为其同意转租，就不能再依据转租事实解除合同了。

二房东拖欠房租并将房屋转租的，新租户向房东直接交租后，其多交的部分怎么办？

答：《民法典》第七百一十九条规定：“承租人拖欠租金的，次承租人可以代承租人支付其欠付的租金和违约金，但是转租合同对出租人不具有法律约束力的除外。次承租人代为支付的租金和违约金，可以充抵次承租人应当向承租人支付的租金；超出其应付的租金数额的，可以向承租人追偿。”

举例来讲，张某将房屋出租给李某，约定租期为两年。李某居住了一年后因交不起房租，在与张某商量后将房屋转租给陈某。此时，李某已经拖欠了一个月房租。陈某租住后，实际租期是十一个月，却交了十二个月的房租，相当于多交了一个月房租，对此，他可以向二房东李某索要。

合同对租金的支付期限没有约定清楚，怎么办？

答：《民法典》第七百二十一条规定：“承租人应当按照约定的期限支付租金。对支付租金的期限没有约定或者约定不明确，依据本法第五百一十条①的规定仍不能确定，租赁期限不满一年的，应当在租赁期限届满时支付；租赁期限一年以上的，应当在每届满一年时支付，剩余期限不满一年的，应当在租赁期限届满时支付。”

合同对租金的支付期限没有约定清楚的，可以协议补充；不能达成补充协议的，可以按照合同相关条款或者交易习惯确定。如果还不能，就按照上述规定进行。

承租人到期没有支付租金，出租人可以立即解除合同吗？

答：《民法典》第七百二十二条规定：“承租人无正当理由未支付或者迟延支付租金的，出租人可以请求承租人在合理期限内支付；承租人逾期不支付的，出租人可以解除合同。”

在承租人到期没有支付租金的情况下，出租人不可立即解除合同，而是应给其一定的宽限期。如果在宽限期后还未支付的，出租

---

①《民法典》第五百一十条　合同生效后，当事人就质量、价款或者报酬、履行地点等内容没有约定或者约定不明确的，可以协议补充；不能达成补充协议的，按照合同相关条款或者交易习惯确定。

人可以考虑解除合同。

在哪些情况下，承租人可以主张解除合同?

答：《民法典》第七百二十四条规定："有下列情形之一，非因承租人原因致使租赁物无法使用的，承租人可以解除合同：（一）租赁物被司法机关或者行政机关依法查封、扣押；（二）租赁物权属有争议；（三）租赁物具有违反法律、行政法规关于使用条件的强制性规定情形。"

这是法律赋予承租人的合同解除权。例如，甲租赁了乙的一套房屋，后来该房被法院依法查封，甲无法继续租住，那么甲可以据此主张解除租赁合同。

此外，《民法典》第七百二十九条的规定："因不可归责于承租人的事由，致使租赁物部分或者全部毁损、灭失的，承租人可以请求减少租金或者不支付租金；因租赁物部分或者全部毁损、灭失，致使不能实现合同目的的，承租人可以解除合同。"

如果租赁物不能使用，租赁合同的目的就无法实现，承租人可以据此解除合同。

再有，《民法典》第七百二十三条规定："因第三人主张权利，致使承租人不能对租赁物使用、收益的，承租人可以请求减少租金或者不支付租金。第三人主张权利的，承租人应当及时通知出租人。"

遇有第三人对租赁物主张权利，承租人不可以直接主张解除合同，但是应及时通知出租人。如果承租人因此不能使用租赁物，可以减少或暂停支付租金。如果后续由此产生租赁物权属争议，届时承租人可以主张解除合同。

什么是"买卖不破租赁"?

答：《民法典》第七百二十五条规定："租赁物在承租人按照租赁合同占有期限内发生所有权变动的，不影响租赁合同的效力。"

这就是法律关于"买卖不破租赁"的规定。举例来说，吴某租用了刘某的货车，在租赁期限内，刘某因急需用钱将货车卖给了赵某。虽然刘某与赵某之间签订了买卖合同，但是，由于其与吴某之间的租赁合同仍在有效期内，赵某不能将货车要回，而要继续提供给吴某使用。

房东要卖房，租户想要购买，应在多少天内提出，才具有“优先购买权”？

答：《民法典》第七百二十六条规定：“出租人出卖租赁房屋的，应当在出卖之前的合理期限内通知承租人，承租人享有以同等条件优先购买的权利；但是，房屋按份共有人行使优先购买权或者出租人将房屋出卖给近亲属的除外。出租人履行通知义务后，承租人在十五日内未明确表示购买的，视为承租人放弃优先购买权。”

房东在卖房时，除了其他房屋所有人想要购买，或者卖给近亲属以外，租户享有优先购买权。但是，租户的优先购买权是有期限的，即收到通知后的十五天内。如果在此期限内租户“不动声色”，没有向房东提出购买，其自动丧失优先购买权。

此外，关于房屋拍卖时，如何保障承租人的优先购买权，依据《民法典》第七百二十七条的规定：“出租人委托拍卖人拍卖租赁房屋的，应当在拍卖五日前通知承租人。承租人未参加拍卖的，视为放弃优先购买权。”

房东卖房没有通知租户，租户可以主张房屋买卖合同无效吗？

答：《民法典》第七百二十八条规定：“出租人未通知承租人或者有其他妨害承租人行使优先购买权情形的，承租人可以请求出租人承担赔偿责任。但是，出租人与第三人订立的房屋买卖合同的效力不受影响。”

由此可见，房东卖房没有通知租户，租户不能主张房屋买卖合同无效，但是可以就“未行使到优先购买权”而带来的损失要求房东承担赔偿责任，如租户买到了类似的房屋，多出的价款以及购买过程中的中介费等，都属于其损失，租户可以要求房东赔偿。

对于没有约定租赁期限的租赁合同，可以随时解除吗？

答：《民法典》第七百三十条规定：“当事人对租赁期限没有约定或者约定不明确，依据本法第五百一十条①的规定仍不能确定

---

①《民法典》第五百一十条　合同生效后，当事人就质量、价款或者报酬、履行地点等内容没有约定或者约定不明确的，可以协议补充；不能达成补充协议的，按照合同相关条款或者交易习惯确定。

的，视为不定期租赁；当事人可以随时解除合同，但是应当在合理期限之前通知对方。”

由此可见，对于没有约定租赁期限的租赁合同，双方都可以随时解除合同，但应给予对方相应的准备时间。

此外，法律还单独赋予了承租人一项随时解除权。《民法典》第七百三十一条规定：“租赁物危及承租人的安全或者健康的，即使承租人订立合同时明知该租赁物质量不合格，承租人仍然可以随时解除合同。”

承租人死亡的，与其共同居住的人可以在出租屋内继续居住吗？

答：《民法典》第七百三十二条规定：“承租人在房屋租赁期限内死亡的，与其生前共同居住的人或者共同经营人可以按照原租赁合同租赁该房屋。”

承租人死亡的，如果其生前签订的租赁合同仍在有效期内，那么与其共同居住的人可以在出租屋内继续居住至原租赁期限届满。

合同到期后，租户继续交租居住，房东照收房租，原租赁合同还有效吗？

答：《民法典》第七百三十四条规定：“租赁期限届满，承租人继续使用租赁物，出租人没有提出异议的，原租赁合同继续有效，但是租赁期限为不定期。租赁期限届满，房屋承租人享有以同等条件优先承租的权利。”

合同到期后，租户继续交租居住，房东照收房租，意味着双方都同意按照原来的租赁合同承租，因此，原租赁合同继续有效，但是租赁期限变为不定期，双方可以随时主张解除合同。

第十五章 融资租赁合同

什么是融资租赁？融资租赁合同应包括哪些条款？

答：《民法典》第七百三十五条规定："融资租赁合同是出租人根据承租人对出卖人、租赁物的选择，向出卖人购买租赁物，提供给承租人使用，承租人支付租金的合同。"

也就是说，融资租赁是指出租人根据承租人的选择和要求购买租赁物，出租人将租赁物租赁给承租人，承租人向出租人支付租金。举例来说，甲想购买一台机械设备用于生产经营，但是甲资金有限，没有经济实力购买，于是甲找到乙，双方协商由乙购买甲想要的机械设备，买来后租给甲使用，甲给乙支付租金。那么甲和乙之间签订的合同就是《融资租赁合同》。

《民法典》第七百三十六条规定："融资租赁合同的内容一般包括租赁物的名称、数量、规格、技术性能、检验方法，租赁期限，租金构成及其支付期限和方式、币种，租赁期限届满租赁物的归属等条款。融资租赁合同应当采用书面形式。"

融资租赁合同涉及的法律关系复杂，一般融资金额较大，所以法律规定融资租赁合同应当采用书面形式，为要式合同。为了明确当事人的权利义务关系，融资租赁合同一般包括上述条款，当然，合同双方还可以根据实际情形进行其他相关的约定。

融资租赁未经行政许可的特种设备，合同有效吗？

答：《民法典》第七百三十八条规定："依照法律、行政法规的规定，对于租赁物的经营使用应当取得行政许可的，出租人未取得行政许可不影响融资租赁合同的效力。"

融资租赁合同中，租赁物的使用者为承租人，出租人不直接使用租赁物，所以如果出租人对租赁物没有取得行政许可，也不会影响融资租赁合同的法律效力。例如，甲乙签订融资租赁合同，乙根据甲的选择购买某特种设备租赁给甲，但是乙没有取得该特种设备的行政许可，此时，甲乙的融资租赁合同仍然有效。

承租人指定了卖家和货物，卖家应把货物直接给承租人吗？

答：《民法典》第七百三十九条规定："出租人根据承租人对出卖人、租赁物的选择订立的买卖合同，出卖人应当按照约定向承租人交付标的物，承租人享有与受领标的物有关的买受人的权利。"

融资租赁合同的租赁物也是买卖合同的标的物，出租人根据承租人的选择和要求购买标的物，故出租人只有付款的义务，承租人对租赁物享有占有使用权，所以出卖人应直接把租赁物直接交付给承租人，承租人享有相关的权利。举例来说，甲想使用某机械设备用于生产经营，选择好型号和卖家丙以后，甲与乙签订了融资租赁合同，乙到丙处购买该租赁物后，丙应当把租赁物直接交付给甲。

标的物严重不符合约定，承租人可以拒绝受领吗？

答：《民法典》第七百四十条规定："出卖人违反向承租人交付标的物的义务，有下列情形之一的，承租人可以拒绝受领出卖人向其交付的标的物：（一）标的物严重不符合约定；（二）未按照约定交付标的物，经承租人或者出租人催告后在合理期限内仍未交付。承租人拒绝受领标的物的，应当及时通知出租人。"

虽然在融资租赁合同当中，承租人与出卖人之间没有直接的法律关系，但是根据本条的规定，如果在标的物满足"标的物严重不符合约定或者未按照约定交付标的物，经承租人或者出租人催告后在合理期限内仍未交付"这两种情形的时候，承租人可以拒绝受领该标的物。举例来说，甲与乙签订了融资租赁合同，乙在丙处购买某租赁物，乙支付完货款以后，丙将货直接交付给了甲，但是在交货的时候，甲发现丙所交付的这个租赁物严重不符合合同约定，此时，甲可以拒绝受领这个租赁物，并且应当及时告知乙。

租赁物有问题，承租人有权要求索赔吗？

答：《民法典》第七百四十一条规定："出租人、出卖人、承租人可以约定，出卖人不履行买卖合同义务的，由承租人行使索赔的权利。承租人行使索赔权利的，出租人应当协助。"

在融资租赁合同中，出租人、出卖人和承租人可以约定：如果出卖人不履行买卖合同义务，直接由承租人行使索赔权。所以只要进行了约定，租赁物有问题的时候，承租人是可以行使索赔权的。举例来说，甲乙签订了融资租赁合同，乙在丙处买了某租赁物由甲使用，甲在使用该租赁物的过程当中发现该租赁物出现了故障，此时甲作为承租人，可以要求丙对该租赁物进行维修或者调换，并要求丙来承担相应的费用，这就是甲在行使索赔权的表现。

租赁物质量有问题进行了调换，这期间承租人还需要支付租金吗？

答：《民法典》第七百四十二条规定："承租人对出卖人行使索赔权利，不影响其履行支付租金的义务。但是，承租人依赖出租人的技能确定租赁物或者出租人干预选择租赁物的，承租人可以请求减免相应租金。"

在融资租赁合同中，承租人具有行使索赔的权利，但是该期间其还应该正常向出租人支付租金。但是如果当时在选择租赁物的时候，是依赖出租人的技能确定的或是出租人进行了干预选择，在这种情况下，承租人可以请求减免相应的租金。举例来说，甲乙签订了融资租赁合同，乙根据甲的要求在丙处购买了某设备，此时该设备完全是由甲（承租方）单方进行的选择，如果在设备使用过程当中因为质量问题进行了调换，即便因此给甲的经营造成了影响和损失，甲仍然应该正常向乙支付租金。

承租人索赔失败，可以要求出租人承担责任吗？

答：《民法典》第七百四十三条规定："出租人有下列情形之一，致使承租人对出卖人行使索赔权利失败的，承租人有权请求出租人承担相应的责任：（一）明知租赁物有质量瑕疵而不告知承租人；（二）承租人行使索赔权利时，未及时提供必要协助。出租人怠于行使只能由其对出卖人行使的索赔权利，造成承租人损失的，承租人有权请求出租人承担赔偿责任。"

也就是说，如果出租人有以上情形之一，导致承租人行使索赔权失败的，承租人可以请求出租人承担相应的责任。举例来说，甲乙签订了融资租赁合同，甲是承租人，乙是出租人，乙在丙处购买了某租赁物，但是在签订买卖合同时约定，如果租赁物出现问题，只能由乙向丙主张权利。之后租赁物在使用的过程中出现了质量问题，无法正常使用，甲要求丙维修设备，丙拒绝，但是乙又拒绝向丙主张权利，最终给甲造成了损失，此时甲可以要求乙承担赔偿责任。

已经约定好了租赁物的型号，出租人在购买时能擅自变更吗？

答：《民法典》第七百四十四条规定："出租人根据承租人对出卖人、租赁物的选择订立的买卖合同，未经承租人同意，出租人不得变更与承租人有关的合同内容。"

在融资租赁合同中，出租人所购买的租赁物是基于承租人的需求和选择，出租人未经承租人同意，不得擅自变更买卖合同当中与承租人有关的合同内容。举例来说，甲乙签订了融资租赁合同，约定乙购买 A1 型号的租赁物，租赁给甲使用，但是乙在购买时，发现 A2 型号的租赁物正在搞活动，于是想将 A1 型号变更为 A2 型号，这种情况是不允许的，因为很有可能会因为型号的变更导致甲方无法使用，导致融资租赁合同的目的无法实现。

融资租赁合同的租金应该如何确定？

答：《民法典》第七百四十六条规定："融资租赁合同的租金，除当事人另有约定外，应当根据购买租赁物的大部分或者全部成本以及出租人的合理利润确定。"

也就是说，融资租赁合同中的租金要根据双方的约定来确定，如果双方没有约定的，要根据租赁物的成本以及出租人的合理利润来确定。举例来说，甲乙签订了融资租赁合同，但是没有约定租金，那么双方在确定租金的时候，应该根据购买的租赁物的价格，以及乙应得的合理利润来确定，但是该利润应该在合理范围内，不能过高或过低。

出租人按照承租人的要求购买的租赁物，发现无法使用，出租人需要承担责任吗？

答：《民法典》第七百四十七条规定：“租赁物不符合约定或者不符合使用目的的，出租人不承担责任。但是，承租人依赖出租人的技能确定租赁物或者出租人干预选择租赁物的除外。”

融资租赁合同当中，租赁物一般是基于承租人的单方选择，然后出租人根据承租人的要求进行出资购买，在这种情况下，如果租赁物不符合要求，或者无法达到使用目的，出租人无须承担责任。但是在对该租赁物进行选择时，是基于出租人的技能确定的，或者出租人进行了干预选择的情况除外。举例来说，甲乙签订融资租赁合同，乙根据甲提供的信息购买了租赁物，但是甲发现该租赁物不能满足自己的生产经营需求，此时，乙无须承担责任。

出租人无故收回租赁物，给承租人造成了损失，要赔偿承租人吗？

答：《民法典》第七百四十八条规定：“出租人应当保证承租人对租赁物的占有和使用。出租人有下列情形之一的，承租人有权请求其赔偿损失：（一）无正当理由收回租赁物；（二）无正当理由妨碍、干扰承租人对租赁物的占有和使用；（三）因出租人的原因致使第三人对租赁物主张权利；（四）不当影响承租人对租赁物占有和使用的其他情形。”

在出卖人将租赁物交付承租人后，出租人应该保证承租人能够正常使用租赁物，如果因出租人的原因导致承租人无法正常使用租赁物，出租人应该赔偿承租人的损失。举例来说，甲乙签订融资租赁合同，出卖人乙将租赁物交付甲后，甲开始使用，但是在使用过程中，乙没有任何正当理由将租赁物收回，给甲造成了损失，此时甲可以要求乙赔偿其损失。

承租人在使用租赁设备时将第三人砸伤，出租人需要承担责任吗？

答：《民法典》第七百四十九条规定：“承租人占有租赁物期间，租赁物造成第三人人身损害或者财产损失的，出租人不承担责任。”

承租人在占有使用租赁物期间，应该对自己使用的租赁物负责，如果租赁物给他人造成损失，出租人不承担责任。举例来说，甲乙签订融资租赁合同，甲作为承租人使用租赁的机械设备，但是在使用过程中，因操作不当，该机械设备将第三人砸伤，此时应该由承租人承担相应的责任，出租人乙不承担责任。

租赁物坏了，谁来维修？

答：《民法典》第七百五十条规定：“承租人应当妥善保管、使用租赁物。承租人应当履行占有租赁物期间的维修义务。”

在租赁合同当中，承租人对租赁物有妥善保管和使用以及维修的义务，租赁物如果发生损坏，应该由承租人维修。例如，甲乙签订融资租赁协议，甲作为承租人在使用租赁物过程中发现租赁物出现了损坏，需要焊接，此时应该由甲进行维修，不能要求乙来维修。

租赁物毁损的，影响支付租金吗？

答：《民法典》第七百五十一条规定：“承租人占有租赁物期间，租赁物毁损、灭失的，出租人有权请求承租人继续支付租金，但是法律另有规定或者当事人另有约定的除外。”

也就是说，除非另有法律规定或合同约定，否则在租赁期间，租赁物毁损、灭失的风险由承租人承担，不影响承租人支付租金。举例来说，甲乙签订融资租赁协议，甲是承租人，乙是出租人，双方对于租赁物毁损的后果未进行约定。租赁过程中，因意外导致租赁物毁损，那么甲仍需要向乙继续支付租金。

承租人不支付租金，出租人可以怎么办？

答：《民法典》第七百五十二条规定：“承租人应当按照约定支付租金。承租人经催告后在合理期限内仍不支付租金的，出租人可以请求支付全部租金；也可以解除合同，收回租赁物。”

融资租赁合同中，如果承租人未按照约定支付租金，那么出租人可以进行催告，如果经过催告，承租人仍拒不支付租金的，出租人可以直接要求承租人支付全部租金，或者要求解除合同，收回租赁物。例如，甲乙系融资租赁合同的双方，按照约定，甲应该每月向乙支付租金，但是甲无故拖欠了乙三个月的租金，乙进行催告后，甲仍未交付，此时乙可以直接要求甲支付租赁期限内的全部租金，也可以要求解除合同，收回租赁物。

承租人擅自将租赁物抵押了，出租人可以怎么办？

答：《民法典》第七百五十三条规定："承租人未经出租人同意，将租赁物转让、抵押、质押、投资入股或者以其他方式处分的，出租人可以解除融资租赁合同。"

承租人对于租赁物只有占有使用权，没有所有权，所以承租人无权对租赁物进行处分，如果未经出租人同意将租赁物处分的，属于违约，此时，出租人可以解除融资租赁合同。举例来说，甲乙签订融资租赁合同，甲在使用租赁物的过程中，擅自将租赁物抵押，此时，乙可以与甲解除融资租赁合同，并要求甲赔偿因此给自己造成的损失。

哪些情形下，出租人或者承租人都可以解除融资租赁合同？

答：《民法典》第七百五十四条规定："有下列情形之一的，出租人或者承租人可以解除融资租赁合同：（一）出租人与出卖人订立的买卖合同解除、被确认无效或者被撤销，且未能重新订立买卖合同；（二）租赁物因不可归责于当事人的原因毁损、灭失，且不能修复或者确定替代物；（三）因出卖人的原因致使融资租赁合同的目的不能实现。"

在融资租赁合同成立之后，当出现某些情形使融资租赁合同无法继续履行的时候，出租人或者承租人都可以解除融资租赁合同，以上规定了出租人或者承租人都可以解除融资租赁合同的三种法定情形。

由于承租人的原因导致出租人与出卖人签订的买卖合同无效，承租人需要承担责任吗？

答：《民法典》第七百五十五条规定："融资租赁合同因买卖合同解除、被确认无效或者被撤销而解除，出卖人、租赁物系由承租人选择的，出租人有权请求承租人赔偿相应损失；但是，因出租人原因致使买卖合同解除、被确认无效或者被撤销的除外。出租人的损失已经在买卖合同解除、被确认无效或者被撤销时获得赔偿的，承租人不再承担相应的赔偿责任。”

也就是说，融资租赁合同因买卖合同被解除、被确认无效或者被撤销而解除，出租人根据融资租赁合同约定，或者以融资租赁合同虽未约定或约定不明，但出卖人及租赁物系由承租人选择为由，可以主张承租人赔偿相应损失。但是如果出租人的损失已经在买卖合同被解除、被确认无效或者被撤销时获得赔偿的，应当免除承租人相应的赔偿责任。例如，甲乙签订融资租赁合同，乙作为出租人与丙签订了买卖合同，之后该买卖合同被确认无效，那么如果丙和租赁物都是由甲选择的，那么甲应该赔偿乙的损失。如果乙在确认合同无效时已经获得赔偿了，则不能再次向甲要求赔偿损失。

租赁物意外毁损，出租人如何要求补偿？

答：《民法典》第七百五十六条规定：“融资租赁合同因租赁物交付承租人后意外毁损、灭失等不可归责于当事人的原因解除的，出租人可以请求承租人按照租赁物折旧情况给予补偿。”

融资租赁合同存续期间，租赁物交付承租人后，如果是因意外毁损、灭失等不可归责于当事人的原因，导致融资租赁合同被解除的，出租人可以要求承租人按照租赁物的折旧情况给予补偿，承租人应当在此范围内予以补偿。举例来说，甲乙签订融资租赁合同，甲是承租人，乙是出租人，租赁两年后，租赁物因意外灭失，意外发生时租赁物的折旧为五成，那么甲补偿乙损失时应按照租赁物折旧五成的情况来确定。

租赁期满后，租赁物归谁所有？

答：《民法典》第七百五十七条规定：“出租人和承租人可以约定租赁期限届满租赁物的归属；对租赁物的归属没有约定或者约定不明确，依据本法第五百一十条①的规定仍不能确定的，租赁物

①《民法典》第五百一十条　合同生效后，当事人就质量、价款或者报酬、履行地点等内容没有约定或者约定不明确的，可以协议补充；不能达成补充协议的，按照合同相关条款或者交易习惯确定。

的所有权归出租人。”

在融资租赁合同中，出租人和承租人一般都会对租赁期限届满后租赁物的归属问题进行约定。但是，如果在合同中对于租赁期满后租赁物的归属没有进行约定或者约定不明的，并且无法达成补充协议的，那么租赁物的所有权应该归出租人。具体来说，甲乙签订了融资租赁合同，甲是承租人，乙是出租人，合同当中没有约定租赁期限届满后租赁物应该归甲还是应该归乙，甲乙双方也无法就此达成一致意见，那么租赁期限届满，租赁物归属于出租人乙。

约定租赁物期满后归承租人所有，但是承租人最后一年支付不起租金了，怎么办？

答：《民法典》第七百五十八条规定：“当事人约定租赁期限届满租赁物归承租人所有，承租人已经支付大部分租金，但是无力支付剩余租金，出租人因此解除合同收回租赁物，收回的租赁物的价值超过承租人欠付的租金以及其他费用的，承租人可以请求相应返还。当事人约定租赁期限届满租赁物归出租人所有，因租赁物毁损、灭失或者附合、混合于他物致使承租人不能返还的，出租人有权请求承租人给予合理补偿。”

也就是说，如果承租人和出租人约定，租赁期限届满后租赁物归承租人所有，但是承租人支付完大部分租金后，剩余小部分租金无力支付，此时出租人与承租人解除租赁合同要收回租赁物，但租赁物的价值超过承租人欠付的租金以及其他费用的，承租人可以请求部分返还，否则承租人不能要求返还。如果约定租赁期满后归出租人所有，但是承租人不能返还租赁物，则出租人有权请求承租人对于不能返还的租赁物给予合理补偿。举例来说，甲乙签订融资租赁合同，约定租赁合同期限为十年，期满后，租赁物归承租人甲所有。但是到第九年的时候，甲由于无力支付最后一年的租金，乙要求解除融资租赁合同，收回租赁物。那么如果租赁物的价值和其他的费用超过最后一年的租金，甲可以要求乙返还超出部分的价值。

合同中约定了支付象征性价款时，视为最终租赁物归谁？

答：《民法典》第七百五十九条规定：“当事人约定租赁期限

届满，承租人仅需向出租人支付象征性价款的，视为约定的租金义务履行完毕后租赁物的所有权归承租人。”

有些融资租赁合同中，虽然双方当事人并没有约定租赁期限届满以后租赁物归谁所有，但是却约定了在租赁期满之后，承租人应该向出租人支付象征性的价款，这种情况视为约定期满后租赁物的所有权归承租人。举例来说，甲乙签订融资租赁合同，双方没有约定租赁期限届满后，租赁物归甲还是归乙，但是却约定了在租赁期限届满以后，承租人甲需要向出租人乙支付象征性价款两万元，那么在租赁期限届满以后，就视为该租赁物的所有权归承租人甲。

融资租赁合同无效，租赁物应该归谁？

答：《民法典》第七百六十条规定：“融资租赁合同无效，当事人就该情形下租赁物的归属有约定的，按照其约定；没有约定或者约定不明确的，租赁物应当返还出租人。但是，因承租人原因致使合同无效，出租人不请求返还或者返还后会显著降低租赁物效用的，租赁物的所有权归承租人，由承租人给予出租人合理补偿。”

融资租赁合同中，如果双方当事人约定了该合同无效情形下，租赁物的归属问题，那么应该从其约定，但是如果没有约定或者约定不明的，租赁物应该返还出租人。如果是因承租人的原因导致合同无效，出租人没有请求返还，或者由于租赁物的性质等原因导致返还以后会降低其效用的，那么此时租赁物归承租人所有，承租人应该给予出租人一定的补偿。例如，甲乙签订融资租赁合同，合同中没有约定合同无效后租赁物的归属问题，那么如果确认合同无效，租赁物应当返还出租人乙。但是如果合同无效是由于甲的原因导致，租赁物在甲处才可以发挥其作用，返还乙后会降低其效用，并且乙也没有要求返还，那么租赁物归甲，甲应该给乙一定的补偿。

第十六章　保理合同

什么是保理合同？

答：《民法典》第七百六十一条规定：“保理合同是应收账款债权人将现有的或者将有的应收账款转让给保理人，保理人提供资金融通、应收账款管理或者催收、应收账款债务人付款担保等服务的合同。”

所谓保理，即保付代理。保理合同第一是要对应收账款进行转让，第二是保理人要提供资金融通、应收账款管理或者催收、应收账款债务人付款担保等一项或者多项服务。例如，乙公司长期拖欠甲公司欠款，于是甲公司就找到了保理公司，与保理公司签订了保理合同，将对乙的债权转让给了保理公司，委托其帮助甲公司进行资金融通，并负责催收债务。

保理合同都包括哪些内容？

答：《民法典》第七百六十二条规定：“保理合同的内容一般包括业务类型、服务范围、服务期限、基础交易合同情况、应收账款信息、保理融资款或者服务报酬及其支付方式等条款。保理合同应当采用书面形式。”

保理合同必须采取书面形式，签订保理合同时，一般需要参照上述内容，再结合实际情况加入其他约定的内容。

虚构应收款的，保理人还能主张债务吗？

答：《民法典》第七百六十三条规定：“应收账款债权人与债务人虚构应收账款作为转让标的，与保理人订立保理合同的，应收账款债务人不得以应收账款不存在为由对抗保理人，但是保理人明知虚构的除外。”

也就是说，如果应收账款债权人与债务人虚构应收账款，那么债务人不能据此对抗保理人，保理人仍有权利请求债务人履行其“虚构”的债务，但是如果保理公司事先知道该笔债权是无效的情况除外。举例来说，甲乙公司虚构了一笔二百万元债务，甲公司与保理人丙公司签订了保理合同，并将对乙公司的债权转让给了丙公司。丙公司在向乙公司主张债务时，乙公司称债务是不存在的，那么该对抗无效，此时，丙公司仍有权要求乙公司偿还二百万元债务。

债务人接到转让通知后，又与债权人协商降低货款，对保理人有效吗？

答：《民法典》第七百六十五条规定：“应收账款债务人接到应收账款转让通知后，应收账款债权人与债务人无正当理由协商变更或者终止基础交易合同，对保理人产生不利影响的，对保理人不发生效力。”

在债务人收到了债权转让的通知以后，如果其没有正当理由就与债权人协商变更合同，并且该变更会对保理人产生不利影响的，那么对保理人是不发生效力的。举例来说，乙公司欠甲公司五百万元的货款，之后甲公司与丙公司签订了保理合同，保理人将债权转让通知发送给乙公司后，乙公司又与甲公司协商变更货款的数额，将五百万元变更成一百万元。此时该变更没有正当理由，并且影响到了保理人的利益。这对于保理人是不发生效力的，保理人仍然可以向乙公司主张五百万元的债权。

有追索权的保理，可以要求债权人回购债权吗？

答：《民法典》第七百六十六条规定：“当事人约定有追索权保理的，保理人可以向应收账款债权人主张返还保理融资款本息或者回购应收账款债权，也可以向应收账款债务人主张应收账款债权。保理人向应收账款债务人主张应收账款债权，在扣除保理融资款本息和相关费用后有剩余的，剩余部分应当返还给应收账款债权人。”

一般约定在债务人破产、拖欠或者无法偿付应收账款的时候，保理人可以要求债权人回购或者归还融资的，称为有追索权保理。

在有追索权的保理中，当事人如果没有特别约定或者约定不明确时，保理人可以选择向应收账款的债权人主张返还保理融资款本息，或者回购应收账款债权，或者向债务人主张应收账款债权。举例来说，甲公司与保理人乙公司签订了有追索权的保理合同，并将甲公司对丙公司的债权转让给了乙，那么乙可以向甲要求返还保理融资款本息，也可以要求回购对丙公司的债权，也可以直接向丙公司主张应收账款债权。

无追索权保理人取得超过保理融资款本息和相关费用的部分怎么办？

答：《民法典》第七百六十七条规定：“当事人约定无追索权保理的，保理人应当向应收账款债务人主张应收账款债权，保理人取得超过保理融资款本息和相关费用的部分，无需向应收账款债权人返还。”

无追索权保理，就是保理人受让了应收账款后享有债权的全部利益，但是也要承担债务人不能偿付的风险。如果当事人在保理合同中约定为无追索权保理，保理人以后实际催收来的账款大于保理融资款本息和相关费用的，也不用再还给债权人。简单举例理解，甲乙签订了保理合同，乙作为保理人为甲方融资一千万元，但是甲方转给保理人的债权为一千三百万元，并且约定为无追索权保理，那么甲如果最后实际催收来一千二百万元，多余的二百万元也无需向甲返还。

同一债权订立多个保理合同，优先顺序如何确定？

答：《民法典》第七百六十八条规定：“应收账款债权人就同一应收账款订立多个保理合同，致使多个保理人主张权利的，已经登记的先于未登记的取得应收账款；均已经登记的，按照登记时间的先后顺序取得应收账款；均未登记的，由最先到达应收账款债务人的转让通知中载明的保理人取得应收账款；既未登记也未通知的，按照保理融资款或者服务报酬的比例取得应收账款。”

也就是说，就同一个应收账款签订了多个保理合同，致使多个保理人主张权利的，应该登记的优先；如果均未登记，最先到达应收账款债务人的转让通知中载明的保理人取得应收账款；均未登记也未通知的，要按照报酬比例取得。举例来说，甲作为应收账款债权人，就其对乙的某一应收款项分别与保理人丙、丁签订了保理合同，但是丙进行了登记，丁并未进行登记。此时，如果丙和丁均主张权利的，那么已经登记的丙要优先于未登记的丁。

第十七章　承揽合同

承揽合同一般在哪些工作中签订使用?

答:《民法典》第七百七十条规定:“承揽合同是承揽人按照定作人的要求完成工作,交付工作成果,定作人支付报酬的合同。承揽包括加工、定作、修理、复制、测试、检验等工作。”

由此可见,在委托他人做加工、定作、修理、复制、测试、检验等工作时,可以与之签订承揽合同。

承揽人可以擅自将承揽工作承包给别人做吗?

答:《民法典》第七百七十二条规定:“承揽人应当以自己的设备、技术和劳力,完成主要工作,但是当事人另有约定的除外。承揽人将其承揽的主要工作交由第三人完成的,应当就该第三人完成的工作成果向定作人负责;未经定作人同意的,定作人也可以解除合同。”

第七百七十三条规定:“承揽人可以将其承揽的辅助工作交由第三人完成。承揽人将其承揽的辅助工作交由第三人完成的,应当就该第三人完成的工作成果向定作人负责。”

由此可见,对于承揽的辅助性工作,承揽人可以不经定作人同意,直接将其转给第三人完成;但是对于主要工作,应当经过定作人的同意才能转承揽,否则定作人可以解除合同。

承揽人因定作人的过错等原因停工,损失由谁承担?

答:《民法典》第七百七十六条规定:“承揽人发现定作人提供的图纸或者技术要求不合理的,应当及时通知定作人。因定作人怠于答复等原因造成承揽人损失的,应当赔偿损失。”

承揽人应当按照定作人的要求开展工作,但是承揽人发现定作人的图纸不合理并通知定作人后,定作人要及时予以答复,否则,承揽人因图纸的问题不得已停工的,由于停工的原因并非由承揽人造成,因此带来的损失也不应当由承揽人承担,而应当由定作人自己承担。

定制服装中途换款式的，服装厂可以要求赔偿损失吗？

答：《民法典》第七百七十七条规定："定作人中途变更承揽工作的要求，造成承揽人损失的，应当赔偿损失。"

例如，某演出公司向某服装厂定制了五十套演出服，而后该公司又改进了演出服样式，致使服装厂不得不在已加工出来的演出服基础上进行拆除、重新缝制等工作，耗费了人力物力，造成了一定的损失。由此，服装厂的损失应该由演出公司来赔偿。

定作人不履行协助义务，承揽人可以解除合同吗？

答：《民法典》第七百七十八条规定："承揽工作需要定作人协助的，定作人有协助的义务。定作人不履行协助义务致使承揽工作不能完成的，承揽人可以催告定作人在合理期限内履行义务，并可以顺延履行期限；定作人逾期不履行的，承揽人可以解除合同。"

定作人不履行协助义务，承揽工作就可能会受到影响，此时承揽人可以解除合同，但需要同时符合两个条件：一是承揽工作没有定作人的协助无法完成；二是经过承揽人催告，定作人逾期不履行。如果是可有可无的定作人协助义务，承揽人不可据此解除合同。

承揽人交付的成果没有达到质量要求的，定作人可以怎么办？

答：《民法典》第七百八十条规定："承揽人完成工作的，应当向定作人交付工作成果，并提交必要的技术资料和有关质量证明。定作人应当验收该工作成果。"

承揽人交付工作成果后，定作人负有验收的权利和义务。经验收，如果该成果不符合质量标准，定作人应当及时通知承揽人。并且，《民法典》第七百八十一条规定："承揽人交付的工作成果不符合质量要求的，定作人可以合理选择请求承揽人承担修理、重作、减少报酬、赔偿损失等违约责任。"定作人可以要求承揽人承担上述违约责任。

当然，合同中约定其他类型违约责任的，如违约金，定作人可以要求承揽人支付违约金；如定作人向承揽人支付了定金的，定作人可以要求承揽人双倍返还定金。

定作人不支付报酬，承揽人可以怎么办？

答：《民法典》第七百八十二条规定：“定作人应当按照约定的期限支付报酬。对支付报酬的期限没有约定或者约定不明确，依据本法第五百一十条①的规定仍不能确定的，定作人应当在承揽人交付工作成果时支付；工作成果部分交付的，定作人应当相应支付。”

第七百八十三条规定：“定作人未向承揽人支付报酬或者材料费等价款的，承揽人对完成的工作成果享有留置权或者有权拒绝交付，但是当事人另有约定的除外。”

实践中，如果工作材料是由定作人提供的，承揽人加工制作完毕后，定作人不支付报酬的，承揽人可对该加工成品行使留置权；如果工作材料是由承揽人自己提供的，那么面对定作人不支付报酬的，承揽人可以拒绝交付。

承揽人库房失火，定作材料被烧毁，损失谁担？

答：《民法典》第七百八十四条规定：“承揽人应当妥善保管定作人提供的材料以及完成的工作成果，因保管不善造成毁损、灭失的，应当承担赔偿责任。”

由此可见，承揽人库房失火，定作材料被烧毁，属于承揽人没有妥善保管定作材料，这是承揽人自己的过失，承揽人应该自行承担损失。如果该材料属于定作方提供，承揽人应该对定作人作出赔偿。

承揽人觉得定作人的图纸不错，可以悄悄复印留下一份吗？

答：《民法典》第七百八十五条规定：“承揽人应当按照定作人的要求保守秘密，未经定作人许可，不得留存复制品或者技术资料。”

定作人交给承揽人的图纸，往往具有“特例”“单一”性，是专门定制的，即使定作人没有事先告知承揽人该图纸涉及版权、商业秘密等事项的，承揽人也不可擅自留存图纸复印件。如果想要留存，应事先和定作人商量，得到其许可。

---

①《民法典》第五百一十条　合同生效后，当事人就质量、价款或者报酬、履行地点等内容没有约定或者约定不明确的，可以协议补充；不能达成补充协议的，按照合同相关条款或者交易习惯确定。

定作人可以半途解约吗？

答：《民法典》第七百八十七条规定：“定作人在承揽人完成工作前可以随时解除合同，造成承揽人损失的，应当赔偿损失。”

在承揽工作完成前，定作人有任意的合同解除权。当定作人的解除通知到达承揽人时，合同即告解除。但是，由于在这之前，承揽人已经进行了一定的定作工作，或者定作的前期准备工作，对此，定作人应该赔偿承揽人相应的损失，包括已完成工作对应的报酬、承揽人所支出的物料以及承揽人因解除合同而受到的其他损失等。

第十八章　建设工程合同

建设工程合同必须采用书面形式才有效吗?

答：《民法典》第七百八十八条规定："建设工程合同是承包人进行工程建设，发包人支付价款的合同。建设工程合同包括工程勘察、设计、施工合同。"

建设工程合同的当事人是承包人和发包人，工程勘察合同、设计合同和施工合同都属于建设工程合同的范围，适用于建设工程合同的相关规定。

《民法典》第七百八十九条规定："建设工程合同应当采用书面形式。"

也就是说，只有通过书面形式订立的建设工程合同才具有法律上的效力。通过口头方式订立的建设工程合同，是无法得到法律的认可的。

承包人可以将部分工程转包给他人吗?

答：《民法典》第七百九十一条规定："发包人可以与总承包人订立建设工程合同，也可以分别与勘察人、设计人、施工人订立勘察、设计、施工承包合同。发包人不得将应当由一个承包人完成的建设工程支解成若干部分发包给数个承包人。总承包人或者勘察、设计、施工承包人经发包人同意，可以将自己承包的部分工作交由第三人完成。第三人就其完成的工作成果与总承包人或者勘察、设计、施工承包人向发包人承担连带责任。承包人不得将其承包的全部建设工程转包给第三人或者将其承包的全部建设工程支解以后以分包的名义分别转包给第三人。禁止承包人将工程分包给不具备相应资质条件的单位。禁止分包单位将其承包的工程再分包。建设工程主体结构的施工必须由承包人自行完成。"

发包人与承包人订立建设工程合同后，合同可能包含多项性质不同的工作内容。对于承包人来说，要求其完成合同中约定的全部工作有时会有些不现实，同时也可能导致工程无法在约定期限内完工。因此，承包人是可以将建设工程中的部分工作委托给他人的。但是，基于发包人与承包人之间的信任关系，建设工程的主体工作必须由承包人来完成，承包人不能将全部工作支解后分别转包给他人。如果承包人违法分包转包的，根据《民法典》第八百零六条第一款规定："承包人将建设工程转包、违法分包的，发包人可以解除合同。"

建设工程施工合同无效的，可能会产生什么后果？

答：《民法典》第七百九十三条规定："建设工程施工合同无效，但是建设工程经验收合格的，可以参照合同关于工程价款的约定折价补偿承包人。建设工程施工合同无效，且建设工程经验收不合格的，按照以下情形处理：（一）修复后的建设工程经验收合格的，发包人可以请求承包人承担修复费用；（二）修复后的建设工程经验收不合格的，承包人无权请求参照合同关于工程价款的约定折价补偿。发包人对因建设工程不合格造成的损失有过错的，应当承担相应的责任。"

一般来说，当合同无效后，自始不发生效力，当事人之间的权利义务关系也归于消灭。但是，由于建设工程施工合同涉及工程，双方当事人在财产、精力上的付出往往十分巨大。因此，需要对建设工程施工合同无效的问题作出一些特殊的规定，来保障双方当事人的权益。

同时，《民法典》第八百零六条第三款规定："合同解除后，已经完成的建设工程质量合格的，发包人应当按照约定支付相应的工程价款；已经完成的建设工程质量不合格的，参照本法第七百九十三条的规定处理。"

由此可见，双方当事人解除建设工程施工合同的情况下，如果建设工程质量不合格，将产生与建设工程施工合同无效同样的法律后果。

勘察、设计合同一般包括哪些内容？

答：《民法典》第七百九十四条规定："勘察、设计合同的内容一般包括提交有关基础资料和概预算等文件的期限、质量要求、费用以及其他协作条件等条款。”

勘察、设计合同也包含在建设工程合同之中，所规范的是发包人与勘察人、设计人之间的权利义务关系，是对建设工程合同的细化。除了本条规定的内容以外，当事人也可以在合同中根据实际需要另行约定其他内容，只要不违反法律强制性规定即可。

施工合同一般包括哪些内容?

答：《民法典》第七百九十五条规定：“施工合同的内容一般包括工程范围、建设工期、中间交工工程的开工和竣工时间、工程质量、工程造价、技术资料交付时间、材料和设备供应责任、拨款和结算、竣工验收、质量保修范围和质量保证期、相互协作等条款。”

施工合同的内容主要是当事人在建设工程中对于工程施工等工作的相关约定。在订立施工合同时，双方当事人应当对本条提到的事项进行协商，并在合同中作出明确约定。如果订立合同时没有达成约定的，在施工过程中也可以根据实际施工情况进行补充协议。此外，如果当事人认为有其他必要约定的事项，也可以一并约定在施工合同中。最终履行合同时以当事人的约定为准。

委托监理合同以什么形式订立?

答：《民法典》第七百九十六条规定：“建设工程实行监理的，发包人应当与监理人采用书面形式订立委托监理合同。发包人与监理人的权利和义务以及法律责任，应当依照本编委托合同以及其他有关法律、行政法规的规定。”

在工程建设的过程中，发包人可以自行决定是否与监理人订立委托监理合同。在订立本合同时，需要注意以下两点：第一，委托监理合同必须采取书面形式订立；第二，委托监理合同的订立虽然发生在工程建设过程中，但并不属于建设工程合同的范畴，本质上属于委托合同，因此需要适用委托合同的相关规定。

发包人能要求承包人停工以检查工程进度吗?

答：《民法典》第七百九十七条规定：“发包人在不妨碍承包

人正常作业的情况下，可以随时对作业进度、质量进行检查。”

签订建设工程合同后，发包人作为合同当事人，是有权利掌握工程进度、对工程进度和质量进行检查的。但是，发包人在检查时应当保证不妨碍承包人的正常作业，如果因发包人的检查行为造成误工、停工等结果，给承包人造成损害的，发包人可能还会面临赔偿。例如，甲公司与乙公司签订建设工程合同，由乙公司负责在甲公司的建设用地上建造写字楼。为了检查工程进度，甲公司要求乙公司停工三天。甲公司虽然有权检查工程进度，但这一要求并不符合法律的规定。

验收工程是发包人的义务吗?

答：《民法典》第七百九十九条规定：“建设工程竣工后，发包人应当根据施工图纸及说明书、国家颁发的施工验收规范和质量检验标准及时进行验收。验收合格的，发包人应当按照约定支付价款，并接收该建设工程。建设工程竣工经验收合格后，方可交付使用；未经验收或者验收不合格的，不得交付使用。”

建设工程合同签订后，承包人就有义务按照约定保质保量地完成工程。此外，建设工程还可能与公共利益息息相关，质量不合格的建设工程很可能会给他人的人身和财产安全造成隐患。因此，建设工程的验收是不可或缺的一环，既是发包人的权利也是其义务，应当及时、依法执行。

装修队因装修流程有误造成业主损失的，需要承担什么责任?

答：《民法典》第八百零一条规定：“因施工人的原因致使建设工程质量不符合约定的，发包人有权请求施工人在合理期限内无偿修理或者返工、改建。经过修理或者返工、改建后，造成逾期交付的，施工人应当承担违约责任。”

举例来说，某开发商与某装修公司签订某小区的住宅楼的内外装修合同，并约定好在厨房安装某品牌的净水器后再根据净水器位置安装定制橱柜。该装修公司在装修过程中忘记了开发商的嘱咐，在未测量净水器位置的情况下先行将橱柜打好，导致橱柜尺寸不符而无法安装。此时，开发商有权要求该装修公司重新制作橱柜。如果因此而导致装修无法在约定时间内完成的，该装修公司还需要承担违约责任。

承包人施工时使用低廉原材料，导致建筑表面脱落砸伤路人，需要承担赔偿责任吗？

答：《民法典》第八百零二条规定："因承包人的原因致使建设工程在合理使用期限内造成人身损害和财产损失的，承包人应当承担赔偿责任。"

承包人对建设工程在合理使用期限内要承担相应的质量保证责任。例如，某施工队在施工时为了节省成本，在为大楼建筑外墙贴砖时，在未经发包人同意的情况下使用了价格低廉的黏合剂。该建筑正式投入使用后没多久，一名行人就被脱落的外墙砖砸中导致受伤。外墙砖脱落是承包人的责任，因此应当由承包人来承担赔偿责任。

发包人不及时支付价款的，承包人如何维权？

答：《民法典》第八百零七条规定："发包人未按照约定支付价款的，承包人可以催告发包人在合理期限内支付价款。发包人逾期不支付的，除根据建设工程的性质不宜折价、拍卖外，承包人可以与发包人协议将该工程折价，也可以请求人民法院将该工程依法拍卖。建设工程的价款就该工程折价或者拍卖的价款优先受偿。"

当建设工程建设完毕且验收合格后，发包人负有及时向承包人支付价款的义务。需要注意的是，如果发包人不及时支付价款，承包人在维权时应当遵守本条规定所提到的法律救济的顺序。在未对发包人进行催告前，承包人是不能直接将工程折价的。

第十九章　运输合同

第一节　一般规定

乘客身体不舒服要求多提供一瓶水，乘务员能拒绝吗？

答：《民法典》第八百一十条规定：“从事公共运输的承运人不得拒绝旅客、托运人通常、合理的运输要求。”

一般来说，在公共运输的情况下，托运人与承运人之间订立的运输合同是由承运人事先拟好的，而不是由双方自由约定的。除了要遵守运输合同中的约定以外，承运人还需要遵守本条规定的义务。例如，居某在乘坐大巴时，因身体有点不舒服便向乘务员要了一瓶水。按照规定，该大巴每名乘客只提供一瓶水。但是居某身体不舒服，多要一瓶水属于合理要求，乘务员应当提供。当然，如果乘客所提出的要求并不合理，比如公交车没有进站，就要求司机停车开门，那么司机有权拒绝。

承运人应当履行哪些义务？

答：《民法典》第八百一十一条规定：“承运人应当在约定期限或者合理期限内将旅客、货物安全运输到约定地点。”

第八百一十二条规定：“承运人应当按照约定的或者通常的运输路线将旅客、货物运输到约定地点。”

由此可见，承运人的义务主要是准时、准确地将旅客或者货物运输到约定的地点。此外，承运人需要按照运输合同的约定履行合同义务，如果不履行或者履行不符合要求的，则需要承担相应的违约责任。

司机绕路后要求乘客多支付车费，旅客有权拒绝吗？

答：《民法典》第八百一十三条规定：“旅客、托运人或者收货人应当支付票款或者运输费用。承运人未按照约定路线或者通常路线运输增加票款或者运输费用的，旅客、托运人或者收货人可以拒绝支付增加部分的票款或者运输费用。”

一般来说，旅客、托运人所支付的票款或运输费用是与约定好的运输路线相对应的。如果司机绕路，不按合理路线运输，由此增加成本而要求旅客或托运人增加费用的，旅客或托运人有权拒绝。当然，如果因一些合理原因确实需要绕路的，承运人可以和旅客、托运人进行协商，就由此增加的运输成本进行合理的补偿。

第二节　客运合同

客运合同什么时候成立？

答：《民法典》第八百一十四条规定：“客运合同自承运人向旅客出具客票时成立，但是当事人另有约定或者另有交易习惯的除外。”

一般情况下，客运合同的成立时间点以“出具客票时”，这里的票，可以是纸质的，也可以是电子票。如果当事人有其他约定或另有交易习惯的除外，如乘坐公交车时，乘车人进入公交车后，客运合同成立。

乘坐火车购买了坐票，可以趁卧铺车厢人少去卧铺上休息吗？

答：《民法典》第八百一十五条规定：“旅客应当按照有效客票记载的时间、班次和座位号乘坐。旅客无票乘坐、超程乘坐、越级乘坐或者持不符合减价条件的优惠客票乘坐的，应当补交票款，承运人可以按照规定加收票款；旅客不支付票款的，承运人可以拒绝运输。实名制客运合同的旅客丢失客票的，可以请求承运人挂失补办，承运人不得再次收取票款和其他不合理费用。”

旅客在客运合同中也应当履行一定的义务。对于无票乘坐、超程乘坐、越级乘坐等行为，旅客应当补交相应的票款。例如，裴某要出远门，为了省钱购买了一张坐票。上车后，裴某发现卧铺车厢人很少，便来到卧铺车厢休息。裴某要想在卧铺休息，应当自觉补交票款，如果不补交，乘务员有权要求裴某返回自己的座位。如果裴某既不补交票款，又拒绝回自己座位，就属于“霸座”行为，裴某可能会招致治安管理处罚。

没赶上车，可以退票吗？

答：《民法典》第八百一十六条规定：“旅客因自己的原因不能按照客票记载的时间乘坐的，应当在约定的期限内办理退票或者变更手续；逾期办理的，承运人可以不退票款，并不再承担运输义务。”

旅客没有赶上车，能不能退票，就要看客运合同的约定。实践中，很多客运合同约定，发车后不予退票，那么如果旅客因自己的原因没有赶上车，就不能退票了。但是，一般都可以按照合同约定的时限办理改签。

搭乘飞机时，携带的行李可以不办理托运吗？

答：《民法典》第八百一十七条规定：“旅客随身携带行李应当符合约定的限量和品类要求；超过限量或者违反品类要求携带行李的，应当办理托运手续。”

也就是说，旅客是可以将行李随身携带的，但是行李的规格、种类、数量等应当符合客运合同的约定。例如，龚某携带了一个二十六寸的行李箱搭乘飞机。根据航空公司的规定，旅客随身携带的行李箱不得超过二十寸。由此可见，龚某的行李箱不能随身携带，必须办理托运。这样规定也是为了能够更好地保证旅行安全，防止发生意外。

乘客坚持携带易燃、易爆物品乘车，司机能拒绝其搭乘吗？

答：《民法典》第八百一十八条规定：“旅客不得随身携带或者在行李中夹带易燃、易爆、有毒、有腐蚀性、有放射性以及可能危及运输工具上人身和财产安全的危险物品或者违禁物品。旅客违反前款规定的，承运人可以将危险物品或者违禁物品卸下、销毁或者送交有关部门。旅客坚持携带或者夹带危险物品或者违禁物品的，承运人应当拒绝运输。”

除了承运人以外，旅客同样有义务维护旅途中的安全，不得随身携带危险物品或违禁物品。例如，张某在乘坐公交车时，携带了一桶汽油。由于汽油属于易燃、易爆的危险品，司机有权拒载张某。

因航班延误给乘客造成损失的，航空公司是否需要赔偿？

答：《民法典》第八百二十条规定：“承运人应当按照有效客票记载的时间、班次和座位号运输旅客。承运人迟延运输或者有其他不能正常运输情形的，应当及时告知和提醒旅客，采取必要的安置措施，并根据旅客的要求安排改乘其他班次或者退票；由此造成旅客损失的，承运人应当承担赔偿责任，但是不可归责于承运人的除外。”

对于发生延误的情形，不论是出于承运人自己的原因还是天气、自然灾害等不可抗力的因素，承运人都负有应当及时告知和提醒旅客，采取必要的安置措施，并根据旅客的要求安排改乘其他班次或者退票的义务。通常，在实施了一系列补救措施后，旅客还是发生一定切实损失的，在因承运人的原因延误的情形下要给予旅客赔偿。如果是因台风、地震等不可抗力因素或者交通管制等不属于承运人的因素导致延误的，则不需要赔偿。

例如某航空公司因飞机出现故障需要紧急维修，导致航班延误，在安排了一系列补救措施后，还是给乘客带来了切实的损失，那么该航空公司就应当进行赔偿。

因车辆临时故障而安排乘客搭乘另一辆更高规格的车辆，运输公司能要求乘客补交票款吗？

答：《民法典》第八百二十一条规定：“承运人擅自降低服务标准的，应当根据旅客的请求退票或者减收票款；提高服务标准的，不得加收票款。”

承运人应当按照客运合同中所约定的服务标准为旅客提供服务，如果擅自降低该标准，说明其行为违反了约定，应当承担责任。而如果提高了服务标准，虽然并未对旅客的权益造成损害，但其行为并没有在事先与旅客达成一致，因此也不能要求旅客为此付费。例如，某客运公司因一辆普通大巴出现故障，便临时将全部乘客安排到另一辆更高规格的软座车上。该客运公司不能因此要求乘客补交票款，乘客也有权拒绝其补交票款的要求。

司机有义务救助车上乘客吗？

答：《民法典》第八百二十二条规定：“承运人在运输过程中，

应当尽力救助患有急病、分娩、遇险的旅客。”

本条规定了承运人在运输过程中所必须履行的法定义务，体现了民法典中关于诚信原则的要求。例如，一名孕妇乘客在乘坐公交车时突发状况，要分娩，此时司机应当立即将车辆开至最近的医院，并跟其他乘客说明情况，告知需要下车的乘客可以先下车，车到医院的路上不停车等；再如，客车上突然上来一名歹徒抢劫乘客钱财，这时司机或乘务员有义务报警，还可在保证大家生命安全的前提下，将车开至警察局、组织群众对抗歹徒等。如果司机和乘务员没有对患急病、分娩、遇险的乘客实施尽力的救助，乘客发生损失损害的，除了要追究第三人的责任（如抢劫人）外，还可以要求承运人（如客车公司）承担一定的赔偿责任。

乘客乘车时突发心脏病去世，客运公司是否需要赔偿？

答：《民法典》第八百二十三条规定：“承运人应当对运输过程中旅客的伤亡承担赔偿责任；但是，伤亡是旅客自身健康原因造成的或者承运人证明伤亡是旅客故意、重大过失造成的除外。前款规定适用于按照规定免票、持优待票或者经承运人许可搭乘的无票旅客。”

可以免除承运人赔偿责任的情形主要有两个：第一，伤亡是旅客自身健康原因造成的。当旅客在运输过程中突发疾病时，承运人应当尽到应尽的救助义务，如果承运人未尽到此义务，同样需要承担一定的责任。第二，伤亡是由旅客故意或重大过失造成的，但需要由承运人证明，如果承运人无法证明的，依然需要承担赔偿责任。

乘客乘车时突发心脏病去世，客运公司尽到救助义务的，如及时拨打了120，在会人工呼吸的情况下实施了人工呼吸等，那不需要赔偿，否则，需要赔偿。

乘客的手机不慎从车窗掉下摔坏，能要求公交公司赔偿吗？

答：《民法典》第八百二十四条规定：“在运输过程中旅客随身携带物品毁损、灭失，承运人有过错的，应当承担赔偿责任。旅客托运的行李毁损、灭失的，适用货物运输的有关规定。”

只有在承运人有过错的情况下，才需要承担赔偿责任。例如，小李在乘坐公交车时，坐在窗边玩手机，车行进时不慎将手机摔到车窗外，导致手机摔坏。车辆行进是很正常的，小李的手机摔坏主要是因为他自己看管不善，公交公司对此没有过错，小李不能要求其赔偿。

第三节 货运合同

托运人因为提供收货地点有误造成承运人损失，是否要赔偿？

答：《民法典》第八百二十五条规定："托运人办理货物运输，应当向承运人准确表明收货人的姓名、名称或者凭指示的收货人，货物的名称、性质、重量、数量，收货地点等有关货物运输的必要情况。因托运人申报不实或者遗漏重要情况，造成承运人损失的，托运人应当承担赔偿责任。"

为了保证货物运输中的安全，托运人需要将货物的具体情况向承运人进行说明，否则就可能承担赔偿承运人损失的不利后果。这是托运人的法定义务，必须遵守。

托运人是否应当向承运人提交货物审批、检验的手续？

答：《民法典》第八百二十六条规定："货物运输需要办理审批、检验等手续的，托运人应当将办理完有关手续的文件提交承运人。"

例如，某公司委托某运输公司运输一批生猪。根据规定，需要检疫证明才能够运输牲畜。因此，该公司应当将相关手续办理完成后，将检疫文件交给该运输公司。

托运危险物品时，托运人需要履行哪些义务？

答：《民法典》第八百二十八条规定："托运人托运易燃、易爆、有毒、有腐蚀性、有放射性等危险物品的，应当按照国家有关危险物品运输的规定对危险物品妥善包装，做出危险物品标志和标签，并将有关危险物品的名称、性质和防范措施的书面材料提交承运人。托运人违反前款规定的，承运人可以拒绝运输，也可以采取相应措施以避免损失的发生，因此产生的费用由托运人负担。"

托运人在托运危险物品时需要履行的义务主要包括：妥善包装、

做出危险物品标志标签、书面告知承运人。如果托运人未尽到任何一项义务，承运人有权利拒绝运输。如果承运人决定继续运输的，可以在不征求托运人同意的情况下，采取相应的措施，并要求托运人对此负担费用。

托运人临时改变目的地的，是否需要多付运输费用？

答：《民法典》第八百二十九条规定："在承运人将货物交付收货人之前，托运人可以要求承运人中止运输、返还货物、变更到达地或者将货物交给其他收货人，但是应当赔偿承运人因此受到的损失。"

货物未交付到收货人手中时，说明运输合同尚未履行完毕，此时托运人有权在不经承运人同意的情况下要求变更或者解除运输合同。由于此行为属于托运人单方的行为，因此需要对承运人所受到的损失承担赔偿责任。例如，某商贸公司委托某运输公司运送一批货物，在货物即将送达时更改了目的地，导致额外产生了运输和保存的费用，给该运输公司造成了损失。那么，商贸公司应当作出赔偿。

收货人因故要延迟提货，承运人能要求其支付保管费吗？

答：《民法典》第八百三十条规定："货物运输到达后，承运人知道收货人的，应当及时通知收货人，收货人应当及时提货。收货人逾期提货的，应当向承运人支付保管费等费用。"

举例来说，某物流公司受甲的委托为乙运送一批家具。因乙临时出差，需要半个月后才能收货。于是，该物流公司将该批家具暂存在仓库之中。当乙收货时，该物流公司有权利要求乙支付保管费。

收货人不积极验货，可能会导致什么法律后果？

答：《民法典》第八百三十一条规定："收货人提货时应当按照约定的期限检验货物。对检验货物的期限没有约定或者约定不明确，依据本法第五百一十条①的规定仍不能确定的，应当在合理期

①《民法典》第五百一十条　合同生效后，当事人就质量、价款或者报酬、履行地点等内容没有约定或者约定不明确的，可以协议补充；不能达成补充协议的，按照合同相关条款或者交易习惯确定。

限内检验货物。收货人在约定的期限或者合理期限内对货物的数量、毁损等未提出异议的，视为承运人已经按照运输单证的记载交付的初步证据。”

在本条规定的情况下，收货人所面临的法律后果，主要是其不积极验收货物的行为会被视为承运人已经按照运输单证记载交付货物的初步证据。例如，A公司委托某运输公司将一批货物运送给B公司，并约定在送达后三天内验货。B公司收到货物后，并没有按照约定时间验货，事后也并没有对货物的质量等提出异议。这就表明，如果日后发生纠纷，B公司的行为会被视作所运达的货物与运输单证一致，如果实际有货损，很难再要求运输公司承担责任。因此，收货人及时验货，是非常关键的一步，不可忽视。

运输水果时因路上水分流失导致总重量减少，承运人是否需要对此承担责任？

答：《民法典》第八百三十二条规定：“承运人对运输过程中货物的毁损、灭失承担赔偿责任。但是，承运人证明货物的毁损、灭失是因不可抗力、货物本身的自然性质或者合理损耗以及托运人、收货人的过错造成的，不承担赔偿责任。”

举例来说，某果品合作社委托某物流公司运送一批两吨的水果。由于路程较远，水果内部水分蒸发，到达目的地后总重量不足两吨。该损耗属于水果的自然性质造成的，物流公司无须对此承担赔偿责任。

货物在运输过程中受损，该如何确定赔偿金额？

答：《民法典》第八百三十三条规定：“货物的毁损、灭失的赔偿额，当事人有约定的，按照其约定；没有约定或者约定不明确，依据本法第五百一十条的规定仍不能确定的，按照交付或者应当交付时货物到达地的市场价格计算。法律、行政法规对赔偿额的计算方法和赔偿限额另有规定的，依照其规定。”

货物受损或灭失的赔偿额主要由当事人约定，托运人和承运人在订立货运合同时，应当将相关事项在合同中写明，或者在事后达成补充协议。如果最终无法确定的，按照本条规定处理。

一批货物由多个承运人采用同一方式接力运输的，如果发生货损，谁来承担责任？

答：《民法典》第八百三十四条规定：“两个以上承运人以同一运输方式联运的，与托运人订立合同的承运人应当对全程运输承担责任；损失发生在某一运输区段的，与托运人订立合同的承运人和该区段的承运人承担连带责任。”

本条规定仅适用于同一运输方式的情况下。例如，某公司想要运送一批货物，便与某物流公司签订了货运合同，运输方式全部为陆运。在运输过程中，需要跨越三个中转站，每过一个中转站换一次实际承运人。那么，对于货损，与该公司签订货运合同的物流公司应当对全程的货损承担责任，同时要确定货物损坏的具体地点，由该地的承运人与该物流公司承担连带责任。也就是说，该公司既可以找该物流公司进行赔偿，也可以找货损发生地的运输公司进行赔偿。物流公司与货损发生地的运输公司赔偿后，可以根据实际情况向对方追偿。

运输的货物在路上因自然灾害毁损的，托运人能要求承运人返还运费吗？

答：《民法典》第八百三十五条规定：“货物在运输过程中因不可抗力灭失，未收取运费的，承运人不得请求支付运费；已经收取运费的，托运人可以请求返还。法律另有规定的，依照其规定。”

货物因不可抗力灭失的，承运人虽然不需要承担赔偿责任，但是需要承担运费的风险。这是因为托运人已经遭受了货损，出于公平原则的考虑，由承运人来承担运费更为合理。

约定货物运送到后再付运费，如果托运人拒绝支付，承运人能扣留货物吗？

答：《民法典》第八百三十六条规定：“托运人或者收货人不支付运费、保管费或者其他费用的，承运人对相应的运输货物享有留置权，但是当事人另有约定的除外。”

例如，苗某委托某运输公司运送一批货物，约定到货后再支付运费。货物送到后，苗某认为运费过高，反悔并拒绝支付运费。此时，该运输公司对该批货物享有留置权。运输公司可以与苗某约定支付运费的期限，如果到期后苗某仍然不支付运费的，该运输公司有权就该批货物的价值优先受偿。

货物运达后，没人收货，承运人可以怎么办？

答：《民法典》第八百三十七条规定："收货人不明或者收货人无正当理由拒绝受领货物的，承运人依法可以提存货物。"

货物运达后，没人收货，承运人应当先联系托运人，与托运人商量怎么办，如果商量未果，承运人可以将货物进行提存。

第四节 多式联运合同

运输合同签订后，货物需要用多种方式运输的，由谁来对托运人承担责任？

答：《民法典》第八百三十八条规定："多式联运经营人负责履行或者组织履行多式联运合同，对全程运输享有承运人的权利，承担承运人的义务。"

第八百三十九条规定："多式联运经营人可以与参加多式联运的各区段承运人就多式联运合同的各区段运输约定相互之间的责任；但是，该约定不影响多式联运经营人对全程运输承担的义务。"

多式联运合同适用于以多种方式进行运输的情形，例如一部分路途走陆运，一部分路途走空运、水运等。由于运输方式较多，很可能会有多个不同的承运人。但对托运人来说，其合同的相对方为"多式联运经营人"，因此，由多式联运经营人对全程运输负责，对托运人承担责任。

第二十章　技术合同

第一节　一般规定

什么是技术合同？技术合同的内容包括哪些？

答：《民法典》第八百四十三条规定："技术合同是当事人就技术开发、转让、许可、咨询或者服务订立的确立相互之间权利和义务的合同。"

本条规定了技术合同的定义，并说明了当事人之间的权利义务范围。

《民法典》第八百四十五条规定："技术合同的内容一般包括项目的名称，标的的内容、范围和要求，履行的计划、地点和方式，技术信息和资料的保密，技术成果的归属和收益的分配办法，验收标准和方法，名词和术语的解释等条款。与履行合同有关的技术背景资料、可行性论证和技术评价报告、项目任务书和计划书、技术标准、技术规范、原始设计和工艺文件，以及其他技术文档，按照当事人的约定可以作为合同的组成部分。技术合同涉及专利的，应当注明发明创造的名称、专利申请人和专利权人、申请日期、申请号、专利号以及专利权的有效期限。"

技术合同的内容较为复杂，专业性也比较强，在订立技术合同时，双方当事人应当秉持着平等和自愿的原则，对合同内容进行协商。本条规定也详细地对技术合同的内容进行了说明，供当事人参考。由于在多种情况下，技术合同还可能涉及专利权问题，因此也应当对相关问题在合同中作出明确约定，避免日后发生纠纷。

技术合同价款、报酬或者使用费的支付方式怎样确定？

答：《民法典》第八百四十六条规定："技术合同价款、报酬或者使用费的支付方式由当事人约定，可以采取一次总算、一次总付或者一次总算、分期支付，也可以采取提成支付或者提成支付附加预付入门费的方式。约定提成支付的，可以按照产品价格、实施专利和使用技术秘密后新增的产值、利润或者产品销售额的一定比例提成，也可以按照约定的其他方式计算。提成支付的比例可以采取固定比例、逐年递增比例或者逐年递减比例。约定提成支付的，当事人可以约定查阅有关会计账目的办法。”

技术合同价款的支付方式主要由当事人约定，当事人可以参照本条的规定，根据实际情况自由地选择最有利于合同履行的支付方式。

公司要转让技术成果，研究人员可以优先购买吗？

答：《民法典》第八百四十七条规定：“职务技术成果的使用权、转让权属于法人或者非法人组织的，法人或者非法人组织可以就该项职务技术成果订立技术合同。法人或者非法人组织订立技术合同转让职务技术成果时，职务技术成果的完成人享有以同等条件优先受让的权利。职务技术成果是执行法人或者非法人组织的工作任务，或者主要是利用法人或者非法人组织的物质技术条件所完成的技术成果。”

职务技术成果要通过订立技术合同的方式转让，那么完成人享有优先受让权。需要注意的是，该权利仅仅在同等条件的情况下享有。例如，贾某是某公司的科研人员，接受该公司的工作任务后，开发完成了一项技术成果。随后，该公司计划将该技术成果的使用权以一百万元的价格转让。如果贾某愿意支付一百万元，那么他就可以优先购买使用权。但是，如果其他人愿意以更高的价格购买，该公司有权出售给出价更高的一方。

第二节　技术开发合同

委托开发合同的委托人和研究开发人都有哪些义务？

答：《民法典》第八百五十二条规定：“委托开发合同的委托人应当按照约定支付研究开发经费和报酬，提供技术资料，提出研究开发要求，完成协作事项，接受研究开发成果。”

第八百五十三条规定，“委托开发合同的研究开发人应当按照约定制定和实施研究开发计划，合理使用研究开发经费，按期完成研究开发工作，交付研究开发成果，提供有关的技术资料和必要的技术指导，帮助委托人掌握研究开发成果”。

委托开发合同的当事人为委托人和研究开发人，双方可以在合同中约定相关的权利义务。

《民法典》第八百五十四条规定：“委托开发合同的当事人违反约定造成研究开发工作停滞、延误或者失败的，应当承担违约责任。”

如果当事人并没有按照合同约定履行义务，就需要承担违约责任。如果违约一方给对方造成损失的，还需要进行赔偿。

合作开发合同的当事人要履行怎样的义务？

答：《民法典》第八百五十五条规定：“合作开发合同的当事人应当按照约定进行投资，包括以技术进行投资，分工参与研究开发工作，协作配合研究开发工作。”

《最高人民法院关于审理技术合同纠纷案件适用法律若干问题的解释》第十九条规定：“民法典第八百五十五条所称‘分工参与研究开发工作’，包括当事人按照约定的计划和分工，共同或者分别承担设计、工艺、试验、试制等工作。技术开发合同当事人一方仅提供资金、设备、材料等物质条件或者承担辅助协作事项，另一方进行研究开发工作的，属于委托开发合同。”

在合作开发合同中，双方当事人都负有研究开发的工作任务，虽然可以在具体的工作内容上进行分工，但是其权利和义务在本质上是一致的。如果其中一方当事人没有履行相关义务，根据《民法典》第八百五十六条的规定，“合作开发合同的当事人违反约定造成研究开发工作停滞、延误或者失败的，应当承担违约责任”。

因技术困难导致研究开发失败，风险该如何承担？

答：《民法典》第八百五十八条规定：“技术开发合同履行过程中，因出现无法克服的技术困难，致使研究开发失败或者部分失败的，该风险由当事人约定；没有约定或者约定不明确，依据本法第五百一十条①的规定仍不能确定的，风险由当事人合理分担。当

①《民法典》第五百一十条　合同生效后，当事人就质量、价款或者报酬、履行地点等内容没有约定或者约定不明确的，可以协议补充；不能达成补充协议的，按照合同相关条款或者交易习惯确定。

事人一方发现前款规定的可能致使研究开发失败或者部分失败的情形时，应当及时通知另一方并采取适当措施减少损失；没有及时通知并采取适当措施，致使损失扩大的，应当就扩大的损失承担责任。”

在技术开发过程中，风险是难以避免的。对于因无法克服的技术困难所带来的风险，该风险并不是由合同当事人造成的，因此不能武断地确定风险由哪一方来承担。一般来说，在签订合同时，双方当事人应当就相关问题进行协商约定，并将风险承担的相关事项明确在合同内容中。如果没有约定或者约定不明确，则需按照本条规定处理。需要注意的是，当发生此种风险时，发现风险的一方当事人负有通知和减少损失的义务，如果因未履行此义务造成损失扩大，需要承担相应的责任。

委托他人完成的发明创造，专利权应当属于谁？

答：《民法典》第八百五十九条规定：“委托开发完成的发明创造，除法律另有规定或者当事人另有约定外，申请专利的权利属于研究开发人。研究开发人取得专利权的，委托人可以依法实施该专利。研究开发人转让专利申请权的，委托人享有以同等条件优先受让的权利。”

例如，甲公司委托乙公司开发一款新产品，开发完成后，乙公司有权申请专利权。乙公司申请取得专利权后，甲公司可以对新产品进行使用、生产、出售等。如果乙公司不申请专利，而是想将申请专利的权利转让，那么在受让人给出的条件相等的情况下，甲公司可以优先购买该权利。

对于合作开发的产品，谁有权申请专利？

答：《民法典》第八百六十条规定：“合作开发完成的发明创造，申请专利的权利属于合作开发的当事人共有；当事人一方转让其共有的专利申请权的，其他各方享有以同等条件优先受让的权利。但是，当事人另有约定的除外。合作开发的当事人一方声明放弃其共有的专利申请权的，除当事人另有约定外，可以由另一方单独申请或者由其他各方共同申请。申请人取得专利权的，放弃专利申请权的一方可以免费实施该专利。合作开发的当事人一方不同意申请专利的，另一方或者其他各方不得申请专利。”

在合作开发的情况下，各方当事人都对发明创造的诞生付出了努力，因此专利申请权应当由各方当事人共同享有。例如，甲公司和乙公司共同开发一款产品，当开发完成后，甲公司想要申请专利，但是乙公司不同意。此时，由于专利申请权为甲乙公司共有，因此甲公司不能在乙公司不同意的情况下擅自申请专利。

对于委托开发或者合作开发完成的技术秘密成果，其使用权、转让权及收益如何分配？

答：《民法典》第八百六十一条规定：“委托开发或者合作开发完成的技术秘密成果的使用权、转让权以及收益的分配办法，由当事人约定；没有约定或者约定不明确，依据本法第五百一十条①的规定仍不能确定的，在没有相同技术方案被授予专利权前，当事人均有使用和转让的权利。但是，委托开发的研究开发人不得在向委托人交付研究开发成果之前，将研究开发成果转让给第三人。”

《最高人民法院关于审理技术合同纠纷案件适用法律若干问题的解释》第二十条规定：“民法典第八百六十一条所称‘当事人均有使用和转让的权利’，包括当事人均有不经对方同意而自己使用或者以普通使用许可的方式许可他人使用技术秘密，并独占由此所获利益的权利。当事人一方将技术秘密成果的转让权让与他人，或者以独占或者排他使用许可的方式许可他人使用技术秘密，未经对方当事人同意或者追认的，应当认定该让与或者许可行为无效。”

由此可见，确定相关权利和收益的分配方法的途径主要有三个：第一，由当事人进行约定；第二，当事人没有约定或约定不明确的，可以在事后达成补充协议；第三，没有达成补充协议的，可以按照上述法律规定进行处理。需要注意的是，在委托开发的情况下，研究开发人负有一项特殊义务，如果研究开发人想要将研究开发成果转让给他人，必须先将其交付给委托人。例如，某医药公司委托某

①《民法典》第五百一十条　合同生效后，当事人就质量、价款或者报酬、履行地点等内容没有约定或者约定不明确的，可以协议补充；不能达成补充协议的，按照合同相关条款或者交易习惯确定。

生物科技公司研究开发一款药物。该生物科技公司将药物开发完成后，尚未交付给该医药公司。此时，如果有其他公司想要购买此款药物技术，该生物科技公司不能转让。

第三节 技术转让合同和技术许可合同

口头将技术成果转让给他人，能成立有效的技术转让合同吗？

答：《民法典》第八百六十三条规定："技术转让合同包括专利权转让、专利申请权转让、技术秘密转让等合同。……技术转让合同和技术许可合同应当采用书面形式。"

技术转让合同是合法拥有技术的权利人，将现有特定的专利、专利申请、技术秘密的相关权利让与他人所订立的合同。由上面的法律规定可以看出，要签订技术转让合同，必须采取书面形式，即合同书、信件、电报、电传、传真等可以有形地表现所载内容的形式。通过电子邮件等可以随时调取查用的方式所签订的合同，也可以视为书面形式的合同。如果当事人仅在口头上将技术成果转让给他人，那么不能认定他们之间成立有效的技术转让合同。

专利实施许可合同可以自由约定有效期吗？

答：《民法典》第八百六十五条规定："专利实施许可合同仅在该专利权的存续期限内有效。专利权有效期限届满或者专利权被宣告无效的，专利权人不得就该专利与他人订立专利实施许可合同。"

也就是说，专利实施许可合同必须在专利权的有效期内订立，且期限不能超出专利权的有效期。例如，甲公司开发出一款新技术并申请了发明专利，有效期限为二十年。随后，甲公司许可乙公司使用该技术，并与乙公司签订了专利实施许可合同。该合同的有效期应当在剩余的专利有效期限内。如果甲公司和乙公司约定的有效期超出了专利的有效期限，超出部分无效。

专利实施许可合同的当事人需要履行怎样的义务？

答：《民法典》第八百六十六条规定："专利实施许可合同的许可人应当按照约定许可被许可人实施专利，交付实施专利有关的技术资料，提供必要的技术指导。”

第八百六十七条规定：“专利实施许可合同的被许可人应当按照约定实施专利，不得许可约定以外的第三人实施该专利，并按照约定支付使用费。”

专利实施许可合同的当事人为许可人和被许可人。当事人可以在合同中约定双方的权利义务，一旦合同成立，就必须按照约定履行合同。如果不履行合同义务，则需要承担相应的违约责任。

技术秘密转让合同的当事人需要履行怎样的义务？

答：《民法典》第八百六十八条规定：“技术秘密转让合同的让与人和技术秘密使用许可合同的许可人应当按照约定提供技术资料，进行技术指导，保证技术的实用性、可靠性，承担保密义务。前款规定的保密义务，不限制许可人申请专利，但是当事人另有约定的除外。”

第八百六十九条规定：“技术秘密转让合同的受让人和技术秘密使用许可合同的被许可人应当按照约定使用技术，支付转让费、使用费，承担保密义务。”

由于技术秘密转让合同的内容涉及技术秘密，因此双方当事人均负有保密义务。需要注意的是，许可人虽然负有保密义务，但是在没有特殊约定的情况下，依然有权就该技术申请专利。

技术转让合同和技术许可合同的当事人需要履行怎样的义务？

答：《民法典》第八百七十条规定：“技术转让合同的让与人和技术许可合同的许可人应当保证自己是所提供的技术的合法拥有者，并保证所提供的技术完整、无误、有效，能够达到约定的目标。”

第八百七十一条规定：“技术转让合同的受让人和技术许可合同的被许可人应当按照约定的范围和期限，对让与人、许可人提供的技术中尚未公开的秘密部分，承担保密义务。”

技术转让合同和技术许可合同虽属于不同的合同，但这两种的合同的双方当事人均应该按照上述法律规定承担相应的义务。

许可人和被许可人承担违约责任的情形一般有哪些？

答：《民法典》第八百七十二条规定："许可人未按照约定许可技术的，应当返还部分或者全部使用费，并应当承担违约责任；实施专利或者使用技术秘密超越约定的范围的，违反约定擅自许可第三人实施该项专利或者使用该项技术秘密的，应当停止违约行为，承担违约责任；违反约定的保密义务的，应当承担违约责任。让与人承担违约责任，参照适用前款规定。"

许可人需要承担违约责任的情形有：第一，未按照约定许可技术；第二，实施专利或者使用技术秘密超越约定范围；第三，违反约定擅自许可第三人实施该专利或使用该技术秘密；第四，违反约定的保密义务。

《民法典》第八百七十三条规定："被许可人未按照约定支付使用费的，应当补交使用费并按照约定支付违约金；不补交使用费或者支付违约金的，应当停止实施专利或者使用技术秘密，交还技术资料，承担违约责任；实施专利或者使用技术秘密超越约定的范围的，未经许可人同意擅自许可第三人实施该专利或者使用该技术秘密的，应当停止违约行为，承担违约责任；违反约定的保密义务的，应当承担违约责任。受让人承担违约责任，参照适用前款规定。"

被许可人需要承担违约责任的情形有：第一，未按照约定支付使用费；第二，不补交使用费或支付违约金；第三，实施专利或使用技术秘密超越约定范围；第四，未经许可人同意擅自许可他人实施该专利或使用该技术秘密；第五，违反约定的保密义务。

无论是许可人还是被许可人，都需要根据不同的违约情形承担不同的违约责任。

正常使用购买他人的技术秘密中，被告知侵犯了他人权利，谁来担责？

答：《民法典》第八百七十四条规定："受让人或者被许可人按照约定实施专利、使用技术秘密侵害他人合法权益的，由让与人或者许可人承担责任，但是当事人另有约定的除外。"

举例来说，甲公司向乙公司购买了某项技术秘密的使用权。在甲公司正常的使用过程中，被丙公司找上门。原来，该技术秘密涉及丙公司享有专利权的某项主要技术，已经侵犯到丙公司的权利。那么此时，应当由乙公司来承担责任。

将技术成果转让给他人后又进行了改进，那么他人有权使用改进后的技术成果吗？

答：《民法典》第八百七十五条规定：“当事人可以按照互利的原则，在合同中约定实施专利、使用技术秘密后续改进的技术成果的分享办法；没有约定或者约定不明确，依据本法第五百一十条①的规定仍不能确定的，一方后续改进的技术成果，其他各方无权分享。”

对于后续改进的技术成果如何使用的问题，当事人可以在订立技术合同时加以约定。如果没有约定或约定不明确，事后也没有达成补充协议的，那么改进后的技术成果只能由改进方享有。

第四节 技术咨询合同和技术服务合同

技术咨询合同的委托人因未提供必要资料影响进度，要承担什么后果？

答：《民法典》第八百八十一条第一款规定：“技术咨询合同的委托人未按照约定提供必要的资料，影响工作进度和质量，不接受或者逾期接受工作成果的，支付的报酬不得追回，未支付的报酬应当支付。”

例如，某公司想要开发一款产品，于是与专家洪某的研发团队签订了技术咨询合同，由洪某提供技术指导。在研发过程中，因该公司的失误，未能及时提供必要的资料，导致洪某团队无法提出指导意见，工作进度被延误。此时，应当由该公司来承担责任，不得因工作进度延误而向洪某团队追回已经支付的报酬，如果有该支付而还未支付的报酬，还应当继续支付。

---

①《民法典》第五百一十条 合同生效后，当事人就质量、价款或者报酬、履行地点等内容没有约定或者约定不明确的，可以协议补充；不能达成补充协议的，按照合同相关条款或者交易习惯确定。

技术咨询合同的受托人未如期提出咨询报告，需要承担什么责任？

答：《民法典》第八百八十一条第二款规定：“技术咨询合同的受托人未按期提出咨询报告或者提出的咨询报告不符合约定的，应当承担减收或者免收报酬等违约责任。”

例如，某医药公司想要开发一款线上智能买药的软件，于是聘请了一个顾问小组，与该小组签订了技术咨询合同。在开发软件的过程中，该小组并没有根据该医药公司的要求提供可行报告，导致软件开发失败。此时，该顾问小组应当根据约定，承担减收或者免收报酬的违约责任。

委托人利用受托人的技术成果开发出新的技术的，该技术属于谁？

答：《民法典》第八百八十五条规定：“技术咨询合同、技术服务合同履行过程中，受托人利用委托人提供的技术资料和工作条件完成的新的技术成果，属于受托人。委托人利用受托人的工作成果完成的新的技术成果，属于委托人。当事人另有约定的，按照其约定。”

也就是说，在技术咨询合同和技术服务合同中，对于新的技术成果的归属，一般来说按照“谁完成谁拥有”的原则来处理。当然，如果当事人之间对技术成果的归属有其他约定的，以当事人约定为优先。例如，某公司想要开发一款新产品，便聘请了某技术小组提供技术服务，并签订了技术服务合同。产品开发完成后，该公司在该产品的基础上又开发了一款新产品。这款新产品应当归该公司所有，而非技术小组所有。

受托人在工作过程中产生的费用该由谁来负担？

答：《民法典》第八百八十六条规定：“技术咨询合同和技术服务合同对受托人正常开展工作所需费用的负担没有约定或者约定不明确的，由受托人负担。”

首先，在签订技术咨询合同和技术服务合同时，双方当事人应当对费用的负担问题进行约定，并明确记载在合同当中。其次，没有约定或约定不明确的，由受托人承担。

第二十一章　保管合同

到超市购物时，将包存入存包柜，是成立了什么合同？

答：《民法典》第八百八十八条规定：“保管合同是保管人保管寄存人交付的保管物，并返还该物的合同。寄存人到保管人处从事购物、就餐、住宿等活动，将物品存放在指定场所的，视为保管，但是当事人另有约定或者另有交易习惯的除外。”

由此可见，消费者到超市购物时，将随身携带物品存入超市的存包柜后，就与超市之间订立了保管合同，双方的权利义务适用《民法典》关于保管合同的规定。

事先没有说明有保管费用，事后可以索要吗？

答：《民法典》第八百八十九条规定：“寄存人应当按照约定向保管人支付保管费。当事人对保管费没有约定或者约定不明确，依据本法第五百一十条①的规定仍不能确定的，视为无偿保管。”

事先没有说明有保管费用，即没有对保管费做出约定，双方可以签订补充协议再进行约定；不能达成补充协议的，按照合同相关条款或者交易习惯确定。以上都不能确定的，就按无偿保管处理。

保管合同是在什么时候成立？

答：《民法典》第八百九十条规定：“保管合同自保管物交付时成立，但是当事人另有约定的除外。”

如果当事人没有特别约定，保管合同自保管物交付给保管人时成立，不以口头约定好或书面签字时论。例如，甲与乙说好让乙帮忙看管电动车，此时虽然约定好，但是保管合同并未成立，只有当甲把电动车交给乙后，保管合同才成立。

---

①《民法典》第五百一十条　合同生效后，当事人就质量、价款或者报酬、履行地点等内容没有约定或者约定不明确的，可以协议补充；不能达成补充协议的，按照合同相关条款或者交易习惯确定。

保管人未出具保管凭证，影响保管合同的成立吗？

答：《民法典》第八百九十一条规定：“寄存人向保管人交付保管物的，保管人应当出具保管凭证，但是另有交易习惯的除外。”

保管凭证不是保管合同成立的形式要件，出具与否，不影响保管合同的成立。但是，一旦发生纠纷，保管凭证是重要依据。因此，如果具有保管凭证的，如存包柜的小票、停车场的小票等，我们应注意妥善保存。

保管人可以擅自将保管物“挪地方”吗？

答：《民法典》第八百九十二条规定：“保管人应当妥善保管保管物。当事人可以约定保管场所或者方法。除紧急情况或者为维护寄存人利益外，不得擅自改变保管场所或者方法。”

保管人擅自将保管物“挪地方”，限于“紧急情况和为维护寄存人利益”这两种情形，如发生地震、洪水、火灾，否则，是不能擅自改变保管场所的。举例来说，甲乙签订保管合同，由甲保管乙的一百袋面粉。乙要求甲将面粉放置于阳面的屋内。但是几天后，乙因为给其他客户腾空间，擅自将面粉挪至阴面的屋内。如果面粉因此发生受潮等情形，甲要承担赔偿责任。

寄存人应当履行怎样的告知义务？

答：《民法典》第八百九十三条规定：“寄存人交付的保管物有瑕疵或者根据保管物的性质需要采取特殊保管措施的，寄存人应当将有关情况告知保管人。寄存人未告知，致使保管物受损失的，保管人不承担赔偿责任；保管人因此受损失的，除保管人知道或者应当知道且未采取补救措施外，寄存人应当承担赔偿责任。”

关于寄存人的告知义务，主要包含两种情况：一是关于保管物的瑕疵或缺陷，如存放的物品包装不好，本身就容易造成损坏；二是保管物的性质特殊，如易燃易爆、易发挥、易变质。如果寄存人未事先告知，因此受损，责任自负。

保管人将保管物交给他人保管，物品丢失谁负责？

答：《民法典》第八百九十四条规定："保管人不得将保管物转交第三人保管，但是当事人另有约定的除外。保管人违反前款规定，将保管物转交第三人保管，造成保管物损失的，应当承担赔偿责任。"

也就是说，保管人是不能擅自将保管物交给他人保管的，否则，物品损坏或丢失，保管人要承担赔偿责任。当然，在一些情况下，保管人不能再履行保管义务，如生病，又不能及时联系到存放人，那么根据《民法典》第八百九十二条第二款的规定："当事人可以约定保管场所或者方法。除紧急情况或者为维护寄存人利益外，不得擅自改变保管场所或者方法。"基于紧急情况或者为维护寄存人利益，保管人可改变保管场所或者方法。即此时如有必要，可以进行"转保管"，但是一定要及时通知存放人。

保管人可以使用保管物吗？

答：《民法典》第八百九十五条规定："保管人不得使用或者许可第三人使用保管物，但是当事人另有约定的除外。"

保管人对保管物不具有使用权，不能使用保管物。但是，如果双方约定可以使用，或者基于保管物的性质不使用可能发生损坏时，保管人可以适当使用。例如，李某出国前将家里的物品交给邻居保管，事先没有约定邻居可以使用室内物品。后来，邻居长期联系不到李某，考虑到电视、冰箱等如果长期闲置，可能会发生损坏，邻居可以偶尔使用之。这是基于保管的需要所进行的"使用"，是妥善保管的体现。

保管物被依法强制执行的，保管人还负有返还保管物的义务吗？

答：《民法典》第八百九十六条第一款规定："第三人对保管物主张权利的，除依法对保管物采取保全或者执行措施外，保管人应当履行向寄存人返还保管物的义务。"

在某些时候，第三方可能对保管物提出某些权利申请，比如主张保管物的所有权应归自己，除非由有关机关依法采取了相关措施，保管人都只能将保管物交还给寄存人。如姜某将自己的汽车交给赵某保管，姜某后来成了老赖，债权人将赵某保管姜某汽车的事情告知法院，法院依法强制执行了该汽车。那么此时，赵某就不再负有向赵某返还汽车的义务。

此外，《民法典》第八百九十六条第二款规定："第三人对保管人提起诉讼或者对保管物申请扣押的，保管人应当及时通知寄存人。"

例如，甲在乙（保管人）处发现了一辆电动车是自己丢的那辆，于是报警。而电动车是丙让乙保管的。此时，乙应该及时通知丙。并且，一旦经过行政、司法等程序致使电动车不在乙控制之下，乙不再具有向丙返还电动车的义务。

帮他人"义务"看行李箱时，行李箱丢失，看管人要赔偿吗？

答：《民法典》第八百九十七条规定："保管期内，因保管人保管不善造成保管物毁损、灭失的，保管人应当承担赔偿责任。但是，无偿保管人证明自己没有故意或者重大过失的，不承担赔偿责任。"

在有偿保管中，寄存人是需要支付给保管人钱款的，如果因保管不善而发生保管物损坏或丢失，保管人要承担赔偿责任。但是在无偿保管中，对保管人的要求就没那么苛刻。例如，王女士上公共厕所时将行李箱交给保洁员帮忙临时看管。保洁员应了一声后，看了一眼一旁的行李箱，继续擦地。不料，一旁的小偷看到眼前的一幕，趁机飞快地顺走了行李箱。当保洁员发觉后，大喊"抓小偷"并上前追赶，但是没追上。此处，保洁员不应承担赔偿责任。

到超市存包时未事先说明有贵重物品，如果包丢失，超市要赔偿其中的贵重物品吗？

答：《民法典》第八百九十八条规定："寄存人寄存货币、有价证券或者其他贵重物品的，应当向保管人声明，由保管人验收或者封存；寄存人未声明的，该物品毁损、灭失后，保管人可以按照一般物品予以赔偿。"

由此可见，消费者到超市存包时未事先说明有贵重物品，如果包丢失，超市有权利拒绝赔偿其中的贵重物品。现实中，很多寄存处都会贴出"贵重物品请随身携带""贵重物品请提先声明"等警示语，借此提示寄存人。需要注意的是，上述条文的规定不仅适用于超市保管等无偿保管，也适用于有偿保管。

保管人能随时要求寄存人领回保管物吗?

答：《民法典》第八百九十九条规定：“寄存人可以随时领取保管物。当事人对保管期限没有约定或者约定不明确的，保管人可以随时请求寄存人领取保管物；约定保管期限的，保管人无特别事由，不得请求寄存人提前领取保管物。”

无论保管合同有没有约定保管期限，寄存人都可以随时领取保管物，这是寄存人的权利。但如果保管人不想保管了，是不是可以随时要求寄存人将保管物领回呢？这就看双方对保管期限有没有明确约定，如果没有，可以要求；否则，无特殊情况，只能等保管期限结束才能要求寄存人领回保管物。

宠物狗被保管期间生了小狗，保管人需要将小狗也返还给寄存人吗?

答：《民法典》第九百条规定：“保管期限届满或者寄存人提前领取保管物的，保管人应当将原物及其孳息归还寄存人。”

孳息是原物所产生的额外利益，在一定意义上属于原物的附属品，包括天然孳息和法定孳息。天然孳息，如生长、繁育所致的果实、幼仔；法定孳息如租金、利息、股票所得等。由此可见，当宠物狗被保管期间生了小狗，小狗属于宠物狗附属的“孳息”，保管人理应将“小狗”连同“大狗”一起返还给寄存人。

寄存人领取保管物时拒不支付保管费用，保管人可以怎么办?

答：《民法典》第九百零二条规定：“有偿的保管合同，寄存人应当按照约定的期限向保管人支付保管费。当事人对支付期限没有约定或者约定不明确，依据本法第五百一十条①的规定仍不能确定的，应当在领取保管物的同时支付。”

在有偿保管合同中，支付保管费是寄存人的重要义务。

---

①《民法典》第五百一十条　合同生效后，当事人就质量、价款或者报酬、履行地点等内容没有约定或者约定不明确的，可以协议补充；不能达成补充协议的，按照合同相关条款或者交易习惯确定。

《民法典》第九百零三条规定："寄存人未按照约定支付保管费或者其他费用的，保管人对保管物享有留置权，但是当事人另有约定的除外。"

也就是说，如果寄存人领取保管物时拒不支付保管费用，那么保管人可以依据此条规定行使留置权，等寄存人交费后再让其把保管物领走。

第二十二章　仓储合同

仓储合同在什么时候成立?

答:《民法典》第九百零五条规定:“仓储合同自保管人和存货人意思表示一致时成立。”

之所以规定仓储合同“自保管人和存货人意思表示一致时成立”,是因为在仓储作业中,往往需要做很多提前准备,如准备库房、设备,如果等仓储物交付时才成立合同,未免对提供仓储的一方不公平。按照法律规定,订立仓储合同可以采用书面形式,也可以采用口头形式,无论哪种形式,只要双方一拍即合,任何一方不按照合同履行义务,都构成违约。

对于存储危险物品、易变质物品的,双方有哪些责任?

答:《民法典》第九百零六条规定:“储存易燃、易爆、有毒、有腐蚀性、有放射性等危险物品或者易变质物品的,存货人应当说明该物品的性质,提供有关资料。存货人违反前款规定的,保管人可以拒收仓储物,也可以采取相应措施以避免损失的发生,因此产生的费用由存货人负担。保管人储存易燃、易爆、有毒、有腐蚀性、有放射性等危险物品的,应当具备相应的保管条件。”

在仓储合同中,如果仓储物是危险物品、易变质物品,存货人负有“说明”责任,通常在订立合同时就应说明物品性质、提供相关资料,并在合同条款中标注。如果是口头合同,也一定要讲明白。而对于危险物品,保管人还应具备相应的保管条件,如果不具备存储危险品的场所、设备、技术等,一旦发生损害,保管人不仅要自担损失,还要赔偿存货人的损失。

“验收入库”环节具有怎样的重要性?

答:《民法典》第九百零七条规定:“保管人应当按照约定对入库仓储物进行验收。保管人验收时发现入库仓储物与约定不符合的，应当及时通知存货人。保管人验收后，发生仓储物的品种、数量、质量不符合约定的，保管人应当承担赔偿责任。”

验收入库，意味着仓储物交付给保管人占有，保管人开始承担保管义务，一旦货物发生闪失，保管人就要承担责任。因此，验收入库环节对于保管人来说，意义非凡、责任重大，保管人一定要认真做好验收工作。

此外，是不是验收入库后，发生的所有货物损失情况都由保管人来承担呢？答案是否定的，《民法典》第九百一十七条规定：“储存期内，因保管不善造成仓储物毁损、灭失的，保管人应当承担赔偿责任。因仓储物本身的自然性质、包装不符合约定或者超过有效储存期造成仓储物变质、损坏的，保管人不承担赔偿责任。”

仓单应包含哪些事项？

答：《民法典》第九百零九条规定：“保管人应当在仓单上签名或者盖章。仓单包括下列事项：（一）存货人的姓名或者名称和住所；（二）仓储物的品种、数量、质量、包装及其件数和标记；（三）仓储物的损耗标准；（四）储存场所；（五）储存期限；（六）仓储费；（七）仓储物已经办理保险的，其保险金额、期间以及保险人的名称；（八）填发人、填发地和填发日期。”

存货人交付仓储物，保管人应当出具仓单、入库单等凭证。实践中，仓储企业的仓单一般都是事先制定好的制式单据，在填仓单时，要注意实事求是、不遗漏。

持有“仓单”可以做哪些事？

答：《民法典》第九百一十条规定：“仓单是提取仓储物的凭证。存货人或者仓单持有人在仓单上背书并经保管人签名或者盖章的，可以转让提取仓储物的权利。”

第九百一十一条规定：“保管人根据存货人或者仓单持有人的要求，应当同意其检查仓储物或者提取样品。”

可见，持有“仓单”的人可以做的事情一般有：提取仓储物、背书仓单（转让仓单、质押仓单）、检查仓储物、提取样品。

一旦发现库中仓储物变质或损坏，保管人应该怎么办？

答：《民法典》第九百一十二条规定：“保管人发现入库仓储物有变质或者其他损坏的，应当及时通知存货人或者仓单持有人。”

第九百一十三条规定：“保管人发现入库仓储物有变质或者其他损坏，危及其他仓储物的安全和正常保管的，应当催告存货人或者仓单持有人作出必要的处置。因情况紧急，保管人可以作出必要的处置；但是，事后应当将该情况及时通知存货人或者仓单持有人。”

一旦发现库中仓储物变质或损坏，保管人的首要任务就是“通知”存货人或仓单持有人。当然，如果情况紧急，保管人有权作出必要的处置。比如，某库房为某面粉厂存储面粉，后因连续的天气潮湿闷热，面粉生虫。此时，库房工作人员为了防止其他没有生虫的面粉被“传染”，抓紧时间将已生虫的面粉移出仓库，到外面进行晾晒。同时，库房将部分面粉生虫一事通知到面粉厂即可。

存货人可以随时“提货”吗？

答：《民法典》第九百一十四条规定：“当事人对储存期限没有约定或者约定不明确的，存货人或者仓单持有人可以随时提取仓储物，保管人也可以随时请求存货人或者仓单持有人提取仓储物，但是应当给予必要的准备时间。”

第九百一十五条规定：“储存期限届满，存货人或者仓单持有人应当凭仓单、入库单等提取仓储物。存货人或者仓单持有人逾期提取的，应当加收仓储费；提前提取的，不减收仓储费。”

对于存货人或仓单持有人来讲，是可以根据需要随时提取货物的。但是，在仓储费用结算方面，会根据是否有明确的仓储期限而有所不同。举例来说，某仓储公司为陈某存储货物，没有约定具体期限，那么陈某可以随时提取货物，只要事先通知仓储公司让其做准备即可，仓储费用一般按天结算。如果双方约定了存储期限为一个月，陈某提前提货的，一个月的仓储费用不予退还；超过一个月提货的，超一天多付一天的费用。

仓储物迟迟没人来提，怎么办？

答：《民法典》第九百一十六条规定：“储存期限届满，存货人或者仓单持有人不提取仓储物的，保管人可以催告其在合理期限内提取；逾期不提取的，保管人可以提存仓储物。”

仓储物迟迟没人来提，对于保管人来讲，会造成一定的损失，比如仓储物的储存成本、仓储物毁损的风险，这对保管人而言是完全可以避免的。因此法律规定，在催告无果的情况下，保管人可以将仓储物提存。提存之后，保管人可以向存货人或仓单持有人索要仓储费，如果对方不支付，可追究其违约责任。

第二十三章　委托合同

受托人垫付的费用，有权向委托人要利息吗？

答：《民法典》第九百二十一条规定："委托人应当预付处理委托事务的费用。受托人为处理委托事务垫付的必要费用，委托人应当偿还该费用并支付利息。"

委托合同是委托人和受托人约定，由受托人处理委托人事务的合同。委托人可以特别委托受托人处理一项或者数项事务，也可以概括委托受托人处理一切事务。无论是怎样的委托，都是受托人为委托人办理事务，其中所需的费用理应由委托人来负担，如果受托人先行垫付的，不仅可以要求委托人偿还费用，还可以索要利息。

受托人必须按照委托人的指示严格办事吗？

答：《民法典》第九百二十二条规定："受托人应当按照委托人的指示处理委托事务。需要变更委托人指示的，应当经委托人同意；因情况紧急，难以和委托人取得联系的，受托人应当妥善处理委托事务，但是事后应当将该情况及时报告委托人。"

一般情况下，受托人必须按照委托人的指示严格办事。但是如果遇到紧急情况，又联系不到委托人，受托人可以基于委托人的利益先处理。比如：甲委托乙售卖螃蟹，并规定了价格。当天下午，乙发现有一些螃蟹出现奄奄一息的情况，若不降价处理恐怕都要卖不出去了，可是乙给甲打电话一直打不通，于是乙做主降价处理，并给甲发了信息告知。在这里，乙的做法非常正确，最大限度减少了甲可能遭受的损失。

受托人擅自将委托之事交与他人代办，要承担怎样的责任？

答：《民法典》第九百二十三条规定："受托人应当亲自处理委托事务。经委托人同意，受托人可以转委托。转委托经同意或者追认的，委托人可以就委托事务直接指示转委托的第三人，受托人仅就第三人的选任及其对第三人的指示承担责任。转委托未经同意或者追认的，受托人应当对转委托的第三人的行为承担责任；但是，在紧急情况下受托人为了维护委托人的利益需要转委托第三人的除外。”

委托人将委托之事交给受托人来办，是基于对受托人本人的信任，因此，受托人应当亲力亲为。当受托人不能亲力亲为时，应该跟委托人商量，将事情转交给其他人来办。比如，甲律师是王女士的代理律师，甲因为老家临时有事不能再代理王女士的案子，于是和王女士商量由其同事乙律师来接替他。王女士答应。此时，甲只需要就“选任和指示”来承担责任。如果甲没有跟王女士说，直接将案子交给乙代理，那么应该对乙的行为承担责任；但是，如果甲一直联系不到王女士，他又着急回老家，此时他可以先把案子交给乙办，这属于紧急情况，甲仍然仅对“选任和指示”承担责任。

受托人给委托人造成损失的，需要赔偿吗？

答：《民法典》第九百二十九条规定：“有偿的委托合同，因受托人的过错造成委托人损失的，委托人可以请求赔偿损失。无偿的委托合同，因受托人的故意或者重大过失造成委托人损失的，委托人可以请求赔偿损失。受托人超越权限造成委托人损失的，应当赔偿损失。”

受托人在替委托人办事时，要小心谨慎、尽职尽责，否则可能要承担相应的责任，特别是在有偿的委托合同中，因受托人过错造成损失的，一般都需要作出赔偿。当然，受托人处理委托事务时，因不可归责于自己的事由受到损失的，也可以向委托人请求赔偿损失。

委托合同可以随时解除吗？

答：《民法典》第九百三十三条规定：“委托人或者受托人可以随时解除委托合同。因解除合同造成对方损失的，除不可归责于该当事人的事由外，无偿委托合同的解除方应当赔偿因解除时间不当造成的直接损失，有偿委托合同的解除方应当赔偿对方的直接损失和合同履行后可以获得的利益。”

委托合同是基于双方的意思合意，双方可以随时解除，但是主张解除合同的一方由此给对方造成损失的，要赔偿。

委托人死亡，受托人应该继续进行委托事务吗？

答：《民法典》第九百三十四条规定："委托人死亡、终止或者受托人死亡、丧失民事行为能力、终止的，委托合同终止；但是，当事人另有约定或者根据委托事务的性质不宜终止的除外。"

由此可见，委托合同的一方当事人死亡、终止的，委托合同一般即告终止。

但是，《民法典》第九百三十五条规定："因委托人死亡或者被宣告破产、解散，致使委托合同终止将损害委托人利益的，在委托人的继承人、遗产管理人或者清算人承受委托事务之前，受托人应当继续处理委托事务。"

相应地，如果是受托人一方死亡的，受托人一方的继承人等也要作出符合委托人利益的一些行为。对此，《民法典》第九百三十六条规定："因受托人死亡、丧失民事行为能力或者被宣告破产、解散，致使委托合同终止的，受托人的继承人、遗产管理人、法定代理人或者清算人应当及时通知委托人。因委托合同终止将损害委托人利益的，在委托人作出善后处理之前，受托人的继承人、遗产管理人、法定代理人或者清算人应当采取必要措施。"

第二十四章　物业服务合同

业主应该遵守“前期物业服务合同”的约定吗?

答：《民法典》第九百三十九条规定：“建设单位依法与物业服务人订立的前期物业服务合同，以及业主委员会与业主大会依法选聘的物业服务人订立的物业服务合同，对业主具有法律约束力。”

第九百四十条规定：“建设单位依法与物业服务人订立的前期物业服务合同约定的服务期限届满前，业主委员会或者业主与新物业服务人订立的物业服务合同生效的，前期物业服务合同终止。”

由此可见，在没有新的物业服务合同生效的情况下，业主应该遵守前期物业服务合同的约定。前期物业服务合同虽然不是业主来选取的物业服务人，但是前期物业服务合同的签订是必要的，有效保障了从交房后业主人数由少到多，到最终成立业主大会、业主委员会这一过渡期间中有物业公司来为小区和业主提供物业服务。当然，业主作为实际的被服务人，享有合同的权利，也应承担合同的义务。

物业公司可以将物业服务“转包”出去吗?

答：《民法典》第九百四十一条规定：“物业服务人将物业服务区域内的部分专项服务事项委托给专业性服务组织或者其他第三人的，应当就该部分专项服务事项向业主负责。物业服务人不得将其应当提供的全部物业服务转委托给第三人，或者将全部物业服务支解后分别转委托给第三人。”

由此可见，物业公司不可以将全部物业服务转包出去，但可以转包“局部”业务。业主选择某一物业公司订立物业服务合同，是基于对该物业公司的信赖，如果物业公司将业务整体委托给他人来做，就违背了业主对其的信赖，这是与他们之间签订合同的初衷相悖的。而由于物业服务内容是多项的，如果将一些具有专业性的服务委托给专业机构或人士来做，可以更好地为业主服务，这是法律所允许的，但物业公司应当就委托事项向业主负责。

在物业服务合同中，物业服务人有哪些主要义务？

答：《民法典》第九百四十二条规定："物业服务人应当按照约定和物业的使用性质，妥善维修、养护、清洁、绿化和经营管理物业服务区域内的业主共有部分，维护物业服务区域内的基本秩序，采取合理措施保护业主的人身、财产安全。对物业服务区域内违反有关治安、环保、消防等法律法规的行为，物业服务人应当及时采取合理措施制止、向有关行政主管部门报告并协助处理。"

物业服务人的义务主要参照物业服务合同的约定来执行，如果合同中没有约定，或者约定不明确，在实际认定物业服务人的义务时都可以参照本条的规定来执行。

此外，除以上合同义务外，物业服务人还负有关于重要事项的公开与报告义务。即《民法典》第九百四十三条规定："物业服务人应当定期将服务的事项、负责人员、质量要求、收费项目、收费标准、履行情况，以及维修资金使用情况、业主共有部分的经营与收益情况等以合理方式向业主公开并向业主大会、业主委员会报告。"

一直没有入住的空房也应该交纳物业费吗？

答：《民法典》第九百四十四条第一款规定："业主应当按照约定向物业服务人支付物业费。物业服务人已经按照约定和有关规定提供服务的，业主不得以未接受或者无需接受相关物业服务为由拒绝支付物业费。"

对于一直没有入住的空房来讲，业主通常认为自己没有入住，也没有接受物业服务，不应该支付物业费，但实际业主的这种观念是不正确的。物业服务是针对整体业主而言的，不是针对某一个业主，只要物业公司履行了物业服务义务，即使某个业主没有入住房屋，也应跟其他人一样履行交费义务。

物业公司采用不卖给"水、电"的方式催收物业费，违法了吗？

答：《民法典》第九百四十四条第二款和第三款规定："业主违反约定逾期不支付物业费的，物业服务人可以催告其在合理期限内支付；合理期限届满仍不支付的，物业服务人可以提起诉讼或者申请仲裁。物业服务人不得采取停止供电、供水、供热、供燃气等方式催交物业费。”

实践中，有些物业公司往往会把缴纳水电费等业务接入自己的服务范围，以挟制业主交费，但是，物业公司采用不卖给业主“水、电”的方式来催收物业费，是违法的。对于某些业主不按时支付物业费的，物业公司可以通过法律诉讼的方式维权，但不能采取上述违法行为，这是不可取的。

业主就哪些事项应该向物业进行“告知”？

答：《民法典》第九百四十五条规定：“业主装饰装修房屋的，应当事先告知物业服务人，遵守物业服务人提示的合理注意事项，并配合其进行必要的现场检查。业主转让、出租物业专有部分、设立居住权或者依法改变共有部分用途的，应当及时将相关情况告知物业服务人。”

结合实践来看，为便于物业公司更好地为业主提供服务，业主向物业履行告知义务的事项主要为：（一）装修；（二）买卖房屋、出租房屋；（三）给他人设立居住权；（四）改变业主共有部分的用途，如将小广场变车位。

业主对物业公司不满，可以解聘物业公司吗？

答：《民法典》第九百四十六条规定：“业主依照法定程序共同决定解聘物业服务人的，可以解除物业服务合同。决定解聘的，应当提前六十日书面通知物业服务人，但是合同对通知期限另有约定的除外。依据前款规定解除合同造成物业服务人损失的，除不可归责于业主的事由外，业主应当赔偿损失。”

业主与物业公司之间是服务合同关系，因此，业主对物业公司不满的，可以解聘物业公司，但是要依照法定的程序，还要履行提前通知义务，并且，如果由此给物业公司造成损失，可能还要予以赔偿。

根据《物业管理条例》第十一条、第十二条的规定，“选聘和解聘物业服务企业”由业主共同决定。业主大会会议可以采用集体讨论的形式，也可以采用书面征求意见的形式；但是，应当有物业管理区域内专有部分占建筑物总面积过半数的业主且占总人数过半数的业主参加，决定“选聘和解聘物业服务企业”的，应当经专有部分占建筑物总面积过半数的业主且占总人数过半数的业主同意。

物业服务合同到期，业主没有提出是否继续聘用，物业公司继续提供服务，原合同还有效吗？

答：《民法典》第九百四十七条规定：“物业服务期限届满前，业主依法共同决定续聘的，应当与原物业服务人在合同期限届满前续订物业服务合同。物业服务期限届满前，物业服务人不同意续聘的，应当在合同期限届满前九十日书面通知业主或者业主委员会，但是合同对通知期限另有约定的除外。”

在合同期限届满前，合同双方都有选择是否再次合作的权利，物业服务合同也是如此。但在实践中，业主们由于一些原因，往往忽视了物业服务合同期限的存在，导致合同期限届满，业主没有提出是否继续合作，物业公司仍继续提供服务现象的存在。

对此，《民法典》第九百四十八条规定：“物业服务期限届满后，业主没有依法作出续聘或者另聘物业服务人的决定，物业服务人继续提供物业服务的，原物业服务合同继续有效，但是服务期限为不定期。当事人可以随时解除不定期物业服务合同，但是应当提前六十日书面通知对方。”

此时，双方之间的物业服务合同变成了一个不定期的合同，双方都可以在尽到提前通知的义务后，解除不定期物业服务合同，这使得物业服务带有不确定性，为了双方的权益，彼此都应该及时确定是否续签合同。

业主与原物业公司合同终止后，在新物业公司接管之前，原物业公司能立刻退出吗？

答：《民法典》第九百四十九条规定：“物业服务合同终止的，原物业服务人应当在约定期限或者合理期限内退出物业服务区域，将物业服务用房、相关设施、物业服务所必需的相关资料等交还给业主委员会、决定自行管理的业主或者其指定的人，配合新物业服务人做好交接工作，并如实告知物业的使用和管理状况。原物业服务人违反前款规定的，不得请求业主支付物业服务合同终止后的物业费；造成业主损失的，应当赔偿损失。”

这是关于物业服务合同终止后，物业服务人“后合同义务”的规定，也可以理解为退出物业服务义务的规定。这也是物业服务合同的附随义务，是履行诚信原则的体现，是物业服务人的法定义务，不可违背。

同时，《民法典》第九百五十条规定：“物业服务合同终止后，在业主或者业主大会选聘的新物业服务人或者决定自行管理的业主接管之前，原物业服务人应当继续处理物业服务事项，并可以请求业主支付该期间的物业费。”

也就是说，如果出现物业服务“断档”的情形，即业主与原物业公司合同终止后，在新物业公司接管之前，原物业公司不能立刻退出，要继续提供服务直到有人接管。当然，此期间的物业费应该由业主照付。

第二十五章　行纪合同

行纪公司工作人员处理委托事务的“差旅费”应由谁来承担？

答：《民法典》第九百五十二条规定：“行纪人处理委托事务支出的费用，由行纪人负担，但是当事人另有约定的除外。”

行纪合同是行纪人以自己的名义为委托人从事贸易活动，委托人支付报酬的合同。如行纪合同当事人之间没有特别的约定，行纪公司工作人员处理委托事务的“差旅费”应由行纪公司来承担。

行纪人发现被委托卖出的水果可能要坏，可以自行决定降价处理吗？

答：《民法典》第九百五十三条规定：“行纪人占有委托物的，应当妥善保管委托物。”

第九百五十四条规定：“委托物交付给行纪人时有瑕疵或者容易腐烂、变质的，经委托人同意，行纪人可以处分该物；不能与委托人及时取得联系的，行纪人可以合理处分。”

如果行纪人接受委托为他人销售水果，行纪人应该妥善保存，置于适宜的温度、环境等。但是，水果毕竟属于易腐烂、变质之物，如果行纪人发现水果可能要坏，应及时告知委托人，与其商量如何处理，不可擅自将水果降价处理；如果实在联系不到委托人，为了委托人的利益，减少其损失，行纪人才可以自行决定降价处理。

行纪人没有按照委托人指定的价格买卖委托物的，如何处理？

答：《民法典》第九百五十五条规定：“行纪人低于委托人指定的价格卖出或者高于委托人指定的价格买入的，应当经委托人同意；未经委托人同意，行纪人补偿其差额的，该买卖对委托人发生效力。行纪人高于委托人指定的价格卖出或者低于委托人指定的价格买入的，可以按照约定增加报酬；没有约定或者约定不明确，依据本法第五百一十条[1]的规定仍不能确定的，该利益属于委托人。委托人对价格有特别指示的，行纪人不得违背该指示卖出或者买入。”

由此可见，一般情况下，行纪人应该严格按照委托人指定的价格买卖委托物。但是，市场瞬息万变，高出或低于指定价格买卖委托物也是有可能的。当出现此类情形时，我们按照《民法典》上述规定处理即可。需要注意的是，如果委托人对价格作出了特别指示，例如甲将一台电脑交给行纪公司代卖，并指出就卖 6000 元，不可多也不可少，那么行纪公司就一定要照办，否则甲有权拒绝接受任何高卖、低卖行为。

行纪人将委托物卖给自己的，还可以要求委托人支付报酬吗？

答：《民法典》第九百五十六条规定：“行纪人卖出或者买入具有市场定价的商品，除委托人有相反的意思表示外，行纪人自己可以作为买受人或者出卖人。行纪人有前款规定情形的，仍然可以请求委托人支付报酬。”

由此可见，行纪人将委托物卖给自己的，如果该物属于具有市场定价的商品，并且委托人也不反对卖给行纪人，那么行纪人不仅可以买到委托物，还可以要求委托人支付行纪合同约定的报酬。

委托人迟迟不取走委托物的，行纪人可以怎么办？

答：《民法典》第九百五十七条规定：“行纪人按照约定买入委托物，委托人应当及时受领。经行纪人催告，委托人无正当理由拒绝受领的，行纪人依法可以提存委托物。委托物不能卖出或者委托人撤回出卖，经行纪人催告，委托人不取回或者不处分该物的，行纪人依法可以提存委托物。”

由此可见，委托人迟迟不取走委托物，行纪人经过合理催告后，仍不处理的，行纪人可以依法将委托物进行提存。

---

①《民法典》第五百一十条　合同生效后，当事人就质量、价款或者报酬、履行地点等内容没有约定或者约定不明确的，可以协议补充；不能达成补充协议的，按照合同相关条款或者交易习惯确定。

行纪人接受委托与他人订立买卖合同，他人不支付尾款的，怎么办？

答：《民法典》第九百五十八条规定：“行纪人与第三人订立合同的，行纪人对该合同直接享有权利、承担义务。第三人不履行义务致使委托人受到损害的，行纪人应当承担赔偿责任，但是行纪人与委托人另有约定的除外。”

行纪人与他人订立的买卖等合同，与行纪合同本身而言，是独立的合同，行纪人独自对买卖合同负责。举例来讲，行纪人甲接受乙的委托卖出乙的汽车。甲与丙订立了汽车买卖合同，但是，丙在汽车过户后，迟迟不支付剩余的尾款，并且玩起了消失。那么，甲应该自己补齐这笔尾款给乙，再依据买卖合同向丙主张违约责任，进行追偿。

如果委托人不支付报酬，行纪人可以怎么办？

答：《民法典》第九百五十九条规定：“行纪人完成或者部分完成委托事务的，委托人应当向其支付相应的报酬。委托人逾期不支付报酬的，行纪人对委托物享有留置权，但是当事人另有约定的除外。”

因此，如果委托人不支付报酬，行纪人可以行使留置权。

第二十六章　中介合同

中介公司隐瞒“凶宅”事实将房屋租出，租户可以要回中介费吗？

答：《民法典》第九百六十二条规定：“中介人应当就有关订立合同的事项向委托人如实报告。中介人故意隐瞒与订立合同有关的重要事实或者提供虚假情况，损害委托人利益的，不得请求支付报酬并应当承担赔偿责任。”

中介合同是中介人向委托人报告订立合同的机会或者提供订立合同的媒介服务，委托人支付报酬的合同。其中，中介人应该秉持诚信义务，居中向双方提供真实的情况。但是有的中介为了促成交易，往往会隐瞒一些关键因素。例如，甲将自己的一套房屋委托给某中介公司出租。甲明确告知该房屋为凶宅。中介公司将房屋出租给乙，并隐瞒了凶宅一事。乙入住后从邻居处得知后不敢再住，并与房东甲协商解除了租赁合同。而之前乙已经向中介公司支付了一个月的房租作为中介费，那么对于该笔中介费，乙完全可以要回。并且，如果乙在租房的时候有所损失，如因提前解除合同而支付给了房东违约金等，就这些损失，乙还可以要求中介公司予以赔偿。

中介没有促成交易，可以要一部分中介费吗？

答：《民法典》第九百六十三条规定：“中介人促成合同成立的，委托人应当按照约定支付报酬。对中介人的报酬没有约定或者约定不明确，依据本法第五百一十条①的规定仍不能确定的，根据中介人的劳务合理确定。因中介人提供订立合同的媒介服务而促成合同成立的，由该合同的当事人平均负担中介人的报酬。中介人促成合同成立的，中介活动的费用，由中介人负担。”

①《民法典》第五百一十条　合同生效后，当事人就质量、价款或者报酬、履行地点等内容没有约定或者约定不明确的，可以协议补充；不能达成补充协议的，按照合同相关条款或者交易习惯确定。

第九百六十四条规定："中介人未促成合同成立的，不得请求支付报酬；但是，可以按照约定请求委托人支付从事中介活动支出的必要费用。"

由此可见，中介促成交易的，理应拿到中介费。如果没有促成交易，不得要求支付中介费，包括不可要求折价支付中介费。但是中介为促成交易开展了一定的活动，并支出了活动费，对此，中介人可以按照合同约定要求委托人支付必要的开支。

瞒着中介私下签订购房合同，还需要支付中介费吗？

答：《民法典》第九百六十五条规定："委托人在接受中介人的服务后，利用中介人提供的交易机会或者媒介服务，绕开中介人直接订立合同的，应当向中介人支付报酬。"

在现实中，当事人绕过中介偷偷签订合同的情况并不罕见，特别是在房屋买卖、租赁中，买主或者租客与房东见面后，双方悄悄绕过中介签订合同。此时，为了保护中介的利益，不让其白忙活一场，法律特别规定了应向中介人支付中介费。

第二十七章　合伙合同

合伙合同存续期间，合伙人可以要求分割合伙财产吗？

答：《民法典》第九百六十九条规定："合伙人的出资、因合伙事务依法取得的收益和其他财产，属于合伙财产。合伙合同终止前，合伙人不得请求分割合伙财产。"

由此可见，合伙合同存续期间，合伙人不可以要求分割合伙财产。

执行合伙事务的合伙人应该得到报酬吗？

答：《民法典》第九百七十条规定："合伙人就合伙事务作出决定的，除合伙合同另有约定外，应当经全体合伙人一致同意。合伙事务由全体合伙人共同执行。按照合伙合同的约定或者全体合伙人的决定，可以委托一个或者数个合伙人执行合伙事务；其他合伙人不再执行合伙事务，但是有权监督执行情况。合伙人分别执行合伙事务的，执行事务合伙人可以对其他合伙人执行的事务提出异议；提出异议后，其他合伙人应当暂停该项事务的执行。"

这是《民法典》关于合伙事务执行的规定。那么，合伙中有一两个合伙人执行事务的，其是不是应该拿到报酬呢？

《民法典》第九百七十一条规定："合伙人不得因执行合伙事务而请求支付报酬，但是合伙合同另有约定的除外。"

也就是说，在没有约定报酬的情况下，执行事务的合伙人是没有报酬的。但是为了公平起见，我们提倡合伙合同对此类情况作出约定，即给予执行事务的合伙人以一定的费用补偿或报酬。

合伙利润如何分配？

答：《民法典》第九百七十二条规定："合伙的利润分配和亏损分担，按照合伙合同的约定办理；合伙合同没有约定或者约定不明确的，由合伙人协商决定；协商不成的，由合伙人按照实缴出资比例分配、分担；无法确定出资比例的，由合伙人平均分配、分担。”

在合伙利润分配或亏损的分担方面，按照“合同约定—协商—出资比—平分”这样的顺位确定分担事宜即可。

合伙人对合伙债务承担的是什么责任？

答：《民法典》第九百七十三条规定：“合伙人对合伙债务承担连带责任。清偿合伙债务超过自己应当承担份额的合伙人，有权向其他合伙人追偿。”

合伙人对合伙债务承担连带责任，这也是合伙企业不同于公司法人的关键所在。

合伙人要对外转让财产份额的，需要其他合伙人一致同意吗？

答：《民法典》第九百七十四条规定：“除合伙合同另有约定外，合伙人向合伙人以外的人转让其全部或者部分财产份额的，须经其他合伙人一致同意。”

合伙具有极强的人合性，任何转让财产份额的行为都可能导致其他合伙人加入，但其他合伙人对新加入的合伙人并不了解，因此，合伙人要对外转让财产份额的，需要其他合伙人一致同意。正是基于此，对于合伙人债权人的代位权，《民法典》也作出了专门规定，第九百七十五条规定：“合伙人的债权人不得代位行使合伙人依照本章规定和合伙合同享有的权利，但是合伙人享有的利益分配请求权除外。”

合伙期限届满，大家接着干的，合伙合同继续有效吗？

答：《民法典》第九百七十六条规定：“合伙人对合伙期限没有约定或者约定不明确，依据本法第五百一十条①的规定仍不能确定的，视为不定期合伙。合伙期限届满，合伙人继续执行合伙事务，其他合伙人没有提出异议的，原合伙合同继续有效，但是合伙期限为不定期。合伙人可以随时解除不定期合伙合同，但是应当在合理

①《民法典》第五百一十条 合同生效后，当事人就质量、价款或者报酬、履行地点等内容没有约定或者约定不明确的，可以协议补充；不能达成补充协议的，按照合同相关条款或者交易习惯确定。

期限之前通知其他合伙人。”

合伙期限届满，大家接着干的，合伙合同继续有效，只是由原来的固定合伙期限变成了不定期合伙合同，并且可以随时解除。

合伙人死亡的，其子女可以继承其合伙人的身份吗?

答：《民法典》第九百七十七条规定：“合伙人死亡、丧失民事行为能力或者终止的，合伙合同终止；但是，合伙合同另有约定或者根据合伙事务的性质不宜终止的除外。”

由此可见，一般情况下，合伙人死亡的，其子女不可以直接继承其合伙人的身份。如果其他合伙人愿意跟其子女共事，可以重新签订合伙合同。

第三分编　准合同

第二十八章　无因管理

无因管理是怎么回事？无因管理人具有怎样的权利？

答：《民法典》第九百七十九条规定：“管理人没有法定的或者约定的义务，为避免他人利益受损失而管理他人事务的，可以请求受益人偿还因管理事务而支出的必要费用；管理人因管理事务受到损失的，可以请求受益人给予适当补偿。管理事务不符合受益人真实意思的，管理人不享有前款规定的权利；但是，受益人的真实意思违反法律或者违背公序良俗的除外。”

在无因管理中，管理人对受益人并没有法定或者约定义务，管理他人事务完全出于避免他人利益受损的心理状态。所管理的事务需要符合受益人的真实意思，此处的真实意思要合法、符合公序良俗。

无因管理人具有的权利为：（一）请求受益人偿还因管理事务而支出的必要费用；（二）就因管理事务受到损失，请求受益人给予适当补偿。

举例来说，甲将不要的家具弃置在楼下，乙看到后以为甲没来得及搬回家，担心下雨后家具损坏，便将家具又搬到了甲家门口。此时，乙的行为违反了甲的真实意思，因此不能享有无因管理的权利。再比如，张某出门上班前，发现邻居吴某家中无人，而其年幼的孩子独自在家。张某担心孩子无人看管会出事，便主动帮忙照顾孩子，导致被扣了半天工钱。张某的行为属于无因管理，有权要求邻居补偿其误工费。

帮邻居赶回走失的羊，能因中途有事就放着羊不管吗？

答：《民法典》第九百八十一条规定：“管理人管理他人事务，应当采取有利于受益人的方法。中断管理对受益人不利的，无正当理由不得中断。”

管理人管理他人事务并不是绝对不能中断，而是中断不得对受益人不利。例如，谭某在回家路上，发现邻居家的羊脱离羊群。为了防止羊走丢，谭某主动帮忙将羊赶回去。但中途的时候，谭某接到家里的电话说亲戚来做客，让他赶快回家。此时，谭某不应将羊弃之不顾，如可以直接联系邻居，让邻居将羊接走。

发现邻居家仓库顶破了，是应该直接维修还是电话通知邻居？

答：《民法典》第九百八十二条规定："管理人管理他人事务，能够通知受益人的，应当及时通知受益人。管理的事务不需要紧急处理的，应当等待受益人的指示。"

对于紧急事务，如果不及时管理就会造成他人权益受损的，为避免他人权益受损，管理人可以直接进行管理，再及时通知受益人。而对于不紧急的事务，管理人应当先通知受益人，等待指示后再行动。例如，田某的邻居王某长期在外打工，田某发现其院内仓库的屋顶破了个洞，但是最近天气很好，不会发生漏雨的情况。此时，田某应当将相关情况通知王某，由王某决定是否对屋顶进行维修。

帮他人收取成熟的果实后，能直接扣留一部分作为报酬吗？

答：《民法典》第九百八十三条规定："管理结束后，管理人应当向受益人报告管理事务的情况。管理人管理事务取得的财产，应当及时转交给受益人。"

管理人对管理他人事务时所取得的财产仅仅享有占有的权利，所有权依然属于受益人，管理人应当将财产全部转交给受益人。如果管理人在管理途中有支出的费用或者遭受了损失，可以与受益人进行协商，要求受益人支付必要费用以及相应的补偿，而不能直接扣留受益人的财产。

第二十九章　不当得利

什么是不当得利？在哪些情况下得利人无须返还所得利益？

答：《民法典》第九百八十五条规定：“得利人没有法律根据取得不当利益的，受损失的人可以请求得利人返还取得的利益，但是有下列情形之一的除外：（一）为履行道德义务进行的给付；（二）债务到期之前的清偿；（三）明知无给付义务而进行的债务清偿。”

不当得利是指得利人在没有法律根据的情况下取得的利益，如储户去银行取款时多拿到了钱，那多拿的钱就属于不当得利，需要返还给银行。但是，在上述法律规定的三种情况下，得利人无须返还得利。例如，徐某和刘某是一对情侣，分手时刘某为了获得补偿，以与徐某之间存在债务为名要求徐某支付三万元。徐某明知道自己与刘某并无借贷关系，但仍然向他支付了三万元。此时，徐某不得再要求刘某返还该笔钱款。

此外，《民法典》第九百八十六条规定：“得利人不知道且不应当知道取得的利益没有法律根据，取得的利益已经不存在的，不承担返还该利益的义务。”本条规定的得利人在取得利益时是出于善意的状态，对利益并无非法占有的本意。例如，卜某购买了一部手机，填错地址后寄到了郝某手中。巧的是，郝某在外地的男朋友说过要送自己一部手机，于是郝某误以为该手机是男朋友送的，便开始使用该手机。不料第二天，郝某不慎将手机遗失。此时，如果卜某要求郝某返还手机，郝某有权拒绝。

收到他人转错的账款，是否有义务返还？

答：《民法典》第九百八十七条规定：“得利人知道或者应当知道取得的利益没有法律根据的，受损失的人可以请求得利人返还其取得的利益并依法赔偿损失。”

举例来说，池某打算通过微信给李某转账一千元，但是没看好名字，错转给了李某某。李某某没多想随手点击了确认收款。随后，池某立刻联系李某某，告知其转错账的事情。此时，李某某应当将一千元转回给池某。

错收他人快递后转送给朋友，原来的收件人还能追回快递吗？

答：《民法典》第九百八十八条规定："得利人已经将取得的利益无偿转让给第三人的，受损失的人可以请求第三人在相应范围内承担返还义务。"

例如，石某收到一个快递，收件人是童某，但是错填了石某的手机号。石某拆开快递发现是一块手表，戴了几天后便将该手表送给了朋友。在这种情况下，童某作为本来的收件人，利益受到了损失，有权利要求石某的朋友将手表返还。

第四编　人格权

第四编 人格权

- 本编调整因人格权的享有和保护产生的民事关系
  - 第一章 一般规定
    - 人格权是民事主体享有的生命权、身体权、健康权、姓名权、名称权、肖像权、名誉权、荣誉权、隐私权等权利。除此以外，自然人享有基于人身自由、人格尊严产生的其他人格权益
  - 第二章 生命权、身体权和健康权
    - 自然人的生命安全和生命尊严、身体完整和行动自由、身心健康受法律保护
  - 第三章 姓名权和名称权
    - 自然人享有姓名权，有权依法决定、使用、变更或者许可他人使用自己的姓名，但是不得违背公序良俗。法人、非法人组织享有名称权，有权依法决定、使用、变更、转让或者许可他人使用自己的名称
  - 第四章 肖像权
    - 自然人享有肖像权，有权依法制作、使用、公开或者许可他人使用自己的肖像。肖像是通过影像、雕塑、绘画等方式在一定载体上所反映的特定自然人可以被识别的外部形象
  - 第五章 名誉权和荣誉权
    - 任何组织或者个人不得以侮辱、诽谤等方式侵害他人的名誉权。名誉是对民事主体的品德、声望、才能、信用等的社会评价。
      任何组织或者个人不得非法剥夺他人的荣誉称号，不得诋毁、贬损他人的荣誉
  - 第六章 隐私权和个人信息保护
    - 任何组织或者个人不得以刺探、侵扰、泄露、公开等方式侵害他人的隐私权。隐私是自然人的私人生活安宁和不愿为他人知晓的私密空间、私密活动、私密信息。
      个人信息是以电子或者其他方式记录的能够单独或者与其他信息结合识别特定自然人的各种信息，包括自然人的姓名、出生日期、身份证件号码、生物识别信息、住址、电话号码、电子邮箱、健康信息、行踪信息等

第一章　一般规定

什么是人格权？人格权可以放弃吗？

答：《民法典》第九百九十条规定："人格权是民事主体享有的生命权、身体权、健康权、姓名权、名称权、肖像权、名誉权、荣誉权、隐私权等权利。除前款规定的人格权外，自然人享有基于人身自由、人格尊严产生的其他人格权益。"

由此可见，人格权是与人的人格和人身有着密切关联的权利，具有人身专属性。

《民法典》第九百九十二条还规定："人格权不得放弃、转让或者继承。"这是因为人格权是与我们的人格和尊严共同存在的，人格和尊严不会消失，人格权也不能放弃、转让或继承。

死者也有人格权吗？如果死者的人格权被侵犯，该由谁来维权？

答：《民法典》第九百九十四条规定："死者的姓名、肖像、名誉、荣誉、隐私、遗体等受到侵害的，其配偶、子女、父母有权依法请求行为人承担民事责任；死者没有配偶、子女且父母已经死亡的，其他近亲属有权依法请求行为人承担民事责任。"

由此可见，死者在法律规定的范围内同样享有人格权。如果死者的人格权受到侵犯，那么死者的配偶、子女、父母可以进行维权。在无配偶、子女、父母的情况下，其他近亲属也享有维护死者人格权的权利。

人格权被他人侵害后，要求他人赔礼道歉等权利受诉讼时效限制吗？

答：《民法典》第九百九十五条规定："人格权受到侵害的，受害人有权依照本法和其他法律的规定请求行为人承担民事责任。受害人的停止侵害、排除妨碍、消除危险、消除影响、恢复名誉、赔礼道歉请求权，不适用诉讼时效的规定。"

也就是说，无论距离侵害人格权的行为发生过了多长时间，受害人都可以要求其停止侵害、排除妨碍、消除危险、消除影响、恢复名誉、赔礼道歉。但是，如果受害人有其他损失，要求行为人承担赔偿等民事责任的，会受到诉讼时效限制。

人格权因对方的违约行为受到侵害，能要求对方进行精神损害赔偿吗?

答：《民法典》第九百九十六条规定：“因当事人一方的违约行为，损害对方人格权并造成严重精神损害，受损害方选择请求其承担违约责任的，不影响受损害方请求精神损害赔偿。”

举例来说，一对新人与婚庆公司签订了合同，但由于该婚庆公司的违约行为导致婚礼失败，侵害到新人的人格权，造成严重精神损害，此时新人既可以根据合同的约定要求该婚庆公司承担违约责任，也可以要求婚庆公司进行精神损害赔偿。

第二章　生命权、身体权和健康权

什么样的人才能捐献器官？捐献器官的决定应当怎样作出？

答：《民法典》第一千零六条第一款和第二款规定：“完全民事行为能力人有权依法自主决定无偿捐献其人体细胞、人体组织、人体器官、遗体。任何组织或者个人不得强迫、欺骗、利诱其捐献。完全民事行为能力人依据前款规定同意捐献的，应当采用书面形式，也可以订立遗嘱。”

只有具有完全民事行为能力的人才能自主决定捐献人体器官、人体组织、人体细胞等。未成年人自主决定捐献器官是不具有法律效力的。此外，捐献人体器官的决定必须以书面形式或者订立遗嘱形式作出。

父母去世后，子女可以决定捐献其器官吗？

答：《民法典》第一千零六条第三款规定：“自然人生前未表示不同意捐献的，该自然人死亡后，其配偶、成年子女、父母可以共同决定捐献，决定捐献应当采用书面形式。”

自然人死亡后捐献器官，应当满足以下几个限制条件：第一，自然人生前没有表示不同意捐献；第二，配偶、成年子女、父母共同决定捐献；第三，捐献决定应当以书面形式作出。只有在符合以上全部限制条件的情况下，才能决定捐献死者器官、遗体等。

进行临床试验都需要经过哪些法律程序？

答：《民法典》第一千零八条规定：“为研制新药、医疗器械或者发展新的预防和治疗方法，需要进行临床试验的，应当依法经相关主管部门批准并经伦理委员会审查同意，向受试者或者受试者的监护人告知试验目的、用途和可能产生的风险等详细情况，并经其书面同意。进行临床试验的，不得向受试者收取试验费用。”

由此可见，在进行上述临床试验时，需要经过的法律程序有三个：第一，取得相关部门的批准、同意；第二，告知受试者或者其监护人相关事项；第三，经过受试者或其监护人的书面同意。此外，向受试者收取试验费用是法律明令禁止的。

什么样的行为属于性骚扰？

答：《民法典》第一千零一十条第一款规定："违背他人意愿，以言语、文字、图像、肢体行为等方式对他人实施性骚扰的，受害人有权依法请求行为人承担民事责任。"

可以看出，与性侵害相比，性骚扰的情节更为轻微，大部分性骚扰行为尚未造成严重后果。例如，刘某是某商场的销售人员，杜某是她曾经接待过的客户。杜某见刘某长得漂亮，便时常通过微信给她发送一些暧昧的言论或图片，让刘某不胜其烦。杜某的行为就构成了性骚扰，刘某有权要求其承担民事责任。

如果女职工遭遇性骚扰，单位有义务管吗？

答：《民法典》第一千零一十条第二款规定："机关、企业、学校等单位应当采取合理的预防、受理投诉、调查处置等措施，防止和制止利用职权、从属关系等实施性骚扰。"

由此可见，对于性骚扰行为，机关、企业、学校等单位是需要履行相关的管理义务的。例如，小张在公司遇到了职场性骚扰，小张可以将相关情况反映给公司。公司需要及时展开内部调查，核实性骚扰行为的真实性，帮助维护她的权益。

超市怀疑顾客夹带商品而对顾客搜身，是否侵犯了顾客的人格权？

答：《民法典》第一千零一十一条规定："以非法拘禁等方式剥夺、限制他人的行动自由，或者非法搜查他人身体的，受害人有权依法请求行为人承担民事责任。"

本条规定中提到的行动自由以及身体不受他人搜查的权利，都属于身体权的范畴，身体权属于人格权的一种。超市不具有执法权，即使怀疑顾客夹带商品，也应当采取合法的手段收集证据或者直接报告公安机关，而不能对顾客搜身。被非法搜身后，顾客有权以人格权被侵犯为由，要求超市承担责任。

第三章　姓名权和名称权

冒充他人的姓名顶替他人去上大学，是否侵犯他人的姓名权？

答：《民法典》第一千零一十二条规定：“自然人享有姓名权，有权依法决定、使用、变更或者许可他人使用自己的姓名，但是不得违背公序良俗。”

第一千零一十四条规定：“任何组织或者个人不得以干涉、盗用、假冒等方式侵害他人的姓名权或者名称权。”

要使用他人姓名必须征得他人的许可，未经他人许可，盗用、冒用他人姓名的行为都是侵犯他人姓名权的。冒用他人姓名顶替他人去上大学不仅侵犯他人姓名权，还侵犯他人接受教育的权利。除此以外，该行为还破坏了我国的教育招生制度，可能构成犯罪。

给孩子起名字，什么情况下可以选择父亲母亲以外的姓氏？

答：《民法典》第一千零一十五条规定：“自然人应当随父姓或者母姓，但是有下列情形之一的，可以在父姓和母姓之外选取姓氏：（一）选取其他直系长辈血亲的姓氏；（二）因由法定扶养人以外的人扶养而选取扶养人姓氏；（三）有不违背公序良俗的其他正当理由。少数民族自然人的姓氏可以遵从本民族的文化传统和风俗习惯。”

自然人在起名字时，应当遵循本条规定选取姓氏，如果需要选择其他姓氏的，必须有正当理由且不违背公序良俗。

与某公司签订合同后该公司变更名称了，该合同还有效吗？

答：《民法典》第一千零一十六条第二款规定：“民事主体变更姓名、名称的，变更前实施的民事法律行为对其具有法律约束力。”

公司一般属于民事主体中的法人，法人单纯地变更名称并不代表主体改变，名称变更以前所实施的法律行为并不会受到影响，依然具有法律效力。因此，在公司变更名称前所签订的合同在名称变更后仍然有效。

冒用他人网名上网聊天，是否侵犯他人的姓名权？

答：《民法典》第一千零一十七条规定："具有一定社会知名度，被他人使用足以造成公众混淆的笔名、艺名、网名、译名、字号、姓名和名称的简称等，参照适用姓名权和名称权保护的有关规定。"

一般情况下，如果使用了他人的网名并不会侵犯他人姓名权。如果该网名已经具有一定社会知名度，且被他人使用足以造成公众混淆的话，那么冒用该网名的行为就会涉及侵犯姓名权的问题。例如，给自己起一个与某知名网红相同的网名，造成了他人混淆的，就侵犯了该网红的姓名权。

第四章 肖像权

为他人绘制的肖像画能未经他人同意就展出吗?

答:《民法典》第一千零一十八条规定:“自然人享有肖像权,有权依法制作、使用、公开或者许可他人使用自己的肖像。肖像是通过影像、雕塑、绘画等方式在一定载体上所反映的特定自然人可以被识别的外部形象。”

第一千零一十九条第二款规定:“未经肖像权人同意,肖像作品权利人不得以发表、复制、发行、出租、展览等方式使用或者公开肖像权人的肖像。”

也就是说,如果能够通过该肖像画识别出特定自然人的,那么在展出时就应当取得肖像本人的同意。如果肖像画是作者在参考他人形象的基础上进行再创造,已经无法识别出画作中人的身份的,那么未经同意就不能认定作者侵犯肖像权。

未经过朋友同意便将其照片分享到网上,是否侵犯朋友的肖像权?

答:《民法典》第一千零一十九条第一款规定:“任何组织或者个人不得以丑化、污损,或者利用信息技术手段伪造等方式侵害他人的肖像权。未经肖像权人同意,不得制作、使用、公开肖像权人的肖像,但是法律另有规定的除外。”

也就是说,要公开、使用他人的肖像,除了法律规定的例外情形以外,必须征得他人同意。未经许可在网络上发表他人照片的,无论该照片是否经过丑化,都侵犯他人的肖像权。

哪些情况下可以不经过他人同意就使用他人的肖像?

答:《民法典》第一千零二十条规定:“合理实施下列行为的,可以不经肖像权人同意:(一)为个人学习、艺术欣赏、课堂教学或者科学研究,在必要范围内使用肖像权人已经公开的肖像;(二)

为实施新闻报道，不可避免地制作、使用、公开肖像权人的肖像；（三）为依法履行职责，国家机关在必要范围内制作、使用、公开肖像权人的肖像；（四）为展示特定公共环境，不可避免地制作、使用、公开肖像权人的肖像；（五）为维护公共利益或者肖像权人合法权益，制作、使用、公开肖像权人的肖像的其他行为。”

在以上五种情况下，可以不经他人同意就使用他人的肖像。但需要注意的是，使用他人肖像的行为必须限制在合理的范围内。如果超出了合理使用的范围，依然需要承担侵犯他人肖像权的责任。

第五章 名誉权和荣誉权

认为美容院的员工手艺不好而在客户群中对其进行谩骂，是否侵犯他人名誉权？

答：《民法典》第一千零二十四条规定：“民事主体享有名誉权。任何组织或者个人不得以侮辱、诽谤等方式侵害他人的名誉权。名誉是对民事主体的品德、声望、才能、信用等的社会评价。”

一般来讲，生活中常见侵犯他人名誉权的行为主要有两种：侮辱和诽谤。例如，周某到某美容院文眉，由该美容院的员工小陶为她服务。文眉结束后，周某认为小陶的手艺不行，让她没法出去见人，非常生气，便在客户群中对小陶进行了侮辱和谩骂，严重影响了小陶在其他客户中的名誉。周某的行为侵犯了小陶的名誉权。

新闻报道可能影响他人名誉，是否侵犯他人名誉权？

答：《民法典》第一千零二十五条规定：“行为人为公共利益实施新闻报道、舆论监督等行为，影响他人名誉的，不承担民事责任，但是有下列情形之一的除外：（一）捏造、歪曲事实；（二）对他人提供的严重失实内容未尽到合理核实义务；（三）使用侮辱性言辞等贬损他人名誉。”

除了这三种情形以外，其他为维护公共利益而实施的合理新闻报道不侵犯他人的名誉权。需要注意的是，如何确认第二种情形中的合理核实义务，在《民法典》中也有明确的规定。

《民法典》第一千零二十六条规定：“认定行为人是否尽到前条第二项规定的合理核实义务，应当考虑下列因素：（一）内容来源的可信度；（二）对明显可能引发争议的内容是否进行了必要的调查；（三）内容的时限性；（四）内容与公序良俗的关联性；（五）受害人名誉受贬损的可能性；（六）核实能力和核实成本。”

如果认定行为人没有尽到合理的核实义务而实施不实新闻报道，从而影响他人名誉的，应当承担相应的民事责任。

认为新闻报道失实侵犯自己名誉权的，可以怎么做？

答：《民法典》第一千零二十八条规定：“民事主体有证据证明报刊、网络等媒体报道的内容失实，侵害其名誉权的，有权请求该媒体及时采取更正或者删除等必要措施。”

权利人可以提供相应的证据，向侵害其名誉的媒体交涉维权，必要时，也可以采取诉讼等法律手段。

什么是荣誉权？

答：《民法典》第一千零三十一条规定：“民事主体享有荣誉权。任何组织或者个人不得非法剥夺他人的荣誉称号，不得诋毁、贬损他人的荣誉。获得的荣誉称号应当记载而没有记载的，民事主体可以请求记载；获得的荣誉称号记载错误的，民事主体可以请求更正。”

荣誉权是民事主体基于其取得的荣誉所享有的权利，主要包含两个方面的内容：第一，只要是我国的民事主体，都有取得荣誉的权利，例如获得表彰、荣誉称号；第二，民事主体有维护已取得的荣誉的权利。如果民事主体所取得的荣誉有异议的，有权维护其荣誉权。例如，段某因杰出的贡献被评为某市的优秀青年。随后，有人在网上肆意造谣，认为段某的荣誉称号是通过“走后门”得来的。他人的行为构成了对段某荣誉的诋毁，段某有权维护其荣誉权。此外，他人的行为还可能侵犯段某的名誉权，段某同样可以对此主张权利。

第六章　隐私权和个人信息保护

有哪些行为可能侵犯到他人的隐私权?

答:《民法典》第一千零三十三条规定:“除法律另有规定或者权利人明确同意外,任何组织或者个人不得实施下列行为:(一)以电话、短信、即时通讯工具、电子邮件、传单等方式侵扰他人的私人生活安宁;(二)进入、拍摄、窥视他人的住宅、宾馆房间等私密空间;(三)拍摄、窥视、窃听、公开他人的私密活动;(四)拍摄、窥视他人身体的私密部位;(五)处理他人的私密信息;(六)以其他方式侵害他人的隐私权。”

由此可知,以上这些行为一般会侵犯到他人的隐私权。

哪些个人信息会受到法律的保护?

答:《民法典》第一千零三十四条规定:“自然人的个人信息受法律保护。个人信息是以电子或者其他方式记录的能够单独或者与其他信息结合识别特定自然人的各种信息,包括自然人的姓名、出生日期、身份证件号码、生物识别信息、住址、电话号码、电子邮箱、健康信息、行踪信息等。个人信息中的私密信息,适用有关隐私权的规定;没有规定的,适用有关个人信息保护的规定。”

由此可见,我们的姓名、出生日期、身份证件号码、生物识别信息、住址、电话号码、电子邮箱、健康信息、行踪信息等个人信息均受到法律保护。

处理他人的个人信息应当符合什么样的条件?

答:《民法典》第一千零三十五条规定:“处理个人信息的,应当遵循合法、正当、必要原则,不得过度处理,并符合下列条件:(一)征得该自然人或者其监护人同意,但是法律、行政法规另有规定的除外;(二)公开处理信息的规则;(三)明示处理信息的目的、方式和范围;(四)不违反法律、行政法规的规定和双方的约定。个人信息的处理包括个人信息的收集、存储、使用、加工、传输、提供、公开等。”

我们在处理他人的个人信息时，一定要遵守上述法律规定。

在什么情形下处理他人的个人信息无须承担民事责任?

答：《民法典》第一千零三十六条规定：“处理个人信息，有下列情形之一的，行为人不承担民事责任：（一）在该自然人或者其监护人同意的范围内合理实施的行为；（二）合理处理该自然人自行公开的或者其他已经合法公开的信息，但是该自然人明确拒绝或者处理该信息侵害其重大利益的除外；（三）为维护公共利益或者该自然人合法权益，合理实施的其他行为。”

在以上三种情形下处理他人的个人信息无须承担民事责任。

第五编　婚姻家庭

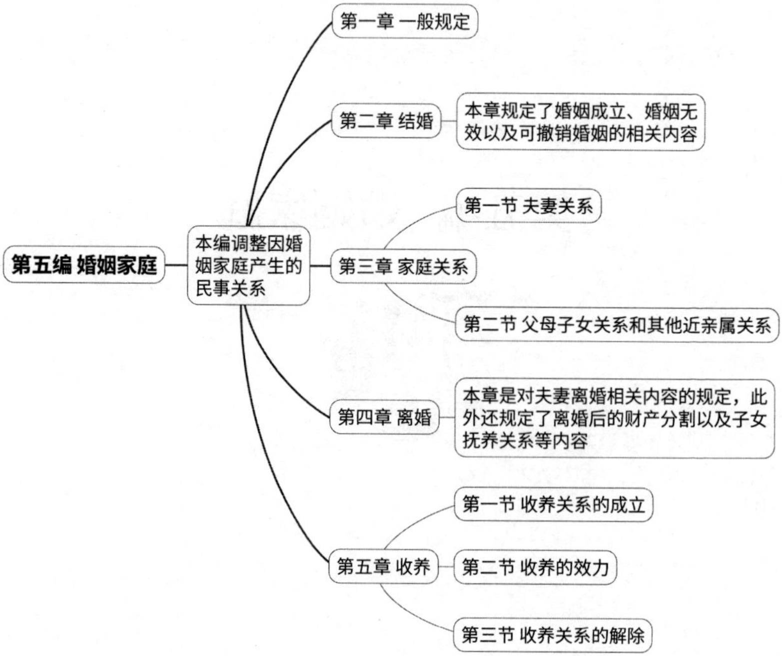
第五编 婚姻家庭
本编调整因婚姻家庭产生的民事关系
第一章 一般规定
第二章 结婚
本章规定了婚姻成立、婚姻无效以及可撤销婚姻的相关内容
第三章 家庭关系
第一节 夫妻关系
第二节 父母子女关系和其他近亲属关系
第四章 离婚
本章是对夫妻离婚相关内容的规定，此外还规定了离婚后的财产分割以及子女抚养关系等内容
第五章 收养
第一节 收养关系的成立
第二节 收养的效力
第三节 收养关系的解除

第一章　一般规定

情侣同居后分手，可以到法院起诉解除同居关系吗?

答：《最高人民法院关于适用〈中华人民共和国民法典〉婚姻家庭编的解释（一）》第三条规定："当事人提起诉讼仅请求解除同居关系的，人民法院不予受理；已经受理的，裁定驳回起诉。当事人因同居期间财产分割或者子女抚养纠纷提起诉讼的，人民法院应当受理。"

同居关系与婚姻关系不同，在建立或解除时都无须取得法律的承认。如果同居男女之间没有子女或财产纠纷的，可以直接解除同居关系，不需要提起诉讼。

在婚姻家庭中，哪些行为是被明令禁止的?

答：《民法典》第一千零四十二条规定："禁止包办、买卖婚姻和其他干涉婚姻自由的行为。禁止借婚姻索取财物。禁止重婚。禁止有配偶者与他人同居。禁止家庭暴力。禁止家庭成员间的虐待和遗弃。"

即在婚姻家庭中，以上行为是被明令禁止的。

我们应当树立怎样的家风?

答：《民法典》第一千零四十三条规定："家庭应当树立优良家风，弘扬家庭美德，重视家庭文明建设。夫妻应当互相忠实，互相尊重，互相关爱；家庭成员应当敬老爱幼，互相帮助，维护平等、和睦、文明的婚姻家庭关系。"

每一个家庭成员都应当担负起家庭责任，共同构建和谐家庭。本条规定属于原则性规定，一般不能直接作为提起诉讼的依据。

《最高人民法院关于适用〈中华人民共和国民法典〉婚姻家庭编的解释（一）》第四条规定："当事人仅以民法典第一千零四十三条为依据提起诉讼的，人民法院不予受理；已经受理的，裁定驳回起诉。”

收养应以最有利于谁为原则?

答:《民法典》第一千零四十四条规定:“收养应当遵循最有利于被收养人的原则,保障被收养人和收养人的合法权益。禁止借收养名义买卖未成年人。”

国家建立收养制度,最根本的目的是能让没有父母或者父母无力抚养的未成年人重获家庭。因此,在收养未成年人时应当以被收养人的利益作为出发点,以最有利于被收养的未成年人为原则。同时,法律严禁以收养未成年人为借口来索取大额金钱的行为。

亲属和近亲属的范围有哪些?

答:《民法典》第一千零四十五条规定:“亲属包括配偶、血亲和姻亲。配偶、父母、子女、兄弟姐妹、祖父母、外祖父母、孙子女、外孙子女为近亲属。配偶、父母、子女和其他共同生活的近亲属为家庭成员。”

从法律的角度确认亲属、近亲属以及家庭成员的范围在认定某些法律行为或法律事实时有着重要意义。例如,在发生继承的情况下,只有近亲属有法定继承权,且需要按照不同近亲属来确认法定继承权的顺序。再如,家庭暴力是发生在家庭成员之间的暴力行为,确认家庭成员的范围有利于认定家庭暴力的行为。

哪些情况下,给付彩礼的一方可以要求对方返还彩礼?

答:《最高人民法院关于适用〈中华人民共和国民法典〉婚姻家庭编的解释(一)》第五条规定:“当事人请求返还按照习俗给付的彩礼的,如果查明属于以下情形,人民法院应当予以支持:(一)双方未办理结婚登记手续;(二)双方办理结婚登记手续但确未共同生活;(三)婚前给付并导致给付人生活困难。适用前款第二项、第三项的规定,应当以双方离婚为条件。”

在本条规定的这三种情形中,给付彩礼的一方可以要求对方返还彩礼。除了这三种情形以外,给付彩礼的一方有其他正当理由要求返还彩礼的,人民法院在裁量后也会判决适当返还部分彩礼。

第二章　结婚

结婚自愿包含几层意思?

答:《民法典》第一千零四十六条规定:“结婚应当男女双方完全自愿,禁止任何一方对另一方加以强迫,禁止任何组织或者个人加以干涉。”

由此可见,结婚自愿即要求结婚的当事人男女双方出于自愿,这里的自愿包括不受结婚对象的强迫、不受结婚对象以外的人或组织的强迫或干涉。

法律规定的最低结婚年龄是多少岁?

答:《民法典》第一千零四十七条规定:“结婚年龄,男不得早于二十二周岁,女不得早于二十周岁。”

此处的年龄,一般以身份证上登记的时间为准。

同一个姥姥的兄妹可以结婚吗?

答:《民法典》第一千零四十八条规定:“直系血亲或者三代以内的旁系血亲禁止结婚。”

同一姥姥的兄妹属于“三代以内旁系血亲的范畴”,不可以结婚。

要结婚是否必须经过结婚登记?

答:《民法典》第一千零四十九条规定:“要求结婚的男女双方应当亲自到婚姻登记机关申请结婚登记。符合本法规定的,予以登记,发给结婚证。完成结婚登记,即确立婚姻关系。未办理结婚登记的,应当补办登记。”

只有进行了结婚登记以后,婚姻关系才会得到法律的承认。举例来说,甲和乙举办婚礼以后便开始共同生活,但并未领取结婚证。此时,甲乙之间属于同居关系而非婚姻关系。如果甲乙感情破裂,只能按照解除同居关系处理。

但是，《最高人民法院关于适用〈中华人民共和国民法典〉婚姻家庭编的解释（一）》第七条规定："未依据民法典第一千零四十九条规定办理结婚登记而以夫妻名义共同生活的男女，提起诉讼要求离婚的，应当区别对待：（一）1994年2月1日民政部《婚姻登记管理条例》公布实施以前，男女双方已经符合结婚实质要件的，按事实婚姻处理。（二）1994年2月1日民政部《婚姻登记管理条例》公布实施以后，男女双方符合结婚实质要件的，人民法院应当告知其补办结婚登记。未补办结婚登记的，依据本解释第三条规定处理。"

从这条规定可以看出，如果是在1994年2月1日以前，已经以夫妻名义共同生活，但是并未领取结婚证的，其婚姻关系应当按照事实婚姻处理，具有法律效力。

先办婚礼，再领结婚证的，结婚日期是哪天？

答：《最高人民法院关于适用〈中华人民共和国民法典〉婚姻家庭编的解释（一）》第六条规定："男女双方依据民法典第一千零四十九条规定补办结婚登记的，婚姻关系的效力从双方均符合民法典所规定的结婚的实质要件时起算。"

也就是说，如果男女双方先办婚礼，再领结婚证，那结婚日期以结婚证上的日子为准。

"入赘"受法律保护吗？

答：《民法典》第一千零五十条规定："登记结婚后，按照男女双方约定，女方可以成为男方家庭的成员，男方可以成为女方家庭的成员。"

在传统上，结婚一般为女方嫁入男方家，成为男方的家庭成员，少数存在男方到女方家的"入赘"现象。在法律上，这两种现象都受法律保护，且是平等的。

婚姻无效的情形有哪些？

答：《民法典》第一千零五十一条规定："有下列情形之一的，婚姻无效：（一）重婚；（二）有禁止结婚的亲属关系；（三）未到法定婚龄。”

当出现婚姻无效的情形时，既可以由婚姻当事人也可以由利害关系人向人民法院提出婚姻无效的主张。在婚姻当事人或利害关系人未提出婚姻无效的主张的情况下，人民法院是不能主动认定婚姻无效的。

《最高人民法院关于适用〈中华人民共和国民法典〉婚姻家庭编的解释（一）》第九条规定：“有权依据民法典第一千零五十一条规定向人民法院就已办理结婚登记的婚姻请求确认婚姻无效的主体，包括婚姻当事人及利害关系人。其中，利害关系人包括：（一）以重婚为由的，为当事人的近亲属及基层组织；（二）以未到法定婚龄为由的，为未到法定婚龄者的近亲属；（三）以有禁止结婚的亲属关系为由的，为当事人的近亲属。”本条规定了利害关系人的范围。

除此以外还需要注意，《最高人民法院关于适用〈中华人民共和国民法典〉婚姻家庭编的解释（一）》第十七条第一款的规定：“当事人以民法典第一千零五十一条规定的三种无效婚姻以外的情形请求确认婚姻无效的，人民法院应当判决驳回当事人的诉讼请求。”

受胁迫而与他人结婚的，可以怎么办？

答：《民法典》第一千零五十二条规定：“因胁迫结婚的，受胁迫的一方可以向人民法院请求撤销婚姻。请求撤销婚姻的，应当自胁迫行为终止之日起一年内提出。被非法限制人身自由的当事人请求撤销婚姻的，应当自恢复人身自由之日起一年内提出。”

由此可见，受胁迫而与他人结婚的，可以向人民法院请求撤销该婚姻。

关于什么是“胁迫”，《最高人民法院关于适用〈中华人民共和国民法典〉婚姻家庭编的解释（一）》第十八条规定：“行为人以给另一方当事人或者其近亲属的生命、身体、健康、名誉、财产等方面造成损害为要挟，迫使另一方当事人违背真实意愿结婚的，可以认定为民法典第一千零五十二条所称的‘胁迫’。因受胁迫而请求撤销婚姻的，只能是受胁迫一方的婚姻关系当事人本人。”

需要注意的是，因受胁迫而请求撤销婚姻的，只能是受胁迫一方的婚姻关系当事人本人，不能是其父母等其他人。此外，请求的时间也有限制，一般为“一年”，该“一年”不适用诉讼时效中止、中断或者延长的规定。

一方婚前隐瞒重大疾病，多长时间内可以请求撤销婚姻？

答：《民法典》第一千零五十三条规定：“一方患有重大疾病的，应当在结婚登记前如实告知另一方；不如实告知的，另一方可以向人民法院请求撤销婚姻。请求撤销婚姻的，应当自知道或者应当知道撤销事由之日起一年内提出。”

由此可见，一方婚前隐瞒重大疾病的，另一方可以向人民法院请求撤销婚姻，但同样也需要注意在“一年期”的范围内提出。

婚姻被确认无效或被撤销以后，财产以及子女的抚养权问题该如何处理？

答：《民法典》第一千零五十四条规定：“无效的或者被撤销的婚姻自始没有法律约束力，当事人不具有夫妻的权利和义务。同居期间所得的财产，由当事人协议处理；协议不成的，由人民法院根据照顾无过错方的原则判决。对重婚导致的无效婚姻的财产处理，不得侵害合法婚姻当事人的财产权益。当事人所生的子女，适用本法关于父母子女的规定。婚姻无效或者被撤销的，无过错方有权请求损害赔偿。”

《最高人民法院关于适用〈中华人民共和国民法典〉婚姻家庭编的解释（一）》第二十二条规定：“被确认无效或者被撤销的婚姻，当事人同居期间所得的财产，除有证据证明为当事人一方所有的以外，按共同共有处理。”

也就是说，婚姻被确认无效或被撤销后，自始不具有法律效力。但是，如果双方在婚姻期间有共同财产以及子女的纠纷，可以达成协议或者使用调解、诉讼等法律手段进行解决。

第三章　家庭关系

第一节　夫妻关系

丈夫能在结婚后强行要求妻子辞去工作，专心照顾老人和孩子吗？

答：《民法典》第一千零五十五条规定：“夫妻在婚姻家庭中地位平等。”

第一千零五十七条规定：“夫妻双方都有参加生产、工作、学习和社会活动的自由，一方不得对另一方加以限制或者干涉。”

夫妻双方具有平等的权利和自由，一方不可对另一方横加限制。夫妻双方为了更好地经营家庭，可以通过协商确定各自在家庭中的分工，承担起不同的家庭责任。举例来说，甲乙结婚后，甲的工资较高，工作较忙，便商量由乙担负起更多照顾家庭的责任，这是合理的。但是，甲不能在乙不同意的情况下，强行要求乙辞去工作。

“丧偶式”带娃，是否符合法律的要求？

答：《民法典》第一千零五十八条规定：“夫妻双方平等享有对未成年子女抚养、教育和保护的权利，共同承担对未成年子女抚养、教育和保护的义务。”

由此可见，夫妻双方在抚养、教育、保护子女方面是平等的、共同的，不应该将此事完全交给一方。现实中，有一些“丧偶式”带娃模式，这是不合理的，也不符合法律的规定。另一方应该担负起养娃带娃的责任。

夫妻一方生病需要治疗，另一方有义务支付治疗费用吗？

答：《民法典》第一千零五十九条规定：“夫妻有相互扶养的义务。需要扶养的一方，在另一方不履行扶养义务时，有要求其给付扶养费的权利。”

扶养义务是基于婚姻关系之上的夫妻之间的法定义务，夫妻双方必须履行。举例来说，甲乙结婚后，甲没有工作，且患有疾病需要治疗。此时，乙应当履行夫妻之间相互扶养的义务，为甲支付医疗费。如果乙拒绝支付医疗费，甲有要求乙支付医疗费的权利。

夫妻日常生活所花费的支出，是否需要事事与对方商量？

答：《民法典》第一千零六十条规定："夫妻一方因家庭日常生活需要而实施的民事法律行为，对夫妻双方发生效力，但是夫妻一方与相对人另有约定的除外。夫妻之间对一方可以实施的民事法律行为范围的限制，不得对抗善意相对人。"

由此可见，虽然夫妻在日常生活中的一般支出所花费的也是夫妻共同财产，但是无需事事与对方商量，仅夫妻一方即可做主。如果支出超出了家庭日常生活需要，例如购买房屋，就需要夫妻两人商量以后再做决定。

哪些财产属于夫妻共同财产？

答：《民法典》第一千零六十二条规定："夫妻在婚姻关系存续期间所得的下列财产，为夫妻的共同财产，归夫妻共同所有：（一）工资、奖金、劳务报酬；（二）生产、经营、投资的收益；（三）知识产权的收益；（四）继承或者受赠的财产，但是本法第一千零六十三条第三项①规定的除外；（五）其他应当归共同所有的财产。夫妻对共同财产，有平等的处理权。"

《最高人民法院关于适用〈中华人民共和国民法典〉婚姻家庭编的解释（一）》第二十五条规定："婚姻关系存续期间，下列财产属于民法典第一千零六十二条规定的'其他应当归共同所有的财产'：（一）一方以个人财产投资取得的收益；（二）男女双方实际取得或者应当取得的住房补贴、住房公积金；（三）男女双方实际取得或者应当取得的基本养老金、破产安置补偿费。"第二十六条规定："夫妻一方个人财产在婚后产生的收益，除孳息和自然增

①《民法典》第一千零六十三条 第三项 下列财产为夫妻一方的个人财产：（三）遗嘱或者赠与合同中确定只归一方的财产。

值外，应认定为夫妻共同财产。”第二十七条规定：“由一方婚前承租、婚后用共同财产购买的房屋，登记在一方名下的，应当认定为夫妻共同财产。”

以上这些规定中提到的财产，都属于夫妻共同财产的范围。

夫妻一方未经另一方同意将房屋出售的，另一方能主张追回吗？

答：《最高人民法院关于适用〈中华人民共和国民法典〉婚姻家庭编的解释（一）》第二十八条规定：“一方未经另一方同意出售夫妻共同所有的房屋，第三人善意购买、支付合理对价并已办理不动产登记，另一方主张追回该房屋的，人民法院不予支持。夫妻一方擅自处分共同所有的房屋造成另一方损失，离婚时另一方请求赔偿损失的，人民法院应予支持。”

举例来说，张某和王某是一对夫妻，张某未经王某同意私自将两人共有的房屋出售给李某。李某对此毫不知情，以市场价格取得了房屋的所有权，办理了过户。此时，王某不能要求李某退还房屋。但是，如果王某要和张某离婚，可以要求张某对其损失进行赔偿。

父母在子女婚前为其购买的房屋，是小两口的夫妻共同财产吗？

答：《最高人民法院关于适用〈中华人民共和国民法典〉婚姻家庭编的解释（一）》第二十九条第一款：“当事人结婚前，父母为双方购置房屋出资的，该出资应当认定为对自己子女个人的赠与，但父母明确表示赠与双方的除外。”

举例来说，刘某将要与女朋友结婚，婚前刘某的父母购买了一套婚房，并指明要送给夫妻两人，此时，该房屋就是刘某与妻子之间的夫妻共同财产，否则，那就是刘某的个人财产。

父母在子女婚后为其出资购房，是小两口的夫妻共同财产吗？

答：《最高人民法院关于适用〈中华人民共和国民法典〉婚姻家庭编的解释（一）》第二十九条第二款规定：“当事人结婚后，父母为双方购置房屋出资的，依照约定处理；没有约定或者约定不明确的，按照民法典第一千零六十二条第一款第四项规定的原则处理。”

也就是说，结婚后，父母出资给买房的，如果事先没有约定归谁，那一般所对应的财产属于夫妻共同财产。

哪些财产属于夫妻一方的个人财产？

答：《民法典》第一千零六十三条规定：“下列财产为夫妻一方的个人财产：（一）一方的婚前财产；（二）一方因受到人身损害获得的赔偿或者补偿；（三）遗嘱或者赠与合同中确定只归一方的财产；（四）一方专用的生活用品；（五）其他应当归一方的财产。”

此外，《最高人民法院关于适用〈中华人民共和国民法典〉婚姻家庭编的解释（一）》第三十条、第三十一条还规定，军人的伤亡保险金、伤残补助金、医药生活补助费属于个人财产。夫妻一方的个人财产由夫妻一方支配，并且不会随着时间的流逝转变为夫妻共同财产。例如，甲在婚前全款购买的房屋属于甲的个人财产，即使婚后与配偶在该婚房中长年居住，该房屋也不会变成夫妻共同财产。

什么样的债务是夫妻共同债务？

答：《民法典》第一千零六十四条规定：“夫妻双方共同签名或者夫妻一方事后追认等共同意思表示所负的债务，以及夫妻一方在婚姻关系存续期间以个人名义为家庭日常生活需要所负的债务，属于夫妻共同债务。夫妻一方在婚姻关系存续期间以个人名义超出家庭日常生活需要所负的债务，不属于夫妻共同债务；但是，债权人能够证明该债务用于夫妻共同生活、共同生产经营或者基于夫妻双方共同意思表示的除外。”

由此可见，对于夫妻共同债务的实质界定在于“是否用于夫妻共同生活、共同生产经营或者基于夫妻双方共同意思表示”，如果缺乏这样的条件，很难被认定为夫妻共同债务。例如，甲和乙为一对夫妻，甲在乙不知情的情况下，为了购买奢侈品包包而向他人借款，此时，该借款并没有用于家庭日常生活，因此只能认定为甲的个人债务，而非夫妻共同债务。

对于丈夫婚前所欠的债，婚后妻子有义务一起还吗？

答：《最高人民法院关于适用〈中华人民共和国民法典〉婚姻家庭编的解释（一）》第三十三条规定：“债权人就一方婚前所负

个人债务向债务人的配偶主张权利的，人民法院不予支持。但债权人能够证明所负债务用于婚后家庭共同生活的除外。”

比如，张女士和李先生结婚前，李先生因自己做生意欠下一笔外债，那对于此，张女士在结婚后没有责任偿还。但是，如果李先生欠钱是为了结婚后开一家小超市作为启动资金，那么对于该借款，虽然发生在婚前，张女士也有义务偿还。需要注意的是，对于“债务用于婚后家庭共同生活”，证明责任在债权人一方，而非在于还债人一方。

夫妻一方因赌博、吸毒等所欠的债，另一方有义务还吗？

答：《最高人民法院关于适用〈中华人民共和国民法典〉婚姻家庭编的解释（一）》第三十四条第一款规定：“夫妻一方与第三人串通，虚构债务，第三人主张该债务为夫妻共同债务的，人民法院不予支持。夫妻一方在从事赌博、吸毒等违法犯罪活动中所负债务，第三人主张该债务为夫妻共同债务的，人民法院不予支持。”

由此可见，在夫妻共债共还方面，法律会充分保护合法一方的权益，不会因一方的违法行为让另一方付出代价。因此，对于虚构的债务，从事赌博、吸毒等违法犯罪活动中所负债务，都不能认定为夫妻共同债务，另一方也没有偿还的义务。

丈夫死亡后，妻子应该替丈夫还债吗？

答：《最高人民法院关于适用〈中华人民共和国民法典〉婚姻家庭编的解释（一）》第三十六条规定：“夫或者妻一方死亡的，生存一方应当对婚姻关系存续期间的夫妻共同债务承担清偿责任。”

丈夫死亡后，就夫妻共同债务，妻子有义务偿还。此时，一般先由夫妻共同财产进行还债，再对剩余夫妻财产进行分割，分割给丈夫的那部分作为其遗产进行相应的继承。如果债务不是夫妻共同债务，是丈夫自己的债务，那么只能在对夫妻共同财产进行分割后，用丈夫的遗产来对债务进行偿还。

夫妻可以在结婚前约定婚后财产为各自所有吗？

答：《民法典》第一千零六十五条规定：“男女双方可以约定

婚姻关系存续期间所得的财产以及婚前财产归各自所有、共同所有或者部分各自所有、部分共同所有。约定应当采用书面形式。没有约定或者约定不明确的，适用本法第一千零六十二条、第一千零六十三条①的规定。夫妻对婚姻关系存续期间所得的财产以及婚前财产的约定，对双方具有法律约束力。夫妻对婚姻关系存续期间所得的财产约定归各自所有，夫或者妻一方对外所负的债务，相对人知道该约定的②，以夫或者妻一方的个人财产清偿。”

由此可见，夫妻可以自由约定婚后财产为个人所有，但在对外债务的承担方面，只有在债权人知道夫妻有关于此约定的才能用个人财产来偿债，否则也属于夫妻共同债务。举例来说，唐某与江某结婚后，约定两人婚后获得的财产分别由各自所有。在婚姻存续期内，唐某向他人借款十万元，且贷款人不知道唐某与江某关于财产的约定。此时，该债务虽然为唐某的个人债务，但是贷款人有权向唐某以及江某两人索要债务。

在不离婚的情况下，可以分割夫妻共同财产吗？

答：《民法典》第一千零六十六条规定：“婚姻关系存续期间，有下列情形之一的，夫妻一方可以向人民法院请求分割共同财产：（一）一方有隐藏、转移、变卖、毁损、挥霍夫妻共同财产或者伪造夫妻共同债务等严重损害夫妻共同财产利益的行为；（二）一方负有法定扶养义务的人患重大疾病需要医治，另一方不同意支付相

①《民法典》第一千零六十二条　夫妻在婚姻关系存续期间所得的下列财产，为夫妻的共同财产，归夫妻共同所有：
（一）工资、奖金、劳务报酬；
（二）生产、经营、投资的收益；
（三）知识产权的收益；
（四）继承或者受赠的财产，但是本法第一千零六十三条第三项规定的除外；
（五）其他应当归共同所有的财产。
夫妻对共同财产，有平等的处理权。
第一千零六十三条　下列财产为夫妻一方的个人财产：
（一）一方的婚前财产；
（二）一方因受到人身损害获得的赔偿或者补偿；
（三）遗嘱或者赠与合同中确定只归一方的财产；
（四）一方专用的生活用品；
（五）其他应当归一方的财产。

②此处的“相对人知道该约定的”，夫妻一方对此负有举证责任。

关医疗费用。”

《最高人民法院关于适用〈中华人民共和国民法典〉婚姻家庭编的解释（一）》第三十八条还规定：“婚姻关系存续期间，除民法典第一千零六十六条规定情形以外，夫妻一方请求分割共同财产的，人民法院不予支持。”

也就是说，只有发生法律规定的情形时，夫妻才能在婚内分割夫妻共同财产。

第二节　父母子女关系和其他近亲属关系

父母未离婚，一方不对孩子履行抚养义务，孩子能要求其支付抚养费吗？

答：《民法典》第一千零六十七条第一款规定：“父母不履行抚养义务的，未成年子女或者不能独立生活的成年子女，有要求父母给付抚养费的权利。”

《最高人民法院关于适用〈中华人民共和国民法典〉婚姻家庭编的解释（一）》第四十三条规定：“婚姻关系存续期间，父母双方或者一方拒不履行抚养子女义务，未成年子女或者不能独立生活的成年子女请求支付抚养费的，人民法院应予支持。”

由此可见，即使父母未离婚，其中一方不履行抚养义务的，子女依然有权要求其支付抚养费。例如，杜某外出打工，妻子和年幼的女儿在家，杜某常年不回家，也不给家里寄钱。那么，即使在杜某未离婚的情况下，妻子也有权代女儿向杜某索要生活费、教育费、医疗费等费用。

父母不给已成年的大学生生活费，大学生有权索要吗？

答：《最高人民法院关于适用〈中华人民共和国民法典〉婚姻家庭编的解释（一）》第四十一条规定：“尚在校接受高中及其以下学历教育，或者丧失、部分丧失劳动能力等非因主观原因而无法维持正常生活的成年子女，可以认定为民法典第一千零六十七条[①]

---

①《民法典》第一千零六十七条　父母不履行抚养义务的，未成年子女或者不能独立生活的成年子女，有要求父母给付抚养费的权利。

规定的‘不能独立生活的成年子女’。”

由此可见，已成年的大学生，如果没有丧失劳动能力等，在父母不愿意给付生活费的情况下，是不能向父母索要的。

子女有权干涉父母的婚姻问题吗?

答：《民法典》第一千零六十九条规定：“子女应当尊重父母的婚姻权利，不得干涉父母离婚、再婚以及婚后的生活。子女对父母的赡养义务，不因父母的婚姻关系变化而终止。”

每个人都享有婚姻自由的权利，即使是子女也不能干涉父母的婚姻自由。子女可以为父母的婚姻问题出谋划策，但是不能强迫或威胁父母离婚或再婚等。父母离婚以后，与子女之间仍然存在权利义务关系，父母依然需要抚养未成年子女，成年子女也依然需要赡养父母。

不直接抚养非婚生子女的一方是否有义务支付抚养费?

答：《民法典》第一千零七十一条规定：“非婚生子女享有与婚生子女同等的权利，任何组织或者个人不得加以危害和歧视。不直接抚养非婚生子女的生父或者生母，应当负担未成年子女或者不能独立生活的成年子女的抚养费。”

由此可见，父母子女之间的权利义务关系并不会因为子女是否为婚生子女而受到影响。例如，刘某和郑某没结婚便生育了一个孩子，随后孩子跟随母亲郑某一起生活。此时，刘某作为孩子的父亲，虽然没有直接抚养孩子，但仍然需要支付抚养费。

怀疑孩子不是自己的，可以怎么做?

答：《民法典》第一千零七十三条规定：“对亲子关系有异议且有正当理由的，父或者母可以向人民法院提起诉讼，请求确认或者否认亲子关系。对亲子关系有异议且有正当理由的，成年子女可以向人民法院提起诉讼，请求确认亲子关系。”

《最高人民法院关于适用〈中华人民共和国民法典〉婚姻家庭编的解释（一）》第三十九条规定：“父或者母向人民法院起诉请求否认亲子关系，并已提供必要证据予以证明，另一方没有相反证据又拒绝做亲子鉴定的，人民法院可以认定否认亲子关系一方的主张成立。父或者母以及成年子女起诉请求确认亲子关系，并提供必要证据予以证明，另一方没有相反证据又拒绝做亲子鉴定的，人民法院可以认定确认亲子关系一方的主张成立。”

由此可见，对亲子关系有疑问时，父母或者成年子女都有权请求确认或否认亲子关系。例如，高某和刘某是一对夫妻，高某怀疑孩子是刘某与他人所生，便向法院请求否认亲子关系，并提供相关证据。如果刘某无法提出相反证据，又拒绝进行亲子鉴定，那么人民法院可以直接支持高某的申请，认定高某与孩子之间没有血缘关系。

在什么情况下爷爷奶奶、姥姥姥爷有义务抚养孙子女或外孙子女?

答:《民法典》第一千零七十四条规定:“有负担能力的祖父母、外祖父母，对于父母已经死亡或者父母无力抚养的未成年孙子女、外孙子女，有抚养的义务。有负担能力的孙子女、外孙子女，对于子女已经死亡或者子女无力赡养的祖父母、外祖父母，有赡养的义务。”

从这条规定可以看出，祖父母、外祖父母与孙子女、外孙子女之间，在法律规定的情况下也负有抚养或赡养的义务。例如，小孙的父母因意外早亡，如果小孙的祖父母、外祖父母有负担能力，那么就有义务抚养小孙。

已经成年的哥哥姐姐有义务养育年幼的弟妹吗?

答:《民法典》第一千零七十五条规定:“有负担能力的兄、姐，对于父母已经死亡或者父母无力抚养的未成年弟、妹，有扶养的义务。由兄、姐扶养长大的有负担能力的弟、妹，对于缺乏劳动能力又缺乏生活来源的兄、姐，有扶养的义务。”

由此可见，只有在父母死亡或无力抚养以及成年兄、姐有负担能力的情况下，兄、姐才有义务扶养未成年的弟、妹。例如，郑某今年二十岁，是一名大学生，有一个五岁的弟弟，父母均健在且有劳动能力。此时，郑某没有义务扶养年幼的弟弟。如果郑某的父母去世或无力抚养弟弟，那么尚未大学毕业的郑某并没有扶养弟弟的负担能力，也没有义务扶养弟弟。

第四章 离婚

协议离婚要经过怎样的程序?

答:《民法典》第一千零七十六条规定:“夫妻双方自愿离婚的,应当签订书面离婚协议,并亲自到婚姻登记机关申请离婚登记。离婚协议应当载明双方自愿离婚的意思表示和对子女抚养、财产以及债务处理等事项协商一致的意见。”

第一千零七十七条规定:“自婚姻登记机关收到离婚登记申请之日起三十日内,任何一方不愿意离婚的,可以向婚姻登记机关撤回离婚登记申请。前款规定期限届满后三十日内,双方应当亲自到婚姻登记机关申请发给离婚证;未申请的,视为撤回离婚登记申请。”

第一千零七十八条规定:“婚姻登记机关查明双方确实是自愿离婚,并已经对子女抚养、财产以及债务处理等事项协商一致的,予以登记,发给离婚证。”

夫妻双方要进行登记离婚的,必须达成离婚协议。如果夫妻对是否离婚、子女由谁直接抚养、财产如何分割、债务如何偿还等问题具有异议且无法达成一致的,那么不能进行离婚登记,可以通过诉讼的方式解除婚姻关系。需要注意的是,登记离婚必须经过三十天的“离婚冷静期”后,才能申请领取离婚证。

在哪些情况下,法院经调解无效后,应当作出准予离婚的判决?

答:《民法典》第一千零七十九条第二款和第三款规定:“人民法院审理离婚案件,应当进行调解;如果感情确已破裂,调解无效的,应当准予离婚。有下列情形之一,调解无效的,应当准予离婚:(一)重婚或者与他人同居;(二)实施家庭暴力或者虐待、遗弃家庭成员;(三)有赌博、吸毒等恶习屡教不改;(四)因感情不和分居满二年;(五)其他导致夫妻感情破裂的情形。”

虽然调解是离婚官司的法定程序,但是对于调解无效的,应当判决离婚的情形,应当判离,不可久调不决。

妻子怀孕期间，丈夫想要离婚的，能得到法院的支持吗？

答：《民法典》第一千零八十二条规定："女方在怀孕期间、分娩后一年内或者终止妊娠后六个月内，男方不得提出离婚；但是，女方提出离婚或者人民法院认为确有必要受理男方离婚请求的除外。"

在本条规定的特殊期间内，为了照顾女方的身心健康，一般情况下男方提起诉讼要求离婚是无法得到法院支持的。例如，马某在妻子怀孕期间移情别恋想要离婚，便向法院提起了离婚诉讼。在这种情况下，法院是不会受理马某的离婚诉讼请求的。但是，如果马某的妻子在得知马某出轨后要求离婚的，可以向法院提起诉讼。

离婚后又和好一起过日子的，算"复婚"吗？

答：《民法典》第一千零八十三条规定："离婚后，男女双方自愿恢复婚姻关系的，应当到婚姻登记机关重新进行结婚登记。"

也就是说，算不算复婚，在于是不是重新领了结婚证，而不是共同生活。所以，如果男女双方离婚后，又在一起过日子的，但没有领结婚证，就不算复婚。

夫妻离婚后，如何确定孩子跟随哪方一起生活？

答：《民法典》第一千零八十四条第一、第二款规定："父母与子女间的关系，不因父母离婚而消除。离婚后，子女无论由父或者母直接抚养，仍是父母双方的子女。离婚后，父母对于子女仍有抚养、教育、保护的权利和义务。"

在一般情况下，离婚时，子女的抚养权问题应当由父母双方协商确定。协商无法达成一致的，父母任意一方都可以向法院提起诉讼，由法院依法对抚养权问题作出判决。《民法典》第一千零八十四条第三款规定："离婚后，不满两周岁的子女，以由母亲直接抚养为原则。已满两周岁的子女，父母双方对抚养问题协议不成的，由人民法院根据双方的具体情况，按照最有利于未成年子女的原则判决。子女已满八周岁的，应当尊重其真实意愿。"

夫妻离婚后，不满两周岁的子女必须由母亲抚养吗？

答：《最高人民法院关于适用〈中华人民共和国民法典〉婚姻

家庭编的解释（一）》第四十四条规定：“离婚案件涉及未成年子女抚养的，对不满两周岁的子女，按照民法典第一千零八十四条第三款规定的原则处理。母亲有下列情形之一，父亲请求直接抚养的，人民法院应予支持：（一）患有久治不愈的传染性疾病或者其他严重疾病，子女不宜与其共同生活；（二）有抚养条件不尽抚养义务，而父亲要求子女随其生活；（三）因其他原因，子女确不宜随母亲生活。”

第四十五条规定：“父母双方协议不满两周岁子女由父亲直接抚养，并对子女健康成长无不利影响的，人民法院应予支持。”

由此可见，夫妻在离婚时可以对子女的抚养权问题进行协商，在双方同意的基础上或一些特殊情形下，不满两周岁的子女也可以由父亲直接抚养。

孩子出生后丧失生育能力，离婚时要求直接抚养孩子，法院会优先考虑吗？

答：《最高人民法院关于适用〈中华人民共和国民法典〉婚姻家庭编的解释（一）》第四十六条规定：“对已满两周岁的未成年子女，父母均要求直接抚养，一方有下列情形之一的，可予优先考虑：（一）已做绝育手术或者因其他原因丧失生育能力；（二）子女随其生活时间较长，改变生活环境对子女健康成长明显不利；（三）无其他子女，而另一方有其他子女；（四）子女随其生活，对子女成长有利，而另一方患有久治不愈的传染性疾病或者其他严重疾病，或者有其他不利于子女身心健康的情形，不宜与子女共同生活。”

例如，张某在生产后便因病摘除了子宫，丧失了生育能力。孩子六岁时，张某与丈夫离婚，均要求直接抚养孩子。此时，因张某丧失了生育能力，法院在作出判决时可以据此情况优先考虑让张某直接抚养孩子。

孩子由爷爷奶奶带大，父母离婚时可以以此作为依据让父亲直接抚养孩子吗？

答：《最高人民法院关于适用〈中华人民共和国民法典〉婚姻家庭编的解释（一）》第四十七条规定：“父母抚养子女的条件基

本相同，双方均要求直接抚养子女，但子女单独随祖父母或者外祖父母共同生活多年，且祖父母或者外祖父母要求并且有能力帮助子女照顾孙子女或者外孙子女的，可以作为父或者母直接抚养子女的优先条件予以考虑。”

在确认子女的抚养权问题时，应当站在最有利于子女的角度加以考虑。例如，靳某与龙某的孩子出生后，由爷爷奶奶带大。靳某与龙某要离婚，在两人条件基本相同且都要求抚养孩子的情况下，让孩子能够继续跟随爷爷奶奶生活显然更有利于孩子的成长以及心理健康。因此，此时应当优先让父亲直接抚养孩子。

父母达成协议轮流抚养孩子的，该协议是否有效?

答：《最高人民法院关于适用〈中华人民共和国民法典〉婚姻家庭编的解释（一）》第四十八条规定：“在有利于保护子女利益的前提下，父母双方协议轮流直接抚养子女的，人民法院应予支持。”

父母可以协商轮流抚养孩子，但是需要符合保护子女利益的前提。如果父母轮流抚养孩子并不利于孩子的身心健康，那么该协议无法得到法院的支持。

夫妻离婚时，孩子的抚养费如何确定?

答：《民法典》第一千零八十五条规定：“离婚后，子女由一方直接抚养的，另一方应当负担部分或者全部抚养费。负担费用的多少和期限的长短，由双方协议；协议不成的，由人民法院判决。前款规定的协议或者判决，不妨碍子女在必要时向父母任何一方提出超过协议或者判决原定数额的合理要求。”

《最高人民法院关于适用〈中华人民共和国民法典〉婚姻家庭编的解释（一）》第四十九条规定：“抚养费的数额，可以根据子女的实际需要、父母双方的负担能力和当地的实际生活水平确定。有固定收入的，抚养费一般可以按其月总收入的百分之二十至三十的比例给付。负担两个以上子女抚养费的，比例可以适当提高，但一般不得超过月总收入的百分之五十。无固定收入的，抚养费的数额可以依据当年总收入或者同行业平均收入，参照上述比例确定。有特殊情况的，可以适当提高或者降低上述比例。”

在确定抚养费时，主要由父母双方协商确定。如果父母无法达成协议的，可以向法院提起诉讼，由法院依法对抚养费数额以及支付方式作出判决。抚养费应当定期给付，有条件的也可以一次性给付。

离婚时可以约定谁抚养孩子谁就负担全部抚养费吗?

答：《最高人民法院关于适用〈中华人民共和国民法典〉婚姻家庭编的解释（一）》第五十二条规定：“父母双方可以协议由一方直接抚养子女并由直接抚养方负担子女全部抚养费。但是，直接抚养方的抚养能力明显不能保障子女所需费用，影响子女健康成长的，人民法院不予支持。”

由此可见，只要经济条件允许，也不影响子女健康成长，那么离婚时，可以约定谁抚养孩子谁就负担全部抚养费。

抚养费要给到什么时候为止?

答：《最高人民法院关于适用〈中华人民共和国民法典〉婚姻家庭编的解释（一）》第五十三条规定：“抚养费的给付期限，一般至子女十八周岁为止。十六周岁以上不满十八周岁，以其劳动收入为主要生活来源，并能维持当地一般生活水平的，父母可以停止给付抚养费。”

一般情况下，抚养费要给到孩子成年为止。

在哪些情况下，父或母可以要求变更子女的抚养权?

答：《最高人民法院关于适用〈中华人民共和国民法典〉婚姻家庭编的解释（一）》第五十六条规定：“具有下列情形之一，父母一方要求变更子女抚养关系的，人民法院应予支持：（一）与子女共同生活的一方因患严重疾病或者因伤残无力继续抚养子女；（二）与子女共同生活的一方不尽抚养义务或有虐待子女行为，或者其与子女共同生活对子女身心健康确有不利影响；（三）已满八周岁的子女，愿随另一方生活，该方又有抚养能力；（四）有其他正当理由需要变更。”

第五十七条还规定：“父母双方协议变更子女抚养关系的，人民法院应予支持。”

例如，刘某和邓某离婚后，孩子由邓某直接抚养。但是，刘某发现邓某经常打骂虐待孩子，对孩子的身心健康造成了极大的损害。此时，刘某可以向法院提出请求，要求变更孩子的抚养关系，由刘某直接抚养孩子。

在哪些情况下，子女可以要求父母增加抚养费？

答：《最高人民法院关于适用〈中华人民共和国民法典〉婚姻家庭编的解释（一）》第五十八条规定：“具有下列情形之一，子女要求有负担能力的父或者母增加抚养费的，人民法院应予支持：（一）原定抚养费数额不足以维持当地实际生活水平；（二）因子女患病、上学，实际需要已超过原定数额；（三）有其他正当理由应当增加。”

例如，小美的父母离婚后，年幼的小美跟随母亲生活，父亲每个月向小美给付一千元的生活费。几年后，小美在教育方面的投入较多，此时，在父亲有负担能力的情况下，小美可以向父亲提出增加抚养费的要求。

夫妻离婚后孩子跟随母亲生活，父亲能因为母亲更改了孩子姓氏而拒绝给付抚养费吗？

答：《最高人民法院关于适用〈中华人民共和国民法典〉婚姻家庭编的解释（一）》第五十九条规定：“父母不得因子女变更姓氏而拒付子女抚养费。父或者母擅自将子女姓氏改为继母或继父姓氏而引起纠纷的，应当责令恢复原姓氏。”

例如，胡某与夏某离婚后，孩子跟随母亲夏某生活，随后夏某将孩子的姓氏更改为“夏”。姓氏更改以后，胡某不得因此拒绝给付抚养费，也不能请求法院责令夏某将孩子的姓氏改回。如果夏某将孩子的姓氏更改为继父的姓氏，胡某可以请求法院责令将孩子改回姓“胡”，但同样不能拒绝给付抚养费。

离婚时双方都不想直接抚养子女，该怎么办？

答：《最高人民法院关于适用〈中华人民共和国民法典〉婚姻家庭编的解释（一）》第六十条规定：“在离婚诉讼期间，双方均拒绝抚养子女的，可以先行裁定暂由一方抚养。”

夫妻在离婚时，应当对子女的抚养关系进行协商，确定子女由哪一方直接抚养。不直接抚养子女的一方同样需要承担对子女的抚养义务。双方都不想直接抚养子女的，可以由法院先行裁定暂时归谁抚养，再由双方进行协商。

离婚后，不直接抚养子女的一方如何行使探望权？

答：《民法典》第一千零八十六条规定：“离婚后，不直接抚养子女的父或者母，有探望子女的权利，另一方有协助的义务。行使探望权利的方式、时间由当事人协议；协议不成的，由人民法院判决。父或者母探望子女，不利于子女身心健康的，由人民法院依法中止探望；中止的事由消失后，应当恢复探望。”

离婚后，父母双方可以协商约定探望时间、探望方式等问题。直接抚养子女的一方有义务协助另一方探望子女，不得在无正当理由的情况下阻止对方探望子女。如果直接抚养子女的一方强行干涉另一方行使探望权的，根据《最高人民法院关于适用〈中华人民共和国民法典〉婚姻家庭编的解释（一）》第六十八条规定，“对于拒不协助另一方行使探望权的有关个人或者组织，可以由人民法院依法采取拘留、罚款等强制措施，但是不能对子女的人身、探望行为进行强制执行”。

由夫妻一方婚前支付首付款，婚后共同还贷的房屋，离婚时所有权应当归谁？

答：《最高人民法院关于适用〈中华人民共和国民法典〉婚姻家庭编的解释（一）》第七十八条规定：“夫妻一方婚前签订不动产买卖合同，以个人财产支付首付款并在银行贷款，婚后用夫妻共同财产还贷，不动产登记于首付款支付方名下的，离婚时该不动产由双方协议处理。依前款规定不能达成协议的，人民法院可以判决该不动产归登记一方，尚未归还的贷款为不动产登记一方的个人债务。双方婚后共同还贷支付的款项及其相对应财产增值部分，离婚时应根据民法典第一千零八十七条第一款①规定的原则，由不动产登记一方对另一方进行补偿。”

举例来说，封某在结婚前，支付首付款购买了一套房屋，登记在封某名下。结婚后，封某与妻子一同偿还房屋贷款。如果日后离婚，那么两人可以协商确定该房屋的归属。无法达成协商的，该房屋所有权归封某，剩余贷款由封某继续偿还。此外，封某还应当补偿妻子婚后共同还贷的一半款项以及相应的房屋增值部分。

离婚时，夫妻共同财产一般怎么分？

答：《民法典》第一千零八十七条规定：“离婚时，夫妻的共同财产由双方协议处理；协议不成的，由人民法院根据财产的具体情况，按照照顾子女、女方和无过错方权益的原则判决。对夫或者妻在家庭土地承包经营中享有的权益等，应当依法予以保护。”

在离婚分割夫妻共同财产的时候，应先协商，协商不成的，由法院来依法判决。

离婚时，股票怎么分？

答：《最高人民法院关于适用〈中华人民共和国民法典〉婚姻家庭编的解释（一）》第七十二条规定：“夫妻双方分割共同财产中的股票、债券、投资基金份额等有价证券以及未上市股份有限公司股份时，协商不成或者按市价分配有困难的，人民法院可以根据数量按比例分配。”

离婚时，对于股票的分割，一般先以协商为主，可通过起诉处理。

离婚时，一方在公司的股份怎么分？

答：《最高人民法院关于适用〈中华人民共和国民法典〉婚姻家庭编的解释（一）》第七十三条第一款规定：“人民法院审理离婚案件，涉及分割夫妻共同财产中以一方名义在有限责任公司的出资额，另一方不是该公司股东的，按以下情形分别处理：（一）夫

①《民法典》第一千零八十七条　第一款　离婚时，夫妻的共同财产由双方协议处理；协议不成的，由人民法院根据财产的具体情况，按照照顾子女、女方和无过错方权益的原则判决。

妻双方协商一致将出资额部分或者全部转让给该股东的配偶，其他股东过半数同意，并且其他股东均明确表示放弃优先购买权的，该股东的配偶可以成为该公司股东；（二）夫妻双方就出资额转让份额和转让价格等事项协商一致后，其他股东半数以上不同意转让，但愿意以同等条件购买该出资额的，人民法院可以对转让出资所得财产进行分割。其他股东半数以上不同意转让，也不愿意以同等条件购买该出资额的，视为其同意转让，该股东的配偶可以成为该公司股东。”

离婚时对于公司股份的分割，因能不能成为公司股东而有所区分。如果不能成为股东，就“出资额”进行变现分割。

离婚时，一方有合伙企业的，怎么分？

答：《最高人民法院关于适用〈中华人民共和国民法典〉婚姻家庭编的解释（一）》第七十四条规定：“人民法院审理离婚案件，涉及分割夫妻共同财产中以一方名义在合伙企业中的出资，另一方不是该企业合伙人的，当夫妻双方协商一致，将其合伙企业中的财产份额全部或者部分转让给对方时，按以下情形分别处理：（一）其他合伙人一致同意的，该配偶依法取得合伙人地位；（二）其他合伙人不同意转让，在同等条件下行使优先购买权的，可以对转让所得的财产进行分割；（三）其他合伙人不同意转让，也不行使优先购买权，但同意该合伙人退伙或者削减部分财产份额的，可以对结算后的财产进行分割；（四）其他合伙人既不同意转让，也不行使优先购买权，又不同意该合伙人退伙或者削减部分财产份额的，视为全体合伙人同意转让，该配偶依法取得合伙人地位。”

合伙企业具有极强的人合性，因此，离婚时对于合伙企业份额的分割，与其他合伙人的意愿密切相关。

离婚时，养老金能分割吗？

答：《最高人民法院关于适用〈中华人民共和国民法典〉婚姻家庭编的解释（一）》第八十条规定：“离婚时夫妻一方尚未退休、不符合领取基本养老金条件，另一方请求按照夫妻共同财产分割基本养老金的，人民法院不予支持；婚后以夫妻共同财产缴纳基本养老保险费，离婚时一方主张将养老金账户中婚姻关系存续期间个人实际缴纳部分及利息作为夫妻共同财产分割的，人民法院应予支持。”

离婚时，如果没有退休的，不能分割养老金，但是对于“用夫妻共同财产缴纳养老保险的费用和利息”可以进行分割。

离婚时，除了分割夫妻共同财产以外，家庭主妇可以向对方要求补偿吗？

答：《民法典》第一千零八十八条规定：“夫妻一方因抚育子女、照料老年人、协助另一方工作等负担较多义务的，离婚时有权向另一方请求补偿，另一方应当给予补偿。具体办法由双方协议；协议不成的，由人民法院判决。”

举例来说，白某和徐某结婚后便辞掉了工作，专心照顾家庭。几年后，两人感情不和离婚。此时，白某与徐某在分割夫妻共同财产后，白某还可以额外向徐某要求补偿。白某和徐某可以协商确定补偿的数额，如果无法确定的，白某有权向法院提起诉讼，要求徐某给付补偿。

离婚时一方生活困难，另一方有义务提供帮助吗？

答：《民法典》第一千零九十条规定：“离婚时，如果一方生活困难，有负担能力的另一方应当给予适当帮助。具体办法由双方协议；协议不成的，由人民法院判决。”

本条是我国离婚救济制度之一，目的是保障婚姻关系中生活有困难一方的基本权利。因此，只有在离婚时生活困难且另一方有负担能力的情况下，才能要求另一方提供帮助。

在哪些情况下，离婚时可以要求对方给予损害赔偿？

答：《民法典》第一千零九十一条规定：“有下列情形之一，导致离婚的，无过错方有权请求损害赔偿①：（一）重婚；（二）与他人同居；（三）实施家庭暴力；（四）虐待、遗弃家庭成员；（五）

①这里的“损害赔偿”，包括物质损害赔偿和精神损害赔偿。

有其他重大过错。”

本条是对离婚损害赔偿情形的规定。需要注意的是，承担损害赔偿责任的人，为离婚诉讼当事人中无过错方的配偶。如果法院判决不准离婚，则对损害赔偿的请求不予支持。在婚姻关系存续期间，当事人不起诉离婚而单独提起损害赔偿请求的，人民法院不予受理。如果夫妻是通过登记离婚的方式解除婚姻关系的，无过错方同样可以请求离婚损害赔偿。但是，当事人在协议离婚时已经明确表示放弃该项请求的，人民法院也不予支持损害赔偿的请求。夫妻双方均有过错的，一方或者双方向对方提出离婚损害赔偿请求的，人民法院不予支持。

离婚以后发现对方有隐瞒的财产尚未分割的，还能要求再次分割财产吗？

答：《民法典》第一千零九十二条规定：“夫妻一方隐藏、转移、变卖、毁损、挥霍夫妻共同财产，或者伪造夫妻共同债务企图侵占另一方财产的，在离婚分割夫妻共同财产时，对该方可以少分或者不分。离婚后，另一方发现有上述行为的，可以向人民法院提起诉讼，请求再次分割夫妻共同财产。”

例如，文某与李某结婚后一直感情不和。文某与朋友串通将财产大量向外转移。离婚后，李某发现了文某转移财产的事实。此时李某有权向法院提起诉讼，要求再次分割夫妻共同财产。需要注意的是，这项请求权要受到诉讼时效的限制，即请求再次分割夫妻共同财产的诉讼时效期间为三年，从当事人发现之日起计算。

第五章　收养

第一节　收养关系的成立

哪些未成年人可以被收养?

答：《民法典》第一千零九十三条规定："下列未成年人，可以被收养：（一）丧失父母的孤儿；（二）查找不到生父母的未成年人；（三）生父母有特殊困难无力抚养的子女。"

如果未成年人不具备以上任一条件，是不能被收养的。

哪些人可以是送养人?

答：《民法典》第一千零九十四条规定："下列个人、组织可以作送养人：（一）孤儿的监护人；（二）儿童福利机构；（三）有特殊困难无力抚养子女的生父母。"

生父母作为送养人时，应当具备"有特殊困难无力抚养子女"这一条件。如果生父母有抚养子女的能力，必须承担对子女的抚养义务，不能将子女送给他人抚养。

另外，根据《民法典》第一千零九十五条至第一千零九十七条的规定，"未成年人的父母均不具备完全民事行为能力且可能严重危害该未成年人的，该未成年人的监护人可以将其送养"。"监护人送养孤儿的，应当征得有抚养义务的人同意。有抚养义务的人不同意送养、监护人不愿意继续履行监护职责的，应当依照本法第一编的规定另行确定监护人"。"生父母送养子女，应当双方共同送养。生父母一方不明或者查找不到的，可以单方送养"。

要想收养子女，应当具备哪些条件?

答：《民法典》第一千零九十八条规定："收养人应当同时具备下列条件：（一）无子女或者只有一名子女；（二）有抚养、教育和保护被收养人的能力；（三）未患有在医学上认为不应当收养子女的疾病；（四）无不利于被收养人健康成长的违法犯罪记录；（五）年满三十周岁。”

一般情况下，要想收养子女，必须同时具备以上条件。

单身人士想要收养子女，有什么限制条件？

答：《民法典》第一千一百零二条规定：“无配偶者收养异性子女的，收养人与被收养人的年龄应当相差四十周岁以上。”

除了要满足《民法典》第一千零九十八条①对于收养人应当具备的条件的规定以外，无配偶者想要收养子女的，还应当受到本条规定的限制。但是，无配偶者收养同性子女的，不受年龄差距的限制。例如，四十五岁的单身男性王某想要收养子女，如果他想要收养女儿，那么女儿的年龄应当在五周岁以下。如果王某想要收养儿子，则不受此年龄限制。如果是收养三代以内旁系同辈血亲的子女，可以不受该年龄差的限制。

想要收养十周岁的未成年人，是否需要征得未成年人本人同意？

答：《民法典》第一千一百零四条规定：“收养人收养与送养人送养，应当双方自愿。收养八周岁以上未成年人的，应当征得被收养人的同意。”

这样规定是因为八周岁以上的未成年人是限制民事行为能力人，已经具有了一定的认识能力和表达自己意愿的能力。例如，纪某想要收养十周岁的小刚，除了要征得送养人的同意以外，还应当征得小刚本人的同意。如果小刚不愿意成为纪某的养子，那么纪某就不能收养小刚。

抚养亲戚、朋友的孩子，算收养吗？

答：《民法典》第一千一百零七条规定：“孤儿或者生父母无

①《民法典》第一千零九十八条　收养人应当同时具备下列条件：
（一）无子女或者只有一名子女；
（二）有抚养、教育和保护被收养人的能力；
（三）未患有在医学上认为不应当收养子女的疾病；
（四）无不利于被收养人健康成长的违法犯罪记录；
（五）年满三十周岁。

力抚养的子女，可以由生父母的亲属、朋友抚养；抚养人与被抚养人的关系不适用本章规定。”

可以看出，如果是帮忙抚养亲戚、朋友的孩子，不算法律意义上的“收养”。

配偶去世后，无力抚养孩子，想要将孩子送养，此时配偶的父母能抚养孩子吗?

答：《民法典》第一千一百零八条规定：“配偶一方死亡，另一方送养未成年子女的，死亡一方的父母有优先抚养的权利。”

这样规定不仅能够照顾到死亡一方父母的感情，对未成年子女的成长也更为有利。例如，管某的妻子去世后，管某因身有残疾无力抚养两人的女儿，想要将女儿送养出去。此时，管某妻子的父母有权优先要求抚养管某的女儿。如果管某妻子的父母要抚养管某女儿，管某就不能将女儿送给他人抚养。

第二节　收养的效力

收养关系成立后，养子女与养父母、亲生父母之间的权利义务会发生什么变化?

答：《民法典》第一千一百一十一条规定：“自收养关系成立之日起，养父母与养子女间的权利义务关系，适用本法关于父母子女关系的规定；养子女与养父母的近亲属间的权利义务关系，适用本法关于子女与父母的近亲属关系的规定。养子女与生父母以及其他近亲属间的权利义务关系，因收养关系的成立而消除。”

收养关系成立以后，养父母与养子女之间便在法律上确立起父母子女关系，养父母对未成年养子女负有抚养义务，成年养子女对养父母负有赡养义务。同时，养子女与亲生父母之间不再存在权利义务关系。

被收养的子女应该随谁姓?

答：《民法典》第一千一百一十二条规定：“养子女可以随养父或者养母的姓氏，经当事人协商一致，也可以保留原姓氏。”

可见，被收养的子女可以跟随新父母姓，也可以不改姓。

第三节 收养关系的解除

在什么情况下可以解除收养关系？

答：《民法典》第一千一百一十四条规定：“收养人在被收养人成年以前，不得解除收养关系，但是收养人、送养人双方协议解除的除外。养子女八周岁以上的，应当征得本人同意。收养人不履行抚养义务，有虐待、遗弃等侵害未成年养子女合法权益行为的，送养人有权要求解除养父母与养子女间的收养关系。送养人、收养人不能达成解除收养关系协议的，可以向人民法院提起诉讼。”

第一千一百一十五条规定：“养父母与成年养子女关系恶化、无法共同生活的，可以协议解除收养关系。不能达成协议的，可以向人民法院提起诉讼。”

由此可见，解除收养关系的情况主要有三种：第一，收养人与送养人协商解除；第二，收养人损害未成年养子女利益，送养人要求解除或起诉解除；第三，养父母与成年人子女因关系不好等而协商或起诉解除。需要注意的是，在被收养人年满十八周岁以前，收养人不得主动提出解除收养关系。

收养关系解除以后，养子女与亲生父母之间的权利义务将发生什么变化？

答：《民法典》第一千一百一十七条规定：“收养关系解除后，养子女与养父母以及其他近亲属间的权利义务关系即行消除，与生父母以及其他近亲属间的权利义务关系自行恢复。但是，成年养子女与生父母以及其他近亲属间的权利义务关系是否恢复，可以协商确定。”

举例来说，小美的父母无力抚养小美，将小美送给卢某抚养。没过多久，卢某与小美父母协商解除了收养关系。此时，小美与亲生父母之间的父母子女关系自动恢复，与卢某之间不再存在权利义务关系。

同时，《民法典》第一千一百一十八条第二款规定：“生父母要求解除收养关系的，养父母可以要求生父母适当补偿收养期间支出的抚养费；但是，因养父母虐待、遗弃养子女而解除收养关系的除外。”

也就是说，如果卢某并没有虐待、遗弃小美，而小美的父母主动提出解除收养关系的，那么卢某就可以要求小美的父母补偿收养小美期间所支出的抚养费。

与成年养子女解除收养关系以后，还能要求其给养父母养老吗？

答：《民法典》第一千一百一十八条第一款规定：“收养关系解除后，经养父母抚养的成年养子女，对缺乏劳动能力又缺乏生活来源的养父母，应当给付生活费。因养子女成年后虐待、遗弃养父母而解除收养关系的，养父母可以要求养子女补偿收养期间支出的抚养费。”

举例来说，焦某老两口收养了一个养子，在养子成年后，因其经常虐待老两口而解除了收养关系。此时，焦某老两口有权利要求养子补偿收养期间所支出的抚养费。如果养子并没有虐待焦某老两口，解除收养关系只是因为关系恶化，那么焦某老两口只有在缺乏劳动能力且没有生活来源的情况下，才能要求养子给付生活费。

第六编　继承

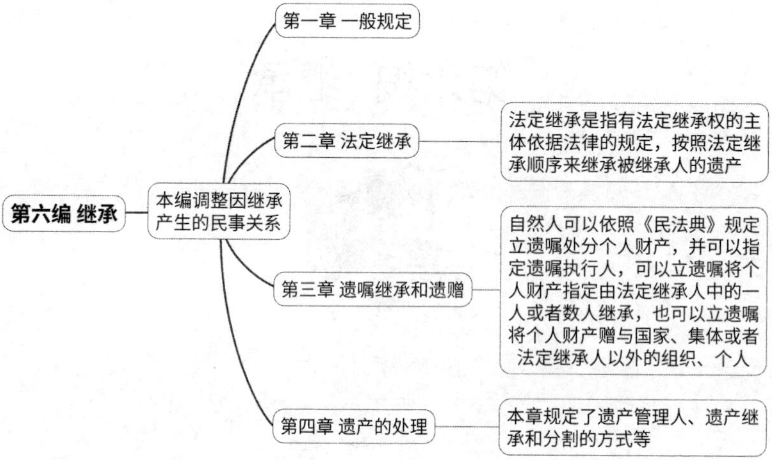
第六编 继承
本编调整因继承产生的民事关系
第一章 一般规定
第二章 法定继承
法定继承是指有法定继承权的主体依据法律的规定，按照法定继承顺序来继承被继承人的遗产
第三章 遗嘱继承和遗赠
自然人可以依照《民法典》规定立遗嘱处分个人财产，并可以指定遗嘱执行人，可以立遗嘱将个人财产指定由法定继承人中的一人或者数人继承，也可以立遗嘱将个人财产赠与国家、集体或者法定继承人以外的组织、个人
第四章 遗产的处理
本章规定了遗产管理人、遗产继承和分割的方式等

第一章　一般规定

一家几口同时在车祸中去世的，遗产如何继承？

答：《民法典》第一千一百二十一条规定："继承从被继承人死亡时开始。相互有继承关系的数人在同一事件中死亡，难以确定死亡时间的，推定没有其他继承人的人先死亡。都有其他继承人，辈分不同的，推定长辈先死亡；辈份相同的，推定同时死亡，相互不发生继承。"

比如，在一次特大交通事故中，李某及其父母不幸当场遇难。李某有妻子、儿女。那么，根据法律规定，推定李某父母先死亡，李某后死亡。此时，就先对李某父母的遗产做继承分割，再来处理李某的遗产。推定长辈先死亡，有利于保障后辈死亡人的财产利益，体现了公平公正。如果在交通事故中，死亡的还有李某的妹妹，那么就推定李某和妹妹同时死亡，他们之间不发生继承关系，其各自的遗产按法定继承处理即可。

捡拾所得的财产，能被继承吗？

答：《民法典》第一千一百二十二条第一款规定："遗产是自然人死亡时遗留的个人合法财产。"

遗产必须是合法拥有的财产，不能是通过违法犯罪、不当得利等得来的财产。捡拾所得的财产一般情况下算不当得利，应当返还给财产所有人，如果财产价值大，捡拾人拒不返还的，还可能构成侵占罪。因此，捡拾所得的财产不能被继承。

法定继承、遗嘱、遗赠扶养协议，哪个优先？

答：《民法典》第一千一百二十三条规定："继承开始后，按照法定继承办理；有遗嘱的，按照遗嘱继承或者遗赠办理；有遗赠扶养协议的，按照协议办理。"

同时，《最高人民法院关于适用〈中华人民共和国民法典〉继承编的解释（一）》第三条规定："被继承人生前与他人订有遗赠扶养协议，同时又立有遗嘱的，继承开始后，如果遗赠扶养协议与遗嘱没有抵触，遗产分别按协议和遗嘱处理；如果有抵触，按协议处理，与协议抵触的遗嘱全部或者部分无效。"

由此可见，在法定继承、遗嘱、遗赠扶养协议优先性方面，最具有优先性的是遗赠扶养协议，其次为遗嘱，最后才是法定继承。举例来说，老张用其名下的一套房产与刘某签订了遗赠扶养协议，后来老张又立了一份遗嘱，将房子给他弟弟。老张死后，其妻子儿女等继承人都无法按照法定继承来继承这套房子，他弟弟也无法依据遗嘱得到房子，只有刘某能根据协议得到这套房子。而如果没有遗赠扶养协议，那么他弟弟可以依据遗嘱得到房子。

口头放弃继承的，算数吗？

答：《民法典》第一千一百二十四条第一款规定："继承开始后，继承人放弃继承的，应当在遗产处理前，以书面形式作出放弃继承的表示；没有表示的，视为接受继承。"

由此可见，如果确定要放弃继承权的，应该以书面形式在遗产处理前作出明确的意思表示，如果只是口头表示的，不算放弃继承权。但是，如果是在诉讼中，继承人向人民法院以口头方式表示放弃继承的，人民法院制作笔录，由放弃继承的人签名后，也具有法律效力。

面对遗赠，既不说"要"也不说"不要"，最终会得到遗赠吗？

答：《民法典》第一千一百二十四条第二款规定："受遗赠人应当在知道受遗赠后六十日内，作出接受或者放弃受遗赠的表示；到期没有表示的，视为放弃受遗赠。"

那么，面对遗赠，既不说"要"也不说"不要"，最终很可能得不到遗赠。因此，受遗赠人确认想得到遗赠的，一定要把握时机，在法律规定的有效时间内作出明确接受的表示，否则，继承人因此分割遗赠财产的，受遗赠人也无法追回。

在哪些情况下，继承人丧失继承权？

答：《民法典》第一千一百二十五条第一款规定："继承人有下列行为之一的，丧失继承权：（一）故意杀害被继承人①；（二）为争夺遗产而杀害其他继承人；（三）遗弃被继承人，或者虐待被继承人情节严重②；（四）伪造、篡改、隐匿或者销毁遗嘱，情节严重③；（五）以欺诈、胁迫手段迫使或者妨碍被继承人设立、变更或者撤回遗嘱，情节严重。"

在这五种情形下，继承人会因实施了违法行为而丧失继承权。此外，受遗赠人有这些行为的，也会丧失受遗赠权。

但是，对于继承权丧失的情形，也不是不可挽回的，《民法典》第一千一百二十五条第二款规定："继承人有前款第三项至第五项行为，确有悔改表现，被继承人表示宽恕或者事后在遗嘱中将其列为继承人的，该继承人不丧失继承权。"

也就是说，对于实施"遗弃被继承人，或者虐待被继承人情节严重；伪造、篡改、隐匿或者销毁遗嘱，情节严重；以欺诈、胁迫手段迫使或者妨碍被继承人设立、变更或者撤回遗嘱，情节严重"行为的继承人，如果自知悔改，并得到被继承人的原谅的，还依然享有继承权。

---

①《最高人民法院关于适用〈中华人民共和国民法典〉继承编的解释（一）》第七条　继承人故意杀害被继承人的，不论是既遂还是未遂，均应当确认其丧失继承权。

②《最高人民法院关于适用〈中华人民共和国民法典〉继承编的解释（一）》第六条　继承人是否符合民法典第一千一百二十五条第一款第三项规定的"虐待被继承人情节严重"，可以从实施虐待行为的时间、手段、后果和社会影响等方面认定。虐待被继承人情节严重的，不论是否追究刑事责任，均可确认其丧失继承权。

③《最高人民法院关于适用〈中华人民共和国民法典〉继承编的解释（一）》第九条　继承人伪造、篡改、隐匿或者销毁遗嘱，侵害了缺乏劳动能力又无生活来源的继承人的利益，并造成其生活困难的，应当认定为民法典第一千一百二十五条第一款第四项规定的"情节严重"。

第二章　法定继承

嫁出去的儿女有继承权吗?

答:《民法典》第一千一百二十六条明确规定:"继承权男女平等。"

在有些落后的地区,大家认为女儿出嫁后,就是泼出去的水,不再继承娘家的任何财产。这种想法和做法是错误的、不合法的。嫁出去的女儿当然享有继承权,享有与儿子同样的继承权。

法定继承顺序是怎样的?

答:《民法典》第一千一百二十七条第一款和第二款规定:"遗产按照下列顺序继承:(一)第一顺序:配偶、子女、父母;(二)第二顺序:兄弟姐妹、祖父母、外祖父母。继承开始后,由第一顺序继承人继承,第二顺序继承人不继承;没有第一顺序继承人继承的,由第二顺序继承人继承。"

举例来说,汪某有母亲、妻子、儿子以及妹妹、弟弟。汪某死亡后,如果没有遗嘱,那么他的财产应按照法定继承由其母亲、妻子、儿子继承。而如果汪某没有父母、妻儿的,其遗产就由弟弟、妹妹继承。

此外,上面法律条文中所称的子女,包括婚生子女、非婚生子女、养子女和有扶养关系的继子女;所称的父母,包括生父母、养父母和有扶养关系的继父母;所称的兄弟姐妹,包括同父母的兄弟姐妹、同父异母或者同母异父的兄弟姐妹、养兄弟姐妹、有扶养关系的继兄弟姐妹。

可以同时继承养父母和亲生父母的遗产吗?

答:《最高人民法院关于适用〈中华人民共和国民法典〉继承编的解释(一)》第十条规定:"被收养人对养父母尽了赡养义务,同时又对生父母扶养较多的,除可以依照民法典第一千一百二十七条①的规定继承养父母的遗产外，还可以依照民法典第一千一百三十一条②的规定分得生父母适当的遗产。”

由此可见，只要是尽了赡养或扶养义务的，子女就可以同时分得养父母和亲生父母的遗产。

继子继承继母的遗产后，还能继承生父母的遗产吗？

答：《最高人民法院关于适用〈中华人民共和国民法典〉继承编的解释（一）》第十一条规定：“继子女继承了继父母遗产的，不影响其继承生父母的遗产。继父母继承了继子女遗产的，不影响其继承生子女的遗产。”

也就是说，继子女与继父母之间的继承，不影响其与生父母之间的继承。继子继承继母的遗产后，还能继承生父母的遗产。

孙子能代替已故父亲继承爷爷的遗产吗？

答：《民法典》第一千一百二十八条第一款规定：“被继承人的子女先于被继承人死亡的，由被继承人的子女的直系晚辈血亲代位继承。”

由此可见，孙子能代替已故父亲继承爷爷的遗产。需要注意的是，被继承人的孙子女、外孙子女、曾孙子女、外曾孙子女都可以代位继承，代位继承人不受辈数的限制。但是，继承人丧失继承权的，其晚辈直系血亲不得代位继承。如该代位继承人缺乏劳动能力又没有生活来源，或者对被继承人尽赡养义务较多的，可以适当分得遗产，这是法律对其权益的保护，而非对其代为继承权的肯定。

---

①《民法典》第一千一百二十七条　遗产按照下列顺序继承：
（一）第一顺序：配偶、子女、父母；
（二）第二顺序：兄弟姐妹、祖父母、外祖父母。
继承开始后，由第一顺序继承人继承，第二顺序继承人不继承；没有第一顺序继承人继承的，由第二顺序继承人继承。
本编所称子女，包括婚生子女、非婚生子女、养子女和有扶养关系的继子女。
本编所称父母，包括生父母、养父母和有扶养关系的继父母。
本编所称兄弟姐妹，包括同父母的兄弟姐妹、同父异母或者同母异父的兄弟姐妹、养兄弟姐妹、有扶养关系的继兄弟姐妹。

②《民法典》第一千一百三十一条　对继承人以外的依靠被继承人扶养的人，或者继承人以外的对被继承人扶养较多的人，可以分给适当的遗产。

外甥能继承姨妈的遗产吗？

答：《民法典》第一千一百二十八条第二款规定："被继承人的兄弟姐妹先于被继承人死亡的，由被继承人的兄弟姐妹的子女代位继承。"

关于外甥能否继承姨妈的遗产，要视情况而定。如果姨妈有父母、丈夫、儿女这样的第一顺位继承人，那她的遗产就不会轮到第二顺位的继承人兄弟姐妹来继承，其外甥自然不会面临代位继承。而如果姨妈孤身一人，没有第一顺位继承人，那她的遗产则由兄弟姐妹来继承。如果有兄弟姐妹先去世的，其子女，也就是姨妈的外甥、外甥女就可以进行代位继承。

丧偶儿媳对婆婆的遗产有继承权吗？

答：《民法典》第一千一百二十九条规定："丧偶儿媳对公婆，丧偶女婿对岳父母，尽了主要赡养义务的，作为第一顺序继承人。"

丧偶儿媳是否对婆婆的遗产有继承权，取决于是否对婆婆尽了主要赡养义务。对被继承人生活提供了主要经济来源，或者在劳务等方面给予了主要扶助的，应当认定其尽了主要赡养义务或主要扶养义务。也可以说，尽了义务的，等同于儿女，可以为第一顺位继承人。此外，需要注意的是，丧偶儿媳对公婆、丧偶女婿对岳父母，无论其是否再婚，作为第一顺序继承人时，不影响其子女的代位继承。

遗产应当均分吗？

答：《民法典》第一千一百三十条规定："同一顺序继承人继承遗产的份额，一般应当均等。对生活有特殊困难又缺乏劳动能力的继承人，分配遗产时，应当予以照顾。对被继承人尽了主要扶养义务或者与被继承人共同生活的继承人，分配遗产时，可以多分。有扶养能力和有扶养条件的继承人，不尽扶养义务的，分配遗产时，应当不分或者少分①。继承人协商同意的，也可以不均等。"

---

①《最高人民法院关于适用〈中华人民共和国民法典〉继承编的解释（一）》第二十二条 继承人有扶养能力和扶养条件，愿意尽扶养义务，但被继承人因有固定收入和劳动能力，明确表示不要求其扶养的，分配遗产时，一般不应因此而影响其继承份额。第二十三条 有扶养能力和扶养条件的继承人虽然与被继承人共同生活，但对需要扶养的被继承人不尽扶养义务，分配遗产时，可以少分或者不分。

也就是说，一般情况下，遗产应当均分，但是也有上述例外情况。这些例外情况的规定，既体现了对弱者的照顾，也体现了对“有心人、善良人”的公平。

在法定继承中，不是继承人，也能分到遗产吗？

答：《民法典》第一千一百三十一条规定：“对继承人以外的依靠被继承人扶养的人，或者继承人以外的对被继承人扶养较多的人，可以分给适当的遗产。”

在法定继承中，不属于继承人的以上两类人，也可以分到遗产。并且，分给他们遗产时，按具体情况可以多于或者少于继承人。

第三章 遗嘱继承和遗赠

可以立遗嘱将财产赠给外人吗?

答:《民法典》第一千一百三十三条规定:“自然人可以依照本法规定立遗嘱处分个人财产,并可以指定遗嘱执行人。自然人可以立遗嘱将个人财产指定由法定继承人中的一人或者数人继承。自然人可以立遗嘱将个人财产赠与国家、集体或者法定继承人以外的组织、个人。自然人可以依法设立遗嘱信托。”

对于自然人订立遗嘱如何处分自己合法的个人财产,法律有着宽泛的规定,充分尊重和保护自然人的自主自愿意志。立遗嘱人不仅可以将遗产留给法定继承人,还可以赠给法定继承人之外的人或组织,只要是具备法律规定要件的有效遗嘱,都是受法律保护的。

亲笔写的遗嘱,怎样才有效?

答:《民法典》第一千一百三十四条规定:“自书遗嘱由遗嘱人亲笔书写,签名,注明年、月、日。”

自书遗嘱,必须由立遗嘱人全部亲自书写,不能让他人代笔,也不能打印;在落款处,还要亲笔签名,写明年月日。只有全部符合上述规定,才是一份合法有效的自书遗嘱。

他人代写的遗嘱,怎样才有效?

答:《民法典》第一千一百三十五条规定:“代书遗嘱应当有两个以上见证人在场见证,由其中一人代书,并由遗嘱人、代书人和其他见证人签名,注明年、月、日。”

顾名思义,代书遗嘱为他人代笔所写的遗嘱,注意不是打印遗嘱。代书遗嘱,需要至少两个在场见证人,其中一人执笔将立遗嘱人的意思记录下来。在代书遗嘱落款处,不仅要签上立遗嘱人的姓名,还要将代书人姓名以及其他所有见证人的姓名都要签上,同时也要写明年月日。

打印遗嘱，怎样才有效?

答：《民法典》第一千一百三十六条规定：“打印遗嘱应当有两个以上见证人在场见证。遗嘱人和见证人应当在遗嘱每一页签名，注明年、月、日。”

打印遗嘱，既可以由立遗嘱人自己打印，也可以由他人代为打印，只要内容是立遗嘱人自己的意思表示即可。打印遗嘱同样需要至少两名在场见证人，同样需要签名和注明年月日。需要注意的是，打印出来的遗嘱如果是多页的，一定要在每一页都签上立遗嘱人和见证人的姓名，如果大家只在最后一页签名，则该打印遗嘱无效。

录音录像遗嘱，怎样才有效?

答：《民法典》第一千一百三十七条：“以录音录像形式立的遗嘱，应当有两个以上见证人在场见证。遗嘱人和见证人应当在录音录像中记录其姓名或者肖像，以及年、月、日。”

录音录像遗嘱，可以理解为录音遗嘱和录像遗嘱。其中，录音遗嘱是通过记录立遗嘱人声音内容而形成的遗嘱；录像遗嘱则是通过记录立遗嘱人的声音、样貌、动作等内容形成的遗嘱，如对于一些聋哑人，可以通过手语动作表达出遗嘱内容。不论是录音遗嘱还是录像遗嘱，都必须由立遗嘱人亲自表达，不能由他人代理或转述。此外，录音录像遗嘱不仅需要至少两个在场见证人，还需要他们在录制过程中和立遗嘱人一同“出声”“出镜”，要表达出姓名、见证的过程以及年月日。

在什么时候可以立口头遗嘱?

答：《民法典》第一千一百三十八条规定：“遗嘱人在危急情况下，可以立口头遗嘱。口头遗嘱应当有两个以上见证人在场见证。危急情况消除后，遗嘱人能够以书面或者录音录像形式立遗嘱的，所立的口头遗嘱无效。”

口头遗嘱只有在生命垂危或重大灾情、意外等危急情况下才能设立，并且需要至少两名在场见证人。如果危急情形消除，遗嘱人具备了立书面或录音录像遗嘱的能力，之前所立的口头遗嘱不再具有法律效力。比如，老孟突发疾病，在救护车中当着众医护人员和家属的面立下口头遗嘱，但是老孟经过急救转危为安，那么老孟的口头遗嘱失效。如果老孟没有再立其他遗嘱，则其去世以后，遗产按法定继承处理。

公证遗嘱可以让他人代办吗？

答：《民法典》第一千一百三十九条规定：“公证遗嘱由遗嘱人经公证机构办理。”

经公证证明的遗嘱为公证遗嘱。

《遗嘱公证细则》第五条规定：“遗嘱人申办遗嘱公证应当亲自到公证处提出申请。遗嘱人亲自到公证处有困难的，可以书面或者口头形式请求有管辖权的公证处指派公证人员到其住所或者临时处所办理。”

也就是说，公证遗嘱不可以让他人代办，必须自己亲自提出申请。因故不能到公证部门的，可以请求公证人员上门服务。

哪些人员不能成为遗嘱见证人？

答：《民法典》第一千一百四十条规定：“下列人员不能作为遗嘱见证人：（一）无民事行为能力人、限制民事行为能力人以及其他不具有见证能力的人；（二）继承人、受遗赠人；（三）与继承人、受遗赠人有利害关系的人。”

遗嘱见证人必须亲眼所见遗嘱订立的过程，是能够证明遗嘱真实性的人，因此要具备完全民事行为能力和见证能力。此外，为了公平公正起见，见证人要与遗嘱内容无利害关系，因此不能为继承人、受遗赠人，或与他们有利害关系的人。

《最高人民法院关于适用〈中华人民共和国民法典〉继承编的解释（一）》第二十四条规定：“继承人、受遗赠人的债权人、债务人，共同经营的合伙人，也应当视为与继承人、受遗赠人有利害关系，不能作为遗嘱的见证人。”

以上这些人因为与当事人之间存在一定的利益关系，因此其也不能作为遗嘱的见证人。

遗嘱中没有给"无劳动能力又没有生活来源的人"保留份额的，如何处理？

答：《民法典》第一千一百四十一条规定："遗嘱应当为缺乏劳动能力又没有生活来源的继承人保留必要的遗产份额。"

这里规定的继承人又称"必留份权利人"。其要同时具备"缺乏劳动能力"和"没有生活来源"这两个条件。必留份权利人可以是第一顺位的继承人，也可以是第二顺位的继承人，可以是未成年人，也可以是成年人。

如果在遗产中没有对必留份权利人保留份额，那么根据《最高人民法院关于适用〈中华人民共和国民法典〉继承编的解释（一）》第二十五条的规定："遗嘱人未保留缺乏劳动能力又没有生活来源的继承人的遗产份额，遗产处理时，应当为该继承人留下必要的遗产，所剩余的部分，才可参照遗嘱确定的分配原则处理。继承人是否缺乏劳动能力又没有生活来源，应当按遗嘱生效时该继承人的具体情况确定。"

立遗嘱后，又另立一份的，哪份有效？

答：《民法典》第一千一百四十二条规定："遗嘱人可以撤回、变更自己所立的遗嘱。立遗嘱后，遗嘱人实施与遗嘱内容相反的民事法律行为的，视为对遗嘱相关内容的撤回。立有数份遗嘱，内容相抵触的，以最后的遗嘱为准。"

遗嘱是立遗嘱人的自由意愿，该意愿可能会随着时间的变迁、事件的发生而改变，立遗嘱人很可能会因此而撤回、变更遗嘱，或者重立遗嘱，这些都是受法律保护的行为。如果一个人立了两份以上的遗嘱，最后一份遗嘱是其最后的意思表示，应当被优先适用。

遗书可以被作为遗嘱吗？

答：《最高人民法院关于适用〈中华人民共和国民法典〉继承编的解释（一）》第二十七条规定："自然人在遗书中涉及死后个人财产处分的内容，确为死者的真实意思表示，有本人签名并注明了年、月、日，又无相反证据的，可以按自书遗嘱对待。"

符合这样法律规定条件的遗书可以作为遗嘱，其个人合法财产应当按照遗书中的处理方式进行分配。

中小学生所立的遗嘱有效吗?

答:《民法典》第一千一百四十三条第一款规定:“无民事行为能力人或者限制民事行为能力人①所立的遗嘱无效。”

中小学生一般为限制民事行为能力人或者无民事行为能力人,因此,他们所立的遗嘱是无效的。需要注意的是,无民事行为能力人或者限制民事行为能力人所立的遗嘱,即使其本人后来具有完全民事行为能力,仍属无效遗嘱。遗嘱人立遗嘱时具有完全民事行为能力,后来成为无民事行为能力人或者限制民事行为能力人的,不影响其当时所立遗嘱的效力。

被胁迫所立的遗嘱有效吗?

答:《民法典》第一千一百四十三条第二款规定:“遗嘱必须表示遗嘱人的真实意思,受欺诈、胁迫所立的遗嘱无效。”

由此可以明确,被胁迫所立的遗嘱并非遗嘱人的真实意思表示,该遗嘱无效。

伪造、篡改的遗嘱有效吗?

答:《民法典》第一千一百四十三条第三款和第四款规定:“伪造的遗嘱无效。遗嘱被篡改的,篡改的内容无效。”

毋庸置疑,伪造、篡改的遗嘱无效。

---

①《民法典》第十七条 十八周岁以上的自然人为成年人。不满十八周岁的自然人为未成年人。

第十八条 成年人为完全民事行为能力人……

十六周岁以上的未成年人,以自己的劳动收入为主要生活来源的,视为完全民事行为能力人。

第十九条 八周岁以上的未成年人为限制民事行为能力人……

第二十条 不满八周岁的未成年人为无民事行为能力人……

第二十一条 不能辨认自己行为的成年人为无民事行为能力人……

在附义务的遗嘱中，继承人不履行义务的，还能依照遗嘱继承遗产吗?

答：《民法典》第一千一百四十四条规定：“遗嘱继承或者遗赠附有义务的，继承人或者受遗赠人应当履行义务。没有正当理由不履行义务的，经利害关系人或者有关组织请求，人民法院可以取消其接受附义务部分遗产的权利。”

《最高人民法院关于适用〈中华人民共和国民法典〉继承编的解释（一）》第二十九条规定：“附义务的遗嘱继承或者遗赠，如义务能够履行，而继承人、受遗赠人无正当理由不履行，经受益人或者其他继承人请求，人民法院可以取消其接受附义务部分遗产的权利，由提出请求的继承人或者受益人负责按遗嘱人的意愿履行义务，接受遗产。”

在附义务的遗嘱中，继承人没有履行附加的义务，能否依照遗嘱继承财产不可一概而定。如果该义务违背法律的规定、违背公序良俗，或者根本不能履行，那么，即使继承人没有履行义务，也算有正当理由，仍然可以依照遗嘱继承遗产。又如，虽然继承人没有履行相关义务，但是其他利害关系人没有向法院提出申请取消其资格，法院不能主动取消。此时，其仍可以继承遗产。

第四章 遗产的处理

遗产管理人由谁来担任?

答:《民法典》第一千一百四十五条规定:“继承开始后,遗嘱执行人为遗产管理人;没有遗嘱执行人的,继承人应当及时推选遗产管理人;继承人未推选的,由继承人共同担任遗产管理人;没有继承人或者继承人均放弃继承的,由被继承人生前住所地的民政部门或者村民委员会担任遗产管理人。”

遗产管理人是在继承开始后、遗产分割前处理遗产有关事务的人,其具体选任问题依据上述法律规定进行即可。如果对遗产管理人的确定有争议的,利害关系人可以向人民法院申请指定遗产管理人。

遗产管理人有哪些职责?

答:《民法典》第一千一百四十七条规定:“遗产管理人应当履行下列职责:(一)清理遗产并制作遗产清单;(二)向继承人报告遗产情况;(三)采取必要措施防止遗产毁损、灭失;(四)处理被继承人的债权债务;(五)按照遗嘱或者依照法律规定分割遗产;(六)实施与管理遗产有关的其他必要行为。”

遗产管理人应当依法履行上述职责,积极主动妥善管理遗产,因故意或者重大过失造成继承人、受遗赠人、债权人损害的,应当承担民事责任。当然,遗产管理人也不会“白忙活”,遗产管理人可以依照法律规定或者按照约定获得报酬。

老人死亡后,遗产未分割,小儿子又意外丧生,小儿子家还能分到遗产吗?

答:《民法典》第一千一百五十二条规定:“继承开始后,继承人于遗产分割前死亡,并没有放弃继承的,该继承人应当继承的遗产转给其继承人,但是遗嘱另有安排的除外。”

本条是关于“转继承”的规定。顾名思义,转继承即为将本应由甲继承的遗产转给甲的继承人继承。例如，李老头去世后，遗产还没有分割，他的小儿子因意外丧生。小儿子之前没有放弃继承权，李老头也没有留下遗嘱，不让小儿子继承遗产。此时，本应该由小儿子继承的那份遗产就转给小儿子的继承人继承。也就是说，小儿子家人（其妻儿）能得到遗产。

家业都是丈夫挣下的，丈夫去世后，家业都算是遗产吗？

答：《民法典》第一千一百五十三条规定："夫妻共同所有的财产，除有约定的外，遗产分割时，应当先将共同所有的财产的一半分出为配偶所有，其余的为被继承人的遗产。遗产在家庭共有财产之中的，遗产分割时，应当先分出他人的财产。"

遗产是属于去世之人个人的合法财产，而非共有财产。夫妻一方死亡的，在确定遗产时，一定要注意先做夫妻财产分割，不能忽视夫妻另一方的存在。因此，家业都是丈夫挣下的，丈夫去世后，如果妻子还在世，那么家业肯定不全是遗产，应将妻子以及其他人的财产分割出去后，再确定遗产数额。

胎儿能够继承遗产吗？

答：《民法典》第一千一百五十五条规定："遗产分割时，应当保留胎儿的继承份额。胎儿娩出时是死体的，保留的份额按照法定继承办理。"

《最高人民法院关于适用〈中华人民共和国民法典〉继承编的解释（一）》第三十一条规定："应当为胎儿保留的遗产份额没有保留的，应从继承人所继承的遗产中扣回。为胎儿保留的遗产份额，如胎儿出生后死亡的，由其继承人继承；如胎儿娩出时是死体的，由被继承人的继承人继承。"

由此可以看出，胎儿是无继承权的，但是为了保证胎儿出生后的基本生活，应该为胎儿保留遗产份额，由胎儿出生后再予以继承。

爷爷去世后，奶奶改嫁的，应退还其所继承的遗产吗？

答：《民法典》第一千一百五十七条规定："夫妻一方死亡后另一方再婚的，有权处分所继承的财产，任何组织或者个人不得干涉。"

爷爷去世后，奶奶就可以按照法定或者遗嘱继承爷爷的遗产，即使奶奶之后又改嫁，也不必退还其所继承的遗产。奶奶继承爷爷的遗产后，该遗产就变成了奶奶个人的合法财产，奶奶有权利对其做出处分，奶奶改嫁带走财产，是合法合理的。

签订遗赠扶养协议后又解除的，已支付的供养费用还能退吗？

答：《民法典》第一千一百五十八条规定："自然人可以与继承人以外的组织或者个人签订遗赠扶养协议。按照协议，该组织或者个人承担该自然人生养死葬的义务，享有受遗赠的权利。"

遗赠扶养协议签订后也是可以解除的，但是已支付的供养费用还能不能退，要视情况而定。

《最高人民法院关于适用〈中华人民共和国民法典〉继承编的解释（一）》第四十条规定："继承人以外的组织或者个人与自然人签订遗赠扶养协议后，无正当理由不履行，导致协议解除的，不能享有受遗赠的权利，其支付的供养费用一般不予补偿；遗赠人无正当理由不履行，导致协议解除的，则应当偿还继承人以外的组织或者个人已支付的供养费用。"

父债子还，有法律依据吗？

答：《民法典》第一千一百五十九条规定："分割遗产，应当清偿被继承人依法应当缴纳的税款和债务；但是，应当为缺乏劳动能力又没有生活来源的继承人保留必要的遗产。"

由此可见，在继承遗产前，应该先清偿税款和债务。那如果遗产不够清偿债务的，继承人需要自己来还吗？

《民法典》第一千一百六十一条规定："继承人以所得遗产实际价值为限清偿被继承人依法应当缴纳的税款和债务。超过遗产实际价值部分，继承人自愿偿还的不在此限。继承人放弃继承的，对被继承人依法应当缴纳的税款和债务可以不负清偿责任。"

也就是说，"父债子还"是没有法律依据的，我们通常所说的"父债子还"，归根结底还是用的"父亲"的财产来还他自己的债务，子女不需要用自己的财产来偿还父亲欠下的债务。

既有法定继承又有遗嘱继承时，谁有拿遗产还债的义务？

答：《民法典》第一千一百六十三条规定："既有法定继承又有遗嘱继承、遗赠的，由法定继承人清偿被继承人依法应当缴纳的税款和债务；超过法定继承遗产实际价值部分，由遗嘱继承人和受遗赠人按比例以所得遗产清偿。"

举例来说，老张生前留下遗嘱将其名下的汽车归女儿所有，其余的个人财产，老张都没有立下遗嘱进行分配。老张去世后，债主找上门，要求儿女们还债。此时，除了女儿继承的汽车外，其余继承人所继承的财产都要优先拿来还债，只有不够时，才能使用女儿继承的汽车来抵债。

第七编　侵权责任

- **第七编 侵权责任**
  - 本编调整因侵害民事权益产生的民事关系
    - 第一章 一般规定
    - 第二章 损害赔偿
      - 规定了损害赔偿的范围、方法以及损害赔偿金数额如何确定的相关内容
    - 第三章 责任主体的特殊规定
      - 规定了无民事行为能力人、限制民事行为能力人、用人单位的工作人员、承揽人、网络用户等特殊主体侵害他人民事权益时，侵权责任如何承担的相关内容
    - 第四章 产品责任
      - 规定了因产品存在缺陷而造成他人损害时，侵权责任如何承担的相关内容
    - 第五章 机动车交通事故责任
      - 规定了机动车发生交通事故造成损害时，侵权责任如何承担的相关内容
    - 第六章 医疗损害责任
      - 规定了患者在诊疗活动中受到损害时，侵权责任如何承担的相关内容
    - 第七章 环境污染和生态破坏责任
      - 规定了因污染环境、破坏生态造成他人损害时，侵权责任如何承担的相关内容
    - 第八章 高度危险责任
      - 规定了从事高度危险作业、占有或使用高度危险物等行为造成他人损害时，侵权责任如何承担的相关内容
    - 第九章 饲养动物损害责任
      - 规定了饲养的动物造成他人损害时，侵权责任如何承担的相关内容
    - 第十章 建筑物和物件损害责任
      - 规定了建筑物、构筑物及相关设施倒塌、塌陷致人损害，建筑物、构筑物或者其他设施及其搁置物、悬挂物发生脱落、坠落致人损害，从建筑物中抛掷物品致人损害，在公共道路上堆放、倾倒、遗撒物品致人损害等侵权责任如何承担的问题

第一章　一般规定

侵权责任的类型有哪些?

答:《民法典》第一千一百六十五条规定:“行为人因过错侵害他人民事权益造成损害的,应当承担侵权责任。依照法律规定推定行为人有过错,其不能证明自己没有过错的,应当承担侵权责任。”

第一千一百六十六条规定:“行为人造成他人民事权益损害,不论行为人有无过错,法律规定应当承担侵权责任的,依照其规定。”

侵权责任的类型主要有三种:第一,过错责任。大部分侵权责任都属于过错责任,例如打架时将他人打伤的,所承担的侵权责任就属于过错责任的范畴。第二,过错推定责任。例如,《民法典》第一千一百九十九条[①]所规定的无民事行为能力人在幼儿园、学校等场所受到人身损害时,幼儿园、学校等应当承担的责任就属于过错推定责任。第三,无过错责任。例如,根据《民法典》第一千二百零二条[②]规定,当产品存在缺陷时,生产者所承担的就是无过错责任。

当侵权行为危及人身、财产安全时,被侵权人可以要求对方承担哪些责任?

答:《民法典》第一千一百六十七条规定:“侵权行为危及他人人身、财产安全的,被侵权人有权请求侵权人承担停止侵害、排除妨碍、消除危险等侵权责任。”

举例来说,吴某的邻居周某正在翻建房屋,由于施工不当,导致吴某家的房屋很可能受到损坏。此时,吴某虽然还没有遭受实质

①《民法典》第一千一百九十九条　无民事行为能力人在幼儿园、学校或者其他教育机构学习、生活期间受到人身损害的,幼儿园、学校或者其他教育机构应当承担侵权责任;但是,能够证明尽到教育、管理职责的,不承担侵权责任。

②《民法典》第一千二百零二条　因产品存在缺陷造成他人损害的,生产者应当承担侵权责任。

上的损失，但是仍然有权要求周某停止施工。如果周某的施工行为已经给吴某造成了损失，吴某还可以要求周某承担赔偿责任。

多人共同实施侵权行为，责任如何承担？

答：《民法典》第一千一百六十八条规定："二人以上共同实施侵权行为，造成他人损害的，应当承担连带责任。"

多人共同实施侵权行为时，理应共同承担侵权责任。所谓连带责任，是指被侵权人有权向侵权人中的任何一个人提出要求，要求其承担侵权责任。而全部侵权人也不得以所实施的侵权行为的比重，来拒绝对被侵权人承担全部侵权责任。例如，张某、王某、李某三人因矛盾共同殴打了钱某，导致钱某受伤。此时，钱某可以要求三人或他们中间的任意一人承担全部的侵权责任。如果其中一个侵权人承担侵权责任后，可以再根据其主观上的过错程度以及所实施的侵权行为在整体侵权行为中所占的比重，向其他侵权人追偿。

教唆他人实施侵权行为，应当承担什么责任？

答：《民法典》第一千一百六十九条规定："教唆、帮助他人实施侵权行为的，应当与行为人承担连带责任。教唆、帮助无民事行为能力人、限制民事行为能力人实施侵权行为的，应当承担侵权责任；该无民事行为能力人、限制民事行为能力人的监护人未尽到监护职责的，应当承担相应的责任。"

认定教唆人和帮助人在侵权行为中所承担的责任，首先要看被教唆人和被帮助人是否具备完全民事行为能力。根据被教唆人和被帮助人所具备的民事行为能力的不同，教唆人和帮助人所承担的责任也不同。例如，梁某因与邻居有矛盾，便指使小区里正在玩的小朋友砸破邻居家的玻璃。此时，虽然实施侵权行为的并不是梁某本人，但是梁某因教唆未成年人实施侵权行为，应当承担侵权责任。

多人实施侵权行为，无法确定具体的侵权人时，责任如何承担？

答：《民法典》第一千一百七十条规定："二人以上实施危及他人人身、财产安全的行为，其中一人或者数人的行为造成他人损害，能够确定具体侵权人的，由侵权人承担责任；不能确定具体侵权人的，行为人承担连带责任。”

这条规定适用于多人实施侵权行为，但是损害结果无法确定是由全体侵权人还是部分侵权人造成的情况。例如，管某与几个朋友和别人发生矛盾打群架，在争斗过程中管某受了伤，但无法确定打伤管某的究竟是谁。此时，可能伤害管某的人都需要对管某的受伤结果承担连带责任。

被侵权人受到的损害可能由两人以上分别造成的，责任如何承担？

答：《民法典》第一千一百七十一条规定：“二人以上分别实施侵权行为造成同一损害，每个人的侵权行为都足以造成全部损害的，行为人承担连带责任。”

这一规定主要适用于侵权人之间没有有意联络，并非出于共同的过错导致他人权利受损的情况。例如，纪某的房屋装修好以后发生漏水情况，经过调查，发现漏水的原因不仅仅有开发商建造房屋时存在漏洞，还有装修公司施工不规范。此时，开发商和装修公司应当对纪某的损失承担连带责任。

多个侵权人分别实施的侵权行为共同造成被侵权人损害的，责任如何承担？

答：《民法典》第一千一百七十二条规定：“二人以上分别实施侵权行为造成同一损害，能够确定责任大小的，各自承担相应的责任；难以确定责任大小的，平均承担责任。”

如果每个侵权人所实施的侵权行为都无法造成被侵权人的损害结果，而不同的侵权行为叠加后才会造成被侵权人的损害结果时，可以适用本条规定。例如，关某在自家门口焚烧秸秆，导致附近烟雾缭绕，可见度很差。此时一名行人经过，因看不清路面被于某堆放在路中间的杂物绊倒摔伤。可以看出，行人受伤是由关某燃烧秸秆的行为和于某堆放杂物的行为共同造成的，因此两人应当按照责任的大小各自承担侵权责任。

被侵权人或第三人对损害的发生有责任的，责任如何承担？

答：《民法典》第一千一百七十三条规定：“被侵权人对同一

损害的发生或者扩大有过错的，可以减轻侵权人的责任。”

第一千一百七十四条规定：“损害是因受害人故意造成的，行为人不承担责任。”

第一千一百七十五条规定：“损害是因第三人造成的，第三人应当承担侵权责任。”

根据以上条文可知，如果被侵权人或第三人对损害的发生有责任，侵权责任可以按照以下方式承担：第一，被侵权人对同一损害的发生或者扩大有过错的，可以减轻侵权人的责任。例如，甲与乙发生争执，甲在情绪激动之下率先出手打乙，随后在双方殴打过程中甲被乙打伤。此时，甲的权利虽然受到损害，但是甲对此也具有一定的过错，可以减轻乙的责任。第二，损害是因受害人故意造成的，行为人不承担责任。例如，甲在行走过程中不慎碰到乙，乙故意摔倒并受伤，此时甲不对乙承担侵权责任。第三，损害是因第三人造成的，第三人应当承担侵权责任。例如，甲在遛狗时，乙解开狗链导致狗咬伤他人，此时乙应当承担侵权责任。

打球时被队友误伤，能要求队友承担责任吗？

答：《民法典》第一千一百七十六条规定：“自愿参加具有一定风险的文体活动，因其他参加者的行为受到损害的，受害人不得请求其他参加者承担侵权责任；但是，其他参加者对损害的发生有故意或者重大过失的除外。活动组织者的责任适用本法第一千一百九十八条至第一千二百零一条[①]的规定。”

---

①《民法典》第一千一百九十八条　宾馆、商场、银行、车站、机场、体育场馆、娱乐场所等经营场所、公共场所的经营者、管理者或者群众性活动的组织者，未尽到安全保障义务，造成他人损害的，应当承担侵权责任。因第三人的行为造成他人损害的，由第三人承担侵权责任；经营者、管理者或者组织者未尽到安全保障义务的，承担相应的补充责任。经营者、管理者或者组织者承担补充责任后，可以向第三人追偿。第一千一百九十九条　无民事行为能力人在幼儿园、学校或者其他教育机构学习、生活期间受到人身损害的，幼儿园、学校或者其他教育机构应当承担侵权责任；但是，能够证明尽到教育、管理职责的，不承担侵权责任。第一千二百条　限制民事行为能力人在学校或者其他教育机构学习、生活期间受到人身损害，学校或者其他教育机构未尽到教育、管理职责的，应当承担侵权责任。第一千二百零一条　无民事行为能力人或者限制民事行为能力人在幼儿园、学校或者其他教育机构学习、生活期间，受到幼儿园、学校或者其他教育机构以外的第三人人身损害的，由第三人承担侵权责任；幼儿园、学校或者其他教育机构未尽到管理职责的，承担相应的补充责任。幼儿园、学校或者其他教育机构承担补充责任后，可以向第三人追偿。

本条是关于“自甘风险”的规定，由于被侵权人在事前已经了解到权利可能受损害的风险，因此在他人没有故意或重大过失的情况下，不能要求他人承担侵权责任。例如，甲与他人一起打球，在打球过程中因队友乙的抢球动作不慎受伤。由于乙所实施的是正常的打球行为，并不存在故意或者重大过失，因此甲不能要求乙承担侵权责任。

在紧急情况下，可以扣留他人财物来保证自己的权利不受损害吗？

答：《民法典》第一千一百七十七条规定：“合法权益受到侵害，情况紧迫且不能及时获得国家机关保护，不立即采取措施将使其合法权益受到难以弥补的损害的，受害人可以在保护自己合法权益的必要范围内采取扣留侵权人的财物等合理措施；但是，应当立即请求有关国家机关处理。受害人采取的措施不当造成他人损害的，应当承担侵权责任。”

本条是关于自力救济的相关规定。需要注意的是，自力救济必须在情况紧迫的条件下实施，并且在自力救济行为实施后，必须立即请求国家机关的帮助。例如，某超市通过监控发现一名顾客盗窃了超市的商品正准备离开，便拦住该顾客并扣留了该顾客的手机。此时，该超市为了避免权利受损，是可以采取扣留顾客财物的行为的。此时，该超市应当立即报警，将相关情况反映给公安机关，并由公安机关进行后续处理。

第二章 损害赔偿

遭受人身损害，可以要求他人赔偿哪些费用？

答：《民法典》第一千一百七十九条规定：“侵害他人造成人身损害的，应当赔偿医疗费、护理费、交通费、营养费、住院伙食补助费等为治疗和康复支出的合理费用，以及因误工减少的收入。造成残疾的，还应当赔偿辅助器具费和残疾赔偿金；造成死亡的，还应当赔偿丧葬费和死亡赔偿金。”

遭受他人的人身损害时，可以要求他人赔偿以上费用。

同一事故中多人死亡的，死亡赔偿金怎么算？

答：《民法典》第一千一百八十条规定：“因同一侵权行为造成多人死亡的，可以以相同数额确定死亡赔偿金。”

《最高人民法院关于审理人身损害赔偿案件适用法律若干问题的解释》第十五条规定：“死亡赔偿金按照受诉法院所在地上一年度城镇居民人均可支配收入标准，按二十年计算。但六十周岁以上的，年龄每增加一岁减少一年；七十五周岁以上的，按五年计算。”

例如，甲与乙都因为丙的违章驾驶行为去世，即使甲与乙的居住省份不同，也可以由肇事方按照相同数额进行赔偿。

如果被侵权人死亡，谁有权要求侵权人承担责任？

答：《民法典》第一千一百八十一条规定：“被侵权人死亡的，其近亲属有权请求侵权人承担侵权责任。被侵权人为组织，该组织分立、合并的，承继权利的组织有权请求侵权人承担侵权责任。被侵权人死亡的，支付被侵权人医疗费、丧葬费等合理费用的人有权请求侵权人赔偿费用，但是侵权人已经支付该费用的除外。”

由此可见，当被侵权人为自然人时，其死亡后应由近亲属请求侵权人承担侵权责任；当被侵权人为组织时，其分立、合并后应由承继权利的组织请求侵权人承担侵权责任。例如，刘某在车祸中身亡，那么刘某的配偶、父母、子女、兄弟姐妹、祖父母、外祖父母、孙子女、外孙子女都可以请求肇事方承担赔偿责任。

侵害他人人身权益给他人造成财产损害，应当以什么标准确定赔偿数额？

答：《民法典》第一千一百八十二条规定："侵害他人人身权益造成财产损失的，按照被侵权人因此受到的损失或者侵权人因此获得的利益赔偿；被侵权人因此受到的损失以及侵权人因此获得的利益难以确定，被侵权人和侵权人就赔偿数额协商不一致，向人民法院提起诉讼的，由人民法院根据实际情况确定赔偿数额。"

例如，宋某是一名网红，他人未经同意在网络平台上发布其肖像用于招商。由于宋某具有一定名气，其肖像具有一定的经济价值。因此，宋某可以据此要求侵权人承担赔偿责任，并根据侵权人通过该肖像获得的利益来要求赔偿数额。

在怎样的侵权中能要求精神损害赔偿？

答：《民法典》第一千一百八十三条规定："侵害自然人人身权益造成严重精神损害的，被侵权人有权请求精神损害赔偿。因故意或者重大过失侵害自然人具有人身意义的特定物造成严重精神损害的，被侵权人有权请求精神损害赔偿。"

除了被侵权人的人身权益遭受严重损害外，具有人身意义的特定物被损坏而造成被侵权人严重精神损害的，被侵权人也有权要求精神损害赔偿。例如，唐某母亲留下的遗物被他人损坏后，导致唐某夜不能寐，出现了严重的精神问题。此时，唐某有权要求损坏母亲遗物的人进行精神损害赔偿。但是，如果该特定物损坏并未给被侵权人造成严重精神损害的，被侵权人就只能够就该特定物的价值要求侵权人赔偿，而不能要求精神损害赔偿。

侵害他人财产所造成的损失应当如何计算？

答：《民法典》第一千一百八十四条规定："侵害他人财产的，财产损失按照损失发生时的市场价格或者其他合理方式计算。"

由此可见，计算财产损失主要有以下两个标准：第一，从时间上看，计算财产损失的时间节点应当是损失发生时。第二，从价格上看，应当按照市场价格计算财产损失。如果有其他合理方式计算财产损失的，也可以按照其他方式计算。

什么是知识产权侵权中的“惩罚性赔偿”？

答：《民法典》第一千一百八十五条规定：“故意侵害他人知识产权，情节严重的，被侵权人有权请求相应的惩罚性赔偿。”

知识产权包括著作权、专利权和商标权。知识产权侵权中，要适用惩罚性赔偿需要注意以下两点：第一，侵害他人知识产权的行为是出于故意。例如，某人在网站上看到一张摄影作品很美便分享到朋友圈，但并不知道自己的行为侵犯了他人的知识产权。此时，权利人不能要求其承担惩罚性赔偿的责任。第二，必须达到情节严重的程度。例如，夏某发表了一部长篇小说，高某在未经夏某同意的情况下将其复制到网上有偿提供给他人阅读，获利巨丰。高某的行为严重侵犯了夏某的著作权，夏某有权要求对其进行惩罚性赔偿。

损害发生后，行为人和受害人都没有过错的，责任如何承担?

答：《民法典》第一千一百八十六条规定：“受害人和行为人对损害的发生都没有过错的，依照法律的规定由双方分担损失。”

本条规定是公平责任原则的体现。举例来说，沈某和贾某分别驾驶着车辆在路上正常行驶。但由于路况不好，两人的车辆发生了碰撞，难以确定事故责任。此时，沈某与贾某对事故发生都没有过错，因此应当由两人对损失进行分担。

侵权赔偿费用可以分期支付吗?

答：《民法典》第一千一百八十七条规定：“损害发生后，当事人可以协商赔偿费用的支付方式。协商不一致的，赔偿费用应当一次性支付；一次性支付确有困难的，可以分期支付，但是被侵权人有权请求提供相应的担保。”

由此可见，损害赔偿费用的支付方式可以由双方进行约定，分期支付也是得到法律认可的。例如，田某与石某发生争执并将石某打伤。田某应当依法赔偿石某医疗费、误工费等费用，但由于他暂时无法拿出这么多钱，便与石某商量分期支付。此时，石某为了保障自己的权利，可以要求田某提供相应的担保，以保证自己能够得到赔偿。

第三章 责任主体的特殊规定

十岁的小孩打伤他人的，责任由谁来承担？

答：《民法典》第一千一百八十八条规定："无民事行为能力人、限制民事行为能力人造成他人损害的，由监护人承担侵权责任。监护人尽到监护职责的，可以减轻其侵权责任。有财产的无民事行为能力人、限制民事行为能力人造成他人损害的，从本人财产中支付赔偿费用；不足部分，由监护人赔偿。"

例如，黄某十岁的儿子小黄将他人打伤，那么应当由黄某承担赔偿责任。如果小黄自己有财产，赔偿费用优先从小黄的财产中出。

帮助他人照看孩子，孩子打伤了他人，由谁进行赔偿？

答：《民法典》第一千一百八十九条规定："无民事行为能力人、限制民事行为能力人造成他人损害，监护人将监护职责委托给他人的，监护人应当承担侵权责任；受托人有过错的，承担相应的责任。"

虽然监护人将监护职责委托给他人，但仍然需要承担相应的侵权责任。受托人只有在有过错的情况下才承担责任。例如，裴某受小江父母所托，帮忙照顾八岁的小江。如果小江将他人打伤，那么承担赔偿责任的应当是小江的父母。如果裴某对打人行为没有制止，那么也应当承担相应的责任。

醉酒后行为失去控制打伤他人，需要承担责任吗？

答：《民法典》第一千一百九十条规定："完全民事行为能力人对自己的行为暂时没有意识或者失去控制造成他人损害有过错的，应当承担侵权责任；没有过错的，根据行为人的经济状况对受害人适当补偿。完全民事行为能力人因醉酒、滥用麻醉药品或者精神药品对自己的行为暂时没有意识或者失去控制造成他人损害的，应当承担侵权责任。"

本条规定仅针对完全民事行为能力人，承担侵权责任的前提是行为人对于自己失去意识或控制的情况具有过错，否则不承担侵权责任。例如，行为人是因为难以预料的生病、梦游等情况暂时失去意识或控制造成他人损害的，不能认为行为人具有过错，仅需要对受害人进行适当补偿。但由于醉酒、滥用麻醉药品或精神药品等失去意识的，行为人应当预见到自己的行为所造成的后果，给他人造成损害的应当承担侵权责任。例如，甲在醉酒后失去意识打伤了乙，应当依法对乙承担侵权责任，不能因为其失去意识而减轻或免除责任。

工人操作生产设备时不慎误伤他人，由谁来承担赔偿责任？

答：《民法典》第一千一百九十一条规定："用人单位的工作人员因执行工作任务造成他人损害的，由用人单位承担侵权责任。用人单位承担侵权责任后，可以向有故意或者重大过失的工作人员追偿。劳务派遣期间，被派遣的工作人员因执行工作任务造成他人损害的，由接受劳务派遣的用工单位承担侵权责任；劳务派遣单位有过错的，承担相应的责任。"

举例来说，裘某是某工厂的工人，在操作工厂设备时未完全遵守安全规则，导致他人受伤。由于裘某与工厂之间存在用人关系，因此应当由工厂对受害者承担赔偿责任。但是，由于裘某未遵守安全规则，对事故发生存在过错，因此该工厂可以向裘某追偿。

雇用他人帮忙搬家，他人失手磕坏邻居房门，由谁来赔偿？

答：《民法典》第一千一百九十二条规定："个人之间形成劳务关系，提供劳务一方因劳务造成他人损害的，由接受劳务一方承担侵权责任。接受劳务一方承担侵权责任后，可以向有故意或者重大过失的提供劳务一方追偿。提供劳务一方因劳务受到损害的，根据双方各自的过错承担相应的责任。提供劳务期间，因第三人的行为造成提供劳务一方损害的，提供劳务一方有权请求第三人承担侵权责任，也有权请求接受劳务一方给予补偿。接受劳务一方补偿后，可以向第三人追偿。"

本条规定了在劳务关系中发生侵权纠纷时，究竟由谁来承担侵权责任的问题。举例来说，肖某雇用赵某帮忙搬家，但是赵某在搬运家具时不慎磕坏了一楼住户的房门。此时，应当由肖某对一楼住户进行赔偿。事后，肖某还可以根据赵某的过错程度，向其进行追偿。

给人打造家具时受伤，可以要求定作人赔偿吗？

答：《民法典》第一千一百九十三条规定："承揽人在完成工作过程中造成第三人损害或者自己损害的，定作人不承担侵权责任。但是，定作人对定作、指示或者选任有过错的，应当承担相应的责任。"

方某委托具有木工资质的戴某定作家具。在制作家具的过程中，戴某因操作失误受伤。如果戴某受伤并不是因为方某提出了不合理的定作要求而致，那么就不能要求方某承担相应责任。

在预防和制止网络侵犯方面，网络服务提供者应当承担什么样的责任？

答：《民法典》第一千一百九十五条规定："网络用户利用网络服务实施侵权行为的，权利人有权通知网络服务提供者采取删除、屏蔽、断开链接等必要措施。通知应当包括构成侵权的初步证据及权利人的真实身份信息。网络服务提供者接到通知后，应当及时将该通知转送相关网络用户，并根据构成侵权的初步证据和服务类型采取必要措施；未及时采取必要措施的，对损害的扩大部分与该网络用户承担连带责任。权利人因错误通知造成网络用户或者网络服务提供者损害的，应当承担侵权责任。法律另有规定的，依照其规定。"

第一千一百九十六条规定："网络用户接到转送的通知后，可以向网络服务提供者提交不存在侵权行为的声明。声明应当包括不存在侵权行为的初步证据及网络用户的真实身份信息。网络服务提供者接到声明后，应当将该声明转送发出通知的权利人，并告知其可以向有关部门投诉或者向人民法院提起诉讼。网络服务提供者在转送声明到达权利人后的合理期限内，未收到权利人已经投诉或者提起诉讼通知的，应当及时终止所采取的措施。"

第一千一百九十七条规定："网络服务提供者知道或者应当知道网络用户利用其网络服务侵害他人民事权益，未采取必要措施的，与该网络用户承担连带责任。"

根据这三条规定可以看出，在预防和制止网络侵犯方面，网络服务提供者应当承担的责任体现在四方面：一是，在未发生侵权行为时，网络服务提供者应当对其提供的网络服务尽到管理职责；二是，当发现侵权等违法行为后，网络服务提供者应当及时采取相应措施，制止侵权行为；三是，网络服务提供者应当配合权利人的要求，在接到构成侵权的初步证据及权利人的真实身份信息后，采取必要措施，防止损害继续扩大；四是，充当权利人和网络用户之间的"使者"，让他们能够有提出证据、说明事实、维护自身权益的机会。

顾客在商场中滑倒摔伤，商场是否需要承担责任？

答：《民法典》第一千一百九十八条规定："宾馆、商场、银行、车站、机场、体育场馆、娱乐场所等经营场所、公共场所的经营者、管理者或者群众性活动的组织者，未尽到安全保障义务，造成他人损害的，应当承担侵权责任。因第三人的行为造成他人损害的，由第三人承担侵权责任；经营者、管理者或者组织者未尽到安全保障义务的，承担相应的补充责任。经营者、管理者或者组织者承担补充责任后，可以向第三人追偿。"

某商场打扫卫生间后，未及时立起警示标志，造成顾客滑倒摔伤。该商场并未尽到安全保障责任，应当对该顾客进行赔偿。

幼儿在幼儿园中受伤，幼儿园应当承担什么责任？

答：《民法典》第一千一百九十九条的规定："无民事行为能力人①在幼儿园、学校或者其他教育机构学习、生活期间受到人身损害的，幼儿园、学校或者其他教育机构应当承担侵权责任；但是，能够证明尽到教育、管理职责的，不承担侵权责任。"

幼儿园、学校或其他教育机构对无民事行为能力人在学习、生活期间受到的人身损害所承担的是过错推定责任。也就是说，在幼儿园、学校或其他教育机构无法证明尽到教育、管理职责的情况下，推定其具有过错，应当承担侵权责任。例如，五岁的萌萌在幼儿园做游戏时，不慎摔倒受伤。此时，如果该幼儿园无法证明在萌萌摔倒时尽到了管理职责，那么就应当对萌萌进行赔偿。

---

①不满八周岁的未成年人为无民事行为能力人。

九岁的小学生在上体育课时受伤，学校是否需要担责？

答：《民法典》第一千二百条规定：“限制民事行为能力人①在学校或者其他教育机构学习、生活期间受到人身损害，学校或者其他教育机构未尽到教育、管理职责的，应当承担侵权责任。”

限制民事行为能力人具有一定的认识和判断能力，能够认识到自己某些行为所造成的后果，比照无民事行为能力人，学校或其他教育机构所承担的责任也相对较轻。如果无民事行为能力人在学校内受到伤害，学校或其他教育机构需要对自己已经尽到教育和管理职责这一点承担举证责任，但对于限制民事行为能力人来讲，即上述条文规定中举证责任并不需要由学校或其他教育机构来承担。例如，九岁的帅帅在上体育课跑步时摔倒受伤。如果帅帅的家长要向学校主张侵权责任，就需要提供学校没有尽到教育和管理职责的证明。

学生在校期间受到第三人伤害，学校需要承担责任吗？

答：《民法典》第一千二百零一条规定：“无民事行为能力人或者限制民事行为能力人在幼儿园、学校或者其他教育机构学习、生活期间，受到幼儿园、学校或者其他教育机构以外的第三人人身损害的，由第三人承担侵权责任；幼儿园、学校或者其他教育机构未尽到管理职责的，承担相应的补充责任。幼儿园、学校或者其他教育机构承担补充责任后，可以向第三人追偿。”

对于第三人造成的伤害，承担侵权责任的主要是第三人，幼儿园、学校或其他教育机构在尽到管理职责的情况下无须承担责任。例如，司机陈某是给某中学食堂送货的人员，在运输的过程中不慎将迟到的学生李某撞伤。此时，应该由陈某对其承担侵权赔偿责任。但是，如果司机陈某是在上下学时间在校内道路上将学生撞伤，那学校就应该承担相应的补充责任。因为在上下学时间内允许送货，存在安全隐患，表明学校没有尽到管理职责。当然，学校承担补充责任后，可以向陈某追偿。

---

①八周岁以上的未成年人为限制民事行为能力人。十六周岁以上的未成年人，以自己的劳动收入为主要生活来源的，视为完全民事行为能力人。

第四章　产品责任

购买的热水器因质量问题起火了，消费者可以向谁要求赔偿？

答：《民法典》第一千二百零三条规定："因产品存在缺陷造成他人损害的，被侵权人可以向产品的生产者请求赔偿，也可以向产品的销售者请求赔偿。产品缺陷由生产者造成的，销售者赔偿后，有权向生产者追偿。因销售者的过错使产品存在缺陷的，生产者赔偿后，有权向销售者追偿。"

对于消费者来说，因产品质量有问题遭受损害时，既可以向销售者要求赔偿，也可以向生产者要求赔偿，现实中，要求销售者进行赔偿更为便捷。例如，汪某在超市购买的热水器在使用过程中突然起火，导致汪某遭受了财产损失，此时，汪某可以要求超市承担赔偿责任，也可以直接向厂家反映情况，要求厂家承担责任。

因商品在仓库中储存不当给他人造成损害的，由谁来承担责任？

答：《民法典》第一千二百零四条规定："因运输者、仓储者等第三人的过错使产品存在缺陷，造成他人损害的，产品的生产者、销售者赔偿后，有权向第三人追偿。"

从维护消费者利益的角度出发，消费者往往无法确切得知产品损害究竟是由生产者、销售者、仓储者还是运输者造成的。因此，无论产品缺陷是由谁造成的，由生产者和销售者来对消费者进行赔偿更能维护消费者的权益。例如，甲经营了一个网店，并委托某仓储公司代为储存货物。由于该仓储公司储存不当，导致货物受损，给消费者造成了损害。在这种情况下，消费者有权直接要求甲进行赔偿。但是，甲在进行赔偿以后，可以向该仓储公司追偿。

购买的手机电池鼓包了，消费者可以要求生产者或销售者承担责任吗？

答：《民法典》第一千二百零五条规定："因产品缺陷危及他

人人身、财产安全的，被侵权人有权请求生产者、销售者承担停止侵害、排除妨碍、消除危险等侵权责任。”

当产品存在缺陷时，即使尚未给消费者造成切实的损害，而是危及消费者的人身或财产安全时，消费者也可以进行维权。例如，朱某购买了一部手机，使用一段时间后，发现电池出现严重鼓包，随时可能发生爆炸。此时，该手机虽然还没有爆炸，但是已经给朱某的人身、财产安全造成了威胁，因此朱某有权要求销售者或者生产者承担相应的侵权责任。需要注意的是，产品缺陷所造成的危险需要具有紧迫性，如果该危险发生的概率很小，消费者就不能要求生产者或销售者承担责任。

商品发售以后才发现存在缺陷，对此生产者和销售者应当怎么应对?

答：《民法典》第一千二百零六条规定：“产品投入流通后发现存在缺陷的，生产者、销售者应当及时采取停止销售、警示、召回等补救措施；未及时采取补救措施或者补救措施不力造成损害扩大的，对扩大的损害也应当承担侵权责任。依据前款规定采取召回措施的，生产者、销售者应当负担被侵权人因此支出的必要费用。”

生产者或销售者发现产品存在缺陷后，应当及时采取相应的措施，履行法定的责任和义务。例如，某热水器厂家在产品上市后，发现该产品存在缺陷，极有可能发生短路而造成起火。此时，该热水器厂家应当立即停止销售，并警示已经购买该热水器的消费者停止使用，同时将所出售的热水器悉数召回。

如果生产者或销售者明知产品存在缺陷，却并未采取相应措施的，根据《民法典》第一千二百零七条规定，“明知产品存在缺陷仍然生产、销售，或者没有依据前条规定采取有效补救措施，造成他人死亡或者健康严重损害的，被侵权人有权请求相应的惩罚性赔偿”。

第五章 机动车交通事故责任

将车辆借给他人使用时出了车祸，谁来担责？

答：《民法典》第一千二百零九条规定："因租赁、借用等情形机动车所有人、管理人与使用人不是同一人时，发生交通事故造成损害，属于该机动车一方责任的，由机动车使用人承担赔偿责任；机动车所有人、管理人对损害的发生有过错的，承担相应的赔偿责任。"

在本条规定的情况下，承担侵权责任的主要为车辆的使用人，也就是租赁、借用车辆的一方。车辆的所有人或管理人只在有过错的时候才需要承担责任。例如，甄某租用了田某的车辆后，在驾驶过程中因为玩手机而走神，撞伤了行人。此时，应当由车辆的使用人也就是甄某来承担责任。

已交付但未办理过户登记的二手车辆，撞了人后谁担责？

答：《民法典》第一千二百一十条规定："当事人之间已经以买卖或者其他方式转让并交付机动车但是未办理登记，发生交通事故造成损害，属于该机动车一方责任的，由受让人承担赔偿责任。"

在这种情况下，车辆虽然没有过户，但实际上的使用权已经从出让人转移到了受让人手中。因此，如果发生事故，应当由实际使用车辆的受让人来承担责任。例如，钱某将车辆转让给冯某后，暂时没有办理过户登记手续，先行将车辆交给冯某使用。冯某在驾驶车辆的过程中，因操作失误撞伤了行人。此时，应当由冯某对该行人承担赔偿责任。

将车辆挂靠在运输公司名下从事运输业务，如果出了车祸，由谁来赔偿？

答：《民法典》第一千二百一十一条规定："以挂靠形式从事道路运输经营活动的机动车，发生交通事故造成损害，属于该机动车一方责任的，由挂靠人和被挂靠人承担连带责任。"

被挂靠人在接收挂靠车辆时，应当对挂靠车辆进行检查，对车辆的所有人、使用人等进行资质核查，避免发生事故或纠纷。接收挂靠后，挂靠人在从事道路运输经营活动时使用的是被挂靠人的名义，这很可能使乘客、托运人等基于对被挂靠人的信赖而接受道路运输服务。因此，如果因挂靠人的过错造成交通事故导致他人损害的，挂靠人和被挂靠人对外应当视为一个整体，来承担连带责任。例如，鲍某挂靠在某客运公司从事客运活动，因鲍某疲劳驾驶造成交通事故，导致车上乘客受伤。受伤的乘客既可以要求鲍某赔偿，也可以要求该客运公司赔偿。

擅自将他人车辆开走后出了车祸的，车主需要担责吗？

答：《民法典》第一千二百一十二条规定："未经允许驾驶他人机动车，发生交通事故造成损害，属于该机动车一方责任的，由机动车使用人承担赔偿责任；机动车所有人、管理人对损害的发生有过错的，承担相应的赔偿责任，但是本章另有规定的除外。"

在这种情况下，车辆所有人对于他人使用车辆的行为并不知情，因此不能要求车辆所有人对事故承担责任。例如，郝某将车辆送往修车厂后先行离开，工人擅自开着郝某的车辆上路，不慎撞倒他人。此时，应当由该修车厂来对他人的损害承担赔偿责任。当然，如果车辆本身也受到了损坏，修理厂照样需要对郝某承担赔偿责任。

发生车祸后给他人造成损害的，应先由谁来赔？

答：《民法典》第一千二百一十三条规定："机动车发生交通事故造成损害，属于该机动车一方责任的，先由承保机动车强制保险的保险人在强制保险责任限额范围内予以赔偿；不足部分，由承保机动车商业保险的保险人按照保险合同的约定予以赔偿；仍然不足或者没有投保机动车商业保险的，由侵权人赔偿。"

本条规定的意义在于明确该机动车既参加了强制保险又参加了商业保险时赔偿的顺序。例如，屈某既购买了交通强制险，又在某保险公司购买了商业保险。屈某在开车上路时，未礼让行人导致行人受伤。此时，应当先在强制保险责任限额范围内对该行人进行赔偿，如果赔偿额不足，再由商业保险进行赔偿。如果屈某未购买商业保险，那么交通强制险报销完毕后，剩余的部分就应当由屈某全部赔偿。

将应当报废的车辆转卖给他人，如果发生车祸，转让人需要负责吗？

答：《民法典》第一千二百一十四条规定："以买卖或者其他方式转让拼装或者已经达到报废标准的机动车，发生交通事故造成损害的，由转让人和受让人承担连带责任。"

拼装机动车或已经达到报废标准的机动车如果上路，会给交通安全造成极大的安全隐患。如果将此类车辆转让给他人后发生了交通事故的，无论所有权是否已经转移，转让人和受让人都需要承担连带责任。例如，吴某将应当报废的车辆转让给了庞某，庞某在驾驶车辆时发生交通事故。虽然吴某已经不是车辆的所有人，但仍然需要为转让应报废的车辆这一行为承担责任，即由吴某和庞某共同承担连带责任。

车辆被盗抢后发生车祸致人受伤的，车主需要承担责任吗？

答：《民法典》第一千二百一十五条规定："盗窃、抢劫或者抢夺的机动车发生交通事故造成损害的，由盗窃人、抢劫人或者抢夺人承担赔偿责任。盗窃人、抢劫人或者抢夺人与机动车使用人不是同一人，发生交通事故造成损害，属于该机动车一方责任的，由盗窃人、抢劫人或者抢夺人与机动车使用人承担连带责任。保险人在机动车强制保险责任限额范围内垫付抢救费用的，有权向交通事故责任人追偿。"

举例来说，方某盗取了他人的车辆，在开车逃窜的过程中将路人撞伤。此时，应当由方某对受伤路人承担赔偿责任，车主不承担任何责任。如果方某盗取车辆后把车辆卖掉了，"现车主"开车撞伤人的，方某与现车主要承担连带赔偿责任。也就是说，车辆被盗抢后发生交通事故的，原车主都不用承担责任。

交通事故发生后司机逃逸，由谁来先行承担赔偿责任？

答：《民法典》第一千二百一十六条规定："机动车驾驶人发生交通事故后逃逸，该机动车参加强制保险的，由保险人在机动车强制保险责任限额范围内予以赔偿；机动车不明、该机动车未参加强制保险或者抢救费用超过机动车强制保险责任限额，需要支付被侵权人人身伤亡的抢救、丧葬等费用的，由道路交通事故社会救助基金垫付。道路交通事故社会救助基金垫付后，其管理机构有权向交通事故责任人追偿。”

这条规定是为了能够及时对交通事故中的受害人进行赔偿，在最大程度上维护受害人的利益。例如，李某酒后驾车撞伤行人时某后逃逸。如果李某为车辆购买了机动车强制保险，那么应当由保险公司对时某进行赔偿。如果没有购买保险或者应赔偿的数额超过保险的限额范围，那么应当由道路交通事故社会救助基金来垫付。总之，要优先保障受害人的权益。

搭便车时受了伤，可以要求司机赔偿吗？

答：《民法典》第一千二百一十七条规定：“非营运机动车发生交通事故造成无偿搭乘人损害，属于该机动车一方责任的，应当减轻其赔偿责任，但是机动车使用人有故意或者重大过失的除外。”

需要注意的是，本条规定适用于无偿搭乘非营运机动车的情况，也就是通常所说的“搭他人的便车”。例如，赖某搭乘好友的车出门旅游，在路上不慎追尾，导致赖某受伤。事后经过交通部门的认定，该事故为赖某好友全责。此时，赖某可以要求好友承担赔偿责任，但应当减轻责任。

第六章　医疗损害责任

到医院看病后病情却加重了，能要求医生赔偿吗?

答：《民法典》第一千二百一十八条规定：“患者在诊疗活动中受到损害，医疗机构或者其医务人员有过错的，由医疗机构承担赔偿责任。”

由此可见，只有医疗机构或医务人员存在过错的情况下，才需要承担赔偿责任，否则不承担责任。例如，于某因身体不舒服到医院看病，经过医生治疗以后觉得病情反而加重了。在这种情况下，如果医生进行的是正常的医疗行为，那么于某就不能要求医生赔偿。如果是因为医生有过错（如因疏忽开错药）才导致于某病情加重的，于某可以向医院要求赔偿。

做手术之前，医院有义务将手术风险和注意事项告诉病人吗?

答：《民法典》第一千二百一十九条规定：“医务人员在诊疗活动中应当向患者说明病情和医疗措施。需要实施手术、特殊检查、特殊治疗的，医务人员应当及时向患者具体说明医疗风险、替代医疗方案等情况，并取得其明确同意；不能或者不宜向患者说明的，应当向患者的近亲属说明，并取得其明确同意。医务人员未尽到前款义务，造成患者损害的，医疗机构应当承担赔偿责任。”

由此可见，向患者或患者家属说明治疗方案、手术风险、相关注意事项等是医务人员应当履行的义务。例如，准备手术前，某医院仅将注意事项告知了患者，但并未告知患者后续风险，导致患者出现了后遗症，该医院应当承担赔偿责任。

患者生命垂危却无法联系到家属，医院能给患者做手术吗?

答：《民法典》第一千二百二十条规定：“因抢救生命垂危的患者等紧急情况，不能取得患者或者其近亲属意见的，经医疗机构负责人或者授权的负责人批准，可以立即实施相应的医疗措施。”

本条规定仅适用于紧急情况下，不能取得患者或其近亲属意见的情况，既包括暂时无法联系到患者的近亲属，也包括患者或其近亲属不具有表达意见的能力的情况。例如，齐某出车祸后生命垂危急需手术，但是齐某本人失去了意识，医院也暂时无法联系到齐某的家属。此时医院可以在经过负责人批准后，立即对齐某实施抢救。

医生没有进行详细检查导致误诊，需要承担侵权责任吗？

答：《民法典》第一千二百二十一条规定："医务人员在诊疗活动中未尽到与当时的医疗水平相应的诊疗义务，造成患者损害的，医疗机构应当承担赔偿责任。"

医务人员在医疗活动中应尽到相应的注意义务。当然，在司法实践中，还应当考虑到不同地区之间医疗水平的差距。只要医务人员尽到与当地医疗水平相应的诊疗义务，就无须承担责任。例如，王某到医院看病，医生因急于下班而没有给他开具某项检查，导致误诊了他的病情。医生并没有尽到应尽的诊疗义务，应当对王某的损害承担责任。

在哪些情况下，患者受到损害时应推定为"医院有过错"？

答：《民法典》第一千二百二十二条规定："患者在诊疗活动中受到损害，有下列情形之一的，推定医疗机构有过错：（一）违反法律、行政法规、规章以及其他有关诊疗规范的规定；（二）隐匿或者拒绝提供与纠纷有关的病历资料；（三）遗失、伪造、篡改或者违法销毁病历资料。"

当然，本条规定并不意味着医疗机构确实存在过错，医疗机构可以提出相关证明来证明其不存在过错。

因消毒液不合格导致病人患上传染病，病人可以向谁要求赔偿？

答：《民法典》第一千二百二十三条规定："因药品、消毒产品、医疗器械的缺陷，或者输入不合格的血液造成患者损害的，患者可以向药品上市许可持有人、生产者、血液提供机构请求赔偿，也可以向医疗机构请求赔偿。患者向医疗机构请求赔偿的，医疗机构赔偿后，有权向负有责任的药品上市许可持有人、生产者、血液提供机构追偿。”

此处，应当向患者承担责任的主体包括药品上市许可持有人、生产者、血液提供机构和医疗机构。这样规定是为了能够简化患者的维权步骤，更有利于维护患者的权利。例如，盛某到某诊所看病，由于该诊所使用的消毒液不合格，导致盛某患上了传染病。盛某既可以要求诊所赔偿，也可以要求该消毒液的生产商进行赔偿。

在什么情况下，医院无须对患者受到的损害承担责任？

答：《民法典》第一千二百二十四条规定：“患者在诊疗活动中受到损害，有下列情形之一的，医疗机构不承担赔偿责任：（一）患者或者其近亲属不配合医疗机构进行符合诊疗规范的诊疗；（二）医务人员在抢救生命垂危的患者等紧急情况下已经尽到合理诊疗义务；（三）限于当时的医疗水平难以诊疗。前款第一项情形中，医疗机构或者其医务人员也有过错的，应当承担相应的赔偿责任。”

医疗机构在患者因上述情形受到损害时，是不承担责任的。例如，傅某因糖尿病到医院治疗，医生告知傅某需要禁酒。傅某未遵医嘱私自饮酒，导致病情严重，引发了并发症。傅某因不配合医生的治疗导致损害，医院无须对傅某承担赔偿责任。

医院有义务向患者提供病历资料吗？

答：《民法典》第一千二百二十五条规定：“医疗机构及其医务人员应当按照规定填写并妥善保管住院志、医嘱单、检验报告、手术及麻醉记录、病理资料、护理记录等病历资料。患者要求查阅、复制前款规定的病历资料的，医疗机构应当及时提供。”

由于医疗过程中的专业性较强，在很多情况下无须将详细的医疗过程向患者披露。但是，法律规定应当向患者展示的病例资料，患者对此具有知情权。如果患者想要查阅病例资料，医疗机构有义务提供。

医院可以随意泄露患者的病历等个人信息吗？

答：《民法典》第一千二百二十六条规定：“医疗机构及其医务人员应当对患者的隐私和个人信息保密。泄露患者的隐私和个人信息，或者未经患者同意公开其病历资料的，应当承担侵权责任。”

在医疗过程中，医疗机构很可能会获取大量关于患者的隐私信息。对此，医疗机构应当承担保密义务。例如，陆某到某医院看病，如果该医院将陆某的病例资料擅自透露给他人，陆某有权要求该医院承担责任。

医生可以给患者开具多余的检查吗？

答：《民法典》第一千二百二十七条规定：“医疗机构及其医务人员不得违反诊疗规范实施不必要的检查。”

在从事诊疗活动时，医疗机构应当按照诊疗规范，合理、合规地为患者开具相关检查，不得“过度检查”。如果医疗机构为患者实施不必要的检查给患者造成损失的，患者有权要求其承担责任。

对医生围追堵截、妨碍医生正常工作，需要承担法律责任吗？

答：《民法典》第一千二百二十八条规定：“医疗机构及其医务人员的合法权益受法律保护。干扰医疗秩序，妨碍医务人员工作、生活，侵害医务人员合法权益的，应当依法承担法律责任。”

维护医疗机构的正常医疗秩序，不仅能够维护医务人员以及医疗机构的合法权益，还有利于医疗活动的正常开展，从而维护广大患者的权益。如果实施“医闹”等行为给医疗机构的医疗秩序造成破坏的，应当承担相应的责任。例如，谷某因不满医生的治疗，对医生围追堵截、报复，妨碍医生正常工作。谷某的行为破坏了医疗秩序，不仅需要承担民事责任，还可能要接受治安管理处罚，甚至刑事处罚。

第七章　环境污染和生态破坏责任

排放污染物导致环境污染的，应当由谁来承担举证责任?

答：《民法典》第一千二百三十条规定：“因污染环境、破坏生态发生纠纷，行为人应当就法律规定的不承担责任或者减轻责任的情形及其行为与损害之间不存在因果关系承担举证责任。”

本条规定属于“举证责任”倒置的情形，应当由实施污染环境、破坏生态行为的人来承担举证责任，而不是由提出侵权损害赔偿的一方承担举证责任。例如，某化工厂违规排放有害物质，导致附近村民的饮用水污染严重，村民要求该化工厂承担赔偿责任。此时，该化工厂应当证明其排放有害物质与饮用水污染之间不存在因果关系。如果该化工厂无法证明，就应当对村民承担侵权责任。

在什么情况下，被侵权人可以要求污染环境的人进行惩罚性赔偿?

答：《民法典》第一千二百三十二条规定：“侵权人违反法律规定故意污染环境、破坏生态造成严重后果的，被侵权人有权请求相应的惩罚性赔偿。”

由此可见，要求惩罚性赔偿的条件主要有三个：第一，侵权人违反法律规定；第二，侵权人污染环境、破坏生态的行为是出于故意；第三，造成了严重后果。只有同时满足这三个条件，被侵权人才能要求侵权人进行惩罚性赔偿。例如，某工厂因工业废料保存不当导致有毒液体大量泄露，造成了严重污染。该工厂虽然满足了违反法律规定与造成严重后果这两个条件，但并不是故意泄露有毒液体的，因此无须进行惩罚性赔偿。

发生车祸后由于撞击导致车上的有害物质流入鱼塘，由谁来承担侵权责任?

答：《民法典》第一千二百三十三条规定：“因第三人的过错

污染环境、破坏生态的，被侵权人可以向侵权人请求赔偿，也可以向第三人请求赔偿。侵权人赔偿后，有权向第三人追偿。”

对于被侵权人来说，很难区分侵权人与第三人之间的责任承担。为了更好地保护被侵权人的权利，侵权人和第三人都有义务对被侵权人进行赔偿。例如，某工厂运输工业废料的车辆正常行驶，但被违章车辆撞击导致废料泄露，流入鱼塘造成污染。鱼塘的承包方既可以要求该工厂承担赔偿责任，也可以要求违章车辆方承担赔偿责任。该工厂在对鱼塘承包方进行赔偿后，可以向违章车辆方追偿。

污染环境后，由谁来承担修复责任?

答：《民法典》第一千二百三十四条规定：“违反国家规定造成生态环境损害，生态环境能够修复的，国家规定的机关或者法律规定的组织有权请求侵权人在合理期限内承担修复责任。侵权人在期限内未修复的，国家规定的机关或者法律规定的组织可以自行或者委托他人进行修复，所需费用由侵权人负担。”

也就是说，承担修复生态环境的责任的主要是侵权人。国家规定的机关或者法律规定的组织自行委托他人修复生态环境，是为了避免损害进一步扩大，减少损失，最终承担修复费用的仍然是侵权人。

违反国家规定造成生态环境损害的，侵权人需要赔偿哪些损失和费用?

答：《民法典》第一千二百三十五条规定：“违反国家规定造成生态环境损害的，国家规定的机关或者法律规定的组织有权请求侵权人赔偿下列损失和费用：（一）生态环境受到损害至修复完成期间服务功能丧失导致的损失；（二）生态环境功能永久性损害造成的损失；（三）生态环境损害调查、鉴定评估等费用；（四）清除污染、修复生态环境费用；（五）防止损害的发生和扩大所支出的合理费用。”

可以说，对于破坏生态环境的人或组织来讲，因“节省环保成本”而带来的承担破坏生态环境法律后果的成本是更大的，得不偿失。

第八章　高度危险责任

核事故造成他人损害，由谁来承担责任？

答：《民法典》第一千二百三十七条规定：“民用核设施或者运入运出核设施的核材料发生核事故造成他人损害的，民用核设施的营运单位应当承担侵权责任；但是，能够证明损害是因战争、武装冲突、暴乱等情形或者受害人故意造成的，不承担责任。”

需要注意的是，本条规定仅适用于民用核设施的营运单位。由于核泄漏属于重大事故，因此其承担的是无过错责任，即无论是否存在过错都需要承担侵权责任。同时，本条还规定了免责情形。只有在法定的免责情形下，才能免除其责任。

飞机发生事故导致乘客身亡，死者家属可以找谁赔偿？

答：《民法典》第一千二百三十八条规定：“民用航空器造成他人损害的，民用航空器的经营者应当承担侵权责任；但是，能够证明损害是因受害人故意造成的，不承担责任。”

本条规定仅适用于民用航空器的经营者。民用航空器造成他人损害，不仅包括在飞行过程中对航空器内运输的乘客、货物等造成的损害，还包括飞行时对外界例如地面上的财物、行人等造成的损害。一旦航空器给他人造成损害，后果往往十分严重，因此只有能够证明损害是受害人故意造成的情况下才能免除经营者的责任。例如，某航空公司的一列航班在飞行过程中发生事故坠落，乘客无一生还。无论该航空公司是否存在过错，都需要对死者家属承担赔偿责任。

高度危险物品致人受伤的，由谁来承担责任？

答：《民法典》第一千二百三十九条规定：“占有或者使用易燃、易爆、剧毒、高放射性、强腐蚀性、高致病性等高度危险物造成他人损害的，占有人或者使用人应当承担侵权责任；但是，能够证明损害是因受害人故意或者不可抗力造成的，不承担责任。被侵权人对损害的发生有重大过失的，可以减轻占有人或者使用人的责任。”

根据本条规定，高度危险物的占有人或使用人所承担的是无过错责任，只有能证明损害是因受害人故意或有重大过失，或不可抗力造成的情况下才可能减轻或免除责任。

在楼顶安装广告牌，材料掉落砸伤路人，由谁来承担责任？

答：《民法典》第一千二百四十条规定：“从事高空、高压、地下挖掘活动或者使用高速轨道运输工具造成他人损害的，经营者应当承担侵权责任；但是，能够证明损害是因受害人故意或者不可抗力造成的，不承担责任。被侵权人对损害的发生有重大过失的，可以减轻经营者的责任。”

例如，某广告公司在商厦楼顶安装广告牌时，安装材料不慎掉落砸伤了路过的行人，那么该广告公司应当对受伤行人承担侵权责任。

危险化学品在运输途中丢失致人损伤，由谁来承担责任？

答：《民法典》第一千二百四十一条规定：“遗失、抛弃高度危险物造成他人损害的，由所有人承担侵权责任。所有人将高度危险物交由他人管理的，由管理人承担侵权责任；所有人有过错的，与管理人承担连带责任。”

高度危险物很容易给他人造成损害，因此应当对其采取严格的管理措施，避免遗失、随意抛弃。例如，某化工厂将一批危险化学品交由具有专业资质的某运输公司进行运输。在运输过程中，部分化学品丢失并发生泄露，导致附近居民受到损害。该化工厂将化学品交由运输公司暂为管理，因此应当由运输公司对此结果承担侵权责任。

盗窃化学试剂致人损伤，由谁来进行赔偿？

答：《民法典》第一千二百四十二条规定：“非法占有高度危险物造成他人损害的，由非法占有人承担侵权责任。所有人、管理人不能证明对防止非法占有尽到高度注意义务的，与非法占有人承担连带责任。”

对于高度危险物，所有人、管理人必须尽到严格的保管义务，采取必要的安全措施，防止给他人造成损害。因此，当高度危险物被他人非法占有时，除了要追究非法占有人的责任，所有人、管理人同样需要承担过错推定责任。例如，某药品公司存放化学试剂原材料的仓库失窃后，化学试剂泄露造成他人损害。当然，窃贼作为非法占有人，需要承担侵权责任。同时，该药品公司需要证明其对防窃尽到了高度注意义务，如果无法证明，那么就需要与窃贼承担连带责任。

擅自进入危险品仓库导致中毒，能要求仓库管理人承担责任吗？

答：《民法典》第一千二百四十三条规定："未经许可进入高度危险活动区域或者高度危险物存放区域受到损害，管理人能够证明已经采取足够安全措施并尽到充分警示义务的，可以减轻或者不承担责任。"

由此可见，对于擅自进入危险品仓库导致中毒的，能否要求仓库管理人承担赔偿责任，答案是肯定的。但是，在中毒人要求赔偿后，如果仓库管理人能够证明其采取了足够的安全措施和尽到了充分的警示义务，那么就可以减轻或不承担责任。

第九章　饲养动物损害责任

饲养的动物造成他人损害，应当由谁来承担责任？

答：《民法典》第一千二百四十五条规定：“饲养的动物造成他人损害的，动物饲养人或者管理人应当承担侵权责任；但是，能够证明损害是因被侵权人故意或者重大过失造成的，可以不承担或者减轻责任。”

由此可见，在饲养动物造成他人损害的情况下，承担侵权责任的主体主要是动物饲养人和管理人。同时，本条也规定了减轻或免除侵权人责任的情况。例如，李某的家犬被拴在大门口。石某拿着食物多次凑近狗嘴处逗狗，不慎被咬伤。这一幕恰巧被门口的摄像头拍下。当石某要求李某赔偿时，李某拿出监控视频证明李某是故意逗狗而被咬伤。此时，李某可以不承担责任。

散养的狗咬伤他人的，谁来承担责任？

答：《民法典》第一千二百四十六条规定：“违反管理规定，未对动物采取安全措施造成他人损害的，动物饲养人或者管理人应当承担侵权责任；但是，能够证明损害是因被侵权人故意造成的，可以减轻责任。”

例如，张某在小区里散养了一只宠物犬，致使同小区的住户被该宠物犬咬伤。由于张某未给宠物犬佩戴牵引绳，没有依法对宠物犬采取安全措施，因此应当对被咬伤的住户承担侵权责任。需要注意的是，在本条规定的情况下，由于侵权人事先存在过错，只有损害是被侵权人故意造成的才能减轻侵权人的责任。

违规饲养烈性犬造成他人损害，是否应当承担责任？

答：《民法典》第一千二百四十七条规定：“禁止饲养的烈性犬等危险动物造成他人损害的，动物饲养人或者管理人应当承担侵权责任。”

与普通犬只相比，烈性犬的体型更大，性格暴躁易怒、不受控制，对他人的人身危险性更大。因此，城市中往往禁止饲养烈性犬。如果饲养烈性犬的，无论犬只造成他人损害是否出于他人过失或故意，饲养人或管理人都需要承担责任。例如，王某未取得许可，擅自在小区内饲养了一只大型猎犬，性格十分凶猛。一天，王某遛狗时，该犬将他人咬伤。即使王某尽到了对该犬的安全管理义务，如栓了狗绳，也不能减轻或免除王某的侵权责任。

动物园内饲养的动物造成他人损害，动物园需要担责吗？

答：《民法典》第一千二百四十八条规定："动物园的动物造成他人损害的，动物园应当承担侵权责任；但是，能够证明尽到管理职责的，不承担侵权责任。"

动物园是否需要承担侵权责任，主要看其是否能够证明尽到了管理职责。例如，某动物园内的猴子乐园处明确贴着告示"禁止投喂"，并有广播循环播放"不得投喂猴子，防止被咬伤"。如果游客因投喂猴子被咬伤，动物园在能够提供上述告示、广播提示的证据的情况下，则不承担侵权责任。

被他人遗弃的宠物犬咬伤，该找谁赔偿？

答：《民法典》第一千二百四十九条规定："遗弃、逃逸的动物在遗弃、逃逸期间造成他人损害的，由动物原饲养人或者管理人承担侵权责任。"

随着人们饲养宠物的势头渐涨，流浪动物的数量也在不断增多，流浪动物伤人的情况也屡见不鲜。本条规定一方面是为了解决流浪动物伤人时被侵权人如何维权的问题，另一方面是为了通过规定动物原饲养人的责任来遏制流浪动物的数量。例如，李某将饲养的宠物犬遗弃后，该宠物犬流浪到某小区，并将该小区的住户咬伤。被咬伤的人可以要求李某承担侵权责任。如果无法找到李某，可以要求该小区的物业公司来承担侵权责任。事后，物业公司可以向李某追偿。

某人未经狗主人允许，私自遛狗时导致他人损害，由谁来赔偿？

答：《民法典》第一千二百五十条规定：“因第三人的过错致使动物造成他人损害的，被侵权人可以向动物饲养人或者管理人请求赔偿，也可以向第三人请求赔偿。动物饲养人或者管理人赔偿后，有权向第三人追偿。”

在本条规定的情况下，依然不能免除动物饲养人或管理人的责任，但是动物饲养人可以向第三人追偿。例如，田某与金某是朋友，田某在金某不知情的情况下，带着金某饲养的宠物犬出门遛弯儿。由于田某没有给宠物犬佩戴牵引绳，导致它将一年迈老人撞倒摔伤。受伤老人既可以要求田某赔偿，也可以要求金某赔偿。金某在进行赔偿后，可以向田某追偿。

第十章 建筑物和物件损害责任

暴雨天桥面倒塌致人死亡，由谁来承担责任？

答：《民法典》第一千二百五十二条规定：“建筑物、构筑物或者其他设施倒塌、塌陷造成他人损害的，由建设单位与施工单位承担连带责任，但是建设单位与施工单位能够证明不存在质量缺陷的除外。建设单位、施工单位赔偿后，有其他责任人的，有权向其他责任人追偿。因所有人、管理人、使用人或者第三人的原因，建筑物、构筑物或者其他设施倒塌、塌陷造成他人损害的，由所有人、管理人、使用人或者第三人承担侵权责任。”

对于被侵权人来说，建筑物、构筑物的建设单位和施工单位是最容易找到的。为了更好地保护被侵权人的权利，让建设单位和施工单位承担连带责任是更为适当的。同时，法律也赋予了建设单位和施工单位维权的权利。例如，秦某在暴雨天开车经过某桥面时，该桥面突然倒塌，秦某坠入河中死亡。秦某的亲属可以向该桥梁的建设单位和施工单位中的任意一方要求赔偿。如果该桥梁倒塌有其他原因，建设单位和施工单位有权在进行赔偿后，再向责任人追偿。

楼体上的瓷砖碎裂脱落砸伤行人，由谁来承担责任？

答：《民法典》第一千二百五十三条规定：“建筑物、构筑物或者其他设施及其搁置物、悬挂物发生脱落、坠落造成他人损害，所有人、管理人或者使用人不能证明自己没有过错的，应当承担侵权责任。所有人、管理人或者使用人赔偿后，有其他责任人的，有权向其他责任人追偿。”

例如，段某在下班回家的路上，被某小区楼体脱落的瓷砖砸伤。一般情况下，物业公司所承担的是对本小区的管理职责，属于管理人，段某可以向物业公司要求赔偿。如果物业公司能够证明其已经尽到相关职责、没有过错的，就无须承担赔偿责任。

高空抛物砸伤他人，由谁来承担责任？

答：《民法典》第一千二百五十四条规定：“禁止从建筑物中抛掷物品。从建筑物中抛掷物品或者从建筑物上坠落的物品造成他人损害的，由侵权人依法承担侵权责任；经调查难以确定具体侵权人的，除能够证明自己不是侵权人的外，由可能加害的建筑物使用人给予补偿。可能加害的建筑物使用人补偿后，有权向侵权人追偿。物业服务企业等建筑物管理人应当采取必要的安全保障措施防止前款规定情形的发生；未采取必要的安全保障措施的，应当依法承担未履行安全保障义务的侵权责任。发生本条第一款规定的情形的，公安等机关应当依法及时调查，查清责任人。”

可以看出，在高空抛物的情形下，承担责任的人应当根据不同的情况来确认：第一，能找到侵权人时，由侵权人来承担侵权责任；第二，无法找到侵权人时，由可能加害的建筑物使用人来承担责任；第三，建筑物管理人未采取必要的安全保障措施的，也需要承担相应的侵权责任。例如，谢某在小区内遛弯时被高空抛下的垃圾击中，受伤住院。报警后，短时间内无法找到扔下垃圾的人，他所居住的小区也从未采取任何措施预防高空抛物事件。那么，除了当时能够证明确实不会扔下垃圾的住户以外，其他住户都需要对解某进行赔偿，并且，物业公司也需要承担一部分责任。

路边为准备施工堆放的砖块倒塌砸伤他人的，谁来担责？

答：《民法典》第一千二百五十五条规定：“堆放物倒塌、滚落或者滑落造成他人损害，堆放人不能证明自己没有过错的，应当承担侵权责任。”

当发生类似事件时，堆放人需要对自己并没有过错一事承担举证责任。如果堆放人无法举证或举证不足的，就应当认定其存在过错。例如，某路边堆放了一些用于施工的砖块。一天，其中一堆突然倒塌砸伤了过路的人。对于此，施工管理人可以举出堆放砖块的方式、所采取的警示标志、设置的安全措施等事项，来证明其对砖块倒塌不存在过错。否则，其应当承担侵权责任，对受伤的人进行赔偿。

在路上晒粮致他人摔伤，需要赔偿吗？

答：《民法典》第一千二百五十六条规定：“在公共道路上堆放、倾倒、遗撒妨碍通行的物品造成他人损害的，由行为人承担侵权责任。公共道路管理人不能证明已经尽到清理、防护、警示等义务的，应当承担相应的责任。”

如果某人在路上晒粮，导致过路的人不慎摔倒受伤，应当对其承担赔偿责任。如果道路管理单位不能证明自己尽到了警告不要晒粮、清理、防护等义务的，也要承担相应的责任。

树枝折断后砸伤他人的，树木所有人或管理人需要负责吗？

答：《民法典》第一千二百五十七条规定：“因林木折断、倾倒或者果实坠落等造成他人损害，林木的所有人或者管理人不能证明自己没有过错的，应当承担侵权责任。”

在有些情况下，树木折断或倾倒的直接原因可能是狂风暴雨等气象因素，但是，树木的所有人、管理人等不能以不可抗力为由免除其侵权责任。这是因为不可抗力有时并不是树木折断或倾倒的唯一原因，树木所有人、管理人缺乏对树木的照看和维护等也会导致树木的承受能力变差，从而折断或倾倒。因此，树木所有人、管理人对树木折断、倾倒给他人造成的损害应当承担侵权责任，只有在能够证明自己没有过错，如证明是受害人故意所为、第三人所为，才不会承担侵权责任。

挖开地面进行施工时导致他人摔伤，需要赔偿吗？

答：《民法典》第一千二百五十八条规定：“在公共场所或者道路上挖掘、修缮安装地下设施等造成他人损害，施工人不能证明已经设置明显标志和采取安全措施的，应当承担侵权责任。窨井等地下设施造成他人损害，管理人不能证明尽到管理职责的，应当承担侵权责任。”

举例来说，某管道公司挖开地面对下水管道进行维护与施工，一名行人路过时不慎摔到坑中受伤。此时，该管道公司需要提供其已经设置了明显的警示标志和安全措施的证据，否则，就需要承担赔偿责任。

图书在版编目（CIP）数据

民法典1000问 / 马芳编著. -- 北京：中国画报出版社，2024.9
ISBN 978-7-5146-2383-3

Ⅰ. ①民… Ⅱ. ①马… Ⅲ. ①民法—法典—中国—问题解答 Ⅳ. ①D923. 04

中国国家版本馆CIP数据核字(2024)第070999号

民法典1000问

马芳　编著

出 版 人：方允仲
策划编辑：张　雁
责任编辑：刘慧玲
装帧设计：@框圈方圆
责任印制：焦　洋

出版发行：中国画报出版社
地　　址：中国北京市海淀区车公庄西路33号 邮编：100048
发 行 部：010-88417418　010-68414683（传真）
总编室兼传真：010-88417359　版权部：010-88417359

开　　本：32开（889mm×1230mm）
印　　张：13.5
字　　数：450千字
版　　次：2024年9月第1版　2024年9月第1次印刷
印　　刷：三河市冠宏印刷装订有限公司
书　　号：ISBN 978-7-5146-2383-3
定　　价：89.00元